서비스 운영관리

박경종 윤재홍 장병열 한동철

이프레스

머리말

PREFACE

전 세계의 산업구조가 농·어업을 중심으로 한 1차 산업에서, 제조업을 중심으로 하는 2차 산업으로, 이제는 서비스업을 중심으로 하는 3차 산업으로 급격하게 이동하고 있다. 산업구조의 변화와 함께 생산목표를 달성하도록 생산활동이나 생산과정을 관리하는 생산관리도 제품 또는 서비스의 생산에서 생산 프로세스의 감독, 설계, 제어 및 비즈니스 활동을 재설계하는 경영영역으로 확대되면서 서비스와 운영관점이 강조되고 있다. 이러한 흐름에 맞추어 저자들은 제조업 중심의 생산 및 제조뿐만 아니라 서비스 산업으로의 확장을 반영하고자 〈서비스 운영관리〉 라는 교재를 저술하게 되었다.

서비스 운영관리 분야에 대한 저자들의 노력이 독자들에게 온전히 전해져서 조금이나마 도움이 된다면 저자들의 노고에 대한 보답이라고 판단되어 매우 기쁠 것이다.

본 교재는 서비스 및 생산에 대한 독자들의 이해를 돕기 위해서 전체 3부로 연결되어 있다. 1부 서비스 운영관리의 기초는 1장 서비스 이해와 서비스 운영관리의 기초로 구성되어 있다. 1장은 서비스의 정의와 본질에 대해서 설명하여 서비스의 이해를 돕고, 서비스 운영관리에 대한 기초 이론을 제공하기 위해 경제활동에서의 서비스의 역할, 서비스와 제조의 차이, 서비스의 미래 등에 대해서 설명한다.

2부 서비스 시스템의 설계는 2장 서비스 운영전략, 3장 서비스 상품의 설계와 프로세스 선택, 4장 서비스 시설의 입지 및 상권분석, 5장 서비스 설비 배치로 구성되어 있다. 2장의 서비스 운영전략은 서비스 운영의 개념, 서비스 운영전략, 서비스 전략, 서비스 전략과 서비스 운영전략의 적합성에 대해서 설명한다. 3장의 서비스 상품의 설계와 프로세스 선택은 서비스의 운영상 분류 및 특징, 서비스 시스템의 분류, 서비스 접점 관리, 서비스 조직의 설계 등에 대해서 설명하고, 4장의 서비스 시설의 입지 및 상권분석은 서비스 시설 입지의 개념, 입지선택의 결정 요인, 서비스 시설의 상권분석의 개념, 입지선택을 위해서 실무적으로 고려해야 할 내용 등에 대해서 설명한다. 5장의 서비스 설비 배치는 서비스 설비배치의 유형, 설비 배치 기법, 설비 환경 등에 대해서 설명한다.

3부 서비스시스템의 운영 및 관리는 6장 서비스 수요·공급관리, 7장 서비스 고객관계관리, 8장 서비스 대기행렬 관리, 9장 서비스 일정계획, 10장 서비스 인터페이스, 11

장 서비스 시설 운영관리, 12장 서비스 품질경영, 13장 서비스 기업의 성과측정 및 자원의 최적배분관리로 구성되어 있다. 6장의 서비스 수요 · 공급관리는 서비스 수요 및 공급 관리에 대한 이해, 서비스 수요 및 공급관리 전략 등에 대해서 설명하고, 7장의 서비스 고객관계관리는 서비스 고객관리의 기본 개념 및 이론, 서비스 고객관계관리 시스템의 운영 및 관리 등에 대해서 설명한다. 8장의 서비스 대기행렬 관리는 서비스에서 대기행렬의 의미, 대기행렬 규칙, 컴퓨터 시뮬레이션을 활용한 대기행렬관리를 설명하고, 9장의 서비스 일정계획은 서비스 일정계획의 개념, 고객수요 · 인력 · 복합자원 일정계획을 설명한다. 10장의 서비스 인터페이스는 서비스 인터페이스의 개념, 서비스 인터페이스 전략, 서비스 브랜드 관리 전략 등에 대해서 설명하고, 11장의 서비스 시설 운영관리는 서비스 시설 운영관리의 중요성 및 개념, 서비스 시설의 물리적 환경, 서비스 시설 운영관리와 판매종결에 대해서 설명한다. 12장의 서비스 품질경영은 서비스 품질의 정의, 서비스 품질, 종합적 품질경영, 식스 시그마 등에 대해서 설명하고, 13장의 서비스 기업의 성과측정 및 자원의 최적배분관리는 서비스 생산성의 개념, 성과평가, 성과측정과 서비스 자원계획 및 최적배분관리 기법을 설명한다.

4부 서비스산업의 미래는 14장 서비스 가치혁신 전략, 15장 서비스 기업과 빅데이터, 16장 서비스산업의 미래로 구성되어 있다. 14장의 서비스 가치혁신 전략은 가치혁신 전략의 개념, 배경, 사례를 설명하고, 15장의 서비스 기업과 빅데이터는 빅데이터의 개념, 활용 방법 및 방향을 설명한다. 마지막으로 16장의 서비스산업의 미래는 한국의 서비스산업의 중추가 될 것으로 판단되는 의료서비스산업 및 IT서비스산업을 분석하고, 서비스산업의 미래와 경쟁전략을 설명한다.

서비스 운영관리 분야에 대한 관심은 학계뿐만 아니라 산업계에서 날로 증가하고 있다. 본 교재는 이러한 관심을 반영하여 학생들을 위한 이론적 지식을 제공하고, 산업계의 일반 실무자들도 이해하기 쉽도록 저술하는 것을 목표로 하였기에 독자들의 많은 관심을 부탁드린다.

본 교재가 나오기까지 오랜 시간을 기다려주고 지원을 아끼지 않으신 이프레스 출판사의 노고에 감사드린다. 양질의 교재가 되도록 독자들의 지속적인 관심을 부탁드리고, 개정판을 통해서 독자들의 지적 사항을 지속적으로 반영할 것을 약속드린다.

2016년 1월

박경종, 윤재홍, 장병열, 한동철

차례

CONTENTS

CONTENTS

PART 02

서비스 시스템의 설계

CHAPTER 02 서비스 운영전략

CHAPTER 03 서비스 상품의 설계와 프로세스 선택

CONTENTS

CONTENTS

CONTENTS

CHAPTER 08 서비스 대기행렬 관리

CHAPTER 09 서비스 일정계획

CHAPTER 10 서비스 인터페이스

CONTENTS

CONTENTS

PART 04 서비스산업의 미래

PART

01

서비스 운영관리의 기초

CHAPTER 01 서비스의 이해와 서비스 운영관리의 기초

SERVICE MANAGEMENT

CHAPTER

01

SERVICE MANAGEMENT

서비스의 이해와 서비스 운영관리의 기초

1. 서비스의 정의
2. 서비스의 본질
3. 경제활동에서의 서비스의 역할
4. 서비스 운영관리, 서비스와 제조의 차이
5. 서비스산업 현황
6. 서비스 미래

국내 서비스산업 낙후... "서비스산업발전 기본법 국회 통과 절실"

정부가 서비스산업 활성화를 위해 다시 한 번 팔을 걷어 붙였다. 올해 초 박근혜 대통령이 '경제혁신 3개년 계획'을 발표하면서 5대 유망 서비스산업(관광, 의료·보건, 교육, 금융, 소프트웨어) 대책을 내놨지만, 가시적인 성과가 없자 '물류'와 '콘텐츠'까지 붙여 서비스업 활성화 종합대책을 내놓은 것이다.

정부의 이번 대책엔 "서비스업이 여전히 제조업 등에 비해 낙후됐다"는 고민이 담겼다. 그간 각종 대책을 내놨지만 큰 변화가 없었다는 반성과 더불어 '이번엔 반드시'란 절박함이 깔렸다는 얘기다.

〈유망 서비스(5+2) 육성대책〉

분야	주요내용
관광	중국 관광객 비자 요건 완화, 영종도·제주도 복합리조트 조성
보건·의료	외국 병원 설립·운영 요건 완화, 해외환자 유치 활성화
교육	글로벌 교육기관 유치, 방학 중 어학캠프 활성화
금융	창업지원과 해외진출 및 경쟁력 강화 위한 금융규제 개선
소프트웨어	아이디어, 제조업, 정보통신기술(ICT)을 소프트웨어와 융합
물류	인터넷 물류직거래서비스 시스템 구축
콘텐츠	콘텐츠 육성 펀드 조성, 수출 활성화 위한 종합대책

출처: 각 부처.

◇국내 서비스산업 얼마나 낙후됐길래…

정부가 서비스산업 활성화를 강조하는 이유는 세계적인 경쟁력을 갖춘 제조업에 비해 서비스산업은 아직 영세한 수준에 머물러 있기 때문이다. 지난 2011년 기준 GDP(국내총생산)대비 '국내 서비스업 비중'은 58.1%로 미국(78.6%), 일본(72.7%)에 불과하다. 그럼에도 국내 고용은 서비스업이 70%를 차지하고 있어 양질의 일자리 창출 등을 위해 서비스업의 고부가가치화가 시급하다는 게 정부의 판단이다.

현대경제연구원이 최근 발표한 '서비스업 생산성 국제 비교와 시사점' 보고서에 따르면 1인당 GNI(국민총소득) 2만 달러 시점인 2009년 국내 제조업의 노동생산성은 31.7달러로 미국(23.6달러)과 일본(22.2달러)보다 높았다.

반면 서비스업 노동생산성은 17.7달러로 미국(34.7달러)과 일본(28.1달러) 등 선진국 수준에 현저히 못 미친다. 서비스업 활성화를 위해 정부가 정책역량을 집중하는 이유다. 최경환 경제부총리 겸 기획재정부 장관도 이런 현실을 감안, 여야 의원들에게 "서비스업이 우리 경제에 중요한 역할을 하고 있는 것을 잘 아실 것"이라며 "서비스산업발전 기본법을 꼭 좀 통과시켜달라"고 부탁했다.

〈주요국 산업별 부가가치 비중〉 단위: %

	한국	미국	일본	독일	영국
제조업	31	12	19	24	10
서비스업	58	79	72	67	79
기타	11	8	9	10	11

출처: IMF.

◇서비스산업 활성화로 기대되는 효과는…

정부는 이미 선진국 수준에 도달한 제조업에 비해 성장 여력이 높은 서비스산업을 육성해 경쟁력을 강화하고 침체된 경제에 활력을 불어넣을 방침이다.

서비스산업의 생산물은 제조업 등 다른 부분으로 연결돼 긍정적 외부효과를 창출할 수 있다. 특히 서비스산업이 높은 취업유발효과를 내는 만큼 고학력 고용문제를 해결할 수 있을 것으로 기대하고 있다.

한국은행이 지난 6월 발표한 산업연관표에 따르면 제조업의 취업유발계수는 8.5명인 반면 서비스업은 18명에 달한다. 생산액을 10억 원 늘릴 때 제조업에서는 직·간접적으로 8.5개의 일자리가 창출되지만 서비스업은 18개의 일자리가 창출된다는 의미다.

이창선 LG경제연구원 연구위원은 "성장 여력이 높은 서비스업 활성화를 통해서 소득을 높이고 새로운 수요확대로 이어져서 그게 다시 소득증가로 이어지도록 하는 선순환 구조를 만들어야 할 때"라고 강조했다.

〈수출역량별 맞춤형 지원 프로세스〉

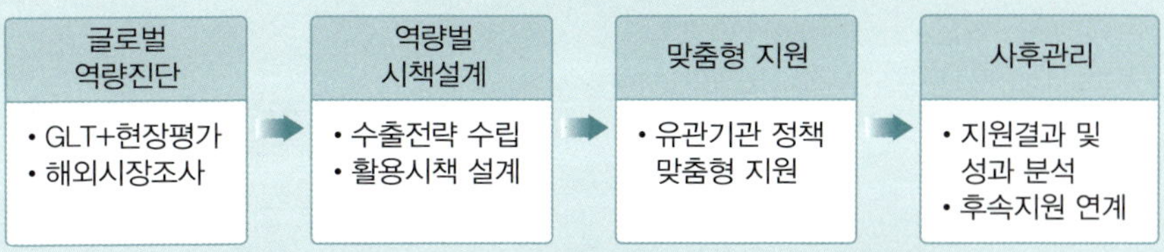

*GLT(Global Level Test): 마케팅 준비도 및 인력수준, 경험 등 해외마케팅 역량 테스트

◇수출 중소 · 중견기업 10만개 육성도 정부의 핵심 아젠다

정부는 이번 무역투자진흥회의에서 서비스산업 대책 외에도 수출 중소 · 중견기업 육성 대책도 내놨다. 오는 2017년까지 내수 위주 중소기업 1만 개를 수출 기업으로 탈바꿈시키고, 글로벌 중견기업 3,000개를 더해 수출 중소 · 중견기업 10만 개를 육성하겠다는 게 골자다.

산업통상자원부에 따르면 현재 국내 320만 개 중소기업 중 수출을 하는 기업은 8만7천 개로 약 2.7%에 불과하다. 수출 중소기업이 연평균 200만 달러, 중견기업이 1000만 달러 규모를 수출하는 것을 감안하면 2240억 달러(9만7천 개×200만 달러+3,000개×1000만 달러) 규모의 수출이 중소 · 중견기업에서 이뤄진다는 계산이 나온다. 지난해 우리나라 전체 수출액 5596억 달러의 40% 수준이다.

정부는 이처럼 해마다 수출 중소 · 중견기업을 늘려 무역 2조 달러 달성에 이들 기업이 첨병 역할을 할 수 있도록 수출 환경을 조성할 계획이다. 우선 수출 경험이 없거나 미약한 중소 · 중견기업 5만 개 중 지원대상을 선별할 예정이다.

수출 역량평가와 수요조사를 바탕으로 수출이 가능한 기업은 기업별로 맞춤형 진단과 수출계약 실무 등 종합지원이 이뤄진다. 또 코트라를 중심으로 초기 수출 실무 컨설팅에서 마지막 계약까지 모든 단계에 걸쳐 일대일로 서비스가 진행된다.

권평오 산업부 무역투자실장은 "제조업 강국 독일은 전체 중소기업의 10%가 수출기업으로서 글로벌 경쟁력을 갖추고 있다"며 "우리 경제가 직면한 저성장과 고용 없는 성장이란 어려움을 극복하고 무역 2조 달러로 질적 도약을 위해선 중소 · 중견기업의 수출 주력화가 필요하다"고 말했다.

출처: 머니투데이(2014. 08. 04.).

CHAPTER 01

서비스의 이해와 서비스 운영관리의 기초

1. 서비스의 정의

서비스에 대한 정의는 다양하지만 모두 공통적으로 무형성과 생산과 동시에 소비된다는 특성을 가지고 있다. 서비스는 행위, 프로세스 그리고 결과로 이루어져 있다. 즉, 고객과 서비스 제공자의 인적 자원(종업원)과 물적 자원(설비, 시설), 서비스 제공시스템 사이(전달 시스템)의 상호작용이 일어난다.

서비스는 무형적이면서 일정 시간이 지나면 쓸모없어지는 특성이 있다. 서비스는 거의 동시에 창출되고 사용되는 프로세스나 형태를 의미한다. 서비스는 시간 소멸적이고 무형적인 경험을 말한다.

서비스를 정의할 때 첫째, 서비스의 속성이나 특성을 중심으로 정의할 수 있다. 이는 이미 앞에서 설명한 바 있다. 둘째, 활동성과 실용성의 관점에서 서비스를 정의할 수 있다. 이는 판매를 위하여 제공되거나 혹은 판매에 수반되는 일체로 본다. 마지막으로 유형재와의 복합적인 효용과 편익의 관점에서 정의하는 것이다.

다음 〈표 1-1〉에 서비스에 관한 다양한 정의를 요약하였다.

〈표 1-1〉 서비스 정의

분류	정의
서비스의 속성을 중심으로 한 정의	• 시장에서 판매되는 무형의 제품 • 유형과 무형의 구분은 손으로 만질 수 있는가의 여부임.
	• 재화는 먼저 생산되고 후에 소비되는 반면, 서비스는 먼저 판매되고 후에 생산과 동시에 소비됨.
서비스의 활동성, 실용성을 중심으로 한 정의	• 현재의 형태에 물리적 변화를 가하지 않으면서 편익과 만족을 산출하는 판매를 제공하는 행위.
	• 판매를 위하여 제공되거나 혹은 판매에 수반되는 제 활동.
	• 활동, 퍼포먼스 또는 노력.
유형재와의 복합적인 효용과 편익을 중심으로 한 정의	• 한쪽이 상대편에게 제공하는 효용이나 그에 따른 행위. • 유형 제품에 연결될 수도 있고, 그렇지 않을 수도 있음.
기타의 정의	• 인간이 인간에 대한 봉사.

출처: 박경종 외(2014). 서비스경영.

2. 서비스의 본질

서비스의 본질은 다음에 서술된 일곱 가지를 일반적인 원칙으로 포함한다.

첫째, 사람들은 모두 서비스의 전문가라고 할 수 있다. 우리들은 다양한 삶을 통해 서비스 조직으로부터 우리가 무엇을 원하는지에 대해 알고 있고, 서비스 전달과정에 대한 풍부한 경험을 가지고 있다.

둘째, 서비스의 특징으로 특정 서비스를 우수한 수준으로 제공하는 것이 다른 서비스 제공에는 아무런 도움이 되지 않을 수 있다. 예를 들어, 식당에서 30분도 채 안 되어 식사를 할 수 있다는 것은 패스트푸드점에서는 유리하나, 값비싼 프랑스 레스토랑에서는 상상할 수 없는 일일 것이다.

셋째, 서비스 제공이 우수하다고 하더라도 모두 만족하는 것은 아니다. 차를 구매할 때 자동차 판매 대리점은 당신의 자동차 구매를 처리하는 데서 매우 높은 수준의 작업품질을 보일 수 있으나, 이 과정 자체가 1주일 이상 걸린다면 아무리 좋은 작업품질을 보유하고 있다 하더라도 의미가 퇴색될 것이다.

넷째, 서비스는 서비스 패키지를 구성하는 유 · 무형의 속성들을 통해 결과로 나타난다. 이 패키지는 설계와 관리 면에서 재화의 생산과는 다른 접근을 요구한다.

다섯째, 제품은 소비되지만, 서비스는 경험되는 것이다.

여섯째, 서비스의 효과적인 관리는 운영뿐 아니라 직원과 마케팅에 대한 포괄적인 이해를 필요로 한다.

일곱째, 서비스는 대면접촉, 전화, 전기 기계 메일을 포함하는 접점 간 상호작용의 순환 형태를 취한다.

3. 경제활동에서의 서비스의 역할

제조와 서비스는 매우 밀접한 관련을 가지고 있다. 따라서 제조업과 서비스업의 통합적 능력을 위해서라도 서비스가 경제활동에서 차지하는 역할은 매우 중요하다. 즉 제조업과 부가가치 서비스 그리고 비즈니스 서비스를 통해 제조업의 경쟁력 향상에 기여하게 된다. 이를 지원하는 서비스는 사회기반 서비스, 분배/유통 서비스 그리고 공공/정부 서비스가 있다.

이들의 관계를 그림으로 나타내면 다음 [그림 1-1]과 같다.

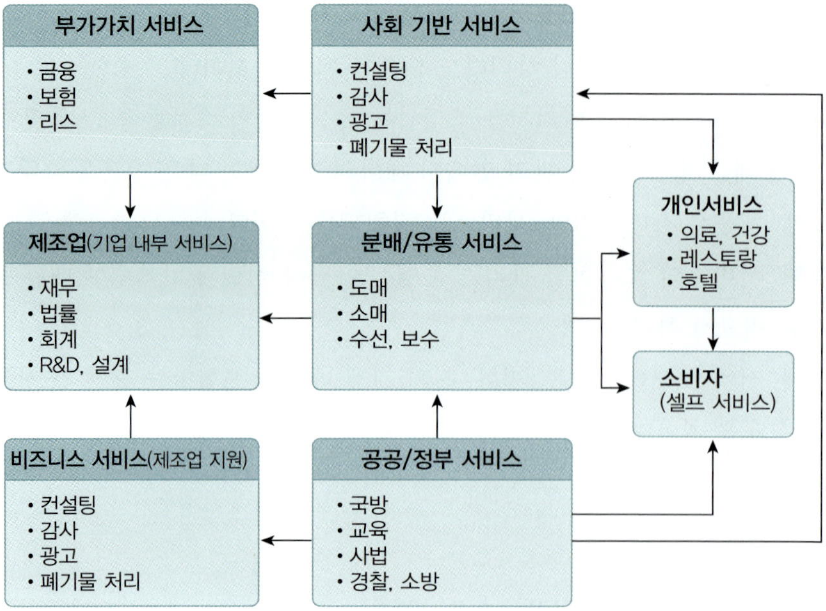

[그림 1-1] 제조와 서비스의 상호관계

출처: 서비스경영연구회(2006). 서비스 경영. p. 21에서 재인용.

여기서 제조업과 제조업을 지원하는 비즈니스 서비스는 다음과 같이 설명할 수 있다.

1) 서비스 비즈니스

서비스 비즈니스는 고객과의 상호작용을 통해 서비스를 운영하는 주요 사업조직의 관리를 말한다. 이것은 은행, 항공사, 병원, 법률회사, 소매점, 레스토랑과 같은 일상의 서비스를 포함한다. 서비스 비즈니스를 분류하면 설비기반 서비스(facility based service)는 반드시 고객이 서비스 설비로 가야만 하는 것이고, 현장기반 서비스(field based service)는 청소와 가정수리 서비스같이 고객의 주위에서 서비스의 생산과 소비가 발생하는 것이다.

2) 내부 서비스

내부 서비스의 목적은 고객접점에서 일어나는 제반의 서비스 활동을 지원하기 위하여 존재한다. 이러한 서비스는 데이터 처리, 회계, 공학, 유지관리와 같은 기능들을 포함한다. 그런 서비스를 필요로 하는 조직 안에서 이들의 고객은 다양한 분야에 존재한다. 덧붙이면, 내부 서비스는 스스로 독립하여 아웃소싱 개념으로 조직의 기본 기능들을 처리하는 서비스 개념으로 변화하고 있다.

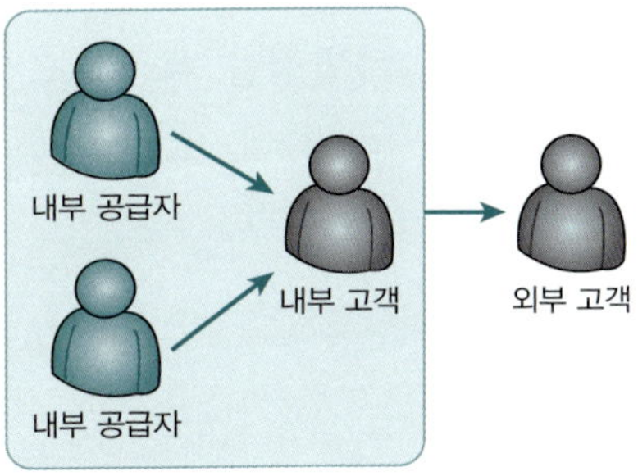

내부 서비스

- 고객접점에서 일어나는 제반의 서비스 활동을 지원하기 위하여 존재한다.
- 이러한 서비스는 회계, 데이터 처리 등이 있다.
- 내부 서비스에서 아웃소싱으로 변화한다.

[그림 1-2] 내부 서비스의 정의

4. 서비스 운영관리, 서비스와 제조의 차이

1) 서비스 운영

최근에는 제조업의 서비스화로 많은 제조기업들이 서비스 비즈니스를 제공한다. 제조업에서 제공할 수 있는 서비스로는 핵심 서비스와 부가 서비스가 있다.

우선 핵심 서비스(core service)는 고객이 구매하는 상품으로부터 그들이 원하는 어떠한 기본적인 것을 의미하는 것으로 이 핵심 서비스의 목표는 비용감소, 납기 준수, 품질향상 그리고 유연성 증대 등이다. 반면에 가치부가 서비스(value added service)는 외부 고객에게는 생활의 편리함을 제공하는 서비스이며, 내부 고객에게는 각자 특정한 업무를 보다 잘 처리할 수 있게 하는 서비스이다.

가치부가 서비스에는 네 가지 범주가 있다. 첫째, 정보(information)로 내·외부 고객에게 결정적인 데이터를 제공하는 능력이고 둘째, 문제해결(problem solving)로 내·외부 그룹들의 문제를 해결할 수 있게 도와주는 능력을 의미하며 셋째, 판매지원(sales support)은 생산운영 부문을 잘 설명하여 마케팅 부문이 더 잘할 수 있도록 도움을 줄 수 있는 능력을 말하고 마지막으로 현장지원(field support)은 불량부품을 신속히 교체하거나 재고를 신속히 보충해 줄 수 있는 능력을 의미한다.

이러한 가치부가 서비스의 역할은 경쟁자와 구분되는 차별점을 제공하고 이러한 이점으로 인해 고객과의 관계 구축이 용이하다.

2) 산출물로서의 서비스

서비스 운영관리는 제품을 제조하는 활동의 관리를 넘어서 병원, 레스토랑, 학교, 은행 등 서비스를 제공하는 조직의 관리에도 활용할 수 있다. 이를 지칭하는 용어로 서비스 운영관리(service operations management)를 쓰고 있다.

운영관리는 산출물로서 제품뿐만 아니라 서비스까지 포함하기 때문에 이 두 가지의 차이를 밝히는 것이 필요하다. 서비스는 한마디로 정의하기 어렵지만 보통 "자원을 적절히 응용시켜 투입이 바람직한 산출로 변환하는 개방된 변환과정"을 말한다. 여기서 자원이란 시설, 원자재, 노동, 정보, 소비자 등을 의미하고, 투입은 소비자를, 산출은 만족된 소비자를 의미한다.

만족된 서비스를 산출물로 하는 기업은 병원, 레스토랑, 세탁소, 백화점 등이 해당된다. 서비스 기업은 여러 종류가 있는데 이를 구별하기 위한 기준으로 서비스를 창출하는 과정에서 고객이 얼마나 참여하는가(고객접촉 정도)를 가지고 살펴보자.

서비스 시스템에서 고객이 서비스 창출의 전 과정에 참여해야 하는 서비스업체도 있고 대부분의 창출과정에 참여할 필요가 없는 서비스업체도 있으며 그 중간에 위치하는 서비스업체도 있다. 첫 번째와 같이 고객이 계속적으로 서비스 창출과정에 참여해야 하는 서비스업체를 순수 서비스업체라 한다. 순수 서비스업체로는 호텔, 학교, 여행사, 극장 등을 들 수 있다.

한편, 두 번째처럼 고객이 거의 참가하지 않아도 되는 서비스업체를 준제조 서비스업체라 한다. 그 예로는 도매상, 우체국, 연구소 등이 있다.

그리고 세 번째는 그 중간에 위치한 혼합 서비스업체가 있다. 혼합 서비스업체로는 경찰서, 소방서, 이삿짐센터 등을 예로 들 수 있다.

서비스 시스템과 고객의 접촉정도는 시스템을 관리하는 데 상당히 중요하다. 일반적으로 고객과 서비스 시스템의 접촉이 많으면 많을수록, 시스템을 관리하기가 어려워진다. 왜냐하면 서비스 품질과 생산량이 통제할 수 없는 고객에 의해서 영향을 받아 대부분의 의사결정 과정에 영향을 주기 때문이다. 고객과의 접촉이 많으면 많을수록, 시스템을 운영하는 데 불확실성이 증가하고, 고객의 요구를 충족시키는 데 어려움이 많아진다. 또 고객을 상대하는 종업원들의 태도와 시간에 대한 개념이 중요시된다.

3) 제품과 서비스의 차이

이제 제조업체와 서비스업체 간의 비교를 보다 명확히 하기 위해서 제조업체와 순수 서비스업체와의 차이를 들면 다음 〈표 1-2〉와 같다.

(1) 제품의 외형적 특성

제조업체는 눈으로 볼 수 있는, 즉 형태가 있고 오래 사용할 수 있는 제품을 생산하는 반면에, 서비스업체는 유·무형의 형태를 지닌, 그리고 주로 일회성인 서비스를 창출한다. 물론 서비스업체는 아이디어나 개념 또는 정보처럼 소비자가 손으로 만질 수 없는 무형의 재화를 창출하기도 한다. 그러나 여기에서 주의하여야 할 점은 서비스업체가 고객에게 서비스를 제공하기 위해서는 유형의 물질을 동반할 수도 있다는 것이다.

순수 서비스업체인 호텔을 예로 들어보자. 서비스를 제공하기 위해서 호텔은 반드시 객실과 수건, 비누, 화장지와 같은 물품들을 구비하여야 한다. 객실은 눈으로 볼 수 있지만 호텔은 고객에게 객실이라는 물체를 파는 것이 아니고, 편안한 잠자리를 제공하는 것이다. 또 숙박 서비스는 대개 단기간 동안 고객에게 판매하는 일회성 상품이다. 그래서 서비스업체로부터 느끼는 소비자의 만족도는 주로 제공된 서비스의 가치에 의해서 결정되는 것이지, 단순히 눈에 보이는 것들로 결정되지는 않는다.

(2) 재고보유 여부

제조업체는 제품을 생산하여 보관하거나 수송한다. 보관된 제품은 미래의 수요에 대비해 다시 다른 지역으로 옮겨진다. 그러나 서비스업체에서는 서비스 재화를 저장하거나 보관할 수 없다. 그래서 일정기간 동안 사용되지 않은 서비스는 소멸된다. 자동차는 유형재화로서 장기간 동안 보관할 수 있다. 오늘 판매되지 않은 자동차는 내일 또는 한 달 후에 심지어는 일 년 후에도 판매할 수가 있다.

그러나 서비스업체인 호텔을 예로 들어보면 오늘 손님이 투숙하지 않은 객실을 보존하였다가, 내일 다시 다른 손님에게 판매할 수가 없다. 즉, 오늘 사용하지 못한 객실은 그 가치가 소멸되고 내일은 또 하나의 객실로써만 존재할 뿐이다. 이렇게 서비스는 유형의 재화처럼 미리 만들어서 창고에 보관할 수가 없다.

〈표 1-2〉 제조업체와 순수 서비스업체의 차이

항목	제조업체	순수 서비스업체
외형	유형	유형과 무형
재고보유	보관이 가능	보관이 불가능
고객과의 접촉횟수	없음	아주 많음
고객수요에 대한 반응시간	덜 신속	신속
시장범위	국제적	지역적
설비규모	대규모	소규모
집약 형태	자본집약적	노동집약적
품질 측정	용이함	용이하지 않음
생산과 소비의 동시성	동시에 발생하지 않은	동시에 발생
생산량 측정정도	용이함	용이하지않음
입지결정	투입물에 가까움	고객과 가가움
생산성 측정	쉬움	어려움
주요 비용	자재비	인건비
견본	가능	가능하지 않음

출처: 안영진(2011). 생산운영관리. 서울: 박영사.

(3) 고객과의 접촉빈도

제조업체에 비해 서비스업체는 고객과의 접촉이 훨씬 빈번하다. 제조업체는 제품을 생산할 때 고객과의 접촉이 필요 없다. 고객과의 접촉은 유통업체나 소매상이 거의 전담하고 있다. 예를 들어 자동차가 아무리 열악한 환경에서 생산되더라도, 자동차가 마음에 들면 고객은 개의치 않는다.

하지만 서비스업체에서는 고객과 서비스를 제공하는 사람과의 접촉이 상당히 많다. 레스토랑을 예로 들면 손님은 식사를 주문하고, 서비스를 제공하는 사람과 자주 접촉하고, 음식에 문제가 있을 때에는 바로 항의하고, 또 필요할 경우에는 여러 가지 주문을 한다. 그래서 서비스업체에서는 서비스를 제공하는 장소의 외관도 중요하다. 또 어떤 경우에는 고객이 서비스 창출과정에 직접 참여할 때도 있다. 원래 레스토랑에서는 음식을 종업원이 손님에게 가져다준다. 그러나 뷔페에서는 손님들이 직접 음식이 있는 곳으로 가서, 음식을 가져다 먹는다.

(4) 고객수요에 대한 반응시간

서비스업체는 고객수요에 대한 반응시간이 신속하여야 한다. TV를 사러갔는데 품절이어서 3일 동안 기다려야 한다고 할 때, 고객은 3일간 기다릴 수 있다. 그러나 레스토랑에 갔는데, 재료가 없어 원하는 식사를 할 수가 없다면, 손님은 다른 식사를 주문하거나 다른 레스토랑으로 가버리지 그 음식을 먹기 위해 기다리는 것은 희소하다.

(5) 시장의 범위

유형재는 보관되어 멀리 떨어져 있는 고객에게 운반된다. 따라서 유형재는 시장범위가 전국적이며, 심지어는 국제적이다. 그러나 서비스는 내구성이 없고, 보통 그 자리에서 소비되는 특성 때문에 시장범위가 대체적으로 제한된다. 그러나 최근에는 정보통신기술의 발달로 서비스도 그 시장 영역이 점차로 확대되고 있다. 예를 들어 뉴욕시에 있는 환자의 상태를 서울에 있는 의사가 정보통신기술을 이용하여 진단하고 치료할 수 있다.

(6) 생산설비 규모

제조업체는 일반적으로 생산시스템의 규모가 서비스업체에 비해 크다. 제조업의 생산시스템은 서비스업체에 비해 보다 자동화되어 있고, 보다 많은 면적과 투자를 필요로 한다. 물론 제조업체가 항상 서비스업체에 비해 생산설비 규모가 큰 것은 아니다. 통신회사 같은 서비스업체는 막대한 자본과 생산설비 규모를 필요로 한다.

(7) 자본 또는 노동집약적

제조업체는 생산설비 규모가 크기 때문에 대개 자본집약적이고, 서비스업체는 주로 노동력에 의존하는 노동집약적이다.

(8) 품질 측정의 용이성

제조업체는 눈에 보이는 형태가 분명한 제품을 생산하기 때문에 제품의 품질을 측정하기가 용이하다. 그러나 서비스는 그렇지가 않다. 서비스는 앞에서 언급한 대로 형태가 무형인 경우가 많고 서비스 창출과정에 고객과의 접촉이 많기 때문에, 서비스 품질을 측정하는 것이 어렵다.

유형재화의 품질은 미리 설정한 품질규격에 의해 품질이 객관적으로 측정되지만, 서비스는 고객의 주관적인 판단과 경험에 의존하기 때문에 객관적인 측정이 상당히 어렵다. 또 제조업체에서는 라인 끝에서 제품의 품질을 검사할 수 있지만, 서비스는 그렇게 할 수가 없다.

(9) 생산과 소비의 동시성

제품은 생산과 소비가 동시에 발생하지 않지만, 서비스는 거의 동시에 발생한다. 치료, 여행, 식사 등은 전부 생산과 소비가 동시에 발생하는 예들이다. 이것은 앞에서 언급한 재고보유 여부와 고객과의 접촉 빈도와 밀접한 관계를 가지고 있나.

재고 형태로 보관이 가능한 제품은 내구성이 있고 시간이 흘러도 제품의 기능에 그리 큰 영향을 주지 못하지만, 서비스는 일회성이고 보관이 거의 불가능하기 때문에 서비스를 받는 즉시 소비가 된다.

(10) 생산량 측정의 용이성

서비스에 비해 제품은 표준규격에 의해 생산되기 때문에 생산량을 분명하게 파악할 수 있다. 그러나 서비스는 고객의 수요가 다양하고 유·무형의 재화로 구성되어 있어 생산량 측정이 어렵다.

(11) 입지결정

제조 시스템은 주로 제품을 생산하는데 필요한 투입물이 저장되어 있는 장소 가까이에 위치한다. 이러한 투입물은 대체로 부피가 크고, 무겁기 때문에 투입물을 이동하는 것보다는, 그 장소로 생산설비를 직접 설치하는 것이 훨씬 경제적이기 때문이다. 반면에 서비스 재화는 서비스 창출과정에 고객이 직접 참여하므로, 고객이 직접 서비스업체까지 와야 된다. 혹은 고객의 요청에 신속하게 대응하여 서비스를 제공해야 하기 때문에(예를 들어 배달음식, 청소서비스, 출장 뷔페 등) 서비스업체는 고객의 접근이 용이하도록 가능한 고객 가까이로 접근하여야 한다.

(12) 생산성 측정의 차이

생산성은 품질과 마찬가지로 제조업체에 비해 서비스업체가 측정하기가 어렵다. 이것은 산출량과 투입물을 서비스업체가 측정하기가 어렵기 때문이다.

(13) 자재 취급비용

제조업체는 취급하는 자재의 양이 많고, 자재의 부피가 크고, 또 무게가 무겁기 때문에 자재취급비용이 서비스업체에 비해 훨씬 크다. 보통 제조업체의 총생산비용 중에서 가장 많은 비중을 차지하고 있는 비용이 자재비이다.

5. 서비스산업 현황

1) 최근 현황

최근에 산업구조의 중심이 농업에서 제조업을 거쳐 서비스산업으로 이동하고 있다. 특히 서비스산업은 새로운 서비스가 계속 등장하면서 세계 경제에서 차지하는 비중이 갈수록 증가하는 추세이다. 세계경제(GDF 기준)에서 서비스산업이 차지하는 비중(부가가치 기준)은 1970년 53.4%에서 2010년 70.9%로 40년간 17.5% 증가하였다.

OECD를 비롯한 대부분의 선진국은 서비스산업의 비중이 GDP의 60~80%를 차지할 정도로 서비스산업 중심으로 산업구조가 변화하고 있다. 미국(78.8%), 프랑스(79.2%), 영국(77.7%)뿐 아니라 제조업 강국인 독일(71.2%), 일본(71.5%)도 서비스산업 비중이 70%를 상회하며 한국도 서비스산업 비중이 증가하고는 있으나 아직 60%에는 미달하였다(1990년 49.5% → 2011년 58.1%).

한국을 포함한 주요국의 GDP와 서비스업 비중이 증가하고 있다. 미국과 영국은 GDP에서 서비스업 비중이 각각 79.4%와 75.5%, 독일, 스웨덴 등 제조업을 중시하는 국가도 70% 이상이며 한국은 60.3%를 차지하고 있다. 미국과 영국은 전체 고용 중 제조업 비중이 10% 미만이고 서비스업 비중은 80%를 초과하였으며 독일, 스웨덴, 한국에서 서비스업의 고용비중은 대략 70~75%이다. 또한 한국, 독일, 스웨덴 등 제조업 중심 국가는 경상수지 흑자를 기록하였으나, 미국 영국 등 서비스업 중심 국가는 내수를 지향한 결과 경상수지가 적자이다. 2008년 미국과 영국은 각 1358억 달러, 영국은 1013억 달러의 서비스 수지 흑자였으나 상품수지의 부진으로 경상수지는 여전히 적자이다.

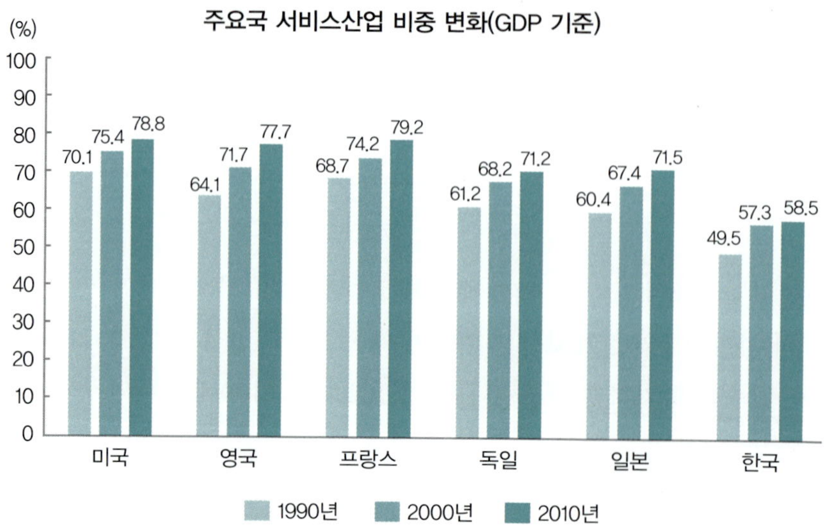

*주: 프랑스의 2010년 자료는 2009년 데이터

[그림 1-3] 주요국 서비스산업 비중 변화(GDP 기준)

출처: World Bank, WDI.

내수 중심이었던 서비스산업의 시장범위가 전 세계로 확대되면서 서비스산업 경쟁력이 경제성장의 중요 변수로 작용하기 시작하였다. 기술과 산업의 발전이 개방화와 글로벌화를 촉진시켜서 제오업뿐 아니라 서비스산업도 글로벌 경쟁 체제에 돌입하였다. 전 세계 서비스 수출 규모는 2000년 1.5조 달러에서 2011년 4.2조 달러로 연평균 10.8%의 성장률을 기록하였다.

전 세계 서비스산업 부가가치 중 수출을 통해 획득한 부가가치의 비중이 2000년

7.6%에서 2010년 14.7%로 확대되었다. 서비스산업의 글로벌화로 인해 현재 선진국의 많은 서비스산업이 인도와 중국으로 이전하고 있는 상황이다. 특히 다국적 기업들은 자국이 아닌 인도에 콜센터를 설립하고 있으며, 미국인이 인도의 세금대행 업무 서비스를 받는 것이 가능하다. 한국은 소비 수준이 크게 향상되었음에도 불구하고 소비자 욕루를 충족하는 서비스를 제공하지 못한 결과 2000년대 초반부터 여행, 사업서비스, 사용료(특허권 등) 분야에서 서비스수지 적자가 급증하고 있다.

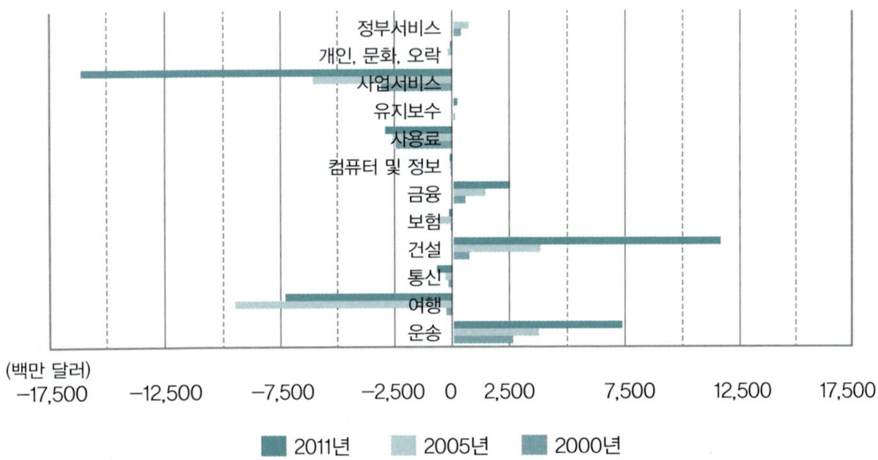

[그림 1-4] 서비스 수지 추이

출처: 한국은행 ECOS.

2) 서비스산업의 낮은 생산성

대부분의 선진국에서도 서비스산업의 생산성 상승 속도가 제조업에 비해 느리기 때문에 서비스산업 생산성 제고가 경제성장의 주요과제로 부상하고 있다. 미국, 프랑스의 제조업 생산성은 2001~2009년 동안 연간 4.8%와 2.6% 성장한 데 비해, 서비스산업은 0.9%와 0.8% 성장하는 데 그쳤다. 서비스산업의 노동생산성은 선진국의 경우 제조업의 60~80% 수준이지만 한국은 40% 수준이다.

한국의 서비스산업은 양적인 팽창에 비해 노동생산성이 취약해 소득불균형을 초래하였다. 한국에서 서비스산업의 1인당 노동생산성은 2009년 기준 3만 5,347달러인데, 1990~2009년에 서비스산업 부가가치 비중과 지니계수로 측정한 소득불균형 간 상관계수를 구해보면 한국은 정(+)의 상관관계를 가지고 있다.

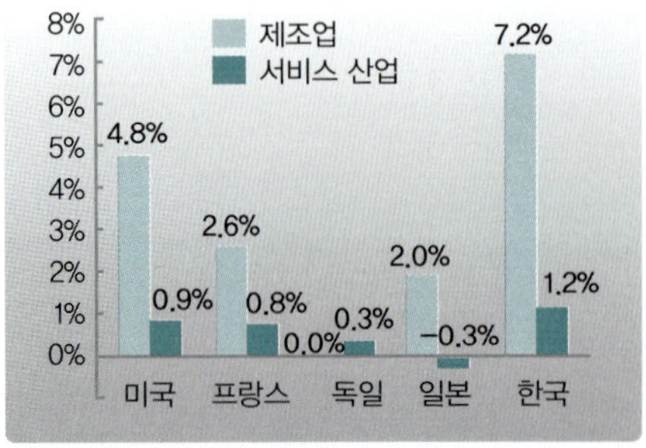

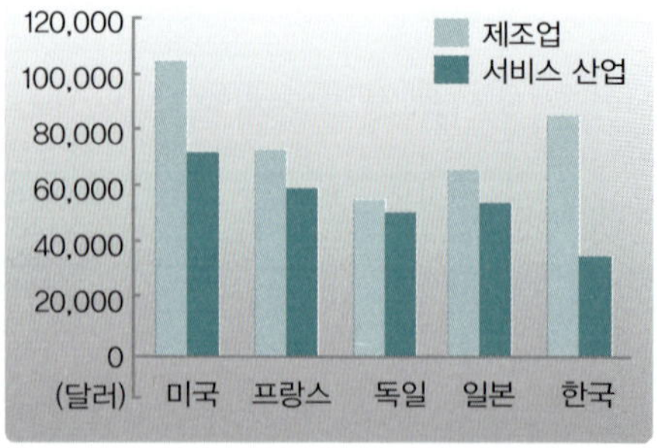

*주: 프랑스의 2009년 자료는 2008년 데이터를 사용.

[그림 1-5] 주요국 노동 생산성 비교

출처: 한국생산성본부(2011). 생산성 국제비교 2011.

3) 서비스업

서비스업은 생산 활동의 결과가 눈에 보이지 않는다. 의료 서비스에서 의사가 환자를 진찰하는 행위, 교육 서비스에서 교사가 학생을 가르치는 행위 등은 그 자체가 서비스이므로 생산 활동의 결과를 정확히 측정하는 것은 곤란하다. 또 서비스는 생산과 소비가 동시에 일어나기 때문에 서비스업은 재고가 없다. 의사가 감기에 걸린 환자를 진료한다고 가정해 보자. 의사마다 모두 진료 행태가 다를 것이다. 학생을 가르치는 교사도 마찬가지이다.

다시 말해 서비스는 성격상 표준화하기 쉽지 않아 서비스 품질에 대한 객관적인 비교나 평가가 어렵고, 정확한 생산액을 측정하기도 어렵다. 하지만 최근에는 서비스의 표준화를 추구하기도 한다. 고객의 반응을 다양하게 연구한 후 그에 따른 통일된 대처 요령을 만들어 교육시키는 것이다. 114 전화 서비스가 그 예이다. 그리고 서비스업은 생산의 기계화가 어려울 뿐만 아니라 설령 기계화되었다 해도 한계가 있다. 자동판매기처럼 결과물이 뚝딱 나올 수 없기에 인건비가 차지하는 비중이 크다. 그러다 보니 대량생산에 의한 규모의 경제가 이루어지기도 어렵다.

〈표 1-3〉 서비스업 분류

생산자 서비스업	· 금융 · 보험업 · 부동산 임대업 · 사업 서비스업	· 지식 경제 중심 · 고임금 일자리
유통 서비스업	· 도소매업 · 운수업 · 통신업	· 좋은 일자리와 나쁜 일자리 병존 · 규제 정책이 미치는 영향이 큼
개인 서비스업	· 숙박 · 음식점업 · 오락 · 문화 · 운동 서비스 · 가사 서비스업 · 기타 서비스업	· 미숙련 여성 중심 · 주로 나쁜 일자리 · 시장과 가계 대체 가능 · 노동 수요가 노동비용에 민감하게 반응
사회 서비스업	· 공공 행정 서비스업 · 교육 서비스업 · 보건 · 사회 · 복지 사업 · 국제 외국 기관	· 여성 비중 높음 · 교육 · 의료 고학력, 기타 부문 미숙련 · 복지국가 규모에 크게 영향 미침

출처: 전국지리교사연합회(2011). 살아있는 지리 교과서.

4) 서비스업의 분류

현대에 이르러 다양한 서비스업의 등장과 함께 국가 경제에서 서비스업이 차지하는 비중이 점차 커지고 있다. 그래서 서비스업의 발전 정도는 경제 및 생활 향상의 지표로 간주되기도 하며 서비스업의 발달은 후기 산업사회의 특징으로 인식되고 있다. 산업구조가 고도화되면 왜 서비스업의 비중이 높아지는 것일까?

서비스업은 소득이 증가할수록 수요가 크게 늘어나는 특성이 있다. 소득이 10%로 늘어났다고 가정했을 때 농산물이나 공산품의 수요 증가보다 서비스의 수요 증가가 훨씬 크게 나타난다. 한 국가의 경제가 성장하면 소득수준이 높아져 서비스의 수요가 증가하지만 서비스업의 특성상 기계화가 어렵기 때문에 서비스 수요가 늘어날수록 고용도 함께 늘어나는 것이다.

노동력의 질 향상에 불리한 조건을 지닌 서비스업은 생산성 향상에서 공업 부문에 뒤지게 되고, 공업 부문의 급속한 생산성 향상은 노동력을 다른 산업으로 유출시키는 경향을 보인다. 이들 노동력은 노동생산성 상승률이 낮은 서비스 부문에서 흡수한다. 따라서 노동력은 1차 산업에서 2차 산업을 거쳐 3차 산업인 서비스업으로 이동하게 된다. 그 결과 산업구조에서도 3차 산업의 비중이 커지게 되는 것이다. 후기 산업사회에서는 농업이나 제조업 종사자의 비중은 감소하고, 서비스업으로 노동력이 이동하는 경향이 나타난다. 이러한 현상을 '탈공업화'라고 한다.

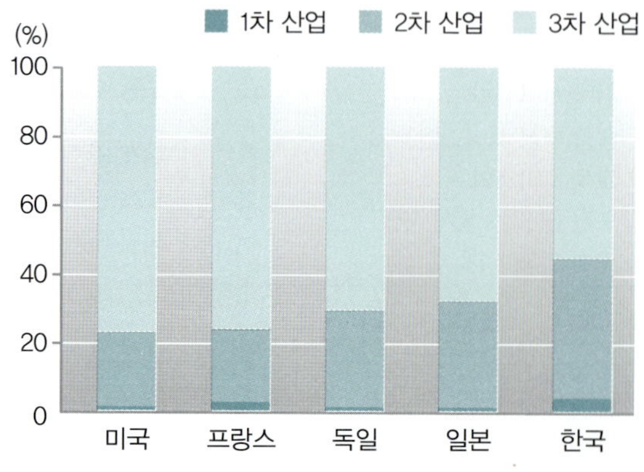

[그림 1-6] OECD 국가별 경제활동 부가가치

산업구조가 고도화될수록 제조업의 비중은 낮아지고 서비스업의 비중은 높아진다.

출처: 에너지 통계 연보(2010).

서비스업, 즉 3차 산업은 생산품 종류에 관계없이 1, 2차 산업을 제외한 그 밖의 모든 산업을 지칭하는 것으로 여러 성격의 경제활동을 포함한 개념이다. 이러한 서비스업의 비중이 높아지면서 서비스업의 종류 또한 엄청나게 늘어나 서비스업을 범주화할 필요성이 제기되었다. 이에 따라 편의상 3차 산업을 금융 · 보험 · 운송 등에 한정 짓고, 4차 산업은 정보 · 의료 · 교육 등 지식 집약형 산업으로, 5차 산업은 취미 · 오락 · 패션 산업 등으로 구분하기도 한다.

서비스업 하면 흔히 편의점처럼 물건을 파는 가게나 음식점 등을 떠올린다. 이는 서비스업이 소비산업이라는 편견을 가지고 있기 때문이다. 이제 서비스업도 고도의 지식과 정보를 필요로 하며 고소득을 올릴 수 있는 산업이라는 인식의 전환이 필요하다. 탈공업화 단계에 접어든 선진국의 경우 다른 산업의 발전을 지원하는 생산자 서비스가 활성화되어 서비스업 부문의 생산성이 향상되고 있다(전국지리교사연합회, 2011).

6. 서비스 미래

1) 서비스화

(1) 제품의 서비스화 개념 및 배경

애플의 스마트폰 아이폰(iPhone)과 mp3 플레이어인 아이팟(iPod)이 세계 시장을 석권하고 있다. 이로 인해 노키아, 모토롤라 등 전통적으로 휴대폰 시장을 지배해 온 기업들이 순이익이 급감하거나 본사를 처분하며 기업자체가 매각되었고, mp3 플레이어 시장의 강자였던 아이리버는 국내외 시장에서 외면받고 있다. 애플 아이폰과 아이팟의 경쟁력은 무엇인가? 단순 명료한 디자인과 함께 하드웨어 제품인 아이폰과 아이팟과 함께 서비스인 아이튠스(iTunes)가 통합되어 음악, 애플리케이션, 책, 게임 등의 상품을 효과적으로 구입하고 저장하고 즐길 수 있는 새로운 상품을 만들어 낸 것에 기인하고 있다. 이로 인해 하드웨어 스펙 중심의 제품 중심의 경쟁에서 제품과 서비스가 통합된 새로운 경쟁 환경이 대두되고 있다.

제품의 서비스화(servitization)란 제품(product)에 서비스(service)가 가진 기능, 속성, 특성 등이 부가되어 제품과 서비스가 융합되는 현상을 말한다. 제품의 서비스화가 진행되면, 제품이 가진 기능 및 특성은 점차적으로 사라지며 서비스가 가진 기능 및 특성이 더욱 중요해지며 부각된다.

이러한 현상은 경제의 서비스화가 진행되면서 더욱 빨라지고 있다. 경제의 서비스화란 경제에서 차지하는 서비스의 비중이 점차적으로 높아지는 것을 뜻하는데, 현재 선진국 대부분은 GDP 및 고용에서 차지하는 서비스의 비중이 70~80% 선을 나타내는 반면에 제조업의 비중은 지속적으로 낮아지고 있다. 특히, 대량 생산(mass production)에 의한 규모의 경제, 소유(ownership) 중심, 유형 자산(tangible asset) 중심의 산업화(industrialization) 사회에서 롱테일 경제, 사용 중심(use-oriented), 무형 자산(intangible asset) 중심의 탈산업화(deindustrialization) 사회로 변화함에 따라 제품의 서비스화에 영향을 미치고 있다.

소비자가 요구하는 기능의 충족도(function fulfillment) 또는 경제적 가치(economic value) 측면에서 살펴보면 이러한 제품의 서비스화 현상이 분명하게 드러난다. 전체 기능에 대한 충족도 또는 경제적 가치 100을 기준으로 이를 순수한 제품 또는 서비스만으로 구성한 경우와 서비스(α)와 제품(β)이 각각 일정한 비율을 차지해 전체 100%($\alpha+\beta=100\%$)를 구성하는 경우로 나누어 볼 수 있다. 서비스가 차지하는 비율이 제품보다 높은 경우($\alpha > \beta$)는 제품이 차지하는 비율이 높은 경우($\alpha < \beta$)에 비해 서비스화가 이루어진 수준이 높다고 볼 수 있다.

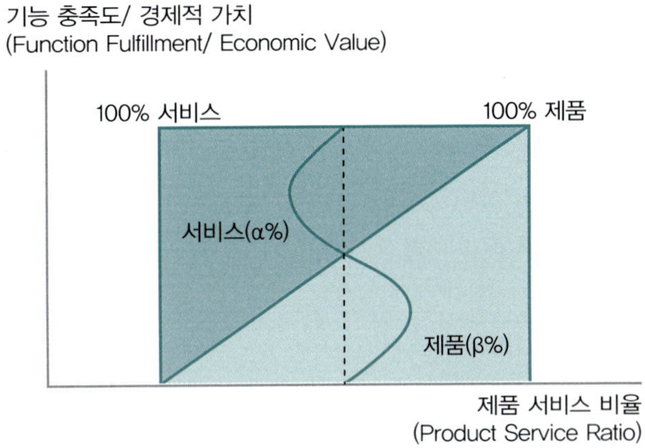

[그림 1-7] 제품 서비스 구성 비율

출처: 박경종 외(2014).

특히 제품과 서비스의 구성 비율은 사례별로 달라질 수 있으며 새로운 기술의 출현, 소비자 니즈의 변화, 경제 사회 환경의 변동 등으로 인해 시간에 따라 달라질 수 있다. 전체 기능 및 경제적 가치에서 서비스가 차지하는 비율(α)은 없거나 미미한 수준에서 최근 그 비율이 급속도로 증가하고 있다.

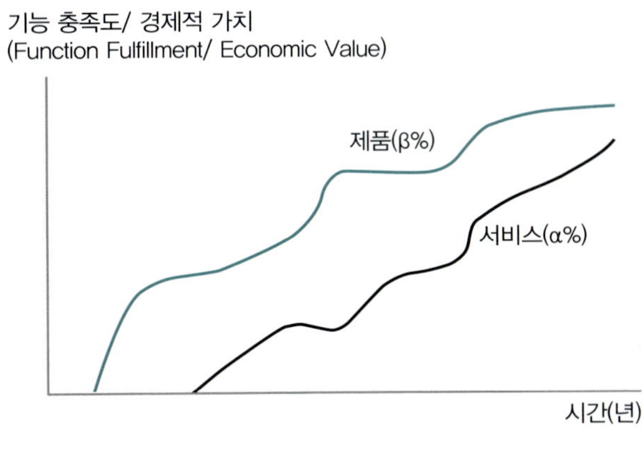

[그림 1-8] 시간에 따른 제품 서비스 비율의 변화

출처: 박경종 외(2014).

(2) 서비스화의 중요성

기존 선진국과 함께 BRICS를 포함한 개도국의 부상에 따라, 대량생산 중심의 제조업이 고도로 발달하고 이로 인해 시장이 필요로 하는 제품보다 더 많은 제품이 과잉 공급되는 현상이 발생한다. 과잉 공급된 제품으로 말미암아 새로운 기술혁신을 이룬 소수의 제품을 제외하고 대부분의 제품은 차별화되지 않고 손쉽게 접근할 수 있는 범용 상품화(commodity)가 되고 있다. 이로 인해 제한된 시장을 차지하기 위한 가격 중심의 경쟁이 격화되고 있다. 이러한 가격 중심 경쟁에서 탈피해 새로운 시장을 창출하고 이익을 확보하기 위해서 기존의 제품에 서비스를 통합하여 새로운 가치를 창조하는 서비스화의 중요성이 강조되고 있다.

또한 최근 강조되는 지속가능한 경영의 관점에서 볼 때에도 단순 제품 판매가 아니라 제품의 전 수명주기에 걸쳐 관련 서비스와 통합함으로써 환경오염을 최소화할 수 있는 유력한 전략이다.

(3) 서비스화의 유형

서비스화의 유형에 대해서는 연구자에 따라 여러 이론이 제시되고 있다. Cook (2004)은 크게 제품 지향적 서비스(product-oriented service), 소비 지향적 서비스(use oriented services), 성과 지향적 서비스(result oriented service) 등 세 가지로 그 유형을 구분하였다. 서비스화의 수준은 제품 지향적 서비스는 제품이 차지하는 비중이 높고, 성과 지향적 서비스는 서비스가 차지하는 비중이 높다. 사용 지향적 서비스는 제품과 서비스의 비율이 비슷하다.

첫째, 제품 지향적 서비스는 전통적 방식의 제품 판매에 일부 서비스 기능을 부가하는 것을 말하며 제품관련 자문 및 컨설팅(product related advice/consultancy), 제품관련 서비스(product related service) 등을 포함한다. 제품관련 자문 및 컨설팅은 제품 사용에 익숙하지 않은 소비자 또는 수요 기업을 대상으로 제품을 최적화해 활용하고 접목하는 방안에 대한 자문 및 컨설팅 활동을 의미한다.

둘째, 사용 지향적 서비스는 전통적 제품 중심의 판매에서 한걸음 더 나아가 제품의 소유권을 제품 판매자가 가지는 대신 제품의 사용권을 소비자에게 판매하는 방식의 서비스를 말한다. 소비 지향적 서비스로는 제품리스(product lease), 제품 임대 · 공유(product renting/sharing), 제품 공동이용(product pooling), 서비스별 지불(pay per service) 등으로 구분된다. 제품 리스는 제품의 소유, 유지, 보수에 대한 책임 및 권리는 제품 판매자가 가지고 소비자는 일정 시간 및 기간에 대한 비용을 지불하는 것을 의미한다. 제품 임대 · 공유는 제품 리스와 유사하나 동일 제품에 대해 순차적으로 다른 소비자가 다른 시간에 사용가능한 형태이다. 제품 공동이용은 제품 · 임대 공유와 유사하나 소비자가 공동으로 제품에 대해 사용이 가능한 형태이다. 서비스별 지불은 복사기 장당 복사 요금 지급, 택시 이용 등 서비스 이용 회별로 비용을 지불하는 형태이다.

셋째, 성과 지향적 서비스는 소비자가 제품을 구입하는 것이 아니라 판매자의 제품을 활용한 서비스를 구입하는 것이다. 성과 지향적 서비스로는 활동 관리 및 외주(activity management/outsourcing)와 기능적 성과(functional Result) 등으로 구분된다. 활동 관리 및 외주는 구내식당 외주 운영 및 청소 용역과 같이 제3자에게 위탁해 서비스를 받는 형태이다. 기능적 성과는 제품으로 인해 이루어지는 기능에 대해 소비자가 요금을 지불하는 형태다. 예를 들어, 냉난방기 판매, 또는 리스가 아니라 냉난방기에 의해 유지되는 쾌적한 실내 환경 자체에 대해 요금을 지불하는 것을 의미한다.

2) 서비스 혁신

(1) 서비스와 기술혁신

"아침에 스마트폰의 알람소리를 듣고 일어나, 수면 앱을 통해 간밤의 자신의 수면 상태를 확인하고 일정관리 앱을 통해 오늘의 일정을 확인한다. 화장실에서 바이오센서가 부착된 비데를 통해 혈당치 등 자신의 주요 건강상태를 실시간으로 확인한 후, 서재에서 오늘 탑승할 비행기 좌석을 창가로 지정한 후, 자신의 프린터를 통해 탑승권을 자동 발권한다. 교통카드가 내장된 후불 신용카드를 활용해 인천공항철도를 이용하고, 공항철도 객실 내에서 제공되는 LCD 정보 화면을 통해 독일 프랑크푸르트의 날씨와 온도를 확인하며, 오늘 증권시장 지수와 주요 뉴스를 확인한다. 집에서 미리 출력한 탑승권으로 바로 검색대를 통과하고, 사전에 등록한 무인자동출입국 서비스로 긴 줄을 피해 출국 수속을 마친다. 비행기 출발시간이 잠시 남아, 면세점 쇼핑을 하며 물건의 상세정보와 인터넷 최저가격을 태블릿을 이용해 확인한다. 미처 시간이 없어 예약하지 못한 프랑크푸르트 호텔을 인터넷 예약 사이트에 들어가 자신의 신용카드로 예약하고, 사용할 렌터카를 호텔 예약 시 주어지는 30% 할인 혜택을 이용해 함께 예약한 후, 항공기에 오른다."

위의 가상 시나리오를 보면 기술혁신이 서비스에 얼마나 많은 영향을 단계별로 미치는지 알 수 있다. 제품과 다른 서비스가 가진 특징으로 인해 서비스는 전통적으로 항상 많은 노동력을 수반하는 노동집약적 산업으로 인식되어 왔다. 서비스의 비분리성으로 인해 고객이 서비스 전달 과정에 참여하게 되고 이로 인해 서비스를 제공하는 공급자와 서비스를 받는 소비자 모두에게 필요한 시간과 비용이 증가하게 된다. 또한 서비스의 이질성으로 인해, 통일된 서비스 대신 개별 소비자에게 적합한 서비스를 제공하기 위한 인력의 개입이 필수불가결하였다.

그러나 최근 가속화되고 있는 기술혁신으로 인해 새로운 서비스의 개발, 서비스 전달체계, 서비스 고객 접점에서 기존에 존재하지 않았던 서비스가 선보이고 서비스 자동화를 통해 사람의 개입이 없는 서비스, 더 나아가 셀프서비스로 진화하고 있다. 서비스에서 기술의 역할은 최근 정보기술(IT)과 신기술의 등장으로 급격한 진전으로 중요성이 증대되고 있다.

(2) 서비스 고객접점과 기술혁신

기술혁신은 서비스 제공자와 고객이 만나는 접점의 방식을 변화시키고 있다. 전통적인 사람대 사람의 대면(對面) 상호 작용 방식의 서비스 제공 대신 이를 기술로 대체하고 있는 것이다. 서비스 고객 접점 상에서의 기술은 무 기술형 서비스(technology-free service encounter), 기술 지원형 서비스(technology-assisted service encounter), 기술 도움형 서비스(technology-facilitated service encounter), 기술 연결형 서비스(technology-mediated service encounter), 기술 생성형 서비스(technology-generated service encounter) 등 크게 다섯 가지 유형으로 구분할 수 있다.

첫째, 무 기술형 서비스 접점은 전통적 방식의 대면 상호 작용 방식으로 기술은 특별한 역할을 하지 않는다. 이미용, 법률상담, 컨설팅 등의 서비스가 해당된다. 둘째, 기술 지원형 서비스는 서비스 제공자만이 기술을 사용하고 서비스 수요자인 고객은 기술을 사용하지 않는 것이다. 이러한 방식은 X레이를 사용하는 병원이나, 은행원의 컴퓨터 단말기 활용과 같은 제한적인 기술의 활용에 적용된다. 셋째, 기술 도움형 서비스 접점은 서비스 제공자와 고객이 대면 상호 작용에서 함께 동일 기술을 활용하는 형태이다. 넷째, 기술 연결형 서비스 접점은 서비스 제공자와 고객간의 직접적인 접촉인 대면 접촉은 없는 대신 기술을 통해 서로 연결되는 방식이다. 전화나 인터넷 등을 활용해 서비스 제공자와 고객은 소통하게 된다. 기업 홈페이지 또는 콜센터를 통한 질의응답 등이 해당된다. 다섯째, 기술 생성형 서비스 접점은 서비스 제공자는 배제되고, 고객이 기술을 통해 스스로 서비스를 제공받는 셀프서비스이다. 이 방식은 서비스 제공자는 서비스 제공에 있어 참여하지 않고, 고객 스스로 서비스를 수행하게 된다. 공항의 무인발권시스템(Kiosk), 은행의 ATM 등이 해당된다.

(3) 서비스 자동화

일반적으로 서비스는 서비스가 가지고 있는 무형성, 비분리성, 소멸성, 이질성 등으로 제조업에 비해 자동화가 어렵다. 그러나 서비스에서도 기술혁신은 수동(手動), 대면(對面) 중심의 서비스를 자동(自動), 비대면(非對面) 중심의 서비스로 변화시키고 있다. 산업혁명을 통해 전통 제조업에서 자동화 혁명을 이룩한 것과 같이, 서비스 부문에서도 기술을 통해 자동화가 진전되고 있다. 또한 제조업에서의 자동화는 제품을 생산하는 공정을 중심으로 하지만, 서비스에서는 서비스 생산과정과 함께 서비스가 고객에게 전달되는 인터페이스에서도 일어나게 되며 이로 인해 제조업의 자동화보다 그 범위가 확대되게 된다.

(4) 셀프서비스의 진화

서비스에서 기술혁신은 셀프서비스의 대폭적인 증가로 이어지고 있다. 서비스 제공 기업은 셀프서비스를 통해 서비스 생산 및 제공에 소요되는 비용을 대폭적으로 감소시킬 수 있다. 은행과 같은 금융업의 경우 지점을 방문해 대면으로 서비스를 받는 거래보다, 인터넷 뱅킹, ATM, 모바일 뱅킹과 같은 셀프서비스를 통한 비대면 채널의 비중이 90%에 육박할 정도로 늘어나고 있다. 실제로 인터넷 뱅킹과 모바일 뱅킹 등록자 수가 2011년 말 7천4백여만 명에 이르고 있다. 이로 인해 은행의 원가에서 차지하는 인건비의 비중이 줄어 비용 절감으로 이어지게 된다. 이러한 셀프서비스의 진화는 은행뿐 아니라 도소매점, 공항, 서점, 학교 등 서비스업 전반에 걸쳐 그 영향력이 확대되고 있다.

3) 글로벌 서비스

(1) 서비스의 글로벌화

국내 제조기업의 글로벌화에 이어 국내 서비스 기업의 글로벌화가 최근 두드러지고 있다. 하지만 동일 제품을 대량 생산해 대량 소비하는 해외 시장으로 수출할 수 있는 제조업에 비해 서비스는 여러 한계를 가지고 있다.

우선 문화적 어려움이다. 특정 지역에서는 문제가 없는 서비스라도 국가가 달라지면 문화적 차이로 인해 서비스 수용을 거부할 수 있다. 특히, 종교, 인종, 역사, 지역, 언어 등 다양한 요인으로 인한 문화적 차이는 서비스의 글로벌화에 장애요인으로 작용하게 된다.

두 번째, 해외 국가의 정책 및 규제가 서비스의 글로벌화에 영향을 미친다. 특히, 금융 및 통신과 같은 국가 기간 산업 또는 보호 산업에 있어서 해외 정부의 정책 및 규제는 서비스의 글로벌화에 직접적인 한계를 제시하기도 한다.

세 번째, 해외 국가의 공급자와의 관계이다. 국내 시장과 달리 해외 시장에서는 서비스 공급에 필요한 별도의 공급자가 필요하며 새로운 공급망과 파트너십 구축은 새로운 문제를 야기하게 된다.

(2) 글로벌 서비스를 위한 검토 요소

성공적인 서비스의 글로벌화를 위해서는 다각적인 검토가 필요하다. 우선 글로벌화하려는 서비스 개념이다. '문화적으로 받아들일 수 있는 서비스 개념인지? 서비스 고객들의 기대 수준과 윤리에 부합하는지?' 등에 대한 검토가 요구된다.

두 번째는 목표 시장이다. 해외 진출국의 목표 지역, 연령, 직업, 계층 등에 대한 세분화 및 목표 설정이 제시되어야 한다.

다음은 서비스 전달 시스템이다. 현지에서 활용할 수 있는 근로자의 수준, 공급망 형성에 참여할 수 있는 공급 기업, 활용할 수 있는 주요 인프라 등에 대한 타당성 검토가 이루어지게 된다.

마지막으로 서비스를 제공하는 과정의 운영 전략이다. 국내와 다른 현지 언어에 대한 활용 검토, 현지 국가 정부의 정책 및 규제, 노동조합 및 관련 협회와의 관계 등에 대한 검토가 필요하다.

(3) 글로벌 서비스의 진출 형태

서비스가 글로벌화되기 위해서는 기업이 소재한 국내 시장을 넘어 해외 국가로 진출하게 된다. 이러한 글로벌 서비스 교역을 WTO 서비스 협정(GATS)에서는 크게 4가지 모드(mode)로 구분한다. 첫째, 국경 간 공급(mode 1: cross-border supply)은 인터넷 강의와 같이 서비스 수출자와 수입자가 각각 자기 나라에서 머물면서 인터넷, 팩스 등을 통해 서비스만 국경을 넘어 공급하는 방식으로 상대국가에 사업장을 설립하지 않고도 인터넷을 이용한 경영 컨설팅, 법률 자문, 건축설계 도면 제공 등의 전문 서비스 제공과 국제화물운송 등 여러 형태의 서비스 교역이 가능하다. 둘째, 해외 소비(mode 2: consumption abroad)는 해외 유학이나 연수와 같이 서비스 소비자가 직접 해당 서비스 제공국으로 이동하여 소비하는 형태이다. 셋째, 상업적 주재(mode 3: commercial presence)는 미국 대학이 한국에 와서 대학을 설립하는 것과 같이 서비스 소비자가 이동하는 것이 아니라 서비스 제공자가 해외로 진출해 사업장(법인, 합작투자, 대표사무소, 지점, 파트너쉽 포함)을 설립 또는 기존 회사를 인수해 서비스를 제공하는 형태이다. 넷째, 자연인의 이동(mode 4: movement of natural persons)은 미국 교수가 한국 대학에서 강의하는 것과 같이 서비스 제공 인력이 상대국으로 진출하는 형태이다. 다만 상업적 주재와는 달리 사업장을 통해서가 아닌 자연인인 점이 차별화된다.

마무리사례

제조업 중심의 성장 전략이 삐걱거리고 있다.

중국은 이미 '세계의 공장'으로 떠올랐다. 과거에는 가격 경쟁력을 내세웠지만 최근에는 기술력도 우리 기업들을 위협할 정도로 발전했다. 더욱이 일본마저 엔화 약세를 무기로 다시 한국 제조업체들을 위협하고 있다.

최근의 수출 둔화는 제조업 경쟁력 약화를 방증한다. 석유화학, 정보기술(IT) 분야 등을 중심으로 중국과의 경합도가 높아지자 수출도 타격을 입고 있다. 삼성전자의 실적이 악화되자 국내 제조업의 위기론이 불거질 정도다.

이에 따라 서비스업 경쟁력을 높여야 한다는 목소리가 설득력을 얻고 있다. 특히 서비스업은 제조업에 비해 글로벌 경기 변동에 대한 내성이 높은 것으로 평가된다. 서비스업을 키우면 우리 경제의 안정성도 높아질 수 있다는 얘기다. 더욱이 서비스업은 고용 촉진 효과도 크다.

우리 정부는 2008년 이후 총 5차례의 '서비스업 선진화 방안'을 추진했다. 현 정부가 추진하는 '경제혁신 3개년 계획'에도 '5대 유망서비스업 육성 계획'이 포함돼 있다.

정부는 7대 유망 서비스산업으로 보건·의료, 관광, 콘텐츠, 교육, 금융, 물류, 소프트웨어 등을 선정하고 서비스산업 육성을 위한 정책과제를 마련했다. 정책 추진 동력을 강화

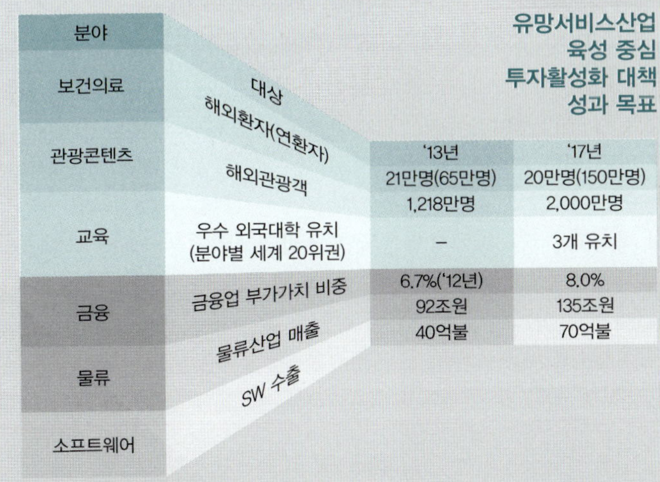

출처: 대한상공회의소.

하기 위해 분야별 핵심 성과목표를 설정하고 오는 2017년까지 목표달성을 위해 정책역량을 집중해 나갈 계획이다.
서비스산업을 효과적으로 육성하기 위해 ▲해외시장 진출 ▲분야별 맞춤형 지원 ▲성공사례 확산 등3대 전략을 수립했다.
이 같은 정부의 지원에도 국내 서비스산업의 성장은 지지부진한 모습이다. 통계청이 발표한 '2013년 기준 서비스업부문 조사결과'에 따르면 국내 서비스산업의 지난해 총매출액은 1440조원으로 전년 대비 0.8%(12조원) 성장하는 데 그쳤다.
서비스산업의 매출액 증가율은 지난 2010년 18%를 기록한 뒤 ▲2011년 8.3% ▲2012년 2.3% 등으로 계속 둔화되는 추세다. 전문가들은 제조업 의존도가 높은 국내 경제의 특성을 감안해 앞으로 서비스산업 정책은 제조업과 시너지 효과를 일으킬 수 있는 방향으로 세워야 한다고 강조한다. 예를 들어 제품 설계 등 제조업과 관련된 서비스 분야를 적극 육성해야 한다는 얘기다. 이런 분야는 제조업을 통해 구축한 노하우를 통해 경쟁력을 높이는 게 그리 어렵지 않은 것으로 지적된다.
대한상공회의소는 '서비스업의 신성장동력화를 위한 정책과제' 보고서를 통해 "성장 잠재력 하락 및 내수 · 수출 불균형 등 우리 경제의 구조적 문제를 해결하기 위해서는 금융, 통신, 사업서비스 등 고부가가치 중간재형 서비스산업을 육성해야 한다"고 주장했다. 이 보고서는 중간재 서비스 육성을 위한 구체적인 방안으로 ▲서비스 전반의 혁신 ▲정보통신 기술 활용도 제고 ▲전문직 서비스 등에 대한 규제 완화 ▲정보기술(IT) 비즈니스 모델 창출 등을 꼽았다.
중간재 서비스 육성정책의 대표적인 사례는 일본이 2006년 추진한 '신경제성장전략'이다. 이는 제조업 · 서비스업간 선순환 구조 구축에 초점을 두고 보건복지, 육아, 관광, 콘텐츠, 기업지원서비스, 유통 · 물류 등 6대 전략 분야의 경쟁력을 강화하는데 초점을 맞췄다. 서비스산업의 부가가치를 높이는 것도 서둘러야 할 것으로 지적된다. 지난 2011년 기준 우리나라 서비스업 고용비중은 68.9%로 일본(71.7%)과 비슷한 수준이지만, 부가가치 비중(57.7%)은 일본(72.7%)보다 훨씬 낮다.
오정근 건국대 특임교수 겸 한국경제연구원 초빙연구위원은 "현재 서비스산업은 음식, 숙박업 등 저부가가치 산업 위주인데, 여기서 탈피해야 한다"며 "금융, 교육, 의료, 관광 등 전 분야에 걸쳐서 지식기반 고부가가치 산업을 육성해야 한다"고 강조했다.

출처: 한국경제(2015. 01. 04.).

연습문제

1. 서비스를 정의하시오.
2. 경제활동에서 서비스의 역할을 논의하시오.
3. 서비스의 특징을 설명하시오.
4. 서비스 운영관리란 무엇인지 설명하시오.
5. 서비스와 제조의 차이는 무엇인지 설명하시오.
6. 서비스 산업의 최근 현황을 설명하고 서비스업은 어떻게 분류되는지 쓰시오.
7. 서비스의 미래를 설명하시오

PART

02

서비스 시스템의 설계

CHAPTER 02

SERVICE MANAGEMENT

서비스 운영전략

1. 서비스 운영의 개념
2. 서비스 운영전략
3. 서비스 전략
4. 서비스 운영전략의 경쟁 차원
5. 경쟁우선순위에 관한 이론
6. 서비스 전략과 서비스 운영전략의 적합성
7. 인터넷 보완전략

도입사례

폭약 사면 굴착 · 發破는 덤으로 … 서비스를 차별화하라

2008년 9월 세계 금융위기가 발생한 이후, 비교적 빨리 어려움을 극복한 기업의 상당수는 뛰어난 서비스 전략을 무기로 했다는 공통점이 있다. 독일의 풍력터빈 회사 에네르콘(Enercon)은 고객들과 점검 · 안전서비스 · 손질 · 수선 등을 포함한 '포괄적인 서비스'를 보장하는 서비스 계약을 맺고, 서비스 가격은 그들이 풍력발전 시설을 가동해서 얻는 수익에 비례하도록 구성했다. 또 고객인 풍력발전소 회사들에 97%라는 매우 높은 정상가동률을 보장했다. 에네르콘으로선 상당한 위험을 부담한 것이다. 하지만 이런 과감한 보장이 매우 좋은 반응을 일으켰고, 그 결과 에네르콘 고객 중 85%가 이 포괄적 서비스 계약을 맺었다.

상업용 폭약 시장의 선두 업체인 호주 오리카(Orica)는 채석장 운영 업체에 포괄적인 서비스 상품을 제공한다. 오리카는 폭약 판매뿐만 아니라 암석 분석, 굴착 작업, 발파까지 모두 해준다. 사실 맞춤형 서비스인 만큼 가격 투명성은 떨어지는 대신, 고객당 매출 · 효율성 · 안정성은 올라간다. 고객은 발파 과정을 걱정할 필요가 없기 때문에 그만큼 거래를 끊기가 어려워진다. 즉, 공급 계약이 연장된다.

에네르콘과 오리카처럼 차별화된 서비스를 도입한 회사는 특히 불황기에 큰 힘을 발휘한다. 차별화된 높은 수준의 서비스는 기업의 믿음직스러운 전략적 경쟁 우위가 될 수 있기 때문이다.

어느 기업이든 치열한 경쟁의 세계에서 살아남고 지속적으로 성장하려면 반드시 다음 세 요건을 갖춘, 뚜렷한 전략적 경쟁 우위가 있어야 한다. ▲고객이 중요하다고 생각하는 부문에서 강해야 한다 ▲기업이 갖추고 있는 우위를 고객이 실제로 인지해야 한다 ▲경쟁사가 쉽게 따라잡을 수 없는 부문에서 강해야 한다. 차별화된 높은 수준의 서비스는 특히 다른 회사들이 적어도 짧은 시간 내에는 흉내내기 힘들기 때문에 기업의 전략적 경쟁 우위가 될 수 있다.

그런데 요즘 국내외를 막론하고 고객의 서비스 기대 수준은 상상을 초월할 만큼 높다. 이러한 상황에서 기업은 어떻게 서비스를 전략적 무기로 만들 수 있을까? 오랜 시간 여러 기업의 흥망성쇠를 지켜보니 몇 가지 비법을 도출해 낼 수 있었다. 역량 · 외관 · 친절 · 신속이라는 서비스의 기본에 더욱더 충실을 기할 것, 그리고 비상사태 대처 능력을 향상시킬 것, 이 두 가지다.

먼저 역량 부분이다. 우리나라 기업이 수출하는 제품 구조가 더욱 복잡하고 정교해질수록 서비스 담당 직원의 역할은 더 중요해진다. 상당수의 수입국에는 실력 있는 서비스 직원이 아직 많이 모자란다. 우리가 수출하는 제품들을 능수능란하게 다룰 수 있도록 직원들을 지속적으로 철저히 교육해야 한다. 특히 개발도상국 또는 신규 시장의 경우에는 제품의 품질보다는 서비스가 좋지 않다는 불평이 더 많이 들린다는 사실을 우리 기업들은 알아야 할 것이다.

서비스의 '외관'도 중요하다. 점점 더 많은 회사가 통일되고 일관된 기업 이미지를 투사하기 위하여 직원들에게 제복을 입게 하고 있다. 특히 고객 관점에서는 서비스 담당 직원들의 외관이 그대로 기업 정체성(corporate identity)을 반영해, 고객들의 충성심에 적지 않은 영향을 미친다.

친절은 서비스의 기본 중 기본이라고 볼 수 있다. 삼성에버랜드 같은 놀이동산이나 대한항공 등의 비행기 안에서 직접 경험하는 직원의 친절은 상당한 수준이지만, 모든 회사가 다 그런 것은 아니다. 친절을 베푸는 데는 돈이 들지 않는다. 돈 안 드는 친절이 당신 회사와 당신 자신에게 많은 혜택을 가져다 줄 수 있다.

빠른 서비스만큼 고객에게 큰 감동을 안겨주는 것도 드물다. 그러나 서비스를 빨리 제공하려다 보면 일상적인 절차와 충돌할 수 있다. 여기 두 가지 사례를 통해 해법을 찾아볼 수 있다. 2013년 7월 미국 샌프란시스코 공항에 착륙하려던 아시아나항공 OZ214 편이 사고가 나서 승객 3명이 숨지고 100여 명이 부상을 입었다. 이때 이 비행기의 여자 승무원들은 목숨을 건 승객 구조로 현지 언론으로부터 '영웅'이라는 찬사를 들었다.

또 다른 사례. 플라스틱 볼 베어링 분야의 세계적인 회사 IGUS는 "임원의 허가 없이는 절대로 고객에게 '아니요'라고 하지 말라"는 법칙을 갖고 있다. 예를 들어, 어느 고객이 이 회사에 전화를 걸어 한 제품을 사흘 내에 갖고 싶다고 말한다 치자. 실제 생산 계획으로는 불가능한 일일지라도, 이 직원은 먼저 담당 임원과 상의한 뒤 그의 허락이 떨어져야만 고객의 요청을 거절할 수 있다. IGUS의 회장 프랑크 블라제에 따르면, 도저히 안 될 것 같았던 이런 무리한 고객 요구의 약 80%에 대한 해결책을 마련할 수 있었다고 한다. 이상에서 보았듯, '정말로 빼어난 서비스'는 일상적인 절차에 의해 모든 것이 원활하게 진행될 때 나오는 것이 아니고, 예외적인 비상사태가 일어났을 때 창출된다. 일상적인 절차와 훈련만으로는 예외적으로 뛰어난 서비스를 제공할 수 없는 것이다. 따라서 기업이 서비스를 효과적인 차별화의 수단으로 쓰려면 그 이상의 조치가 필요하다. 즉, 기업은 서비스 직원들이 정해진 서비스 절차나 매뉴얼에만 매달리지 않고 어떤 상황에서도 고객에게 좋은 서비스를 제공할 수 있도록 그들을 선발하고, 가르치고, 이끌어야 한다.

출처: 조선비즈(2014. 11. 20.).

CHAPTER 02

서비스 운영전략

1. 서비스 운영의 개념

서비스 운영은 충성고객(loyal customer)의 확보에 큰 영향을 미친다. 평소에는 곧바로 진료를 받을 수 있었던 소아과 의원이 환절기에 몇 시간씩 줄을 서야 한다면 수요예측을 잘못했을 가능성이 크다. 그 의원은 고열에 보채는 아이를 가진 젊은 부부라는 충성고객을 놓칠 수 있다.

서비스 운영이란 서비스 제공자(service provider)가 고객에게 최고의 서비스를 제공하기 위한 일련의 경영활동이다. 서비스 운영은 보통 다음과 같은 기능을 포함한다.

첫째, 특정 서비스의 미래 수요량을 과거와 현재의 데이터를 바탕으로 예측하는 것이다. 고객의 여행 동향을 미리 파악하는 항공사는 성수기에 특별기를 증편함으로서 수익을 극대화한다. 케이블 회사는 아날로그 방송을 디지털 방송으로 변경하는 서비스 수요를 예측한 적당량의 수리 부품을 미리 확보한다.

둘째, 서비스 수요예측을 바탕으로 서비스 인력이나 부수 자원의 용량을 관리하는 서비스 능력관리(capacity management)를 포함한다. 만일 서비스 수요가 피크

(peak)와 비수기의 형태로 반복되면 이를 편평하게 만들기 위한 서비스 수요관리(demand management)도 필요하다. 또한 서비스를 기다리는 고객에게 신속한 서비스를 제공하기 위한 대기행렬관리(queuing management)도 중요한 기능 중의 하나다.

셋째, 여러 서비스 제공자와 연계하여 최고의 서비스를 제공하게 하는 공급사슬경영이다. 제조업 공급사슬경영은 원자재 공급자(supplier)로부터 생산자(manufacturer), 도매업, 소매상을 거쳐 소비자까지 도달하는 제품의 흐름을 공유하고 통제한다. 즉, 눈으로 보고 만질 수 있는 제품을 다룬다. 그러나 서비스 공급사슬경영은 여러 서비스 제공자(service provider)가 고객이 요청하는 서비스를 어떻게 효율적이고 값싸게 제공할지를 다룬다. 동네 의원을 방문하면 의사의 진찰 서비스를 받을 수 있다. 혈액 검사가 필요하다면, 환자의 혈액을 채취하여 혈액분석을 전문으로 하는 또 다른 서비스 제공자에게 분석서비스를 의뢰할 것이다. 즉, 환자는 동네 의원에 몸을 맡겼는데, 최종적으로 혈액검사 결과가 돌아 온 것이다. 이처럼 서비스 제공자들이 서비스 사슬을 형성하여 고객의 요청에 부응한다.

한때 제조업에서 활용되었던 운영관리 기술들은 이제 서비스업에서 생산성과 효율성을 올리기 위한 도구로 활용되고 있다. 그러나 제조업의 운영관리 기술을 수정 없이 서비스업에 적용하기는 쉽지 않다. 서비스의 4가지 특성들(무형성, 비분리성, 이질성, 소멸성)이 제품의 특성과 크게 다르기 때문이다.

2. 서비스 운영전략

서비스 운영전략(operations strategy)은 '서비스를 생산하고 분배하는 방법을 서술하는 계획'이라고 정의할 수 있다. 기업의 장기적 경쟁전략을 가장 잘 지원하기 위해 기업의 자원을 이용하기 위한 광범위한 정책과 계획을 수립하는 것이다. 기업의 운영전략은 기업전략과의 통합을 통하여 이해되어야 하며, 전략은 어쩔 수 없는 변화를 촉진하는 장기 프로세스와 밀접한 관계가 있다.

운영전략은 프로세스를 지원하기 위해 필요한 기반구조와 프로세스의 설계와 관련된 의사결정과 밀접한 관계가 있다. 프로세스 설계에는 적절한 기술의 선택, 시간별 프로세스 규모 결정, 프로세스 내 재고의 역할, 그리고 프로세스의 입지 등이 포함된다. 기반구조에 관한 의사결정에는 계획 통제 시스템과 관련된 논리, 품질관리 접근법, 작업자 임금 지불 구조, 그리고 생산기능 조직 등이 포함된다. 운영전략이 어떻게 수립되는지 그 과정을 나타낸 것이 [그림 2-1], [그림 2-2]이다.

[그림 2-1] 서비스 운영전략 수립과정 1

서비스 운영전략은 상위 조직의 목적과 생산 목적을 조정하는 계획 프로세스의 일부라고 볼 수도 있다. 상위 조직의 목표가 변화하기 때문에, 운영전략은 미래의 니즈를 예상하여 설계되어져야 한다. 기업의 서비스 역량은 기업 고객의 변화하는 서비스에 대한 니즈에 적응하기에 최적인 포트폴리오라고 볼 수 있다. 운영전략에서 성공하기 위한 열쇠는 개별적인 선택의 결과를 이해하고, 그에 따른 상쇄관계를 찾아가는데 있어서, 우선순위 선택을 어떻게 할 것인가를 규명하는 데에 있다.

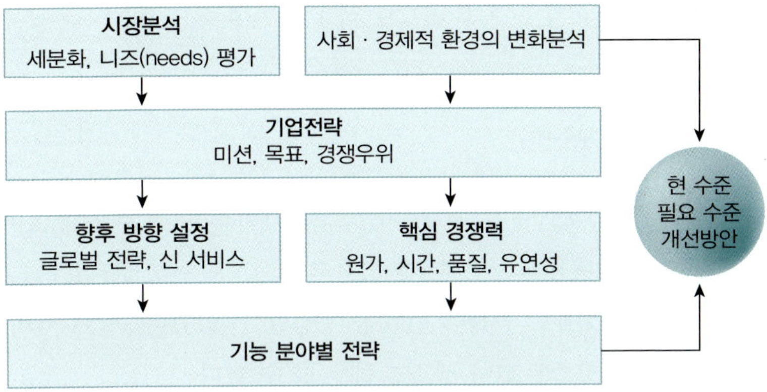

[그림 2-2] 운영전략 수립과정 2

3. 서비스 전략

Michael Porter는 일반적인 경쟁전략으로 원가우위 전략, 차별화 전략, 집중화 전략이 존재한다고 하였다. 각 전략이 경쟁에서 우위를 점하기 위해 어떻게 사용되는지 살펴보기로 한다.

1) 원가우위 전략

원가우위 전략은 기술혁신뿐만 아니라 효율적인 규모의 시설, 철저한 원가 및 가접비용 관리를 필요로 한다. 무엇보다 비효율적인 경쟁자들은 경쟁적인 압력으로 인해 고통받기 때문에 저비용 전략은 경쟁에 대응할 수 있는 방어벽을 제공한다. 저비용 전략을 수행하려면 최신 장비에 대한 높은 투자비용, 공격적인 가격정책, 그리고 시장점유율을 구축하기 위한 초기 손실이 필요하다. 원가우위 전략은 맥도날드, 월마트, 페더럴 익스프레스 등이 활용하여 성공적으로 수행하였다.

다음과 같은 방법을 동원하여 원가우위 전략을 수행할 수 있다.

(1) 저가격 고객을 찾는다.

어떤 고객은 다른 고객보다 더 적은 비용으로 서비스를 제공할 수 있다. 프로그레시브 보험은 결합률(비용과 보험지급을 합하고 보험료로 나눈 값)이라는 지표를 관리함으로써 다른 보험업체보다 싼 보험료를 책정할 수 있었다. 셀프 서비스를 원하는 소비자들을 목표로 코스트코나 샘스클럽을 들 수 있다.

(2) 고객 서비스를 표준화 한다.

일반적으로 소득세 신고는 고객화된 서비스로 인식되고 있다. 그러나 에이치알블럭(H&R Block)은 소득세 신고시에 전국의 고객을 대상으로 정해진 절차에 따라 루틴한 서비스를 제공함으로써 성공했다.

(3) 서비스 전달에서 개인적인 요소를 줄인다.

은행의 현금자동입출금기의 편리한 접근은 고객과 은행직원 간의 개인적인 거래를 약화시켜 결과적으로 은행의 거래비용을 절감할 수 있다.

(4) 네트워크 비용을 감소시킨다.

서비스 제공자와 고객을 밀착시키기 위해 네트워크를 필요로 하는 회사는 특별히 높은 초기비용이 필요하다. 페더럴익스프레스는 거점과 지점(hub and spoke)의 네트워크를 이용하여 네트워크 비용을 절검하였다. 즉 최신분류장비를 갖추고 있는 거점과 서비스가 제공될 지점도시에 직접 경로를 개설하지 않고 미국 전역에 익

일소포배달을 실천할 수 있게 하였다.

(5) 오프라인 서비스 운영을 활용한다.

많은 서비스는 고객이 직접적으로 참여해야만 수행되기 때문에 기본적으로 고객 참여적이다. 그러나 고객이 참여하지 않아도 되는 상황에서 몇 가지를 오프라인 상태로 수행하면 서비스를 이원화할 수 있다. 신발수선 서비스는 고객이 직접 서비스 센터에 오지 않고 신발을 맡기고 찾아가는 간이 장소를 여러 곳에 설치하면 고객이 직접 방문하지 않아도 된다. 서비스를 오프라인 상태에서 수행함으로써 주문의 합병에서 나오는 규모의 경제, 저렴한 원가가 가능한 시설에 입지, 고객의 비참여로 상당한 비용을 절감할 수 있다.

2) 차별화 전략

차별화 전략은 독특하다는 인식을 갖도록 서비스를 창조하는 데 있다. 이는 다양한 방법을 통해 수행될 수 있다. 예를 들어 브랜드 이미지(인앤아웃 버거의 하얀색 빨간 색 로고), 기술(스프린트사의 광섬유 네트워크), 특성(아메리칸익스프레스사의 완벽한 여행 서비스), 대고객 서비스(노드스트롬의 명성), 딜러네트워크(센츄리21의 부동산 네트워크) 등이다. 차별화 전략의 목적은 비용을 무시하지 않으면서 충성고객을 만드는 데 있다. 서비스를 강화하기 위한 차별화는 고객이 기꺼이 지불하는 비용이다.

① 무형요소를 유형화한다. 고객들이 호텔에 머문 것을 기억하게 하기 위해 무료로 제공되는 화장품에 고객의 이름을 새겨 넣는 것이다.
② 표준제품을 고객화한다. 호텔교환원은 반복되는 업무 속에서도 고객의 이름을 기억함으로써 호텔에 대한 좋은 인상을 남길 수 있다. 버거킹은 맥도날드

의 전통적인 패스트푸드 접근방식인 계획생산과 차별화함으로써 주문생산의 확대에 노력해 왔다.

③ 인식된 위험을 감소시킨다. 많은 고객들은 서비스를 구매할 때 정보 부족을 느끼는 경우가 많다. 즉 차를 살 때 차에 대해서 잘 설명해 주는 서비스에 관심을 갖는다. 추가로 잘 정돈된 시설을 제공하고 작업을 보증하려는 서비스 제공자에게 호감을 갖는다.

④ 서비스 종업원의 훈련에 관심을 기울인다. 서비스 품질을 높이기 위한 개발과 교육훈련의 투자는 경쟁자가 모방하기 어려운 경쟁 우위를 느낄 수 있다. 아더앤더슨의 교육 시설은 이러한 노력을 실현하려는 의지이다.

⑤ 품질을 통제한다. 서비스의 특성 상 노동집약적인 시스템을 갖추고 있기 때문에 여러 지점에서 일관성 있는 서비스 품질을 유지한다는 것은 대단히 중요한 문제이다. 따라서 서비스 조직은 종업원들에게 일관된 서비스를 제공하기 위한 다양한 노력이 필요하다.

3) 집중화 전략

집중화 전략은 목표시장에서 고객의 특별한 요구에 부응하는 데 필요한 이상적인 서비스를 구축한다. 이러한 집중화 전략은 넓은 시장을 서비스하려고 애쓰는 기업보다 효율적이고 효과적으로 표적시장을 서비스할 수 있다는 전제를 기반으로 한다. 결과적으로 기업은 보다 낮은 비용으로 고객의 욕구를 더 잘 충족시킴으로써 좁은 표적시장에서 차별화를 달성할 수 있다.

Davidow와 Utal은 집중화 전략을 위한 3단계 접근법을 제시하였는데, 첫 번째 단계로 먼저 핵심 서비스를 설계하기 위해서 시장을 세분화하고, 두 번째 가치를 따라 고객을 분류하고, 세 번째 단계로 기대감을 인식된 성과보다 약간 낮게 설정한다. 이 전략은 원가우위 전략, 차별화 전략의 응용 부분이라 할 수 있다.

4. 서비스 운영전략의 경쟁 차원

경쟁력을 가진 운영시스템이 되기 위하여 가져야 할 능력은 무엇이며, 운영전략의 목표와 그에 따른 경쟁능력은 무엇을 필요로 할 것인가? 다른 경쟁기업보다 신속하게 시장에 제품을 내놓는 능력도 필요하고, 품질이 우수한 제품과 서비스를 제공하는 능력도 필요하다. 〈표 2-1〉은 운영시스템의 경쟁능력 제 차원을 나타내고 있다.

〈표 2-1〉 운영시스템의 경쟁능력의 차원

원가(cost)	• 낮은 원가의 서비스(low-cost operations)
품질(quality)	• 서비스 상품의 고성능 설계(high-performance design) • 균일한 품질의 서비스(consistent quality)
납기(delivery)	• 신속한 서비스 제공(fast delivery) • 고객과의 시간 약속 준수(on-time delivery)
유연성(flexibility)	• 고객화(customization) • 신상품 개발 속도(new product development speed)

과연 고객이 어떤 서비스를 구매할 것인가? 어떤 서비스의 특성에 끌리는지는 각각의 고객마다 다르며, 서비스의 원가에 이끌리는지, 품질에 이끌리는지를 파악하여 기업은 이에 대응하려고 노력한다. 이러한 노력은 기업의 경쟁지위를 갖게 하는 중요한 경쟁 차원이다.

1) 원가(cost)

비용에 기반을 둔 경쟁우선순위는 저렴한 비용의 서비스 창출능력을 의미한다.

모든 산업에서 구매의 기준을 저원가로 하는 세분시장은 존재하기 마련이며, 이런 틈새시장에서 경쟁하여 승리하려면, 기업은 저원가 생산자가 되어야 한다. 하지만 저원가 생산자가 되었다고 해도 반드시 수익성이나 성공이 보장되는 것은 아니다. 다만 원가 위주로 판매하는 서비스는 이런 서비스에 대해서 어느 회사의 제품인지 잘 구별해 내지 못한다.

이러한 세분시장은 대개 규모가 크며, 다수의 기업들이 대량생산에 따른 상당한 수익을 기대하며 달려든다. 그렇지만 결과적으로는 이런 시장에서의 경쟁은 매우 치열하여 망하는 기업도 생긴다. 결국엔 최저원가 서비스 제공자만이 생존하며 이런 기업이 대개 이 시장의 판매가격을 형성한다.

적은 비용으로 서비스를 제공할 수 있다는 것은 두 가지 의미를 내포하는데, 하나는 서비스를 창출하기 위해서 필요한 투입자원의 구매가격이 낮다는 의미이다. 즉, 저렴한 가격으로 원재료를 구입할 수 있거나 값싼 노동력을 활용할 수 있는 경우가 이에 해당한다. 두 번째는 상대적으로 적은 투입자원으로 많은 서비스를 창출할 수 있다는 의미를 나타낸다. 자원의 낭비를 줄임으로써 동일한 자원의 투입으로 많은 서비스를 창출해 낼 수 있다는 것이다.

2) 품질(quality)

경쟁우선순위로서 품질은 두 가지 의미를 내포한다. 하나는 우수한 서비스 상품의 설계능력(high-performance design), 즉 성능이 우수한 제품을 설계할 수 있는 설계품질 능력을 의미하고, 다른 하나는 적합 품질(conformance quality), 즉 균일한 품질의 서비스를 제공하는 능력이다. 설계능력은 절대적으로 우수한 성능과 기능을 가진 고급 서비스를 생산하는 능력을 말한다.

제품 품질의 적정한 수준을 만들어 내려는 목표는 고객의 요구사항에 초점을 두어야 달성이 가능할 것이다. 너무 높은 품질 수준으로 과도하게 설계된 서비스는 고객의 눈에 비싸 보일 것이다. 반대로 형편없이 설계된 서비스는 보다 높은 가치를 제공해야 만족하는 고객들에게 원가에 비해 좋아 보이지 않는 서비스를 제공하기 때문에 고객은 외면할 것이다.

균일한 품질의 서비스를 제공할 수 있는 능력은 서비스의 신뢰성에 직접적인 관련이 있기 때문에 매우 중요하다. 비싼 서비스든 싼 서비스든 상관없이 고객들은 균일한 품질의 서비스를 원한다. 그래서 서비스 전달과정에서 무결점의 서비스를 생산하여야 한다.

3) 납기(delivery)

치열한 경쟁 환경에서 살아남기 위해서 시간기반 경쟁능력(time-based competence)'의 중요성이 강조되고 있다. 이것은 경쟁기업보다 빠르게 서비스를 배달할 수 있는 능력을 가졌다는 것을 의미하는데 그만큼 제한된 시간에 보다 많은 고객주문을 충족시킬 수 있다는 의미도 된다. 신속한 서비스 배달능력을 위해서는 서비스를 보다 빠르게 생산하는 능력 즉, 짧은 리드타임을 가져야 한다.

예를 들면, 컴퓨터 네트워킹 장비수리 서비스업의 경우가 여기에 해당된다. 한두 시간 만에 현장까지 달려가서 수리해 주는 회사는 24시간 이내 출동을 보장하는 기업에 비해 경쟁력이 있을 것이다.

고객이 원하는 시간에 원하는 수량의 제품을 정확하게 인도하는 능력, 즉 배달의 신뢰성(reliability)을 유지하는 능력을 의미한다. 배달하기로 약속한 정시나 그 이전에 서비스를 제공할 수 있는 능력에 관한 것으로, 이는 서비스 기업의 경쟁력 결정에 매우 중요하다.

4) 유연성(flexibility)

많은 시장에서 수요의 증감에 대응하는 기업의 능력은 경쟁력의 중요한 요소가 된다. 수요가 증가하는 기업은 미래가 보장된 기업이다. 수요가 안정적으로 증가할 때엔, 규모의 경제가 작용하여 원가는 지속적으로 줄어들게 되고, 신기술에 대한 투자도 쉽게 결정할 수 있다. 그렇지만 상황이 바뀌어 수요가 감소하면 종업원수를 줄이거나 자산을 감축하는 등 여러 가지 어려운 결정을 해야 한다. 장기적으로 역동적으로 변화하는 수요에 효과적으로 대응하는 능력은 운영전략의 중요한 요소 중의 하나이다.

유연성 혹은 신축성이란 설계 변화와 수요변화에 효율적으로 대응할 수 있는 능력을 말한다. 현대의 고도로 세분화된 시장의 다양하고 변덕스러운 고객욕구를 충족시켜주기 위해서는 개별적인 고객의 욕구를 대량으로 충족시켜 줄 수 있는 능력, 즉 대량고객화(mass customization)의 추구를 필요로 한다.

전략 관점에서 유연성은 고객에게 다양한 서비스 구색을 제공하는 기업의 능력이다. 상이한 서비스를 제공하는 이러한 능력의 중요한 요소는 신상품을 개발하거나 이를 구축할 서비스 프로세스를 전환할 때 걸리는 시간이 짧아야 한다.

5. 경쟁우선순위에 관한 이론

경쟁우선순위들 간의 관계에 대한 세 가지 형태의 견해가 존재하는데, 첫째는 경쟁우선순위를 높이기 위해서는 다른 경쟁우선순위를 희생해야 한다는 상쇄관계(trade-off) 이론이고, 둘째는 경쟁의 우선순위는 일정한 순서로 차례차례 쌓아져야 한다는 모래성(sand cone) 혹은 누적(cumulative) 이론이며, 셋째는 시장 환경에 따라서 경쟁에 참여하기 위해 필수적으로 갖춰야 하는 경쟁우선순위와 경쟁의 우위에 서기 위해서 부가적으로 갖춰야 하는 경쟁우선순위가 존재한다고 보는 주문자격-주문획득 요소(order qualifiers and order winners) 이론이 있다. 본서에서는 경쟁우선순위의 상쇄관계이론 및 주문자격-주문획득 요소 이론을 생산 및 마케팅과의 연계를 통해 서술해 보고자 한다.

1) 상쇄관계 이론

운영전략의 핵심 개념 중의 하나는 운영 초점과 상쇄관계라는 개념이고, 상쇄관계 이론의 초점은 생산운영 의사결정은 생산운영 시스템이 추구하는 경쟁우선순위에 따라서 차별화된 내용을 담고 있어야 한다는 것이다. 그 기본 논리는 운영의 모든 차원들을 동시에 탁월하게 하기는 불가능하다는 것이다. 따라서 경영자는 성과의 어떤 지표가 기업의 성공에 가장 중요한 요인인가를 결정하여야 하며, 그에 따라 특정 분야에 기업의 자원을 집중하여야 한다.

예를 들면, 어떤 회사가 배달 속도에 집중하기로 하였다고 하자, 그러면, 그 회사는 다양한 제품을 제공하는 능력으로 표현되는 유연성을 높이기는 어려울 것이다. 이와 마찬가지로 저원가 전략은 배달 속도나 유연성과 양립되기는 쉽지 않다. 고품질 역시 저원가와는 상쇄관계가 있다고 하겠다. 기존의 대규모 설비를 가진 기업을 위해서 Skinner는 공장 내 공장(plant within a plant: PWP) 개념을 제안하였다. 이는 공장 설비 내에 상이한 제품을 생산하는 라인을 여러 개 별도로 설치하여 각 라인별로 상이한 운영전략을 수행하게 하는 것이다. 공장 내에서 셀 라인이나 U 라인 등을 활용하면 기본적으로 저원가 전략을 수행하면서 유연성을 향상시킬 수 있다.

하나의 전략적 포지션은 다른 포지션과 양립되지 않을 때 상쇄관계가 발생한다. 항공사에서 비용도 더 들고 서비스 시간도 더 걸리는 기내식 제공을 선택할 수도 있고, 또 선택하지 않을 수도 있다. 다만, 효율적으로 이 두 가지를 동시에 할 수는 없을 것이다.

양다리 걸치기(straddling)는 기존의 포지션을 유지하면서 성공적인 포지션의 혜택에 필적하기 위한 방법을 찾는 기업에서 생기는 현상이다. 이 경우엔 기존의 수행하던 활동에 새로운 특성, 서비스, 또는 기술을 더한다. 예를 들어, Continental Airlines이 Southwest Airlines의 전략에 대응한 방법이다.

경쟁의 초점이 어디에 두어지는 가에 따라 중점을 두는 경쟁 우선순위의 내용이 달라져야 한다는 상쇄관계 이론은 제한된 조직의 자원을 효과적으로 배분하기 위한 토대를 제공한다는 점에서 바람직한 접근일 수 있다. 그러나 이 이론이 가지는 큰 제약성은 단일한 차원의 경쟁능력 우수성만으로는 시장에서의 성공을 보장할 수 없다는 데에 있다. 아무리 유연성 있게 고객주문과 수요에 대응하는 능력을 가졌다 하더라도 제공하는 제품이나 서비스의 품질이 우수하지 못하다면 고객의 신뢰를 얻기가 어려울 것이기 때문이다.

사례

콘티넨털 항공

Continental은 풀 서비스 항공사로서의 포지션을 유지하면서, Southwest의 여러 점 대 점(point-to-point) 노선에 대응하기 위한 방안을 강구했다. 이 항공사는 Continental Lite라는 새로운 서비스를 제공하였다. 이는 기내식과 일등석 서비스도 없고, 출항 빈도를 높였고, 요금을 인하했으며, 수속시간을 단축한 서비스이다. Continental은 다른 노선에서는 여전히 풀 서비스 항공사로 남아 있기 때문에, 여행사를 계속 이용했으며, 여러 항공기종을 사용하고, 수화물처리와 좌석배정을 해주었다. 상쇄관계가 Continental Lite를 결과적으로 좌초시켰다. 이 항공사는 수백만 달러의 손실을 보았고, 이 일로 CEO는 직장을 잃었다. 이 항공사 비행기는 복잡하게 얽힌 거점 도시를 거쳐야 하기에 시간은 지연되었고, 수화물 전달 때문에 수속이 더디게 되었다. 지연과 취소로 하루에도 수천 건의 고객 불평이 접수되었다. Continental Lite는 가격으로 경쟁할 여력이 없었고, 여전히 여행사에게 수수료를 지급하고 있었다. 그러나 풀 서비스를 제공하기 위해서는 여행사 없이 일할 수도 없는 상황이었다. 그런데 이 항공사는 모든 Continental 비행기의 수수료를 삭감하여 손실을 보전하려 했다. 그와 동시에, Lite 서비스에 훨씬 저렴한 항공료를 지불한 여행객들에게 풀 서비스와 같은 마일리지 서비스를 제공할 여력도 없었다. 그러자 Continental 전체 마일리지 프로그램의 보상을 줄이는 조치를 취했다. 그 결과는 어떠했을까? 여행사와 풀 서비스 이용고객은 화가 단단히 났다. Continental은 한 번에 두 가지 방식을 병행하여 경쟁하려 했지만 양다리 걸치기에 따른 엄청난 비용을 지불하고 2012년 United Airline에 흡수・통합되었다.

2) 모래성 이론

INSEAD 대학의 Ferdows 교수 등은 기업의 경쟁력을 모래성을 이용하여 비교 설명하였다. 모래성은 기초가 넓고 튼튼해야 무너지지 않는다는 모래성이론(sand cone theory)에 의하면 모래성의 가장 밑 부분의 토대를 이루는 것이 품질이고, 그 위에 납기, 유연성 그리고 원가로 성과가 누적되어 기업의 경쟁력이 발생된다는 것이다.

결국 품질이 제대로 만들어지지 않으면 납기, 유연성, 원가 등 기업의 모든 경쟁 요인이 실현될 수 없다. 이는 곧 품질을 관리한다는 것은 기업의 경쟁력을 관리하는 것이라고 해도 과언이 아니다. 우리나라의 대표적인 기업인 S그룹의 회장이 새해 임원회의에서 세계의 무한경쟁에 살아남기 위하여 질에 의한 경영을 강조한 바 있다. 질의 경영은 품질경영의 중요성을 밝힌 것이다.

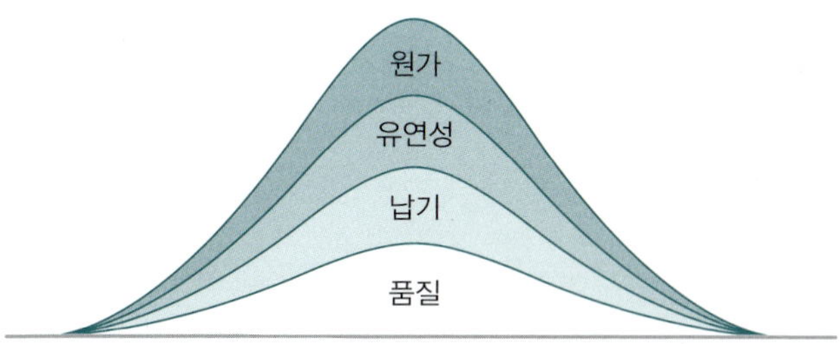

[그림 2-3] 모래성 이론

3) 주문자격-주문획득 요건이론

마케팅과 생산관리 두 가지 관점에서 시장을 이해하려 할 때 이 둘 사이의 접점에 대해 알 필요가 있다. Oxford 대학 교수 Terry Hill은 경쟁에서 승리하는 데 핵심이 되는 마케팅 중심의 차원을 설명하기 위해서 우위 요건(order winner)과 최소 요건(order qualifier)이란 신조어를 만들어 냈다(Hill, 2000). 우위(주문획득) 요건은 어떤 기업의 제품이나 서비스를 다른 기업의 그것과 차별화하는 기준이다. 상황에 따라 다르겠지만, 우위 요건의 기준은 제품의 원가(가격), 제품의 품질과 신뢰성, 또는 앞에서 살펴보았던 여타 차원일 것이다. 최소(주문자격) 요건은 구매의 가능한 대안으로 고려되기 위해서 기업의 제품이 가지고 있어야 할 적격 여부 기준이다. Hill 교수는 기업은 반드시 자기 비즈니스에서 최소 요건을 충족하는지 매일 검토해야 한다고 강조하였다.

(1) 최소 요건(주문자격 요건)

고객으로부터 잠재적인 공급업체로 선정되기 위해 반드시 충족해야 할 경쟁능력의 차원을 말한다. 가령 공급업체 자격을 가지기 위해서 ISO 9000 인증을 필요로 한 경우가 많다. 이 경우 ISO 9000 인증을 획득하지 못한 기업이라면 고객의 잠재적인 공급업체 리스트에 이름을 올리는 것조차도 불가능하다. 물론 ISO 9000 인증을 받았다고 해서 고객으로부터 주문을 얻는 것은 아니지만 인증을 받는 것이 최소한 주문을 얻기 위해 필요한 자격요건이 되는 것이다.

(2) 우위 요건(주문획득 요건)

고객으로부터 주문을 얻기 위해 필요한 경쟁능력의 차원을 말한다. 고객이 주문을 낼 대상을 선정할 때는 주문자격 요소를 충족시키는 잠재적인 공급업체를 대상으로 다양한 측면의 평가와 심사를 하게 된다. 이 경우 가장 적합한 공급업체로 선정되기 위해서는 다른 경쟁적 공급업체보다 무엇인가 차별화되는 뛰어난 경쟁능력의 차원을 가지고 있어야 할 것이다. 주문획득에 직접적인 영향을 미치는 경쟁능력의 차원이 바로 주문획득 요소이다.

우위 요건과 최소 요건의 기준도 시간의 흐름에 따라 변화하였다. 예를 들면, 일본 기업들이 세계 자동차 시장에 진입했던 1970년대에는, 우위 요건이 가격에서 제품의 품질과 신뢰성으로 변화하였다. 미국 자동차 회사들은 일본 기업의 품질에 눌려 고객을 잃었다. 1980년대 후반까지 Ford, General Motors, 그리고 Chrysler(지금은 Daimler Chrysler가 됨)의 품질이 높아지자, 이제는 시장에서 검증된 기업이 되었다. 소비자들은 지속적으로 품질과 신뢰성을 주목하고 있으며 그에 따라 누가 가장 높은 성과를 내는 기업인지 재검증하게 되었다. 오늘날 자동차업계의 우위 요건은 모델에 따라 매우 다르다. 고객들은 자신이 원하는 특성집합, 예를 들면 신뢰성, 디자인 특성, 그리고 연비 등을 알게 되었고, 그래서 저가격에 특정한 조합을 갖춘 자동차를 구매하여 가치를 극대화하려 한다.

6. 서비스 전략과 서비스 운영전략의 적합성

기업의 운영을 구성하는 모든 활동들은 서로서로 연관되어 있다. 이 모든 활동을 효율적으로 한다는 것은 총비용을 최소화한다는 것을 의미한다. 그와 반대로, 효과적으로 한다는 것은 이 모든 활동들이 기업의 전략을 지원하도록 한다는 것을 의미한다. Southwest Airline의 전략이 일련의 활동에 의해 수행된 방법에 대해 설명하면, 신속한 출발과 높은 항공기 이용율을 가능하게 하는 Southwest의 신속한 탑승 준비는 높은 편의성과 낮은 비용 포지셔닝에 절대적인 요소이다. 그러나 Southwest가 어떻게 이렇게 할 수 있었을까? 그 답의 일부는 이 회사에서 좋은 대우를 받는 탑승구 주변 직원에서 찾을 수 있다. 이들의 준비시간에 관한 생산성은 유연한 노조 규칙에 의해 가능하게 되었다.

그러나 그 답의 많은 부분은 Southwest가 수행하는 다른 활동의 방식에 있다고 하겠다. 기내식도 없고, 좌석 배정도 없으며, 수화물 연계 처리도 해주지 않으며, Southwest는 다른 항공사들의 운행을 느리게 하는 활동을 없애버렸다. 지연을 유발하고 혼잡을 피할 수 있는 항로와 공항을 선택한다. Southwest의 항로의 길이와 유형에 대한 엄격한 제한으로 사용할 항공기를 표준화할 수 있었다. Southwest에서는 Boeing 737s만 사용한다.

명확한 전략을 가진 기업에서는 수많은 높은 수준의 전략적 주제들이 엄밀하게 연결된 활동의 클러스터를 통해서 규정되며 실행된다. 이러한 유형의 지도는 활동 시스템과 기업의 전략 사이에 정렬이 잘되어 있는지를 파악하는 데 유용하다. 경쟁우위는 기업의 활동이 전략적으로 정렬되고 재강화되는 방식에서 유래한다고 하겠다.

서비스 기업에서 운영전략은 일반적으로 기업전략과 밀접하게 관련되어 있다. 대부분의 서비스에서 서비스 전달 시스템은 비즈니스이며, 그래서 어떤 전략적 의사결정도 반드시 운영에 대해서 고려하여야 한다. 그렇지만, 생산 담당 임원이 기업 내 다른 임원들과 같은 무게의 목소리를 늘 내는 것은 아니다. 어떤 항공사에서 새로운 항로를 개설하거나 새로운 기내서비스를 추가하는 등의 마케팅 의사결정은 생산운영 실행상의 이의제기를 무시하고 이루어지는 경우가 있다.

서비스 기업은 초점화 전략을 수행하기 위해 공장 내 공장(PWP) 구조를 이용할 수 있다. PWP 초점 전략을 이용하는 병원들은 심장병센터, 종양센터, 산부인과센터, 재활의학센터 등과 같은 환자별 서비스 제공센터를 운영한다. 주요 백화점들은 제품이나 서비스를 별도의 부서로 나누어, 각각의 부서는 별도의 고객 초점, 주문, 제품 정렬, 흐름관리, 그리고 전략을 가지고 운영한다. 여성스포츠 의류, 유아복, 실내복, 그리고 남성복 등 각각의 부서는 독특한 욕구를 가진 특정 고객에 초점을 맞추고 있다.

대개 이러한 조직은 각각의 니즈에 맞게 다양한 고객과 시장에 대응하려 노력한다. 또한 우위 요건과 최소 요건도 서비스 분야에 적용할 수 있다. 은행의 경우에, 최소 요건은 좋은 입지, 창고직원과 대출담당 직원의 구비, 그리고 ATM기기 등이 될 것이다. 우위 요건은 고객관계 관리와 고객위주의 은행업무 시간 정하기 등이다.

7. 인터넷 보완전략

인터넷이 시장을 장악하여 전통적인 비즈니스 방식을 대체할 것이라는 우려가 널리 확산되어 왔다. 예컨대 기존의 책이 사라지고 e-북으로 대체된다는 것이다. Harvard 대학 교수인 Michael Porter는 이것은 매우 과장된 이야기라고는 주장하였다. 많은 경우 인터넷은 기업의 전통적인 활동과 경쟁방식을 파괴하기 보다는 보완한다고 한다. 미국에서 가장 성공적인 약국 체인점인 Walgreens는 웹사이트를 도입하여 고객에게 광범위한 정보를 제공하고 고객들이 온라인으로 처방전을 주문할 수 있는 시스템을 만들었다. 그래서 체인점들이 망하기는커녕 웹사이트가 체인점의 가치를 높이는데 기여하였다. 웹으로 주문을 한 경험이 있는 고객의 90%는 집으로 약을 배달해 주는 것 보다 근처의 체인점에서 약을 직접 사가는 것을 더 원했다. Walgreen은 주문의 일부가 인터넷으로 대체되기는 하더라도, 기존의 체인점 네트워크는 여전히 경쟁 우위 요소로 남을 수 있음을 확인하였다.

Porter는 온라인 활동을 보완한 전략이 기존의 활동을 없애지는 않으며 오히려 그 중요성이 더 커진다고 주장한다. 예를 들면, 직접 주문을 수행하려면 창고와 배달이 더욱 중요해진다. 때때로 인터넷을 이용한 활동으로 인해 전혀 새롭거나 향상된 물리적 활동을 해야 할 경우가 있다. 예를 들면, 인터넷에 기초한 구직 안내 서비스는 잠재적 구직자를 찾아내는 비용을 상당히 절감시켜주지만, 담당직원들은 전자 이력서의 홍수를 감당하여야 한다. 구직자들의 이력서 제출이 쉬워져서, 담당직원들은 훨씬 많은 조건에 맞지 않는 응시자들을 가려내는 데 힘을 써야 한다. 이러한 부담으로 인해 증가된 오프라인 작업 비용은 대개 프론트라인 작업 비용 절감보다 더 큰 경우가 있다.

궁극적으로 인터넷과 전통적인 경쟁방식을 병행하는 전략이 많은 산업에서 승리를 거두었다. 수요 측면에서, 대부분의 구매자들은 단독 웹 유통업체보다는 온라인 서비스와 물리적 입지를 동시에 가진 업체를 더 선호하고 있다. 구매자들은 대개 유통 채널의 선택권, 배달 방식의 선택, 그리고 기업과 직접 거래하는 방식 등을 갖춘 업체들을 원하기 때문이다. 공급 측면에서, 만약 생산과 구매가 인터넷과 전통적인 방식을 병행하여 적절한 전략을 구사한다면, 보다 효과적으로 임무를 수행할 수 있을 것이다.

마무리사례

2015년 모바일 트렌드

2009년 11월 28일은 국내에 아이폰이 처음 발매된 날이다. 이때만 해도 PC가 사회 활동의 중심 역할을 했다. 5년이 지난 지금은 스마트폰(모바일)이 그 자리를 꿰찼다. 상품 거래, 커뮤니케이션, 결제, 콘텐츠, 창업 등 우리 생활에 밀접한 분야가 모바일 플랫폼 중심으로 바뀌고 있다. 책을 낸 '커넥팅랩'은 주요 IT 기업의 실무자들이 참여하는 모바일 전문 포럼이다. 지난해에 이어 올해에도 모바일로 수렴 · 확장하는 다양한 분야의 내년 트렌드를 예측했다. 작년에 나온 '모바일 트렌드 2014'의 상당 부분이 올해 현실이 됐다. 이 책은 단말기 · 통신 네트워크 등 모바일 자체의 트렌드 변화는 물론 이를 기반으로 빠르게 진화하는 6개 분야의 '코앞의 미래'를 제시한다.

① 옴니채널 커머스

옴니채널(omni channel) 커머스란 오프라인 매장과 온라인 몰의 경계를 허물고, 고객 정보 및 쇼핑 체험을 융합해 통일된 상품과 서비스를 제공하는 것을 말한다. 개인용 휴대기기인 모바일이 중심이 된 신개념 유통 전략이다.

현재 옴니채널 커머스의 핵심은 '오프라인 매장' 살리기다. 커넥팅랩은 '쇼루밍(showrooming: 고객이 매장에서 물건을 살펴보고, 실제 구매는 값이 싼 온라인 몰에서 하는 것을 가리키는 신조어)'으로 매출이 급감하는 오프라인 매장을 온라인 매장과 연동시키고, 매장 자체를 디지털화시키는 유통업체의 노력이 가속화될 것으로 내다봤다. 미래형 쇼핑은 고객이 오프라인 쇼핑의 즐거움을 느끼는 동시에 온라인 쇼핑의 효율을 가져갈 수 있어야 한다는 이야기다.

오프라인 매장의 디지털화는 QR코드 스캐닝, NFC 태크, 비콘(BEACON: 근거리 기반 위치 인식 기술) 등의 기술 활용을 더욱 활발하게 할 것이라는 예상이다.

② 모바일 결제

실물 형태의 신용카드를 지갑에 보관하지 않아도 되는 시대다. 이미 모바일 앱카드 · 모바일 월렛의 사용이 20~40대를 중심으로 꾸준히 증가하고 있다. 국내 모바일 결제 규모는 2013년 1월 1분기 1조1270억 원에서 2014년 1분기 2조8220억 원으로 2배를 훌쩍 넘었다.

최근까지만 해도 모바일 뱅킹은 은행에서 개발한 앱을 통해서만 가능했다. 최근에는 은행이 아닌 제3의 앱에서도 자금 이체가 가능하다. 해외는 구글과 페이팔이 서비스 중이며, 국내에서는 다음카카오가 서비스를 시작했다. 기존 모바일 뱅킹보다 간편한 것은 물론 거의 수시로 사용하는 메신저 플랫폼 내에 탑재됐다는 것이 가장 큰 강점이다. 커넥팅랩은 다음카카오의 금융 서비스 '뱅크월렛카카오'의 독주를 점쳤지만, 금융기관들도 ICT 기업에 모바일 결제 주도권을 빼앗기지 않기 위해 특화된 금융 서비스를 시작할 것으로 예상했다.

③ 옴니채널 커뮤니케이션

최근까지 대부분의 기업의 고객 커뮤니케이션 방법은 콜센터-홈페이지-블로그-SNS(소셜네트워크서비스) 운영 등으로 진화해 왔다. 그러나 최근 기업들은 기업 · 브랜드를 사전에 인지하는 단계부터 판매 후 고객 관리까지 구매 스토리를 종합적으로 파악하고, 긍정적인 가치와 경험을 제공하는 옴니채널 커뮤니케이션에 주목하고 있다.
영국 항공사인 '버진 애틀랜틱(Virgin Atlantic)'을 예로 들 만하다. 이 항공사는 구글글래스를 도입해 비즈니스 좌석을 이용하는 고객의 정보를 사전에 파악한다. 고객 특성을 고려해 맞춤형 서비스를 제공하기 위해서다. '달라고 하기 전에 먼저 준다'는 전략을 도입한 이 항공사는 저렴한 가격과 기내 서비스에만 치중한 여느 항공사의 서비스 전략과는 궤를 달리한다. 일본 이동통신사 소프트뱅크는 구시대 산물로 여겨지는 콜센터를 새로운 이윤 창출의 채널로 탈바꿈시켰다. 자사 이동통신 관련 내용뿐 아니라 IT 전반에 걸친 전화 상담 서비스를 시행했다. 매월 일정 금액만 내면 언제 어디서나 편안하게 상담받을 수 있도록 했다. 속칭 '무엇이든 물어보세요'다.
커넥팅랩은 많은 기업이 스마트 기기를 도입하거나 기존 고객 서비스에 모바일 신기술을 접목하는 방식의 커뮤니케이션 방법을 고안할 것으로 예상했다.

④ 미디어 콘텐츠

'콘텐츠가 왕'이라는 말이 있다. 그러나 커넥팅랩은 '콘텐츠가 왕이라면 플랫폼은 여왕'이라고 말한다. LTE 무선 인터넷의 등장으로 소비자의 콘텐츠 소비 행태가 변화했다는 설명이다. 이제 대부분의 콘텐츠는 항상 플랫폼에 연결되어 있어야만 한다. 즉 모든 콘텐츠가 왕이 될 수 없음을 말한다.
커넥팅랩은 온라인과 오프라인의 경계가 모호해진 상황에서 매체 간 구획을 정해 시장 점유율을 산정하는 것은 더는 의미가 없다고 말한다. 지상파 방송사가 비슷비슷한 콘텐츠로 시청률 경쟁을 하는 사이 케이블과 종합편성채널의 시청률이 괄목할 만하게 올랐다. 방송보다 모바일 게임이나 웹툰, 영화 등이 더욱 관심을 받는 일도 허다하다.

즉, 모바일과 함께 생활하는 소비자에게 어떤 방식으로 양질의 콘텐츠를 노출하고 그들의 삶을 점유하는지가 더욱 중요해졌다고 말한다.

⑤ 사물인터넷

지난해 1월 구글은 스마트 온도조절계와 연기감지기 등 2개 제품을 내놓은 신생 기업 '네스트랩스(Nest Labs)'를 32억 달러(3조2000억 원)에 인수했다. 같은 달 구글은 2011년 125억 달러에 인수했던 모토로라를 약 30억 달러에 매각했다. 며칠 사이 일어난 이 인수 · 합병(M&A)은 사물인터넷 시장이 얼마나 많은 가능성을 품고 있는지를 보여주는 대표적인 사례로 꼽힌다.

지난 4월 LG전자는 스마트폰 모바일 메신저로 가전제품을 제어하는 '홈챗(Home Chat)' 서비스를 상용화했다. 스마트폰으로 밥솥, 냉장고, 오븐 등을 제어할 수 있는 사물인터넷 기술이다. 일반 TV에 구글의 '크롬캐스트(chrome cast)'만 꼽으면 스마트TV로 바꿀 수 있으며, 에어컨에 독일 개발 업체 타도(Tado)의 '쿨링(Cooling)'을 붙이면 스마트폰으로 온도를 조절할 수 있다.

커넥팅랩은 사물인터넷 시장은 기술 자체보다 관점 변화가 중요할 것으로 봤다. 당장 우리 주위에 크고 작은 사물에 어떻게 IT DNA를 심을 것인지를 소비자 관점에서 생각해야 한다고 말한다.

⑥ 모바일 스타트업

모바일 옴니채널 시대는 대기업뿐 아니라 스타트업에도 새로운 기회다. 이전까진 새로운 서비스를 세상에 내놓기 위해서는 관련 장비를 개발하고 비용이 많이 드는 시스템을 구축해야 했지만, 지금은 그 일을 스마트폰이 대신해주기 때문이다.

최근 가장 주목받는 스타트업은 대부분 모바일에 최적화된 커머스 솔루션을 제공하는 업체다. 오픈마켓보다 모바일에 전력을 쏟은 쿠팡, 티몬 등 소셜커머스는 물론 배달의민족, 요기오, 배달통 등이 90% 이상을 차지하는 배달앱 서비스는 지난해 1조 원 시장으로 성장했다.

커넥팅랩은 2015년에도 모바일에 최적화된, 특히 공유형 서비스를 제공하는 스타트업이 득세할 것으로 내다봤다. 모바일 시대에는 소유권보다 접근권이 더욱 중요해졌기 때문이다. 이미 큰 인기를 끈 카셰어링 서비스 '그린카', 숙박시설 공유 서비스 '에어비앤비(airbnb)' 등이 대표적이다.

출처: 조선비즈(2014. 11. 28.).

연습문제

1. 서비스 운영전략의 정의를 설명하시오.
2. 서비스 전략을 설명하시오.
3. 서비스 운영전략의 경쟁차원들을 설명하시오.
4. 경쟁우선순위 이론을 설명하시오.
5. 서비스 전략과 서비스 운영전략의 전략 적합성을 설명하시오.

CHAPTER

SERVICE MANAGEMENT

03

서비스 상품의 설계와 프로세스 선택

1. 서비스의 운영상 분류 및 특징
2. 서비스 시스템의 분류
3. 서비스 접점의 관리
4. 서비스 접점의 구성: 서비스 시스템 설계 매트릭스
5. 서비스 조직의 설계
6. 서비스 청사진과 안전장치
7. 서비스 전달시스템 설계의 세 가지 분류

도입사례

우리카드 체크카드 부문

우리카드(대표 강원)가 최근 괄목할 경영성과를 내고 있다. 한국능률협회컨설팅(KMAC)이 주관한 '2014년 고객이 가장 추천하는 기업(KNPS)'과 '한국산업의 고객만족도' 조사 결과, 체크카드 부문 1위 등 다양한 수상 실적을 거두고 있다. 지난 2013년 4월 우리은행에서 분사해 우리카드가 전업카드사로 출범할 당시에만 해도 이미 포화상태에 이른 신용카드 시장에서 우리카드가 과연 순항할 수 있을까란 우려의 시각이 적지 않았다. 그러나 분사 후 우리카드가 출시한 신상품들은 '히트'를 쳤고, 분사 당시 7.3%의 시장점유율을 1년여 만에 8.6%로 끌어올려 안정적인 성장세를 이어가고 있다는 평가를 받고 있다.

우리카드의 성장세 이면에는 고객만족을 중시하는 경영철학이 뒷받침되고 있다. 기업 내 모든 의사결정 과정에서 고객만족과 고객보호가 핵심 기준으로 적용되도록 전력을 기울인다. 올해 선보인 '가나다카드'의 개발 과정은 우리카드의 고객만족경영의 대표적인 사례로 손꼽힌다. 지난해 9월 취임한 강원 대표는 "고객에게 답이 있다"며 "카드의 기본을 바로 세우자"고 전 임직원들에 주문했다. 이어 고객이 원하는 신용카드를 개발하자는 단순하면서도 명쾌한 기준을 수립하고 대대적인 소비자 선호도 조사를 진행했다. 그 결과를 근거로 기존의 수백 종에 달했던 카드 상품들을 정리했다. 동시에 고객이 실생활에서 요구하는 서비스 혜택들을 더한 상품을 설계했고, 올 4월 '가나다카드' 6종을, 8월에는 '가나다체크카드' 3종을 출시했다. 신상품의 이름을 '가나다카드'로 지은 이유도 한글의 기본 표현이 '가나다'인 것처럼 '고객의 입장에서 사용하기 편리하고 더 큰 혜택을 주는 카드'라는 카드의 기본을 바로 세우겠다는 의지를 담은 것이다. 가나다카드는 현재 60만 가입 고객 돌파를 눈앞에 두고 있으며 가나다체크카드는 출시 3개월 만에 40만 가입 고객을 돌파했다.

우리카드는 고객의 불편 및 건의사항을 취합해 최고고객책임자인 CCO(chief customer officer)를 중심으로 매달 '금융소비자보호협의회'를 개최한다. 불합리한 제도와 관행을 고치고 고객 아이디어를 적극 수렴해 경영에 반영한다. 분사 이후 120여 건의 제도 개선 사례를 발굴, 90여 건을 개선했다. 주말과 공휴일에도 카드대금 상환이 가능하도록 변경한 점, 은행 영업점을 방문해야 처리할 수 있었던 일부 업무를 전화 통화만으로도 가능하도록 개선한 점 등이 대표 사례다.

출처: 조선비즈(2014. 12. 18.).

CHAPTER 03

서비스 상품의 설계와 프로세스 선택

1. 서비스의 운영상 분류 및 특징

일반적으로 서비스 조직은 그들이 제공하는 서비스(투자 정보, 의료, 수송 서비스, 그 외)에 의해 분류된다. 이러한 집합은 경제적 데이터를 모으기에는 유용하지만, 서비스 과정에 대해 별 다르게 말해 주는 것이 없기 때문에 운영관리의 목적에는 맞지 않는다. 비록 제조업에서와 같은 구조를 활용하여 서비스업을 설명할 수도 있겠으나 이 점에서 우리가 간과하여서는 안 될 부분이 바로 생산 시스템에서 고객이 관여한다는 사실이다.

생산기능면에서 서비스 시스템을 분류할 때 활용 가능한 기준중의 하나가 서비스 전달 과정에서의 고객과의 접촉 정도(customer contact)라고 할 수 있다. 고객 접촉은 시스템에 고객의 존재가 포함됨을 나타내고, 서비스의 전달과정은 서비스제공 자체에 고객이 관여되는 작업 과정을 나타낸다. 여기서 접촉의 정도는 대략 고객에게 서비스가 수행되는 총 시간에서 고객이 시스템에 관여되는 시간의 비율로 정의될 수 있다. 일반적으로 말하면, 서비스 시스템과 고객간의 접촉시간의 비율은 생산과정에서 둘 사이의 상호작용의 정도를 나타내는 것이다.

이 개념에 따르면, 고객 접촉의 정도가 높은 서비스 시스템은 고객과의 접촉이 낮은 시스템보다 제어하기가 어렵고, 합리적으로 업무를 처리하기가 어렵게 된다. 고접촉 시스템에서의 고객은 요구시간, 서비스의 품질 또는 지각된 품질에 영향을 미칠 수 있다. 〈표 3-1〉에 고객접촉 정도에 따른 서비스 운영의 주요 차이점을 설명하였다.

〈표 3-1〉 고객 고접촉 및 저접촉 정도에 따른 운영의 주요 차이점

설계의사결정	고접촉 시스템(지점 등 전방 서비스)	저접촉 시스템 (수표 처리센터 등 후방 서비스)
위치	고객과의 근접	전문인력, 원자재 구입 등의 용이함
배치	고객의 물적, 심리적 욕구를 충족시킬 수 있게 배치	생산 효율성 극대화 측면에서 배치
제품/서비스설계	제품 자체뿐만 아니라 주변 환경까지 고려	제품 설계가 중요
전달과정 설계	생산 과정은 고객에게 즉각적 영향을 끼침	고객은 대부분의 전달과정에 참여 안함
스케줄	고객은 생산 스케줄 상에 반드시 포함되어야 함	고객은 생산 스케줄상 완료의 단계에서 고려
생산 계획	주문은 재고 유지가 불가능	미납주문 및 안정적 생산 가능
작업자 기술 정도	작업집단이 고객과의 직접 접촉이 필요하므로 대 고객 관리 기술이 중요	작업집단은 업무의 기능적 처리 기술만 중요
품질관리	품질 기준도 고객의 견해에 따라 다양함	품질수준은 측정가능하며 고정가능함
표준 시간	서비스 시간은 고객에 따라 다르며 표준이 정해지지 않음	표준 시간 일정함
보수	다양한 고객 작업은 시간 기준 급여제도 선호	산출기준 급여제도 선호
능력 계획	피크타임 수요에 생산능력 계획 적용함	재고가 가능하기 때문에 평균수요 수준의 생산능력 계획 적용함

〈표 3-1〉은 고객과의 접촉 정도에 의한 서비스 운영 시스템의 특징들이 운영 분야의 의사결정에 영향을 주는지를 이해할 수 있다. 은행처럼 대부분의 일이 고객과의 접점이 아닌 후방에서 이루어질 때에는 고객들이 제시하는 소정의 양식(청구서 등)에 따라 이루어진다. 그러므로 우리가 서비스 시스템을 설계할 경우에도 산출율

의 최대화를 목표로 설계가 이루어지는 공장과 동일한 원리를 활용하여야 한다.

고객의 영향은 매우 다양하다. 예를 들면, 은행은 1~2분 정도가 소요되는 현금 회수와 같은 단순한 서비스부터 1시간 이상 소요되는 대출 준비와 같은 복잡한 서비스를 제공한다. 더욱이, 은행의 서비스 제공 범위는 ATM을 통한 셀프서비스로부터 대출서비스와 같이 직원과 고객이 함께 팀이 되어 해결해야 하는 경우까지 매우 다양하면서도 넓다.

2. 서비스 시스템의 분류

1) 서비스 시스템

서비스 시스템을 설명하면 다음과 같다. 우선 고객의 수요가 있으면 서비스 프로세스에 투입되고 산출로서 가치가 평가된다. 서비스 운영관리자는 서비스 프로세스를 통제하면서 가치평가를 모니터하게 된다. 서비스 운영관리자는 표준으로 서비스 패키지를 정의한다. 또한 서비스 운영관리자는 서비스 종업원을 공급한다.

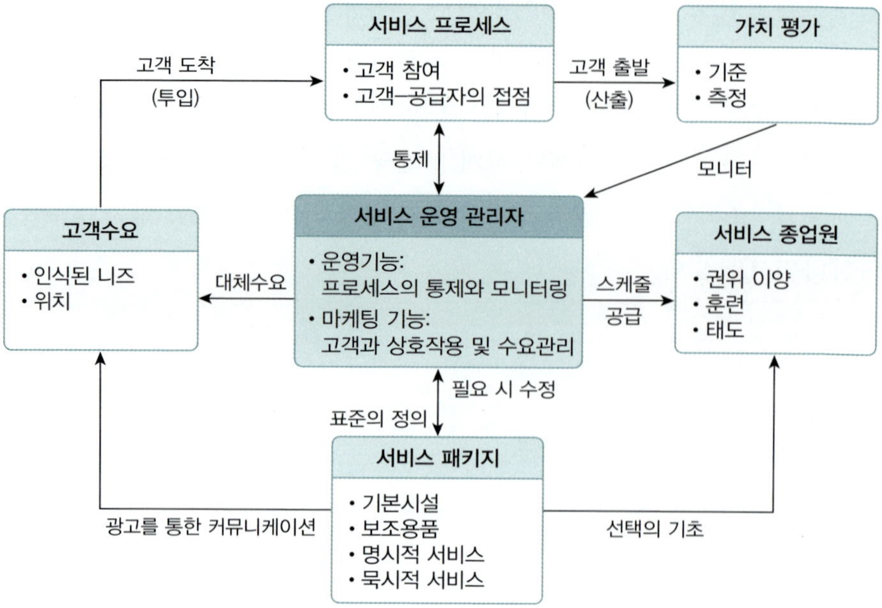

[그림 3–1] 서비스 시스템

서비스 시스템의 구성 요소들 중에서 중요한 것이 서비스 프로세스와 서비스 패키지이다.

2) 서비스 프로세스

앞에서는 고객접촉 정도에 따라 서비스 시스템을 분류하여 보았다. 여기서는 서비스의 두 번째 특성인 서비스의 다양성 혹은 노동집약도 정도(labor intensity)에 따라 서비스 프로세스를 높은 다양성(노동집약도가 강함)과 낮은 다양성(노동집약도가 약함)으로 구분할 수 있다. 이를 패밀리 레스토랑의 예를 통해서 적용해 보면 다음 〈표 3-2〉와 같다.

〈표 3-2〉 패밀리 레스토랑에서 서비스 프로세스의 대안

낮은 복잡성/다양성	현재 프로세스	높은 복잡성/다양성
예약을 받지 않음	예약제	특정 좌석 지정
좌석 안내 없음; 칠판에 메뉴 물, 식기 셀프서비스	자리 안내; 메뉴판 제시 물과 빵 제공	메뉴 설명; 주요리와 특별요리 구운 빵과 전채로 구색을 갖춤
고객이 주문표 작성	주문 접수	좌석 혹은 지배인이 식탁에서 개별적으로
이미 조리한 것; 선택 불가능 4종류로 제한	주문 준비; 샐러드(4종류) 주요리(15종류)	개별적으로 조리 20종류로 확대; 불 뿜는 요리 추가; 식탁에서 생선뼈를 빼냄; 식탁에서 소스 준비
아이스크림; 셀프서비스	디저트(6종류)	12종류로 확대
커피, 차, 우유만	음료(6종류)	색다른 커피 추가; 와인 리스트, 술
샐러드와 주요리를 동시에 제공, 계산서와 음료를 동시에 제공	주문 제공	별도의 코스-서비스; 코스 사이에 과즙 아이스 크림 제공; 통후추 제공
현금만 수납; 떠날 때 지불	대금 수납	지불방법 선택; 개인수표 포함, 박하사탕 제공

이 두 분류를 적용하여 서비스 시스템을 분류하면 다음 〈표 3-3〉과 같다.

〈표 3-3〉 서비스 시스템의 분류

고객접촉 정도	낮은 다양성(표준화된 서비스)			높은 다양성(고객화된 서비스)		
	재화	정보/이미지	사람	재화	정보/이미지	사람
고객접촉 없음	• 드라이클리닝 • 자동판매기로 재고 보충	• 신용카드 • 대금명세서 처리		• 자동차 수리 • 맞춤 양복	• 컴퓨터 프로그래밍 • 건물 디자인 • 설계	
간접고객 접촉		• 가정에서 컴퓨터로 식료품 주문 • 전화로 계좌 잔액 조회			• 항공관제사의 착륙 감독 • TV경매에 참가	

직접고객접촉	고객-서비스 제공자의 상호작용 없음(셀프서비스)	• 자동판매기의 운영 • 기성가구의 조립	• 현금자동입출금기에서 현금 인출 • 즉석사진 촬영	• 엘리베이터 운영 • 에스컬레이터 탑승	• 부페 식당에서 음식 선택 • 식료품에서 자율포장	• 병원에서 병력기록 작성 • 도서관에서 정보를 찾음	• 렌트 자동차 운전 • 헬스클럽 설비 이용
	고객-서비스 제공자의 상호작용	• 레스토랑에서 제공하는 음식 • 세차	• 강의 • 일상적인 금융거래 처리	• 대중교통 수단 • 예방접종 실시	• 가정용 카페트 청고 • 조경 서비스	• 초상화 • 카운셀링(상담)	• 이발소 • 외과수술 시행

3) 서비스 패키지

서비스 패키지는 다음과 같은 요소들을 갖는다.

첫째, 지원설비로 서비스 제공 이전에 반드시 갖추어야 하는 물리적 자원들이다. 예컨대 골프코스, 스키리프트, 항공기 등이다.

둘째, 보조용품으로 구매자들에 의해 소비되거나 구매되는 물품 또는 고객에 의해 제공되는 물품이다. 예컨대 골프클럽, 스키, 음식, 자동차부품, 법적서류, 의료보험 등이다.

셋째, 정보로 효율적이며 고객화된 서비스 제공을 가능하게 하는 고객에 의해 제공되는 운영 데이터를 의미한다.

넷째, 명시적 서비스로 감각에 의해 직접적으로 알 수 있는 서비스로서 서비스의 본질적이고 핵심적인 특색을 구성한다. 예컨대 치아 치료 후에 통증의 감소나,

정비 후에 부드럽게 달리는 자동차 등을 들 수 있다.

다섯째, 묵시적 서비스로 고객이 희미하게 느끼는 심리적인 혜택이나 서비스의 외관적인 특색을 의미한다. 예컨대 아이비리그 대학 학위의 위상이나, 대출 사무실의 사생활 보호 등을 들 수 있다.

3. 서비스 접점의 관리

서비스 접점들의 효과적인 관리는 매니저들이 서비스 과정의 기술적인 특징들뿐만 아니라 고객에 대한 지각을 이해하는 것을 필요로 한다. Chase와 Dasu는 접점의 세 가지 관점에서 고객지각을 향상시키기 위한 행동 개념을 적용할 것을 제안한다. 서비스 경험의 흐름(일어나고 있는 것), 시간의 흐름(얼마나 오래 걸리는가)과 접점에서의 실행판단(당신이 나중에 어떻게 평가할 것인가)이 그것이다. 이 관점에서 서비스 접점을 살펴보면 서비스 접점에 대한 설계와 관리에서 행동에 관한 6가지 원칙을 얻을 수 있다.

첫째, 접점에서 서비스의 시작(front-end)과 끝(back-end)은 같게 만들지 않는다. 서비스의 시작과 끝이 고객의 눈에는 동일하게 여겨진다는 것이 폭넓게 믿어져 왔다. 그러나 많은 연구에서 이것이 사실이 아님이 밝혀졌다. 고객들은 일반적으로 서비스의 초기에는 지각이 둔하며 서비스가 막바지에 다가갈수록 지각의 정도가 강해진다는 것이다. 이와 같은 행동과학적 연구는 '마지막에서 승부하라'라는 강한 시사점을 주고 있는 것이다.

둘째, 기쁨은 나누고, 고통은 합쳐라. 나누는 것이 어려울지도 모르지만, 접점의 형태에 따라, 그것이 최선일 수도 있다. 하나의 이벤트를 나누어서 실행하면 시간적으로 길어지게 될 것이다. 이것은 우리가 좋은 경험은 여러 단계로 나누어 경험하게 될 때 기쁨을 느끼는 시간을 오래 지속할 수 있으며, 안 좋은 경험은 한 단계로 모을 때 시간적으로 나쁜 경험의 순간을 짧게 할 수 있음을 의미한다. 병원에서 한 곳에서 머무는 시간은 늘어나더라도 단계를 줄이려는 것과 디즈니랜드에서 3분짜리 놀이시설을 두 개의 1분 30초짜리 놀이시설로 쪼개어 운영하려고 하는 것도 같은 맥락에서 이해할 수 있다.

셋째, 고객이 과정을 통제하게 한다. 과정이 이루어지는 것에 대한 통제권은 만족감을 증가시킨다. 의료 분야에서는 채혈하는 팔의 선택권을 줌으로서 과정의 고통을 줄일 수 있다고 본다. 수리의 경우에도 날짜선택권을 주는 게 더 좋을 수 있다.

넷째, 규범들과 의식에 대해 주의를 기울여라. 규범으로부터 벗어난다는 것은 곧 실패로 비난받을 수 있다는 것을 의미한다. 이와 같은 경우는 특히 과정과 결과가 고객에 의해 명확하게 확인되지 않는 전문 서비스의 경우 더욱 그러하다. 규범에 충실한 것은 평가의 기본이다. 컨설팅 기업은 사장이 문제를 해결할 수 있든지 없든지 간에 사장에게 프리젠테이션을 해야 할 의무가 있다.

다섯째, 시스템보다는 사람들을 비난하는 것이 용이하다. 일이 잘 안될 때, 사람들의 직관적 행동은 시스템보다는 근무자를 비난한다. 우리들은 야기된 문제의 책임을 사람들에게로 돌리려는 경향이 있다. 이와 같은 경우는 후방(back-end)이나 시스템에서 지원하는 일들이 고객으로부터 야기되는 문제들을 제대로 해결하지 못하는 복잡한 서비스에서 특히 잘 나타난다. 출발 15분 전부터는 탑승을 금지한다는 항공사의 규정 때문에 출입문 담당자는 지각한 탑승객에 탑승을 허락하지 않음으로 비난 받는 일이 자주 일어난다.

여섯째, 서비스 회복과정에서는 과실에 합당한 벌을 내려라. 접점에서의 과실에 대해 어떻게 대처하는지에 대한 연구에서 보면, 가장 적절한 행동은 과실이 작업과실(작업결과) 인지 대응과실(개인간의 문제) 인지에 따라 달리 대처하는 것이다. 올바로 대응하지 못한 회복 행동은 효과적이지 못하다. 예를 들어, 복사가게에서 일을 잘못하면 빠른 사과를 하는 것이 필요하지만, 보다 중요한 것은 빨리 복사를 다시 해주는 것과 고객의 불편함에 대해 해결해 주는 것이다. 반면에, 만일 점원이 복사 일은 제대로 했는데 예의가 없었다면, 매니저와 직원으로부터의 진심 어린 사과가 훨씬 더 바람직할 것이다.

4. 서비스 접점의 구성: 서비스 시스템 설계 매트릭스

서비스 접점은 다양한 방법으로 형성될 수 있다. [그림 3-2]의 서비스 시스템 설계 매트릭스는 6개의 일반적인 대안들을 보여 준다. 매트릭스의 상단은 고객과 근무자의 접촉 정도를 나타낸다. 고객으로부터 물리적으로 분리된 완충핵심(buffered core); 전화 또는 대면접촉(face-to-face)을 통해 고객에 의해 침투될 수 있는 침투시스템(penetration); 고객의 요구에 민감하고 침투될 수 있으며 침투될 경우 바로 반응이 필요한 반응시스템(response)이다. 매트릭스의 좌측은 고객과의 접촉이 많을수록 매출의 기회가 증가한다는 마케팅의 명제를 보여 준다. 매트릭스의 우측은 고객이 운영에 미치는 영향에 따른 생산 효율을 보여 준다.

매트릭스 내의 6개 항목들은 서비스가 전달될 수 있는 방법들을 보여 준다. 왼쪽 끝은 우편에 의한 고객접촉(고객들은 시스템과 거의 상호작용을 가지지 않는다)이고 또 다른 끝은 면대면접촉을 통한 "완전 고객화 서비스"가 된다. 나머지 4개 항목은 상호작용의 정도에 따라 구분할 수 있다.

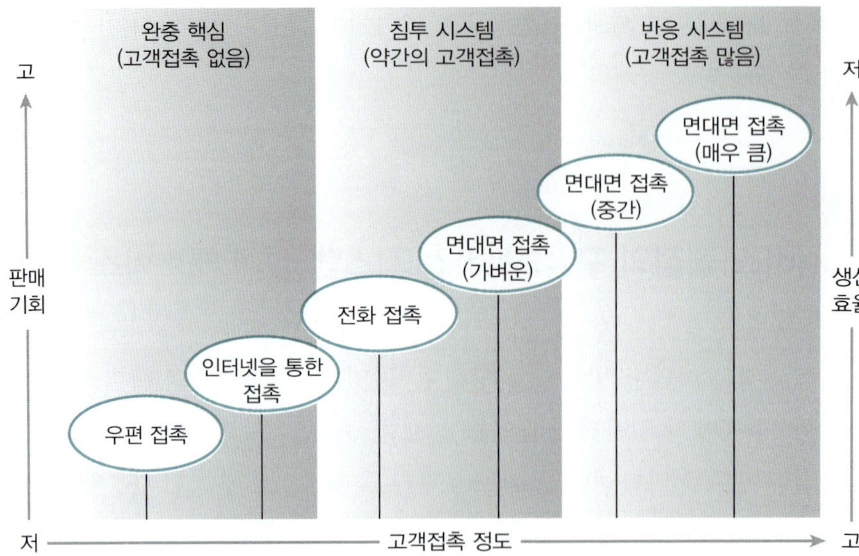

[그림 3-2] 서비스 시스템 설계 매트릭스

일반적으로 고객이 시스템에 많이 접촉할수록 더 많은 영향을 미치므로 생산효율은 감소한다. 한편, 대면접촉의 기회가 증가할수록 상품 매출 기회를 더 얻는다. 반대로, 우편과 같이 낮은 접촉은 고객이 시스템에 영향을 미치는 것이 불가능하기 때문에 시스템이 보다 효율적으로 운영되게 된다. 그러나 상품의 판매기회는 거의 없다.

첫 번째 예로, 매트릭스의 "인터넷을 통한 접촉" 항목을 보자. 인터넷은 고객으로부터 기업에 확실한 완충역할을 하지만, 고객에게 관련된 정보나 서비스를 제공하는 것이 가능하다. 웹사이트는 고객이 입력한 내용에 따라 대응할 수 있도록 프로그램 할 수 있기 때문에, 새로운 매출에 대한 기회가 제공될 수 있다. 게다가, 시스템은 고객이 웹사이트 프로그램 수준을 넘는 도움을 필요로 할 때, 실제 종업원이 관여할 수 있도록 만들 수 있다. 이러한 관점에서 인터넷은 확실히 혁신적인 기술이다.

다른 예로 "면대면-엄격한 스펙"을 들 수 있다. 이 경우는 서비스 과정에서 다양성이 존재하지 않는 상황에 적용될 수 있다. 고객도 근무자도 서비스 과정에서 별다른 영향력이 없다. 패스트푸드점과 디즈니랜드를 예로 들 수 있다. "면대면-느슨한 스펙"은 서비스 과정이 일반적으로 이해된 상황에 적용하지만 물리적 상품이나 실행되는 방법에서 약간의 융통성이 주어진다. 풀 서비스 레스토랑과 자동차 판매 대리점이 그 예이다. "면대면-완전 고객화"는 서비스 접점에서의 서비스가 고객과 직원 사이의 상호작용을 통해 이루어져야만 한다는 점이 특징이다. 법이나 의료 서비스가 이 경우에 속한다. 자원집중의 정도는 고객과의 접촉 정도에 따라 다르게 전개된다. 예를 들어 광고회사가 VIP 고객의 방문에 대비하기 위해 전담직원을 배치하거나, 외과에서 응급상황에 대비하기 위해 전담 팀을 동원하는 것을 들 수 있다.

〈표 3-4〉는 설계 매트릭스를 보완한 것이다. 고객과 서비스 시스템의 접촉 변화의 정도에 따라 기술적 혁신의 타입과 종업원, 운영 등에서의 변화를 보여 준다. 직원의 필요조건으로, 메일접촉과 비서와 관련된 기술, 인터넷 기술과 도움을 줄 수 있는 능력, 전화접촉과 언어능력 간의 관계 등은 작업자의 필요기술을 의미한다. 표준화된 대량생산 프로세스에서는 일반적으로 정례화된 절차를 따라야만 하기 때문에, "면대면-엄격한 스펙"의 경우는 많은 절차적 기술을 요구한다. "면대면-느슨한 스펙"의 경우는 서비스 설계를 완성하기 위해 제화업자, 치위생사와 같이 관련자의 거래기술을 요구한다. "면대면-완전 고객화"의 경우는 고객의 니즈와 욕구를 확인하기 위해 전문적인 진단 기술을 요구하게 된다.

〈표 3-4〉 고객/서버 접촉 정도에 따른 직권, 운영 및 개선상의 특징

고객/서버 접촉 정도 (낮음 ← → 높음)

종업원의 필요 기술	사무직원 기술	도움 기술	언어 기술	절차적 기술	거래 기술	진단 기술
운영의 초점	서류 처리	수요 관리	미리 짜인 통화	흐름 관리	능력관리	고객 혼합
서비스 기술 혁신	사무 자동화	라우팅 방법	컴퓨터 데이터베이스	전자 기술의 지원	셀프 서비스	고객/작업자 팀

5. 서비스 조직의 설계

1) 서비스 조직 설계의 고려사항

서비스 조직을 설계할 때 관심을 기울여야 되는 중요한 특징은 서비스는 재고로 축적될 수 없다는 사실이다. 비교적 여유 있는 기간에 재고를 만들어 놓고 고용과 생산을 안정적으로 유지할 수 있는 제조업과는 달리 서비스는 약간의 예외를 빼고는 수요가 있을 때 제공해야 한다.

따라서, 서비스 관련된 용량은 중요한 문제가 된다. 당신이 경험할 수 있는 많은 서비스 상황을 생각해 보라. 만일 레스토랑 또는 극장이 만원일 때, 당신은 어디로 가야 할지를 결정해야 할 것이다. 그래서 서비스의 중요한 설계 변수는 "우리들의 서비스 대상 용량이 얼마나 되는가?"이다. 너무 많은 용량은 과도한 비용을 만들어 내고 부족한 용량은 고객들을 잃어버린다. 이런 상황에서 마케팅의 도움이 필요하게 된다.

대기행렬모델은 보통의 서비스 상황을 분석하는 데 강력한 기능을 가진다. 은행에 얼마나 많은 금전출납계원이 있어야 하고 인터넷 서비스에 얼마나 많은 전화선이 필요한지와 같은 물음이 이 모델로 분석될 수 있다. 이 모델들은 스프레드시트를 사용하여 쉽게 이루어질 수 있다.

서비스 조직을 설계하는 것은 다음 네 가지 사항들에 대해서 고려하는 것이다.

첫 번째 요소는 표적 시장의 확인이다(우리 고객은 누구인가?).

두 번째 요소는 서비스 개념이다(시장에서 우리의 서비스를 어떻게 차별화할 것인가?).

세 번째는 서비스 운영전략이다(우리의 서비스 패키지와 운영의 초점은 무엇인가?).

그리고 네 번째는 서비스 전달 시스템이다(서비스가 만들어지는 것에 대한 실제 과정과 단계, 설비는 무엇인가?).

표적시장을 선택하고, 서비스 패키지를 개발하는 것은 서비스 전략과 전달 시스템 설계의 직접적인 결정에 영향을 미치게 된다.

2) 제품개발과 서비스 상품 개발의 차이

전형적인 제조 기업에서 제품의 개발과 서비스 상품의 개발의 차이점은 다음과 같다.

첫째, 서비스 프로세스와 서비스 상품은 동시에 개발되어야 한다. 서비스에서 프로세스는 서비스 상품의 개발과 구별되지 않고 함께 설계 및 개발되어야 한다.

둘째, 비록 서비스를 지원하는 설비와 소프트웨어는 특허와 저작권에 의해 보호될 수 있지만, 그 서비스 운영자체는 일반적으로 법적인 보호가 부족하다.

셋째, 서비스 패키지는 개발 과정에서 최종적으로 반영되어야 한다.

넷째, 서비스 패키지의 많은 부분이 그들이 서비스 조직의 일원이 되기 전에 받은 훈련이 필요조건이다. 특히, 법률회사와 병원 같은 전문서비스 조직은 직원을 고용하는 데 자격증이 필요하다.

다섯째, 많은 서비스 조직들은 짧은 시간 안에 그들이 제공하는 서비스 상품들을 변경할 수 있다. 이발소와 소매점, 레스토랑과 같은 일상적인 서비스 조직은 이러한 유연성을 가진다.

3) 서비스 운영전략: 집중과 우위

서비스 운영전략은 서비스 회사가 경쟁자에 대해 운영상의 초점 선택에서 시작된다. 운영상의 초점선택이란 다음과 같은 사항을 포함한다.

① 친숙함과 유용성 측면에서 고객에 대응(response)
② 서비스 전달의 속도와 편의(speed)
③ 서비스의 가격(price)
④ 서비스의 다양성(본질적으로 원스톱의 쇼핑 철학)(variety)
⑤ 상품의 중심이 되거나 또는 서비스에 동반되는 유형 상품의 품질(quality)
⑥ 헤어 스타일링, 뇌 전문 외과, 피아노 레슨과 같은 서비스 제공을 구성하는 특별한 기술이나 기법(techniques)

4) 경쟁우위 획득을 위한 마케팅과 운영의 통합

서비스에서 경쟁우위의 확보는 고객 기대를 충족시키거나 능가하는 서비스 전달과 서비스 마케팅의 통합을 요구하며 이와 같은 통합은 어떠한 경쟁차원이 강조됨과 관계없이 중요하다. 일반적으로 마케팅은 서비스 약속을 고객에게 알리고, 그로 인해 서비스 결과들에 대한 고객 기대를 만드는 책임이 있다. 운영은 약속을 실행하고, 고객 경험을 관리하는 행동에 대해 책임이 있다. 피드백 고리는, 만일 결과가 만족스럽지 않거나, 서비스 우위를 만들지 못하면, 관리를 통해 서비스 마케팅 전략 또는 전달 시스템을 바꿀 수도 있음을 나타낸다.

또한 고객이 시스템을 떠나기 전에 만족하지 못한 행동을 해결하기 위해 모니터하고, 통제하고, 회복계획을 세울 필요가 있음을 나타낸다. 모니터하고, 통제하는 것은 일시적인 요구 변화에 대처하기 위해 종업원을 재배치하는 일련의 관리 행동을 포함한다. 회복계획은 초과 예약과 화물분실 또는 나쁜 식사 등의 상황에 대응하기 위해 일선 근무자를 훈련하는 것을 포함한다.

고객만족의 경제적 가치를 측정하는 하나의 방법은 고객을 통한 설문 조사일 것이다. 그들에게 중요도(importance)와 만족도(performance)라는 두 가지 기준에서 서비스 품질 항목들을 평가하도록 한다. 중요한 점은 고객들에게 중요한 요인들에 관심을 집중하는 것이다. 특히, 고객들이 중요도보다 만족도를 낮게 평가한 요소들에 대해서 서비스업체는 주의를 기울여야 한다.

6. 서비스 청사진과 안전장치

1) 서비스 청사진

제조과정 설계의 경우와 마찬가지로, 서비스 프로세스 설계의 표준 도구는 순서도를 그리는 것이다. 최근, 서비스 전문가들은 과정 설계 의 중요성을 강조하기 위해 순서도를 서비스 청사진(service blueprint)이라 부른다. 서비스 청사진의 특징은 서비스의 고객 접촉 부분과 고객이 보지 못하는 활동 사이를 구별하는 것이다. 이 구별은 순서도 위에 가시선으로 그려진다.

[그림 3-3]은 고급호텔의 서비스 청사진이다. 전형적인 서비스 접점을 만드는 각 활동은 순서도 위에 그려진다.

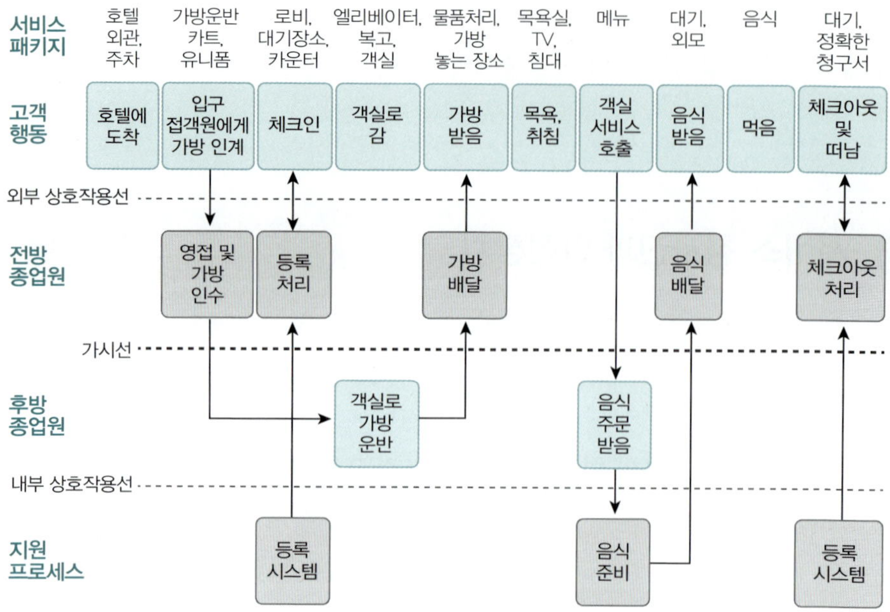

[그림 3-3] 고급호텔의 서비스 청사진

2) 안전장치

기본적인 청사진은 서비스 설계의 특징을 기술하지만, 서비스 과정이 설계대로 실행될 수 있도록 도와주는 그 어떤 직접적인 지침도 제공하지 못한다. 이 문제를 해결하기 위해서는 poka-yokes(서비스 실수를 결함으로 가지 못하도록 막는 과정들)를 적용하는 것이다. poka-yokes("실수를 피하는"이라는 의미의 일본어)는 보통 공장에서 볼 수 있는데, 부품이 올바르게 조립되도록 보증하는 설비와 실수가 발생하면 자동으로 전원이 차단되는 전기 스위치, 조립품목의 수를 제어하는 부품, 그리고 각 단계를 통제하는 체크리스트와 같은 것들로 구성되어 있다.

서비스에도 poka-yoke의 적용 사례가 많은데 일반적으로 경고 방법, 물리적으로 또는 시각적 접촉 방법 등으로 분류가 가능하며 한편, poka-yoke의 분류는 3T's

에 의하여서도 분류가 가능하다. Task－해야 하는 직무(차는 수리되었는가?), Treatment－고객에 맞는 대응(서비스 매니저는 예의 바른가?), Tangible－서비스 설비의 형태나 환경의 특징(기다리고 있는 곳이 깨끗하고 편안한가?). 제조업과는 달리 서비스 poka-yoke는 서비스 근무자뿐만 아니라 고객의 행동에 안전장치를 제공하기 위해 적용되어야만 한다.

poka-yoke의 예를 들면 놀이공원에서 안전을 위해 키를 재는 기구, 대기 행렬을 만드는 가이드라인, 번호 발급 시스템, 회전식 개찰구, 기계에서 카드를 꺼내도록 사람들에게 경고해 주는 ATMs의 호출기 등이 있다.

7. 서비스 전달시스템 설계의 세 가지 분류

현장 서비스 전달시스템의 설계를 위한 세 가지 접근법은 맥도날드사에 의해 유명해진 생산라인 접근과 ATMs와 주유소 등에 의해 알려진 셀프서비스 접근, 그리고 Nordstrom 백화점과 Ritz-Carlton에서 실시하고 있는 개인적 배려 접근이 있다.

Collier와 Meyer(1998)는 제품공정행렬과 대비되는 서비스 매트릭스를 제시하면서고객의 요구 차원과 운영시스템을 연결하여 다음 세 가지 서비스를 정의하였다. 이들은 고객주도형 서비스(customer-routed service), 공동주도형 서비스(co-routed service) 그리고 제공자주도형 서비스(provider-routed service)가 그것이다. 여기서 소개할 생산라인 접근법은 제공자주도형 서비스를 의미하고, 셀프서비스 접근은 공동주도형 서비스 그리고 고객주도형 서비스는 개인적 배려 접근과 관련된다.

1) 생산라인 접근

맥도날드에 의해 개발된 생산라인 접근법은 빅맥을 조립하는 과정 그 자체보다 우리에게 많은 시사점을 제공한다. Theodore Levitt에 따르면, 맥도날드의 변환과정은 서비스 과정보다는 제조과정으로서 패스트푸드의 전달을 다룬다. 이 개념의 가치는 서비스 자체의 개념이 가진 본질적인 문제를 극복하는 것이다. 즉, 서비스 제공자는 고객에게 종속 또는 지배됨을 의미한다. 반대로 제조업은 사람보다는 물건들에 집중하기 때문에 이 문제를 피할 수 있다.

이와 같이 제조업과 맥도날드에서는 "지향해야 할 목표는 사람에 대한 서비스보다는 결과물의 효과적인 생산을 지향한다." 맥도날드는 마케팅과 재정적인 기술 외에도, 각 매장의 중심기능(동일한 품질을 빨리 전달하는 것과 깨끗한 환경에서 준비된 음식을 높은 품질로 혼합하고, 명랑하고 친절한)의 실행을 주의 깊게 관리한다고 Levitt은 언급한다. 사람들을 위한 설비의 규칙적인 대응(주의 깊게 계획된 사용과 적절한 기술 배치의 결합)은 맥도날드가 다른 경쟁자로부터 경쟁력을 유지하는 가운데 단골 고객을 유인하고 균형 있게 유지할 수 있도록 하였다.

Levitt는 개념들을 설명하기 위해 맥도날드 운영의 몇 가지 모습을 인용하였으며, 궁극적으로는 우리가 이해하고 있는 pokayoke의 확장된 개념으로 이해할 수 있다.

- 맥도날드의 프렌치프라이 조리기는 한번에 감자튀김의 최적의 양을 요리한다.
- 입이 넓은 국자는 각 주문 사이즈에 맞게 프렌치프라이의 정확한 양을 집는데 사용한다(종업원은 음식에 결코 손대지 않는다).
- 저장공간은 미리 정해진 상품 간의 저장 비율 및 상품사이즈를 감안하여 특별히 설계되었다.
- 각 설비의 안과 밖에 있는 충분한 크기의 쓰레기통을 통해 청결함을 유지한다(보다 큰 매장은 주차 지역을 위해 모터형 청소기를 가지고 있다).
- 햄버거는 종류별로 각각 다른 색의 종이로 포장한다.
- 모든 설계와 설비 계획을 사전에 철저히 분석함으로써, 모든 기계 설비가 하나의 시스템안에 통합되도록 하였다. 그러므로 종업원은 기획자의 의도대로

그것을 정확하게 수행하기만 하면 된다. 서비스시스템 설계 매트릭스에 의하면, "면대면-엄격한 명세" 서비스로 분류할 수 있을 것이다.

2) 셀프서비스 접근

생산라인 접근과는 대조적으로, Lovelock과 Young은 서비스 생산과정에서 고객의 역할을 증가하여 서비스 과정이 개선될 수 있다고 제안한다. 회사의 웹사이트와 자동응답 전화, 셀프서비스 주유소, 샐러드 바, 그리고 모텔의 방 안에 있는 커피머신 등은 서비스의 부담을 고객에게로 전가시킨 방법들이다. 서비스-시스템 설계 매트릭스에 근거하면, 이것들은 "인터넷 기술"의 매우 유용한 시행 사례이다.

많은 고객이 셀프서비스로 인해 통제권을 갖기 때문에 이를 좋아한다. 이 때문에, Lovelock과 Young은 고객의 신뢰를 발전시키기 위한 몇 가지 단계를 제안하였다. 비용, 속도, 편의의 이익들을 선전할 것, 이어서 과정이 효과적으로 진행되고 있음을 확실히 해야 한다. 본질적으로, 이것은 과실에 대한 안전장치가 되게끔 고객에게 무엇을 해야 할지를 가르치고, 고객이 "부분적인 종업원"이 되도록 하는 것이다.

같은 시설 내에서 풀 서비스와 셀프서비스 모두가 제공된다면 매우 유익할 것이다. Globerson와 Maggard 보고서에 따르면, 1981년 미국 가솔린 시장의 규제해제 이후 가솔린 매출 분석은 풀 서비스를 위한 가격 상승이 매출부진으로 이어지는 동안 셀프서비스 가솔린을 위한 가격 인하는 셀프서비스의 매출을 1978년 22%에서 1984년 41%까지 증가시켰다는 사실을 보여 준다. 이것은 확실히 오늘날 Barnes and Noble이나 Circuit City처럼 인터넷과 지역시장 모두를 통해 기업이 성공을 이룰 수 있음을 보여 준다.

3) 개인적 배려 접근

Nordstrom의 경우, 보다 느슨하고 구조화되지 않은 과정은 개별의 판매원과 고객 간에 관계를 발전시키는 데 의지한다. Ritz-Carlton에서는 과정이 사실상 짜여져 있고, 고객의 개인적 선호에 대해 종업보다는 정보 시스템에 의지한다. Thomas Peters는 Nordstrom의 접근을 이렇게 기술한다.

남성의류점에서 수차례 수선 후에도 옷이 맞지 않았을 때, 고객은 사장에게 편지를 썼으며 사장은 재단사를 고객에게 보내어 새 옷을 재단하도록 배려하였다. 맞춤이 끝난 옷이 무료로 고객에게 배달됐다.

이 서비스를 위하여 일선 근무자에게 매우 높은 급여를 지불한다. Nordstrom의 판매원들은 6.75퍼센트의 수수료를 더하여 경쟁자들보다 시간당 2달러를 더 번다. 최고의 판매원은 연간 100만 달러 이상의 상품을 판다. Nordstrom은 그 고객들과 판매원을 위해 존재한다고 하여도 과언이 아니다. 공식적인 조직도는 고객을 최우선으로 둔 후에, 판매와 이를 지원하는 사람들을 그 밑에 둔다. 그 다음에 부서장과 점장이 있고, 이사회는 가장 아래에 위치하고 있다.

판매원들은 그들의 고객 각각에 대해 방대한 정보를 기록하는 개인 수첩을 가지고 다닌다. 남부 캘리포니아 시장에 어렵지만 성공적으로 진출한 Betsy Sanders에 따르면, "성공한 판매원들은 보통 3~4권의 두툼한 수첩을 매일 가지고 다닌다." 고 하였으며 최우수 판매원의 말을 인용하면, 그의 목표는 매일 한 명의 새로운 고객을 확보하는 것이라고 한다. 그들은 시스템은 판매원들이 하는 것을 돕기 위하여 존재한다는 확고한 믿음을 갖고 있다. 그들은 고객에게 카드와 꽃과 감사장을 보내는 데 사실상 무제한의 예산을 가지고 있다.

Ritz-Carlton 방법은 회사의 Baldrige Award Application Summary의 발췌록과 캘리포니아 Pasadena에 있는 Ritz-Carlton's Huntinton Hotel의 Scott Long과의 논의를 통한 다음과 같은 원칙에 의하여 요약될 수 있다.

① 온라인 손님의 선호도 정보
② 전혀 과실이 없는 상품과 서비스의 양
③ 품질 개선을 위한 기회

세 단계의 서비스는 고객 기록 정보시스템 안에 적절하게 통합되어 있는 점에 주목할 필요가 있고 고객의 반응과 정보의 수집 및 이용을 위한 시스템은 조직을 통해서 폭넓게 배치돼 있고, 널리 사용된다.

이 접근법은 모든 종업원이 당일에 기초해 관련된 데이터를 모으고, 이용 가능한 시스템을 만드는 것이다. 이 시스템은 중요하고 즉각 활용될 수 있는 데이터(다음을 포함하는)를 제공한다.

자동화된 관리 시스템의 특성은 개별의 고객 수준에서 손님의 선호도 정보에 대한 온라인 접근과 활용을 가능하게 한다. 모든 종업원이 정보를 모으고, 이 자료들을 입력하고, 개별의 손님에게 그들의 서비스를 전달하는 과정에서 그 데이터를 사용한다.

품질보고 시스템은 24개의 정보원천으로부터 요약 형식으로 호텔 수준의 정보를 수집하는 방법이다. 그것은 조기 경보시스템의 역할을 하고, 분석을 용이하게 한다. 종업원들이 개선을 위해 품질기회를 확인하는 데 사용되는 과정들은 교본으로 표준화되어 있고, 전 조직 안에서 활용 가능하다.

비록 어떤 방법으로 서비스를 설계하든 간에, 서비스의 성공적인 설계를 위하여서는 7가지 조건을 충족시켜야 하는데 이 조건은 다음과 같다.

① 서비스 시스템의 모든 요소는 조직의 운영초점과 맥을 같이 하여야 한다(operating focus).
② 항상 고객 중심이어야 한다(user friendly).
③ 서비스 품질에 영향을 덜 받는 특성을 겸비하여야 한다(robust).
④ 종업원과 시스템의 성과는 항상 일정하게 유지될 수 있어야 한다(consistant

performance).

⑤ 항상 전방 부서와 후방 부서간의 긴밀한 협조가 이루어지도록 설계되어야 한다(effective links).

⑥ 서비스 품질은 고객들의 관점에서 정의되고 관리되어야 한다(evidence of service quality).

⑦ 항상 비용 효율적이어야 한다(cost-efficient).

마무리사례

신한은행 고객 서비스 개발

'고객 수익률 제고.' 신한은행이 '미래를 함께하는 따뜻한 금융'을 실천하는 방법이다. "고객의 자산을 잘 운용해 수익률을 높이는 것이 진정성 있는 따뜻한 금융의 시작"이라고 믿기 때문이다. 신한은행이 보유 중인 국내외 주식형펀드 수익률이 5월 말 연간수익률 기준으로 시중은행 상위권인 11.79%를 기록한 것이 이를 잘 보여준다. 이 같은 신한은행의 노력은 한국은행 기준금리가 지난 11일 1.50%로 하향 조정되며 재테크 전략을 새로 짜야만 하는 상황에서 더욱 주목받고 있다.

한동우 신한금융지주 회장은 취임 직후부터 '미래를 함께하는 따뜻한 금융'을 강조해 왔다. 신한은행은 고객의 금융수요에 맞는 상품을 개발하고 자산의 수익률을 높이는 데 집중함으로써 이를 은행 현장에서 구현하고 있다. 신한은행은 올 들어 고객수익률을 높이기 위한 전략을 더욱 적극적으로 실천에 옮기고 있으며 성과 역시 빠르게 나타났다.

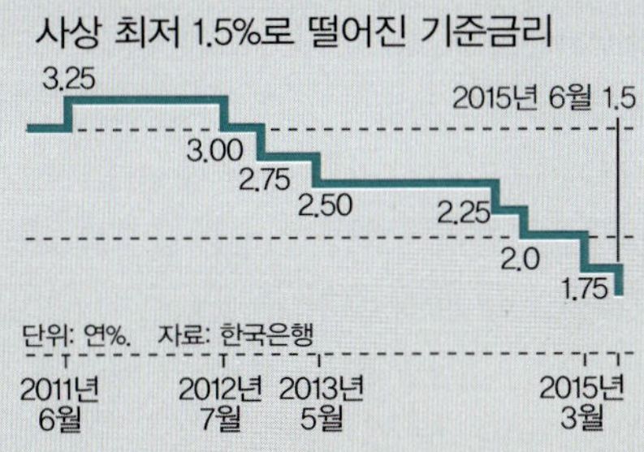

◆올 들어 해외펀드 비중 확대=신한은행은 수익률 관리를 위해 선제적인 그룹 투자전략에 기반한 상품전략을 제시하고 전략적 자산배분을 통한 포트폴리오 관리를 강화했다. 올 들어 그룹 내 투자전략(House-view)에 따라 해외펀드 비중을 적극 확대했다. 5월 말 기준 해외주식 비중은 핵심 유망 전략지역인 유럽과 중국 본토를 중심으로 타행 대비 두 배 이상 높은 30.8%까지 끌어 올렸다. 이 같은 글로벌 자산배분 전략은 중국과 EU의 금융완화 정책과 맞물리면서 국내 주식형펀드에 비해 상대적으로 높은 성과를 거두고 있다. 핵심상품으로 추천한 '신한BNPP중국본토RQFII펀드'와 '슈로더 유로주식형 펀드'는 올해 초 이후 5월 말까지 각각 34.59%와 20.14%의 수익률을 기록 중이다. 신한은행은 핵심전략지역 중심의 해외펀드에 대한 투자 관점은 계속 유지하면서 개별 고객에 대한

수익률 관리 차원의 리밸런싱은 한발 빠르게 추진하고 있다.
전략부는 기존의 펀드·퇴직연금 등 개별 상품 담당 부서별로 수행하던 수익률 관리 업무를 모아 고객 가입 상품 전체에 대한 일관성 있는 관리가 이뤄지도록 하는 '고객수익률 관리의 핵심 플랫폼' 역할을 수행한다. 이는 시장 변화에 따른 이슈와 지표들의 움직임을 즉각 상품전략에 반영하고, 필요할 경우엔 개별 상품들의 리밸런싱까지 적시에 시행할 수 있는 유기적인 고객수익률 관리 프로세스가 구축됐음을 의미한다.

◆고객수익률 관리 조직 개편=또 지난달 초 수시 인사를 통해 WM그룹 내에 투자자산전략부를 신설하고 고객수익률 관리·운용에 관련된 업무를 통합 담당하도록 하는 등 조직 개편을 단행했다. 투자자산전략부는 기존의 펀드·퇴직연금 등 개별 상품 담당 부서별로 수행하던 수익률 관리 업무를 모아 고객 가입 상품 전체에 대한 일관성 있는 관리가 이뤄지도록 하는 '고객수익률 관리의 핵심 플랫폼' 역할을 수행한다. 이는 시장 변화에 따른 이슈와 지표들의 움직임을 즉각 상품전략에 반영하고, 필요할 경우엔 개별 상품들의 리밸런싱까지 적시에 시행할 수 있는 유기적인 고객수익률 관리 프로세스가 구축됐음을 의미한다.

◆효율적 수익 관리전략 제시=신한은행은 지난 3월 예·적금부터 펀드·신탁까지 고객이 가입한 모든 상품에 대해 고객별 종합수익률을 측정하는 고객자산 성과분석 시스템을 도입하고, 고객수익률 결과를 영업점과 직원에 대한 KPI평가에 반영하고 있다. 이를 통해 거래 고객의 수익률과 자산관리전략과의 상관관계를 분석하고, 이를 근거로 고객수익률 제고를 위한 관리 가이드를 제시했다. 신한은행이 제시한 고객 금융자산 수익률 관리의 핵심은 "투자자산에 대한 적정한 투자 및 자산 배분과 투자상품의 장기보유전략보다는 전략적 리밸런싱이 중요하다"는 것이다.
현재 신한은행과 거래 중인 고객을 대상으로 금융자산별 수익률 상관관계를 분석한 결과 전체 자산 중 20%인 투자상품의 수익률이 전체 수익률에 미치는 영향은 77%에 달했다. 또 특정 상품에 집중투자하기보다는 여러 자산에 분산이 잘 돼 있을수록 금융자산 전체 수익률이 높아 투자자산의 비중을 적정 범위 내에서 확대해 기대수익을 높이되 포트폴리오를 통해 위험을 통제하는 전략이 필요한 것으로 분석됐다.
이와 더불어 투자자산의 리밸런싱과 고객수익률 간에는 67%의 상관관계를 보이고 있어서 투자상품에 대한 무조건적인 장기보유(Buy &Hold) 전략보다는 시장 변동에 따른 적정한 상품 리밸런싱 실행을 통한 관리가 수익률 관리의 핵심요소로 작용하는 것으로 나타났다.

◆다이렉트 케어 서비스 도입=신한은행은 본부의 투자·상품 전략이 현장에서 빠르게 반영될 수 있도록 화상회의와 투자시황 안내 등 영업점 전파 프로세스를 정비했으며, 추천 펀드의 판매와 투자자산의 전략적 리밸런싱을 본부와 영업점 간에 시차 없이 실행할 수 있도록 개선했다. 또 본부에서 환매펀드와 수익률 관리 고객을 대상으로 직접 안내 메일 등을 발송하는 'Direct-care 서비스'를 도입하고, 비대면 채널을 통해 고객과 상담을 하는 펀드전문상담팀을 새로 만들어 운영하고 있다.

출처: 중앙일보(2015. 07. 21.).

연습문제

1. 서비스의 정의에 대해 설명하시오.
2. 경제 활동에서의 서비스 역할에 대해 설명하시오.
3. 서비스의 운영상 분류 및 특징을 설명하시오.
4. 서비스 프로세스의 분류를 설명하시오.
5. 서비스 시스템에 대해서 설명하시오.
6. 서비스 접점의 관리방법을 설명하시오.
7. 서비스 접점의 구성을 설명하시오.
8. 서비스 상품의 설계, 서비스 시스템 설계 매트릭스를 설명하시오.
9. 서비스 청사진과 안전장치를 설명하시오.
10. 서비스 전달시스템 설계의 세 가지 분류를 설명하시오.

CHAPTER

SERVICE MANAGEMENT

04

서비스 시설의 입지 및 상권분석

1. 서비스 시설 입지의 기본개념
2. 서비스 입지선택의 결정요인
3. 서비스 시설 입지의 형태
4. 서비스 시설 상권분석
5. 서비스 시설 입지선택의 실무적인 고려
6. 온오프 병행한 서비스 시설의 입지관리
7. 온라인 서비스 시설의 입지관련 사항

도입사례

한경연 "관광숙박시설 수급불균형 개선해야"

중저가 호텔(24.3%), 특급 호텔(62.2%) 대비 비중 적어
관광호텔 입지규제 완화해야…관광진흥법 개정안 통과 시급

한국경제연구원(원장 권태신)은 18일 '관광숙박시설 수급의 문제점과 정책 대안' 보고서를 통해 외국 관광객들이 이용할 수 있는 숙박시설의 수급불균형이 심화되고 있다며 이를 개선해야 한다고 지적했다.

보고서에 따르면 외국인 관광객 중 절반 이상을 차지하는 중국 관광객은 9만원, 일본 관광객은 15만 원 가량의 중저가 관광숙박시설을 선호하고 있다. 하지만 실제 지난 2013년 기준으로 서울 지역의 관광호텔 객실 중 특급이 차지하는 비중은 62.2%인데 반해 중저가에 해당되는 1~3등급 호텔 객실은 24.3%에 불과했다.

한경연은 서울 지역의 중저가숙박시설 수급 불균형의 원인으로 관광호텔 입지규제를 꼽았다. 학교보건법에 따라 학교로부터 50~200m 거리 내에 호텔을 건립할 경우 심의를 거쳐야 하는 규제로 인해 외국인 숙박수요가 높은 서울 도심의 경우 신규 호텔 부지를 찾기가 어려운 상황이다. 이에 2012년 9월 해당 규제를 완화하는 내용의 관광진흥법 개정안이 상정됐지만 반대에 부딪혀 3년간 법안 통과가 이뤄지지 않고 있는 실정이다. 이로 인해 서울의 경우, 외국 관광객들의 중저가 관광숙박시설에 대한 수요 증가에도 고가 위주의 숙박시설이 많아 수급 불균형이 심화되고 있다.

송용주 한경연 연구원은 "서울 외곽의 숙박시설을 이용하는 관광객들이 이동에 불편을 호소하는 등 만족도 하락이 우려된다"면서 "숙박시설이 부족하다보니 법망을 피해 학교정화구역에서 오피스텔로 불법 숙박영업을 하는 등 부작용도 늘고 있다"고 말했다.

송 연구원은 이어 "숙박업은 유해시설이라는 부정적 인식을 전환하고 서울 등 수도권에 중저가 호텔을 확충해야 한다"면서 "해당구역에 호텔을 건립할 경우 객실 규모와 서비스 수준을 고려하고 유흥시설을 운영하지 못하도록 행정제재 조항을 강화하면 우려되는 문제점은 해소할 수 있다"고 밝혔다.

한경연은 관광진흥법 개정안의 조속한 통과와 함께 관광숙박시설 확충을 위한 특별법도 지속적으로 적용해야 한다고 강조했다. 특별법은 숙박시설을 건설하는 경우, 용적률 특례를 부여하는 법으로 지난 2012년 7월부터 시행돼 연말에 일몰을 앞두고 있다. 또 1~3등급에 한해 외국인 숙박용역에 대한 부가가치세 영세율을 적용해야 한다고 덧붙였다.

송 연구원은 "세계경제포럼(WEF)에서 발표한 보고서에서 2013년 우리나라 관광경쟁력 지수 종합 순위는 29위인데 반해 인구 100명당 호텔객실 수는 0.2개로 97위에 그쳤다"며 "관광경쟁력 제고를 위해 호텔 수급 불균형 문제를 시급히 개선해야 한다"고 주장했다.

출처: 데일리안(2015. 11. 18.).

CHAPTER 04

서비스 시설의 입지 및 상권분석

1. 서비스 시설 입지의 기본개념

1) 서비스 시설 입지의 정의

서비스 시설의 입지(location)란 서비스 시설이 오프라인에 위치한 지역을 표현하는 개념이다. 전국에 서비스 시설을 오픈했을 때 사람들이 오가는 것과 교통량의 많고 적음을 구분하는 것을 입지라고 부른다.

온라인 서비스 시설은 서비스 입지가 별로 상관없다. 게임업체의 본사나 창고의 위치에 대해 서비스 소비자는 상관하지 않는다. 오프라인 서비스는 서비스 시설이 어디에 위치하고 있는가가 아주 중요한 요인이 된다. 서비스 소비자들은 서비스를 구매하기 위해 서비스 점포로 직접 가야 한다. 서비스 소비자는 원거리에 있는 서비스 점포를 좋아하지 않는다. 서비스 소비자들이 쇼핑하러 가는 거리는 보통 자동차로 한 시간 이내가 대부분이다. 그것도 시간이 넉넉할 때의 이야기이고 시간 압박을 받는 서비스 소비자는 10분 이상 걸리는 서비스 시설은 거의 방문하지 않는다.

2) 서비스 시설 입지의 중요성

서비스 시설의 입지는 서비스 매출에 결정적인 영향을 미친다. 오프라인 서비스 시설을 방문하는 사람에게는 자신이 현재 위치하고 있는 곳에서부터 서비스 시설까지의 거리와 찾아가는 방법의 편리함 등이 영향을 미친다. 예를 들어, 청소년과 젊은 층이 주 고객인 PC방이 젊은 층이 거의 없는 재래시장 근처에 있다면 입지로는 별로 좋지 않다. 반대로 중년과 장년층이 많이 방문하는 찜질방이 초중고 근처에 있으면 방문객의 숫자가 확 떨어진다.

서비스 시설이 어디에 위치하고 있느냐에 따라서 자연적인 이동객의 방문이 가능한가가 결정이 된다. 서비스 소비자들이 자신들이 필요로 하는 서비스 매장을 쉽게 찾을 수 있는 도로변이나 역세권, 혹은 거주지 근처의 마을버스 정류장들이 최적의 서비스 입지가 될 수 있다. 반대로 인적이 드문 지역이나 고속도로 갓길은 서비스 시설의 입지로는 최악이라고 할 수가 있다.

외국의 서비스 전문가들이 서비스 시설을 오픈할 때 가장 중요하게 여기는 것이 위치이다. 서비스 소비자들이 자연스럽게 찾아올 수 있고, 신체적인 도보가 적으며 동시에 정신적으로도 바로 그곳이라고 파악할 수 있는 곳을 최적의 시설입지로 결정하라고 한다.

서비스 시설은 얼마나 서비스 소비자들과 가까이 있는가 하는 것을 나타내 주는 기본적인 척도이다. 따라서 입지는 서비스 시설에서 아주 중요하다. 미국의 어느 컨설턴트는 서비스에서 가장 중요한 세 가지를 꼽아 보라는 질문에 다음과 같이 대답하였다고 한다. "입지, 입지, 입지."

입지는 땅의 위치이다. 개울이 흐르거나 다리를 건너가는 입지에서 개울을 막을 수도 없고, 다리를 더 놓을 수도 없다. 입지는 정해진 대로 서비스 시설은 적응해야 한다. 5천 세대 이상의 아파트 주민이 거주하고 있는 대규모 아파트는 중소형 PC방의 입지로 좋다. 이러한 경우에는 재개발로 아파트 단지가 형성되고 나면 적어도 수십 년 이상 그대로 유지된다. 이러한 아파트 단지를 재건축하려면 상당 기간이 지나야 한다. 그러므로 단지 내 상가에 입점한 PC방은 보호된 상권 내에서 높은 매출을 기대할 수 있다.

이와 반대로, 사람들이 거의 살지 않는 외진 곳에 서비스 점포가 들어서면 손님이 거의 오지 않는다. 바로 대도시에서 외곽으로 빠져 나가는 도로의 한편에 서비스 시설을 내는 경우이다. 이같은 지역은 사람들이 모이지 않는다. 입지란 사람들이 한쪽으로 몰려들거나 혹은 아침에는 왔다가 저녁에는 나가더라도 반복해서 통행이 있어야 한다. 고속도로 변의 서비스 시설들이 대부분 공실률이 높고 적자인 것은 지나가는 차량은 많아도 거의 주정차를 하지 않아서이다.

한번 정해진 입지를 바꿀 수 없다는 것이 처음에 서비스 시설을 출점할 때에 꼭 명심해야 할 기본이다. 잘못 정해진 입지 때문에 중간에 문을 닫은 서비스 시설은 많다.

입지가 좋은 지역은 어디인가? 우리나라에서 가장 좋은 입지는 지하철 환승역이다. 그리고 지하철 환승역에서 옥외로 나오면 버스정류장들이 있다. 그리고 그 주변에는 서비스 점포들로 가득 채워져 있다. 서울과 같은 대도시의 지하철 환승역 주위는 하루에 수십만 명 이상의 유동인구가 있는 것으로 알려지고 있다. 우리나라에서 단일서비스 점포로는 가장 큰 경쟁력을 자랑하는 서비스 점포는 서울 대형체육시설이다. 여기는 지하철 환승역에서 바로 대형체육시설로 진입하는 것이 가능하게 되어 있다.

가전전문 상가로 불리는 서울의 강변 테크노마트도 지하철 출입구와 통한다. 하루에 십만 명 이상이 다닌다고 한다. 서울 동대문의 패션쇼핑몰도 지하철 동대문역 주위에 산재해 있다.

3) 한번 정해진 입지를 바꿀 수가 있는가

서비스입지는 한번 결정이 되면 인위적으로 바꿀 수가 거의 없다. 사람들이 거의 다니지 않는 지역에 서비스 점포를 세워 놓고서 지나가는 사람들이 적음을 한탄해 보았자 별로 효과가 없다. 이유는 사람들의 발길을 인위적으로 바꾸는 것은 민간 서비스업체로서는 거의 불가능하기 때문이다. 국가나 지방자치단체의 도로공사가 있어야 통행객들의 이동경로가 바뀔 수 있다. 그러나 그것도 공사가 끝나고 나면 원위치로 되는 것이 보통이다.

한번 정해진 입지를 바꿀 수 없다는 것이 처음에 서비스업체를 출점할 때에 꼭 명심해야 할 기본이다. 입지의 상태를 어느 정도는 보완이 가능하다. 가장 많이 쓰는 보완은 셔틀버스로 손님을 끌어오는 것이다. 이러한 경우에는 현재의 입지가 좋지 않아도 취급하는 서비스만 좋고 가격이 맞으면 크게 문제 되지 않는다. 우리나라 법에는 서비스 업태들이 셔틀버스로 가망고객을 끌어오는 것은 못하게 되어 있으나, 문화센터나 스포츠시설을 이용하려는 사람들을 셔틀버스로 태워 오는 것은 허용하고 있다.

2. 서비스 입지선택의 결정요인

서비스 입지를 개략적으로 파악할 때는 다양한 요소들을 고려해야 한다. 서비스 점포를 내려고 하는 지역의 지도를 구해서 도로의 방향을 검토해야 한다. 최근에는 디지털 지도를 얼마든지 활용 가능하기 때문에 서비스 점포를 내려는 지역의 입지와 다른 지역들과의 거리 정보들을 비교적 쉽게 구할 수가 있다. 직선거리나 도로와 지하철로의 접근이 용이한지를 세심하게 검토해야 한다.

우선, 자가용 주차장, 버스정류장, 마을버스정류장, 지하철이 서비스 점포위치와 가까운지 먼지를 검토해야 한다. 교통편으로 서비스 시설을 방문하려는 경우에는 자가용 주차장이 별도로 있는지를 체크해야 한다. 최근 신축된 빌딩들은 옥 내외 주차장이 있는 경우가 많으나 오래된 구건물들에는 주차장이 없는 경우가 많다. 또한 버스정류장과 마을버스정류장이 서비스 시설의 주위에 있는지를 검토하고 지하철 출구도 살펴야 한다.

그리고 서비스 점포 뒤편의 배후상권에 주거가 밀집되어 있는지 아닌지를 검토해야 한다. 서비스 시설의 주위에 충분한 상권이 형성되어 있는지를 면밀하게 체크해야 한다. 한번 결정된 입지는 바꿀 수가 거의 없고 또한 배후상권이나 주변상권은 한번 형성이 되면 많은 경우에 변화가 거의 없기 때문에 이것을 잘 체크해 두면 장기적으로 유리하다.

오피스 빌딩들이 있는 곳이라면 저녁에 유동인구가 얼마나 되는지를 검토해야 한다. 정부기관이나 대기업체의 오피스들이 많이 밀집되어 있는 곳에는 낮에는 서비스 시설의 잠재이용객들이 충분하게 있다. 그러나 저녁에 직장인들이 퇴근을 하게 되면 많은 사람들이 그 지역을 벗어나게 된다. 우리나라의 여의도가 대표적인 경우로서 낮에는 서비스 시설들이 북적거리나 저녁에는 한산한 모습을 보인다.

서비스 점포의 형태에 따라서 달라지나 대체로 서비스 점포위치의 반경 1km 내에 있는 전체 인구 수를 검토해야 한다. 핵심서비스 상권 내에 충분한 고객이 있는지를 검토해야 한다. 핵심입지에서 충분한 잠재고객을 확보하지 못하면 장기적으로 문제가 된다.

몇 년 이내에 도시계획이나 건물철거의 계획이 있는지를 지자체에서 검토해야 한다. 최근에 도시계획이나 건물철거나 지하철 공사에대해서 사전에 충분한 공지가 되는데 이와 같은 정보들을 서비스 시설의 주위의 부동산중개업소에 문의하거나 지자체에 문의를 하면 비교적 쉽게 파악할 수가 있다.

3. 서비스 시설 입지의 형태

1) 주거지역

주거지역이란 잠재서비스 소비자들이 모여 있는 곳이다. 우리나라는 엄밀한 도시계획하에서 개발된 지역들이 그다지 많지 않다. 대부분의 지역들은 집이 있는 근처에 공장도 건설하고, 오피스 빌딩도 만들고 해서 섞여 있는 경우가 많다. 그러나 최근에는 전국적으로 대규모 주거지역만을 개발하는 곳들이 있다. 새로 만든 세종시에 아파트들이 대규모로 들어서는 것을 보면서 새로운 주거지역이 생겼다는 것을 알 수 있다.

대단지 지역이 서비스 입지로서는 최적이다. 대단지란 아파트들이 밀집해 있는 지역을 의미한다. 우리나라는 과거에는 단독주택이 대다수를 차지했으나 전국적으로 아파트 개발붐이 불면서 현재 절반 이상을 아파트가 차지하고 있다. 재개발이 진행되는 전국 대부분의 기존도시나 새로 시를 개발하는 경우에는 아파트가 가장 보편적인 주거형태이다. 작은 단위면적 내에 위로 높게 지을수록 건설회사와 토지소유자들이 이득을 볼 수 있는 구조이므로 아파트를 많이 짓는 것이다. 과거에는 중대형아파트를 건설회사들이 선호했으나 2008년도의 전세계 금융위기 이후에는 중소형아파트 개발붐이 일고 있다.

아파트 천 세대 이상인 단지는 전국적으로 수천 단지가 넘는 것으로 추산되고 있다. 많으면 거의 만 세대 가까운 아파트가 있고, 보통 수천 세대의 아파트 단지들이다. 이와 같은 곳들은 아파트 주민들만으로도 충분히 서비스를 할 수가 있다. 보호된 상권이므로 단지 내 상가에 서비스 시설을 내는 것이다. 그러나 신축인 경우 이외에는 거의 전부 상당한 금액의 권리금을 지불해야 한다. 권리금은 건물주와는 상관이 없이 바로 직전에 영업을 한 서비스 점주가 쌓아온 서비스 점포이미지와 확보한 서비스 소비자 숫자에 대해서 입점을 원하는 사람이 지불하는 금전적인 대가를 말한다. 보통 일 년에 벌어들일 순수익으로 평가하는 것이 보통이다.

2) 상업지역

상업지역은 주거지역과 달리 회사들이 밀집해 있는 지역을 의미한다. 각종 빌딩들이 들어서 있는 지역에는 아침저녁에 출퇴근하는 사람들로 북적인다. 상업지역은 새벽이나 저녁에 통행객이 적다. 주5일 근무제가 거의 확립된 우리나라에서 상업지역은 주말에는 조용한 것이 보통이다.

입지는 자동차 교통량과 사람들의 보행 정도에 따라서 평가된다. 좋은 입지는 대도시의 교차로나 대규모 단지에 있는 지역이다. 서울 광화문 사거리는 대한민국에서 가장 좋은 입지 중의 하나이다. 이순신 장군의 동상이 있는 사거리의 서비스 점포들은 서비스 소비자들이 이동하면서 눈에 가장 잘 뜨이는 곳이다. 부산광역시와 각종 광역시들(인천, 대전, 대구, 광주, 울산)의 사거리는 가장 좋은 입지로 분류된다. 지하철이 교차하는 환승역도 좋은 입지로 손꼽힌다.

상업지역에는 상업지역의 특색에 적합한 서비스업태가 필요하다. 커피전문점과 휴게실들이 적절한 업종으로 꼽힌다. 그 외에 사무용품이나 컴퓨터 관련 서비스들은 상당한 수요가 있다.

3) 주거 및 상업지역

우리나라에는 완전한 주거지역도 많지 않고, 완전한 상업지역도 별로 없다. 대부분의 지역들이 부분적으로 주거지역이면서 군데군데 개발을 해서 상업용 건물들이 혼재되어 있다.

이와 같이 주거지역과 상업지역이 혼재되어 있는 상태에서는 기본적인 식품, 생활용품과 일반적인 사무용품과 집기 관련 서비스 들이 비교적 많이 팔린다. 커피전문점, 작은 찜질방, 작은 영화관, 사무용품 전문점, 문구점이 적절한 업종이다.

우리나라는 대형 서비스 시설들을 위한 좋은 입지가 별로 많지 않다. 따라서 대형 체육시설이나 영화관은 바닥 면적이 수천 평에서 수만 평 정도 되는 지역이면 어디든지 들어가려는 경향이 있다. 그래서 우리나라 대부분의 대형 서비스 시설들(대형 체육시설, 영화관 등)은 주거지역과 상업지역이 혼재되어 있는 지역에 분산되어 있는 것이 특징이다. 완전한 주거지역에서는 대규모의 토지를 확보하기가 힘들고, 또한 지가가 상당히 비싼 완전한 상업지역에서도 광활한 토지를 확보하기가 힘들어서 절충안으로 주거지역과 상업지역이 혼재되어 있는 지역들로 대형 서비스 시설들이 출점하는 경향이 있다.

4. 서비스 시설 상권분석

1) 서비스 시설 상권의 개념

상권(trading area)이란 서비스 시설의 서비스 점포입지를 중심으로 실제 서비스 소비자와 잠재서비스 소비자들이 거주하는 전체적인 지역을 포함하는 개념이다. 상권은 크게 1차상권, 2차상권, 3차상권 세 가지로 나눌 수 있다. 1차상권이란 서비스 점포 서비스 소비자의 약 60~65%가 오는 지역을 말한다. 2차상권이란 약 25~30%가 오는 지역이고, 3차상권이란 나머지 5~10%의 서비스 소비자가 오는 지역이다. 보통은 1차상권이 가장 중요하다. 커피전문점은 보통 300~500m 이내의 서비스 소비자들이 1차상권에 포함되어있다. 커피전문점이 주택가나 상업지역의 네거리 코너에 위치하고 있는데, 커피전문점에서 앞뒤 좌우로 몇 백 미터 정도 걸어서 갈 수 있는 지역이 1차상권이라고 할 수 있다. 찜질방은 1km 이내이고, 영화관은 자동차로 움직이는 경우에는 2km~10km 정도의 넓은 상권을 가지고 있고, 대형 대형체육시설은 수십 km의 거리에서도 찾아온다고 한다.

정확하게 어디에서 어디까지가 우리의 상권이라고 지적하는 것은 거의 불가능하다. 서비스 점포의 위치를 정하고 나서 지도상에서 어디까지가 우리의 상권이라고 명확하게 규정해 보았자 서비스 소비자들이 다른 곳에서 오면 별로 의미가 없다. 1차상권이 아닌 곳에서 오는 서비스 소비자라고 해서 팔지 말아야 할까? 그렇지는 않다. 서비스 점포의 문을 열고 들어오는 사람은 어디에서 오든지 간에 파는 것이 정상적이다.

상권이란 경쟁서비스 점포들 간에 어느 정도의 영역에서 싸움을 하고 있는지를 파악하기 위해서 필요하다. 커피전문점의 상권이 우리나라에서 평균적으로 몇 백 미터라면 커피전문점과 상하좌우로 몇 백 미터 이내에 서비스 점포가 없다면 상당히 홀가분하게 경쟁할 수 있다. 그러나 현실은 그렇게 녹록하지가 않다. 1차상권 내에 두 군데의 경쟁 커피전문점 체인서비스 점포들이 있다면 양쪽을 상대로 경쟁을 준비하면 된다.

2) 상권의 분석방법

수집 가능한 정보들을 총합해서 상권을 분석하는 방법들을 나열하면 다음과 같다.

(1) 설문조사를 통한 상권분석 방법

전통적으로 서비스 시설을 오픈하기 전에 가장 많이 쓰이는 방법이다. '어디에서 오셨어요?'라는 간단한 질문에 서비스 소비자가 답만 해주면 된다. 지도를 꺼내서 서비스 점포를 내려는 위치에 빨간 볼펜으로 마킹을 하고는 설문조사한 서비스 소비자들이 왔다는 동명을 찍으면 된다. 일단 한 백 명 정도에게 물어보고 나서 지도상에 100개의 빨간 점을 찍으면 서비스 점포의 예상 상권이 어느 정도 추정이 가능하다.

그러나 서비스점을 오픈하기 전에 이 방법으로 상권을 분석한다는 것은 정확도에 의문이 생긴다. 현재 서비스 점포를 오픈하지도 않은 상태에서 그 주위를 다니는 사람들에게 어디에서 왔느냐는 물음으로 미래의 잠재서비스 소비자를 정확하게 예측했다고 할 수 없다. 대략적인 서비스 소비자의 이동경로를 파악한 정도일 뿐이다.

(2) 회귀분석을 이용한 상권분석 방법

우리나라에서 상권분석을 하는 기본적인 목적은 서비스 점포를 오픈하기 전에 '이 서비스 점포를 실제로 오픈하면 얼마 정도의 매출을 올릴 수 있는가?'를 예상하는 것이다. 예상하는 매출액이 상당히 높다면 확신을 가지고 서비스 점포를 출점할 수 있을 것이다. 반면에 예상하는 매출액이 그다지 신통하지 않다면 서비스 점포 출점 자체를 보류할 수도 있다.

앞의 설문조사를 통한 상권분석으로는 상권의 규모와 실제 예상매출액의 관계분석이 쉽지 않다. 상권분석의 경험이 많은 전문가들이 지도상에 여러 가지 동그라미를 그려 보고나서는 '이 정도면 얼마 정도의 매출이 나올 것 같다'라는 감을 제시하면 그 추측에 의존해서 '서비스 점포를 오픈할지 말지를 결정'하는 것이 보통이었다.

그러나 과학적인 조사기법들이 서비스 업무에 실제로 도입되고 나서 '회귀분석을 이용한 서비스 시설의 매출추정'이 일반화되고 있다. 회귀분석이란 통계학에서 가장 많이 쓰이는 기법 중 하나로서 독립변수와 종속변수 간의 관계를 분석하는 기법이다. 우리가 상권의 규모와 서비스 소비자 숫자를 어느 정도 예측하고 나면 그것에 기반해서 예상매출액을 추정하는 방법이다.

이 방법은 현재까지 우리나라에서 사용된 상권분석 방법으로는 가장 정교한 방법이다. 필자가 여러 군데의 서비스 업체에서 실제로 활용해 본 결과 상당히 정확한 예측결과를 보인 적이 여러 번 있었다.

단 회귀분석을 이용하기 위해서 각종 기존 자료가 있어야 한다. 서비스 시설을 오픈해 본 경험이 없는 기업체가 회귀분석을 이용하는 것은 맞지 않는다. 상당히 정교하게 오랫동안 수집된 정보가 없는 상태에서는 회귀분석을 이용하지 않는 것이 더 바람직하다. 정보가 없을 때는 앞에서 설명한 것과 같은 '전문가의 예측'을 활용하고 비슷한 규모의 서비스 시설들을 여러 개 오픈해 본 경험이 있고 자료가 준비되어 있는 경우에는 회귀분석을 이용하는 것이 바람직하다.

(3) 지리정보 시스템을 활용한 상권분석

최근에는 지리정보 시스템(geographic information system)을 활용한 서비스 상권분석이 활발하게 진행되고 있다. 수억원짜리의 대형디스크에 사전에 규정한 방식대로 디지털 지도를 입력하고 거기에다가 서비스 점포를 위치시키는 것이다. 그 서비스 점포의 반경을 그리고 상권을 형성하는 소프트웨어를 만들어서 사용하는 것이다.

우리나라 전체의 지도에 체인형서비스 점포 수백 개를 위치시키는 것은 손으로는 거의 불가능하다. 어느 업체에서 양말을 벗고 남성 몇 명이 종이지도 위에 올라가서 그림을 그리다가 다 못한 적이 있었다. 컴퓨터를 활용한 입지의 결정과 상권분석의 형식은 비용 효율적이고 시간 절약형이어서 더욱더 늘어날 것으로 추산된다.

3) 좋은 상권과 나쁜 상권의 차이점

좋은 상권과 나쁜 상권의 차이는 무엇인가? 좋은 상권이란 잠재서비스 소비자가 많다는 것이다. 즉 서비스 점포에 서비스 소비자들이 많으니까 매출을 올릴 가능성이 많다. 이것은 좋은 상권의 예이다. 커피전문점은 하루에 200만 원 내외의 매출을 올리면 괜찮은 편이다. 한 달에 6천만 원 정도이면 본부의 수수료를 주고 각종 인건비, 판매관리비, 수도광열비를 제외하고 천만 원 이상의 수익을 올릴 수 있을 것이다. 그런데 오픈한 커피전문점이 하루에 150만 원 정도의 매출을 올린다면 실제로는 적자일 수도 있다. 커피전문점을 오픈하는 데 지역에 따라서 다르지만 1억에서 3억 정도의 비용이 든다. 그리고 커피전문점의 점주가 한 달 내내 거의 출근을 해야 한다. 자신이 다른 곳에 가서 일을 해서 받을 월급과 총투자한 원금의 이자율보다 더 많은 이득이 생겨야 하는데 하루에 매출이 150만 원이라면 실제는 적자일 가능성이 높다.

따라서 매출이 적을 것 같은 나쁜 상권에는 서비스 점포를 내지 않는 것이 원칙이다. 나쁜 상권은 필요한 서비스 소비자가 기본 수에 미치지 못하는 경우를 의미한다. 가장 좋은 입지선택은 상권분석을 철저히 하고 또 해서 나쁜 상권의 징조가 조금이라도 보이면 출점을 하지 않는 것이다. 서비스는 일단 출점하기로 결정하면 서비스 점포를 자가 건축하거나 임대 후 인테리어와 각종 집기를 설치하고 나서 상당히 오랫동안 장사를 해야 한다. 보통은 육 개월 이상을 해야 조금씩 자리가 잡혀 나간다. 그때까지 투자를 집중적으로 하지 않으면 서비스 점포는 성장하기가 힘들다.

입지분석을 해보았더니 이 상권이 좋을 가능성은 20%이고, 나쁠 가능성이 50%이고 나머지 30%는 잘 모르겠다고 하면 서비스 점포를 내지 않는 것이 정답이다. 상권을 인위적으로 변화시킬 수 있는 기업체는 대한민국에 거의 없다고 해도 과언이 아니다. 상권은 파악을 하는 것이지, 변화를 모색하는 것이 아니다. 나쁜 상권이라고 판단이 서면 과감하게 포기할 줄 아는 것이 현명한 의사결정이다.

5. 서비스 시설 입지선택의 실무적인 고려

1) 서비스 시설확보를 위한 자금조달

서비스 시설 오픈비용 중에서 가장 많이 드는 것이 서비스 점포 오픈비용이다. 개인이 서비스 시설을 운영하려고 할 때는 본인이 모든 비용을 부담해야 한다. 커피전문점의 경우에는 앞에서 설명한 것처럼 1억에서 3억 정도가 들고 한 100평 정도의 찜질방을 오픈할 때도 몇 억은 족히 든다. 이러한 자금의 대부분이 건물 임대에 들어가는 비용이다. 서비스 점포를 얻는 데 드는 초기 보증금과 인테리어 비용과 사무집기용 비용이다.

'서비스업은 자본의 싸움이다'라는 오래된 격언이 있다. 많은 개인 사업자들이 조그마한 구멍가게를 열어서 하다가 대형 커피전문점 체인이 들어오면 자금력에서 밀려서 점점 문을 닫는다. 서비스업에서 필요한 자금을 어떻게 조달할 것인가에 대한 확고한 대비책이 세워진 후에 사업을 시작하는 것이 좋다.

2) 신축, 매입, 임대 결정

자금문제가 해결이 되고 나면 오프라인 서비스 시설을 준비할 때 가장 고민거리가 내가 서비스 점포를 직접 지어서 할 것인가? 아니면 남의 건물에 입점할 것인가의 문제이다. 자기가 빌딩을 지어서 그 빌딩에 서비스 점포를 하나 오픈하는 경우는 재력이 상당한 부유층들에 국한된 것이다. 대부분의 서비스 시설들을 오픈하는 개인들은 남의 건물에 임대해서 들어가는 것이 보통이다.

비교적 입지가 좋다고 판정이 난 건물에 찾아가서 임대문의를 하면 협상이 시작된다. 보통의 경우에 상업용 거래는 계약기간이 1년이 보통이다. 매년 계약을 다시 해야 하는 형태이다. 그런데 처음에 서비스점을 내고 나서 상당한 노력을 해서 육

개월이 지나면서 자리가 잡히기 시작했는데 건물주가 1년 후 재계약 때 월세를 많이 올려달라고 할 수가 있다. 임대차계약의 관행과 법규들을 들먹이면서 각박하게 높은 임대료 인상에 거부반응을 보이면 건물주가 나가라고 할 수도 있다. 나오면 누가 손해인가? 터를 잡아 놓았는데 다시 새로운 곳으로 가야 하면 그동안 연을 맺어 두었던 서비스 소비자들의 대부분을 놓치게 되는 것이다.

이것이 싫으면 어떻게 해야 하는가? 장기간의 계약을 맺으면 좀 안전할 수는 있다. 그러나 대부분의 경우에 건물주는 장기간의 계약을 선호하지 않는다. 어쩌다 한 3년 정도 비교적 긴 기간에 계약을 하자고 하면 상당히 많은 임대료를 초기계약 때 요구하는 것이 건물주의 보통 관행이다.

서비스 시설은 위치의 싸움이므로 한 번 정한 위치에서 아주 오랫동안 장기적으로 영업을 하는 것이 가장 좋다. 대기업들이 운영하는 업체들은 전부 자가 빌딩을 신축한 후에 입점하는 것이 보통이다. 건물주의 영향력을 회피하려고 서비스 시설 자체가 건물주가 되는 것이다. 우리나라의 거의 모든 대형 서비스 시설들(대형체육시설, 영화관)은 자기 빌딩에 입점해서 영업을 하고 있다.

대기업이 운영하는 중형 규모의 서비스 시설들은 자가 빌딩에 입점할 때도 있고, 남의 빌딩에 임대로 들어가는 경우도 있다. 그러나 어떠한 경우이든지 간에 기업들이 운영하는 서비스 시설들은 건물주의 횡포를 피할 방도를 미리 결정하고 이에 따라서 입점계약을 하는 것이 보통이다. 찜질방은 과거에 장기간의 임대계약을 체결하는 경우가 여러 번 있었다. 찜질방이 필요로 하는 입지의 땅 주인과 만나서 협상을 장기간 진행한다. 필요로 하는 건물을 자신들이 설계하고 그리고 자신의 비용으로 남의 땅에다가 건립한다. 그리고 나서 8년 동안은 무상으로 영업을 하고 8년이 지나고 나면 그 건물을 통째로 땅 주인에게 준다. 8년 동안의 임대료 대신에 건물을 통째로 주는 것이다. 8년 이후에는 땅 주인과 협상해서 매년 임대료를 지불하는 조건으로 입점하는 것이다. 초기계약 때 8년 전의 상황과 8년 이후의 상황까지를 전부 고려해서 한 15년 동안의 장기계약을 맺게 되면 찜질방은 안정적으로 영업을 할 수가 있다. 계약기간이 종료된 이후에도 땅 주인은 함부로 나가라고 하지 않는다. 왜냐하면 그 건물은 찜질방 용도로 지어졌기 때문에 내보내고 난 이후에 다른 업종에 임대하는 것이 그다지 쉽지 않아서이다.

이와 같은 것은 기업들이 취할 수 있는 전략이고, 개인들은 그렇게 하기가 쉽지 않다. 개인으로서는 자신이 보유한 자금 여력 이내에서 최선으로 장기적이고 안정적인 영업매장을 확보하는 것을 추진해야 한다.

3) 서비스 입지와 취급 서비스의 조화

서비스 점포의 입지와 서비스 점포가 취급하는 서비스는 밀접한 관계가 있다. 서비스 점포의 입지특성에 적합하지 않은 서비스를 서비스 점포가 판매하게 되면 서비스 점포의 이미지에 직접적인 악영향을 미치게 된다. 입지는 크게 부유층, 중산층, 서민층이 사는 지역으로 크게 대별된다. 부유층에서는 비싼 서비스들이, 중산층들은 일반 서비스들을, 서민층은 가격이 저렴한 서비스들을 구매하는 것이 보통이다.

6. 온오프를 병행한 서비스 시설의 입지관리

1) 온라인과 오프라인 서비스 병행제공

과거에는 오프라인 서비스가 거의 전부였으나(일부의 텔레마케팅을 통한 서비스 제공을 제외하고) 1990년대 이후에는 온라인이 폭발적으로 성장하면서 온오프 병행 제공의 비중이 늘어가고 있다. 현재는 오프라인 서비스 제공이 70~80% 정도가 되고 그리고 온라인 20~30% 정도로 추산되고 있다. 앞으로는 온라인의 비중이 늘어가서 2020년대 중반 정도가 되면 온오프가 각각 절반 정도가 될 것으로 추산되고 있다.

과거의 오프라인 위주의 서비스가 온라인으로 대체되는 경향이 늘어나는 것은 자연스러운 것이다. 무형의 형태인 게임이나 카툰과 같은 형태는 온라인으로 서비스를 제공해도 전혀 문제가 안된다. 오히려 포털사이트에서 만화를 웹툰으로 제공하는 것은 점점 더 인기를 끌고 있다. 그 외에 각종 문화관련 콘텐츠들의 온라인 서비스 비중도 늘어가고 있다.

온라인 서비스의 경우에는 특별한 시설이 없다. 서비스 제공자의 사무실이 그 자체로서 서비스 시설의 입지가 된다. 전세계 수십억이 사용한다는 구글과 페이스북의 사무소 위치는 정확하게 알려지지 않고 있으나 서비스에는 별 문제가 없다. 온라인은 지구를 전부 커버하면서 언제나 어디서든 서비스가 제공될 수가 있으면 입지는 문제가 안된다.

그러나 오프라인에서 서비스를 하면서(예를 들어서, 헤어살롱) 그리고 온라인으로 서비스정보를 제공하거나 혹은 머리에 대해서 미리 준비해 올 것을 고객들에게 알려주는 서비스는 오프라인으로 가능하다. 또한 비행기티켓은 온라인으로 판매하고 실제 비행기 탑승은 오프라인으로 수행하는 것도 가능하다.

2) 오프라인 서비스 전후의 온라인 서비스 제공

오프라인 서비스 시설의 입지를 선정하고 그리고 상권관리를 하는 것은 많은 노력이 든다. 시설 개보수와 시설위치의 홍보도 별도로 수행해야 할 때도 있다. 최근에는 점점 더 많은 업체들이 오프라인 서비스 시설의 부족한 면을 온라인으로 보완하는 형태가 늘어나고 있다.

온라인으로 사전 서비스를 수행하고 실제 서비스는 편리한 위치의 오프라인 서비스 매장에서 이용하게 하는 것이다. 관객이 몰려오는 영화관의 경우에 사전예약을 온라인으로 받고 영화를 오프라인에서 상영하는 경우이다. 전람회의 경우에는 한정된 고객을 받는 경우에는 온라인 사전예약의 숫자를 한정하기도 한다.

온라인으로 사후서비스를 수행하는 경우도 있다. 오프라인에서 식사와 공연을 같이 관람한 고객들에게 모바일로 서비스의 품질에 대한 의견을 청취하는 경우가 이에 해당한다. 또한 가끔은 체육시설을 이용하고 난 이후에 몸관리에 대한 온라인 보충설명을 하는 경우도 있다.

오프라인 서비스 시설을 한번 확보하면 변경이 거의 불가능하므로 이를 잘 활용하는 지혜를 개발하는 것이 필요하다. 점점 더 많은 전자기기들이 미래형 서비스 제공수단으로 강구되면서 자동차를 활용해서 불리한 오프라인 서비스 입지를 보완하는 것을 대폭적으로 강구하는 것이 바람직할 것 같다.

7. 온라인 서비스 시설의 입지관련 사항

1) 서비스 시설이 없는 온라인 서비스 업체

온라인 서비스 업체들은 오프라인에 서비스 시설이 없다. 온라인으로만 연극표를 판매하는 서비스 중개상의 경우에는 온라인으로 소비자의 주문을 받고 예약을 처리해주고 대금을 신용카드나 무통장 입금을 받고나서 연극예약을 확인해 주면 된다. 연극예약이 확정되면 소비자가 정해진 날짜에 연극공연장으로 가면 된다. 이와 같은 경우의 서비스 중개상의 입지는 어디에 위치하던지 상관이 없다. 특히 이러한 경우에는 서비스 중개상의 브랜드가 어느 정도 알려져서 예약하는 소비자들의 신뢰를 받을 수 있다면 지하 2층의 작은 곳이나 산골의 오두막에 위치해도 별로 상관이 없다.

과거에는 오프라인 서비스업체들이 대체로 많았다. 자동차 카센터, 커피전문점,

PC방 등이 많았다. 그러나 2000년대 중반 이후에 모바일 바람이 불면 현재는 데스크톱PC 사용자에 비해서 모바일 유저가 더 많아지면서 앞으로는 온라인 서비스 업체들의 증가가 훨씬 더 예견되고 있다. 또한 앞으로 TV앱이 활성화되고 사물인터넷이 전세계로 활발하게 전파되면서 집안의 대부분의 전자기기들이 인터넷이 가능하고 동시에 자동차나 길거리의 멀티비전이 인터넷이 되어서 사물인터넷이 확실하게 자리를 잡을 것으로 예견되고 있다.

인간의 온라인 생활 비중이 현재의 20~30% 정도에서 앞으로 증대해서 거의 절반 정도의 생활이 온라인에서 영위가 될 것으로 추정되고 있다. 이렇게 되면 오프라인 서비스 수요가 대규모로 감소하고 온라인 서비스 수요가 증대할 것이다. 이와 같은 현상이 실제로 발생하면 온라인 서비스 업체는 입지의 선택문제보다는 제공하는 서비스의 품질의 향상에 더 치중하게 될 것이고 오프라인 매장의 선택에 드는 비용과 매장을 운영하는 인건비 비중이 대폭적으로 감소하면서 온라인 서비스 상품의 개발과 활성화에 더 많은 비용을 투입할 수가 있을 것이다.

2) 온라인 서비스 업체의 서비스 상품화

온라인 학원은 오프라인 매장이 없어서 시설비나 유지비가 안 든다. 그 대산 온라인으로 제공되는 교육서비스의 콘텐츠의 개발에 더욱 더 많은 비용을 들일 수가 있다. 이것은 온라인 교육서비스 업체의 경쟁력들을 오프라인에 비해서 더욱더 강화할 수가 있는 기반이 된다.

그런데 인간의 생활이 온라인에서 모두 다 영위될 수가 있는 것이 아니다. 교육서비스의 경우에도 기본적인 교육체계는 온라인으로 서비스가 가능하다. 예를 들어서, 영어문법이나 컴퓨터 프로그래밍을 온라인으로 강의하는 것은 어느 정도 서비스 수용자들에게 전달력이 있다. 그러나 보다 전문적이고 그리고 강사와 일대일로 대화를 하거나 혹은 다수가 토론을 하는 형태의 문제풀이식 수업이나 과제지향적 수업의 경우에는 온라인으로는 한계가 있다.

이와 같은 경우에는 오프라인의 서비스 매장이 별도로 필요하게 된다. 모바일 교육업체가 자체적으로 거의 모든 콘텐츠들을 온라인으로 제공하더라도 일부의 상황에서는 오프라인에서 만남을 통한 교육현장이 필요하게 된다.

이러한 경우에는 오프라인 기존의 서비스 매장을 온라인업체가 임시임대를 하여서 사용하는 것이 가장 바람직한 형태로 나타나고 있다. 외국에서도 블랜디드 러닝(blended learning)의 경우에는 온라인에서 수업을 1차로 하고 그리고 오프라인에서 별도로 주말이나 공휴일 전후에 모여서 보강수업이나 토론수업을 하는 경우가 늘고 있다.

인간이 완전히 100% 온라인으로 서비스가 가능한 경우들(게임이나 영화) 이외에는 오프라인과 온라인의 결합을 통한 서비스의 판매형태가 증대하고 있다. 이와 같은 경우에는 온라인 서비스 시설의 입지는 별로 중요하지 않으나 그러나 오프라인 서비스 시설의 입지는 임대를 통하더라도 소비자들이 편리하게 다가설 수 있는 서비스 입지나 상권(역세권, 대형아파트권)에 위치하는 것이 바람직할 것이다.

마무리사례

한수원 신사옥 공정률 90% … '경주시대' 개막 준비 척척

내년 초 1천여 명 차례로 이주…최소 2천-3천 명 인구 유입 예상

대한민국 대표 에너지 공기업인 한국수력원자력(이하 한수원) 경주시대 개막이 초읽기에 들어갔다. 경주시 양북면에 위치한 본사 신사옥은 현재 종합 공정률 약 90%로 올 연말 준공을 목표로 차질없이 건설되고 있다. 내년 초에 서울사무소 직원 1천여 명이 차례로 이주하면 본격적인 경주시대가 펼쳐진다.

◆상전벽해(桑田碧海), 뽕나무밭이 푸른 바다로 변했다.

양북면 장항리는 한수원 본사가 들어서기 전에는 논과 밭이 있는 평범한 시골마을이었다. 지난 2006년 본사 부지가 결정되고, 2010년 문화재 조사 및 부지정지 공사, 2013년 본공사가 진행되면서 장항리는 새롭게 태어났다.

현재 높이 60m의 초대형 건축물이 웅장한 모습을 드러내고 있다. 한수원 본사사옥은 축구장 22배 크기인 15만7천m^2 부지에 연면적 7만2천m^2의 지하 1층`지상 12층 규모로 경주지역 내 업무시설 중 최고`최대건물이 될 것으로 예상된다. 주요 특징으로 녹색건축물 최우수 등급, 에너지 효율 1등급 등 저소비형 친환경 건축물로 시공되고, 태양 고도를 고려한 돌출 차양, 태양광 패널 등을 통해 연간 에너지 비용을 7억 원 이상 절감할 뿐만 아니라 이산화탄소 배출량도 2천800t 이상 저감시킨다.

◆한수원, 지역과의 약속이행으로 신뢰회복 나섰다.

경주시는 2005년 11월 주민투표 89.5%의 압도적 찬성률로 중저준위방사성폐기물 처분시설(방폐장)을 유치했다. 정부는 특별지원금 3천억 원 현금지급, 사업 3조원 규모의 55개 일반지원사업, 한수원 본사이전 등을 약속했다.

특히 한수원은 경주화백컨벤션센터(HICO) 건립, 국도 31호선 및 지방도 929호선 우회도로 개설을 직접 수행했다. 한수원이 1천200억원을 투입해 건립한 컨벤션센터는 지난 4월 제7차 세계물포럼을 시작으로 성공적으로 운영되고 있다. 경주시는 정부로부터 국제회의도시로 인증받아 향후 새로운 먹거리 산업의 발판을 마련했다는 평이다. 대규모 국내외 행사 유치를 통해 경주시 브랜드를 세계에 알리고, 관광산업을 통한 지역경제 활성화에도 크게 기여할 것으로 보인다. 지역 주민 역시 한수원-경주시의 대표적 지역 상생사례로 이를 꼽고 있다.

◆본사 이전은 지역발전의 디딤돌이 될 것

내년 초에는 경주시 인구에 큰 변화가 일어난다. 현재 경주시 인구는 약 26만 명, 시내권에는 13만 명의 주민이 거주한다. 65세 이상 인구비율은 17.6%로 초고령 사회의 문턱에 있다. 더욱 심각한 것은 30, 40대 인구 유출과 이에 따른 학령인구 감소가 눈에 띄게 늘어난다는 점이다.

이런 상황에서 한수원 본사 이전으로 최소 2천~3천 명의 인구가 일시에 유입된다. 지역사회에 작지만 강력한 파장이 예상되는 것이다. 게다가 소비력이 높은 젊은층의 유입은 지역경제 활성화의 신호탄이 될 것이란 전망이다. 예컨대 초중고 자녀들은 다양한 교육서비스를 소비하여 새로운 시장을 창출할 뿐 아니라 1천여 가구의 기초생필품 소비는 지역 내 상권 활성화 등 전반적으로 지역에 활력을 불어넣을 전망이다.

인구 유입, 소비 증가, 고용 창출의 선순환 구조가 확립되면 지역사회 파급 효과는 엄청날 것으로 예측된다. 한수원 최성환 본사이전추진센터장은 "본사 이전이 단순히 본사를 서울에서 경주로 옮기는 것이 아닌, 이를 통해 지역이 발전하는 계기가 되기를 바란다"며 "지역발전의 주체는 지자체와 주민이지만, 한수원 본사가 그 디딤돌이 되겠다"고 했다.

출처: 매일신문(2015. 11. 19.).

연습문제

1. 서비스 시설의 입지의 중요성을 설명하시오.
2. 서비스 시설의 나쁜 입지를 보완하는 방법을 기술하시오.

CHAPTER

SERVICE MANAGEMENT

05

서비스 설비 배치

1. 서비스 설비 배치의 유형
2. 서비스 설비 배치 기법
3. 서비스 설비 환경, 서비스스케이프(servicescape)

도입사례

삼성암센터 "亞 최고 암센터로 비상"

아시아 최고 암센터를 목표로 2008년 오픈한다. 삼성암센터는 11만m²(3만3000여 평) 부지에 지상 11층, 지하 8층 652병상을 갖추고 있다.

삼성암센터의 가장 큰 특징은 암의 예방부터 검사, 치료, 교육, 연구, 재활 등에 이르기까지 암에 대한 모든 것을 통합관리하는 포괄적 암치료 시스템을 표방하고 있다는 것이다. 이를 위해 다빈도 암질환을 중심으로 위, 폐, 간, 대장, 유방, 부인암 등 6대암 센터와 소아암, 췌담도암, 두경부암, 비뇨기암, 혈액암/림프종, 조혈모세포이식, 골육종, 뇌종양, 갑상선, 완화치료 등 10개 전문 치료팀이 구성, 암치료의 전문화를 꾀한다는 전략이다.

이를 위해 각 센터별로 독립적 진료공간을 마련했고, 내과와 외과 교수가 함께 진료할 수 있는 협진실을 별도로 설치했다. 각 센터 진료실내에서 기본검사를 실시할 수 있도록 해 환자의 동선도 최소화했다.

20개의 수술실, 51개의 외래진료실과 67개의 항암 외래치료실도 갖추고 있다. 일평균 2250여 명의 외래 암환자와 650여 명의 입원환자를 수용할 수 있는 규모다. 삼성서울병원 본원이 1279병상에 31개의 수술실을 갖추고 있는 것에 비춰볼때 병상대비 수술실 비율은 2배를 상회한다.

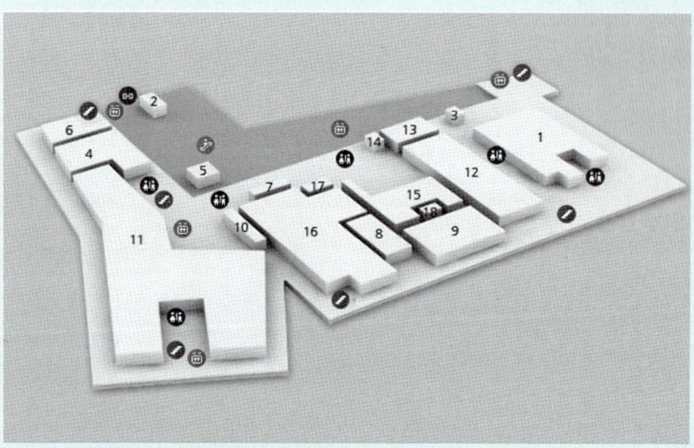

2F

01. 병리과 02. 삼성생명보험데스크 03. 세침흡인세포검사실 04. 심장/폐기능검사실 05. 일반안내 06. 조혈모세포이식클리닉 07. 원무수납 08. 유방/갑상선검사실 09. 유방센터 10. 외래주사조제약국 11. 통원치료센터 12. 진단검사의학과 13. 채혈실 14. 채혈접수 15. 폐/식도센터 16. 혈액종양내과/완화치료클리닉 17. 혈액종양내과접수

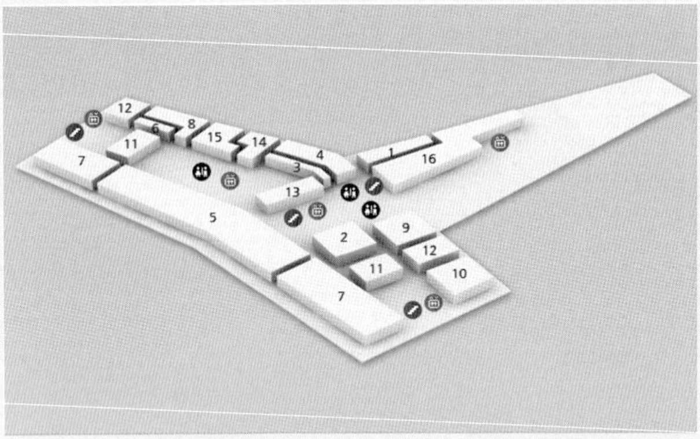

4F

01. 가족대기실 02. 갱의실(여) 03. 건강의학검사접수 04. 검사대기실 05. 내시경검사실 06. 뇌혈류/영양검사실 07. 신체측정/심전도/초음파검사실 08. 운동부하검사실 09. 유방/골밀도/경동맥/초음파 10. 진료실 11. 채혈/채뇨검사 12. 초음파검사실 13. 회복실 14. 휴게실 15. CT검사실 16. 건강검진센터로비

당일 협진시스템도 도입된다. 오전진료가 끝나는 오전 11시부터 12시까지 1시간동안 관련 교수진들이 한데 모여 치료방향을 결정하는 협진컨퍼런스를 매일 실시할 예정이다. 매주 환자와 의료진이 함께 참여하는 협진도 연다.

교수연구실이 환자병동과 같은 공간에 있다는 점도 주목할만하다. 교수실의 문턱을 낮춰 환자와의 교류를 강화하고 신속한 진료를 꾀한다는 의도다.

진료에서 검사, 치료에 이르는 전과정을 원스톱으로 진행해 1주일 안에 가능하도록 한 점도 눈길을 끈다. 병원 측은 "높은 수술실 비율과 67병상에 달하는 항암치료실, 최첨단 검사장비는 치료지연을 최대한 줄일 수 있을 것"이라는 이라고 설명했다.

○○○ 센터장은 "국내 암치료를 한단계 업그레이드 시키는 것은 물론 아시아 암치료 허브 의료기관으로 발돋움해 의료시장 개방 이후에도 경쟁력있는 기관으로 살아남겠다"는 포부를 밝혔다.

출처: 머니투데이(2008. 01. 10.).; 삼성의료원 암센터 홈페이지 재편집.

CHAPTER 05

서비스 설비 배치

1. 서비스 설비 배치의 유형

서비스 설비 배치는 서비스 시설 내에서 부서의 위치와 서비스 설비의 배열을 결정하는 것을 말한다. 서비스 설비 배치의 유형으로는 서비스 기능별 프로세스 배치, 서비스 프로세스별 배치, 고정위치 배치, 혼합형 배치, 셀룰러 배치 5가지 유형으로 구분할 수 있다.

1) 서비스 기능별 배치(service function layout)

서비스 기능별 배치는 유사한 서비스 설비나 기능을 한곳에 모아 배치하는 것이다. 각 서비스 주문에 대한 작업은 서비스 완료에 대한 조건에 따라 필요한 서비스 설비나 부서를 찾아 이동해야 하므로 흐름이 서로 다르고 혼잡할 수 있다. 서비스 기능별 배치는 다양한 서비스가 소량으로 필요한 경우이거나, 각 서비스의 프로세스 흐름이 서로 상이한 경우에 적합하다. 서비스 기능별 프로세스 배치의 예로는 종합병원이나 대학 등이 해당한다.

예를 들어, 종합병원에서 소아과 환자가 진료를 보는 경우, 필요에 따라 CT 검사, MRI 검사, 내과 진료 및 외과 진료를 거쳐 임상병리 검사와 확인등을 거치게 되는데, 각 과정은 서비스의 기능에 초점을 맞추고 있다. 환자는 개인에게 맞는 의료 서비스 기능에 해당하는 과를 찾아 이동해야 하며, 각 서비스 단계별 과정에서는 대기시간이 길어질 수 있고, 다음 서비스 제공 장소를 찾아 가야 하는 어려움을 겪을 수 있다. 하지만 진료 의사와 검사기기는 모든 종합 병원 환자에게 공통적으로 서비스를 제공할 수 있는 장점도 가지게 된다.

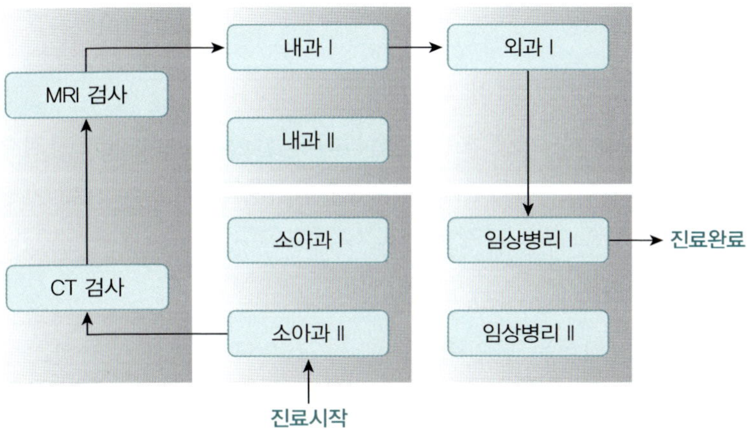

[그림 5-1] 병원의 서비스 기능별 프로세스 배치

이러한 서비스 설비배치의 유형은 서비스 지원 설비의 기능에 따라 설비와 인력에 대한 감소와 증가가 상대적으로 용이해, 서비스 수요 변화에 대한 대처 능력이 상대적으로 높은 장점이 있다. 또한 서비스를 제공받는 고객의 종류가 다양해 서비스를 제공하는 인력이 다양한 경우의 서비스 제공을 통해 전문성을 강화할 수 있다. 또한 서비스 제공을 위한 시설을 모든 서비스에 대해 공동으로 활용이 가능하므로, 서비스 설비 투자에 필요한 예산을 절감할 수 있다.

이에 반해 서비스를 제공받는 고객의 입장에서는 서비스 프로세스가 복잡해 서비스를 제공받는 과정에서 혼란을 느낄 수 있고, 이로 인해 서비스 시작에서 완료까지 시간이 지체될 수 있다. 전체 서비스 제공의 효율성을 증대시키는 것이 어려워 각 기능별로 대기시간이 길어지며 이로 인해 고객이 느끼는 서비스 품질이 저하되는 경우도 발생한다. 서비스 제공관점에서는 서비스 제공 인력이 다양한 경우의 서비스를 제공할 수 있는 전문성이 필요하므로 전문 인력 관리와 유지에 비용이 늘어날 수 있다.

2) 서비스 프로세스 배치(service process layout)

서비스 프로세스 배치는 서비스가 제공되는 순서에 따라 서비스 설비나 장비를 배치하는 것이다. 서비스 제공 흐름은 선형의 직선이거나 미리 고정적으로 정해진 패턴을 따라가며, 각 서비스 작업장은 고도로 전문성을 가지는 단일 작업만을 수행하게 된다. 서비스 프로세스 배치를 제품의 제조공정과 비교하면, 컨베이어를 통한 제품의 대량 생산 공정과 유사한 특징을 가지고 있다.

서비스 프로세스 배치는 단일의 서비스나 소수의 표준화된 서비스를 대량으로 반복 제공하는 서비스에 적합하다. 이러한 서비스 배치의 사례로는 학교 급식대, 카페테리아, 공항의 입출국 서비스 등이 해당한다. 예를 들어 공항의 출국 서비스에서는 모든 이용자가 항공권 발급, 항공 수하물 위탁, 항공권 검사, 보안검사, 출입국 심사의 과정을 동일하게 이용하게 된다.

이러한 서비스 프로세스 배치는 서비스가 제공되는 장소와 면적에 따라 그 형태가 직선형, U자형, L자형, 미로형, 빗(comb) 모양 등으로 다양하게 나타날 수 있다.

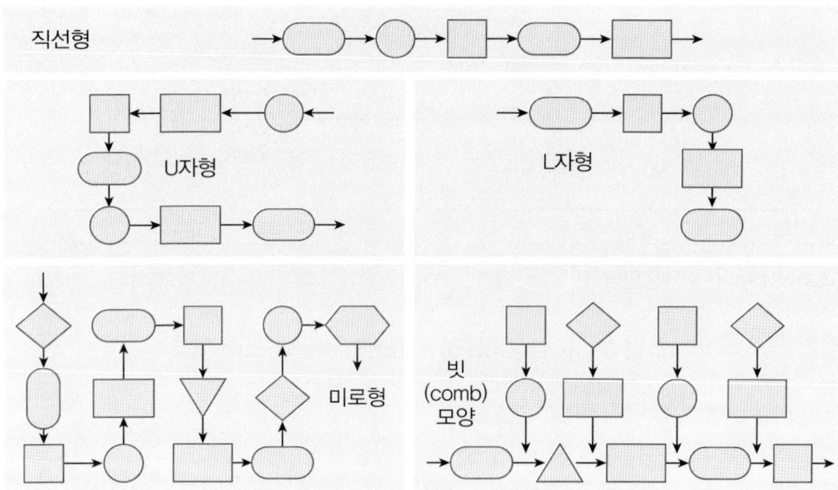

[그림 5-2] 서비스 프로세스 배치의 유형

출처: Dilworth, J. B. (1989). Production and Operations Management(4th ed). p.552.

서비스 설비 배치 유형은 동일 서비스라고 하더라도, 개별 서비스 제공 기업이나 기관에서 새로운 형태로 서비스 설비를 재구성하여 제공할 수 있다. 예를 들어 일반적인 종합병원은 서비스 기능별 배치(service function layout)를 활용하나, 고객에 대한 서비스 제공 품질을 향상시키기 위해서 서비스 프로세스 배치(service process layout)를 활용할 수 있다. 즉 환자가 각 진료과를 찾아가는 것이 아니라, 자신이 가진 질병에 대해 일단 진료를 시작하면, 표준화된 프로세스를 따라 진료를 받는 것이다. 이러한 사례는 삼성의료원의 암센터에서 찾을 수 있는데, 환자가 내원하게 되면, 특정 암에 관련된 모든 과가 인근에 집적되어 서비스를 제공하게 된다.

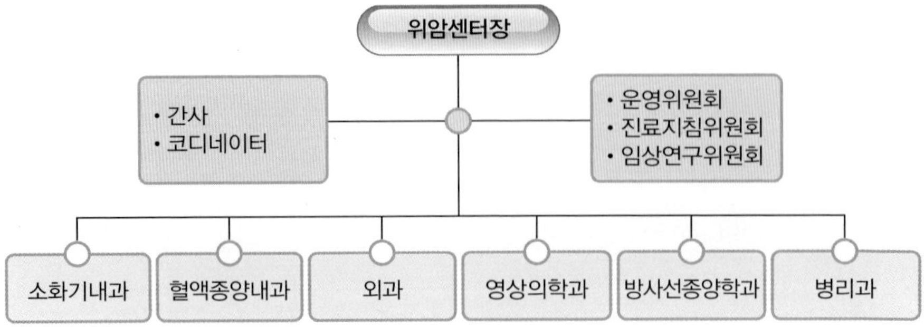

[그림 5-3] 삼성의료원 위암센터 서비스 조직 구조

출처: 삼성의료원 홈페이지(www.smc.or.kr).

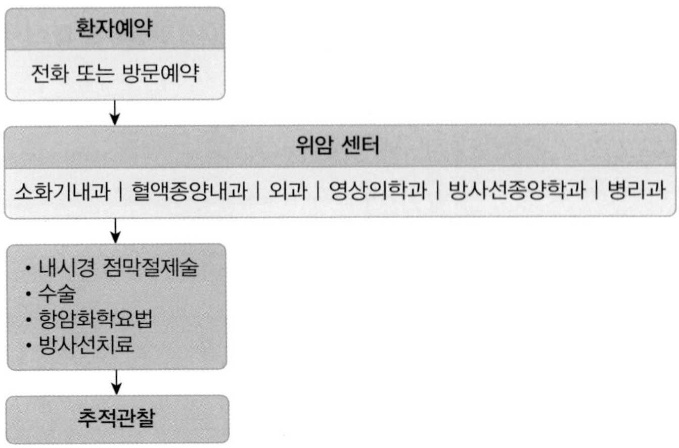

[그림 5-4] 삼성의료원 암센터의 서비스 프로세스 설비 배치

출처: 삼성의료원 홈페이지(www.smc.or.kr).

서비스 프로세스 배치(service process layout)는 서비스 진행 순서대로 서비스 설비가 연속적으로 배치되어 서비스 제공 속도가 증가되며, 서비스 간 대기 시간이 짧아지게 된다. 또한 표준화된 프로세스에 의해 일반적으로 서비스 제공시간이 단축되며 이로 인해 고객의 만족도가 증대된다.

반면에, 서비스 제공 과정중 단일 과정의 오류 또는 불능 상태가 전체 서비스 프로세스의 중단을 가져올 수 있는 위험성이 커지며, 서비스 제공을 위한 전용 서비스 시설이 설치되므로, 설비 투자 비용이 증가하게 된다. 또한 서비스 제공자가 동일 서비스를 반복적으로 제공하게 되어, 서비스 제공자의 전문성 제고에 한계를 가지는 경우도 발생할 수 있다.

3) 서비스 그룹 배치(service group layout)

서비스 그룹 배치는 제품 설비 배치에서 활용되는 그룹 테크놀로지(group technology) 기법을 서비스에 접목한 설비 배치 기법으로 비슷한 특성을 가진 서비스 설비끼리 모아 서비스 군(群)인 서비스 셀(cell)로 분류하고 이를 설비 배치에 응용하는 것이다. 서비스 그룹 배치는 서비스 기능별 배치와 서비스 프로세스 배치의 혼합 형태로, 대량 서비스가 아닌 소규모의 서비스가 요구되는 기업에서 서비스 표준화가 없이도 대량 서비스 생산의 강점을 가질 수 있다.

이러한 서비스 그룹 배치는 은행과 증권회사 지점에서 유사한 업무를 담당하는 곳(여신, 수신, 외환, 증권 등)을 하나의 셀처럼 인식하고 배치하는 것에서 나타난다.

4) 서비스 이동형 설비 배치(service mobile layout)

서비스 이동형 설비 배치는 서비스를 요청하는 고객이 서비스 제공 설비 또는 장소까지 이동하기가 어렵거나, 요청 서비스 자체가 고객이 지정한 위치에서 제공되어야 하는 경우에 활용된다. 이러한 서비스 이동형 설비 배치의 사례로는 이동형 병원, 이동 은행 점포 등이 있다.

서비스를 받는 고객 측면에서는 이동에 따른 시간과 비용을 절감할 수 있는 반면에, 서비스 제공기업 측면에서는, 설비의 이동에 따른 시간의 소모와 이에 따른 서비스 설비 활용률의 저하로 인해, 시간과 비용 측면에서 추가적인 위험 요소가 존재한다. 또한 서비스 제공 인력은 소수의 인원이 다수의 서비스를 모두 제공할 수 있어야 하므로 인력의 수준이 높아지고, 인력 확보에 어려움을 겪을 수 있는 문제도 가지고 있다.

사례

'찾아가는 뱅킹' 태블릿브랜치의 진화

딩동♪♬… "대출 방문서비스 왔어요"
중도금 필요한 주부엔 집으로… 월급통장 개설 직장인엔 회사로
예금 가입 신입생엔 대학으로… 태블릿브랜치 들고 업무 척척
고객 편의 · 점포비용 절감 장점… 금융권 새 트렌드 자리잡을 듯

2015년 3월 18일 경기도 화성시에 위치한 ○○대의 한 강의실에 '은행들이 걸어 들어왔다'. 태블릿PC를 든 기업은행 ○○지점 행원들이다. 이들은 뱅킹 시스템이 탑재된 태블릿PC로 강의실에 모인 신입생들을 대상으로 예금계좌 개설 및 이와 연계된 학생증 발급 등 각종 인터넷뱅킹 업무 등을 원스톱으로 처리했다. 이날 ○○대를 찾았던 ○○○ 계장은 "태블릿PC로 은행 업무를 처리할 수 있다는 데 학생들이 신기해 하는 분위기였다"며 "번거롭게 지점 방문을 할 필요 없이 한자리에서 은행 업무처리가 가능하다는 데 학생들의 만족감도 높았다"고 전했다. ○○○ 계장은 "아직은 태블릿PC로 거래한다고 해도 작성해야 할 종이 서류가 있지만 하반기부터 완전히 태블릿PC로만 거래가 가능해져 편의성이 더욱 향상될 것"이라고 말했다.

'움직이는 은행 점포' 태블릿브랜치가 금융권에서 빠르게 확산되고 있다. 태블릿 브랜치란 은행 직원이 은행 전산 시스템을 이용할 수 있는 전자기기(태블릿PC 등)를 들고 고객을 찾아가 은행 창구를 통해서만 할 수 있었던 통장 개설, 예·적금 가입, 카드 발급, 주택담보대출 등의 업무를 처리해주는 서비스다.

수익성 악화에 시달리는 은행들이 지난해부터 비용 절감 차원에서 적극적으로 도입하고 있다. 고정비용이 많이 드는 은행 점포를 통폐합하는 동시에 고객 기반을 놓치지 않기 위해 행원들을 밖으로 내보내 영업을 뛰도록 하는 새로운 점포전략을 짜고 있다.

향후 은행 점포가 더욱 줄어들면 이 같은 태블릿브랜치의 확산은 금융권의 새로운 트렌드로 자리 잡을 것으로 전망된다.

◇ 은행, 고객 집 · 건설현장 어디든 부르면 간다

태블릿브랜치는 뛰어난 기동성을 무기 삼아 신입생으로 붐비는 대학 캠퍼스나 신입사원 채용이 막 끝난 회사, 이사비용이나 중도금 대출이 필요한 재개발현장에서 활약하고 있다. 이사철과 신학기가 겹치는 봄 · 가을이 태블릿브랜치의 주가가 가장 높아지는 시기다.

태블릿브랜치를 가장 애용하는 고객군은 단연 직장인이다. 한국스탠다드차타드(SC)은행 ○○지점에서 근무하는 ○○○ 과장의 일과 중 절반은 창구가 아닌 현장에서 이뤄진다. "서비스 이용 연령대는 20대부터 50대까지 다양하기는 하지만 그래도 정보가 빠르고 스마트기기에 익숙한 20~30대 젊은 직장인들이 대부분"이라며 "직장인들이 상담을 선호하는 시간대는 오전 9시 직후나 오후 3시 정도고 평균 상담 및 업무처리시간은 1시간 정도 걸린다. 영업시간도 오후 4~5시에 문을 닫는 지점보다 2~3시간 여유 있는 저녁 7시까지라서 호응이 높다"고 설명했다. 이어 "월급통장을 개설하거나 주택담보대출을 받으려는 수요가 절대다수"라며 "지금까지 태블릿PC로 처리한 거래 중에는 4억 원대 주택담보대출이 가장 고액이었다"고 전했다. 그는 "예전에는 우리 쪽에서 찾아가겠다고 제안을 드리는 경우가 대다수였는데 요새는 직접 콜센터로 전화를 걸어 태블릿브랜치 서비스를 요청하는 고객들도 늘고 있다"고 전했다. 은행 창구에서는 고객이 번호표를 뽑고 기다리는 데 비해 태블릿브랜치는 반대로 고객이 약속 장소에 나올 때까지 직원이 기다려야 한다. 이 과장은 "바빠서 은행 올 시간도 없는 분들이다 보니 약속시간보다 10~15분 늦게 도착하는 경우도 있어 상담이 조금 지연되기도 한다"고 전했다.

태블릿PC는 아니지만 '007가방'을 연상시키는 포터블브랜치도 있다. 태블릿PC보다 무게는 다소 무겁지만 통장 발급과 체크카드 현장발행 등이 가능해 활용성이 좋다. 까만 서류가방 안에 노트북과 카드 발급기 등이 집약된 모양의 포터블브랜치는 무게 20㎏에 한 번 충전하면 5~6시간을 사용할 수 있다.

우리은행 관계자는 "최근에는 ○○동 재개발 공사현장에 설치된 가건물에 포터블브랜치를 펼쳐놓고 주말마다 대출영업을 하고 있다"며 "가건물도 없으면 야외에 천막을 치거나 책상 하나만 펼쳐놓고 고객들을 응대하기도 한다"고 전했다. 이 관계자는 "대출은 상담이나 서류 작성 등에 시간이 걸리기 때문에 한 번 나가면 하루에 20건 정도 처리한다"고 전했다. 수요가 늘자 2013년 3대로 시작한 우리은행의 포터블브랜치는 현재 총 50대로 늘어났다. 10대는 본점에 배치해 서울 지역과 수도권 점포에서 사용하고 40대는 각 지역영업본부에 배치해 필요한 지점에 대여해 준다.

◇ '고객 편의+비용 절감' 장점에 은행들 적극 도입

이제 시작 단계인 태블릿브랜치 도입이 은행권 전반으로 확산될 조짐을 보이고 있다. 고객 편의성을 높일 수 있을 뿐만 아니라 점포 운영비용이 획기적으로 절감되기 때문이다.

태블릿브랜치 영업에 가장 적극적인 SC은행은 지난해 2만 건 이상의 거래를 진행했다. SC은행은 신세계와의 업무제휴를 통해 신세계백화점이나 이마트 내에 올해 하반기부터 직원 2~3명이 상주하면서 태블릿PC로 영업하는 스마트뱅킹유닛(SBU)을 설치할 계획이다. SBU에서는 은행 영업시간과 상관없이 밤이나 주말에도 은행 업무를 볼 수 있다.

기업은행은 최근 1만 대가 넘는 태블릿PC를 전 직원에게 지급하고 본격적인 영업을 준비 중이다. 기업은행은 현재 태블릿PC로 영업을 할 때 종이서류를 함께 받던 것을 하반기부터 '종이서류 없는' 영업을 할 수 있도록 업그레이드하는 한편 기업고객을 위한 태블릿브랜치 서비스도 선보일 예정이다

농협은행이 올해부터 17개 영업점에서 시범적용하고 있는 NH태블릿브랜치 서비스는 금융상담과 신분증 촬영, 전자서식 작성이 가능하며 예금거래 · 신용카드 · 카드가맹점 신청서 작성업무를 할 수 있다. 농협은행은 올해 안으로 태블릿브랜치 적용지점을 200개 지점으로 확대하고 체크카드 및 현금카드 발급, 하나로 증권서비스도 제공하기 위해 프로그램을 개발 중이다. 부산은행은 지난해부터 부산 지역 15개 영업점을 선별해 태블릿브랜치를 시범활용하고 있으며 올해 적용 범위를 전 영업점으로 확대할 계획이다. 씨티은행도 하반기 태블릿브랜치 영업 개시를 위해 내부 준비 중이라고 밝혔다.

출처: 서울경제(2015. 03. 27.). '찾아가는 뱅킹' 태블릿브랜치의 진화.

5) 서비스 혼합형 설비 배치(service hybrid layout)

혼합형 서비스 설비 배치는 서비스 기능별 배치(service function layout), 서비스 프로세스 배치(service process layout), 서비스 그룹 배치, 서비스 이동형 설비 배치가 서비스 제공 단계별로 서로 혼합되어 사용되는 배치이다. 이는 여러 서비스 기업들이 자신이 가진 특성과 제공 서비스의 종류에 따라 이를 혼합해 쓰고 있기 때문이다.

2. 서비스 설비 배치 기법

1) 고객수-거리 모형

고객수-거리 모형은 서비스 지점별로 고객의 이동 비용이 최소가 되도록 서비스 지점의 설비 배치를 결정한다. 서비스 제공을 위해 서비스 지점간의 이동이 필수적인데, 서비스 지점별 이동고객수, 단위 고객당 단위 거리 이동비용, 서비스 지점별 거리의 함수로 총비용을 계산할 수 있다.

하지만 고객수-거리 모형은 서비스 지점의 수가 증가할 때 필요한 계산량이 기하급수적으로 증가해 일정 크기 이상의 모형에 대해서 최적해를 구하는 것이 불가능하게 되는 경우가 발생한다.

$$\text{총비용} = \sum_{i=1}^{n}\sum_{j=1}^{n} L_{ij} C_{ij} D_{ij}$$

L_{ij} = 서비스 지점 i 에서 j 로의 이동 고객 수

C_{ij} = 서비스 지점 i 에서 j 로의 단위 고객당 단위거리당 이동 비용

D_{ij} = 서비스 지점 i 에서 j 까지의 거리

n = 서비스 지점의 수

2) 체계적 배치 계획(systematic layout planning: SLP)

고객수 거리 모형은 서비스 지점별 이동비용과 이동고객 수 등의 정량적 자료가 확보된 경우 활용할 수 있으나, 현실에서는 자료 확보가 어려운 경우가 많다. 이러한 경우 계량적 수치보다는 서비스 지점간의 밀접도와 같은 질적 기준을 활용할 수 있으며 이러한 기법을 체계적 배치 계획(systematic layout planning: SLP)이라고 한다.

(1) 관계도표

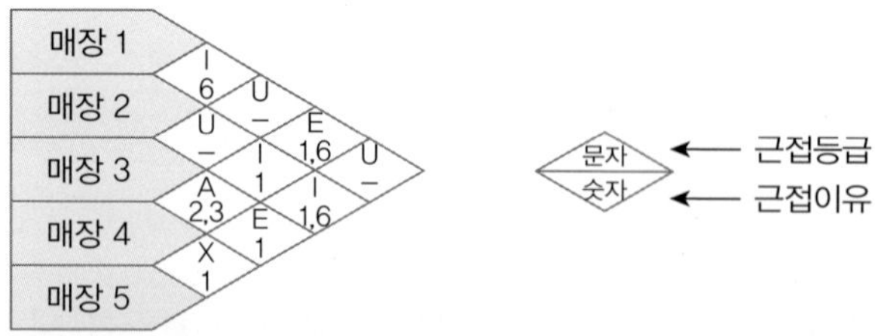

A. 근접이유

코드	이유
1	고객의 유형
2	감독의 용이성
3	종업원 공동 이용
4	접촉 필요
5	같은 공간 사용
6	심리적 이유

B. 근접등급

등급	근접도	라인코드	색코드
A	절대필요	≣	적색
E	특히 중요	≡	오렌지색
I	중요	=	녹색
O	보통	—	청색
U	중요하지 않음		없음
X	바람직하지 않음	∧∧∧∧	갈색

(2) 활동관계도

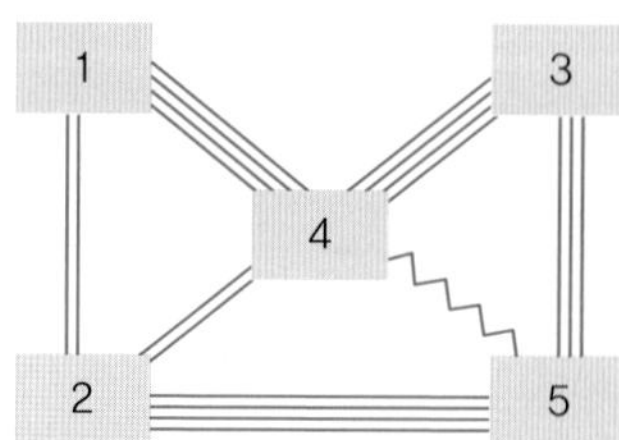

(3) 인접패턴

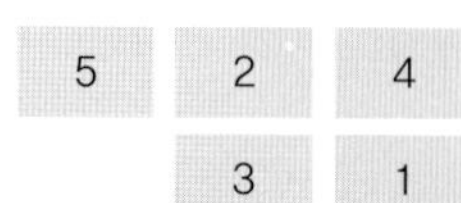

활동관계도에 근거한 최초의 배치

(4) 최종배치

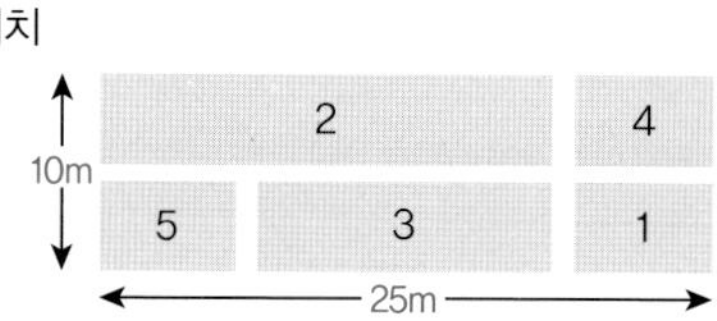

건물크기와 각 매장의 필요 면적에 의해 조정된 최종배치

[그림 5-5] 체계적 배치계획(SLP)

출처: 이상범 · 류춘호(2007). 현대 생산운영관리. p.121.

SLP에서는 서비스 지점 간 인접이 필요한 상대적 중요도를 관계 도표(relationship chart)로 만들고, 관계 도표를 그림 형태로 전환한 활동관계도(activity relationship diagram)을 작성한다. 활동관계도는 직관적으로 충분히 만족스러운 서비스 설비 배치가 이루어질 때까지 반복적으로 변경해 가며 인접패턴(adjacency pattern)을 얻을 때가지 반복하며 최종적으로 건물 크기와 필요 면적에 의해 최종배치를 완성한다(이상범 외, 2007).

3) 컴퓨터 기반 설비 배치

고객수-거리 모형은 서비스 지점이 많지 않은 단순한 모형에서는 활용이 가능하나, 서비스 지점이 증가하게 되면, 현실적으로 적용이 불가능한 경우가 많다. 이러한 경우 CRAFT(computerized relative allocation of facilities)와 ALDEP(automated layout design program)가 활용된다. 두 기법은 모두 컴퓨터를 활용해 최적의 솔루션을 보장하지는 않지만, 상대적으로 좋은 해답을 찾는 휴리스틱(heuristic) 기법에 기반하고 있다.

3. 서비스 설비 환경, 서비스스케이프(servicescape)

서비스 설비는 제조 공정의 설비와는 달리 서비스 제공에 고객이 참여하며, 서비스 제공자와의 상호 작용을 통해 서비스가 제공되는 경우가 많다. 이로 인해, 제조 공정 설비 배치는 기계 설비의 작동 환경을 보장해 주면서, 설비 간 생산 물량의 이동 비용을 최소화하는 것에 초점을 맞추게 된다.

이에 반해 서비스 설비는 서비스 고객의 감정과 심리에 많은 영향을 미치게 되며 이로 인해, 서비스 제공 과정과 품질에 막대한 영향을 미치게 된다.

예를 들어 공장에서 제품을 생산하는 환경은 외부 소음이나 조명의 밝기, 냄새 등에 큰 영향을 받지는 않지만, 백화점이나 마트, 의사나 변호사의 사무실, 은행의 점포 등은 제공되는 서비스의 품질에 직접적인 영향을 미치게 된다.

이러한 서비스 설비 환경을 Bitner는 서비스스케이프(servicescape)라고 지칭하고 이에 대한 이론을 제시하였다(Bitner, 1992). 제시된 서비스스케이프는 참여자에 따라, 고객만 관련되는 경우, 고객과 서비스를 제공하는 종업원이 모두 관계된 경우, 종업원과 관계된 경우의 3가지로 구분될 수 있다.

셀프서비스는 서비스를 제공하는 종업원이 별도로 없는 경우이고, 원격 서비스는 텔레마케팅과 같이 고객에 대한 환경을 서비스 제공자가 별도로 조절할 수 없으며, 서비스를 제공하는 종업원에 관계된 설비 배치와 운영의 효율화에 초점을 맞추게된다. 개인 간 서비스는 고객과 종업원이 서로 상호작용하게 되므로 서비스스케이프가 양자에 모두 영향을 미치게 된다.

〈표 5-1〉 서비스스케이프 구분

서비스스케이프 내부의 참여자	서비스스케이프의 물리적 복잡성	
	복잡성	단순함
셀프서비스 (단지 고객만)	골프 코스 물미끄럼 놀이터	우체국 발송함 현금자동입출금기(ATM) 전자상거래 웹사이트
개인 간 서비스 (고객과 종업원 모드)	고급호텔 레스토랑 디즈니랜드 항공사 터미널	저가호텔 핫도그 판매대 로드사이드 뱀 농장 버스 정거장
원격 서비스 (단지 종업원만)	전문 서비스 L.L.Bean	텔레마케팅 온라인 기술지원

출처: Bitner, M. J. (1992). "Servicescapes: The Impact of Physical Surroundings on Customers and Employees", Journal of Marketing, Vol. 56, p.59.

서비스스케이프의 구성요소로는 환경차원에서 공조환경, 공간/기능, 사인/심볼/조형물이 있다. 환경차원에서 인지된 서비스스케이프는 종업원 반응 조절변수와 고객반응 조절변수에 영향을 받는다. 환경과 조절 변수에 따라 서비스를 제공하는 종업원과 고객은 인지적, 감성적, 심리적 반응을 하게 되고 이는 행동으로 연계되며, 제공되는 서비스에 파급효과를 가져오게 된다.

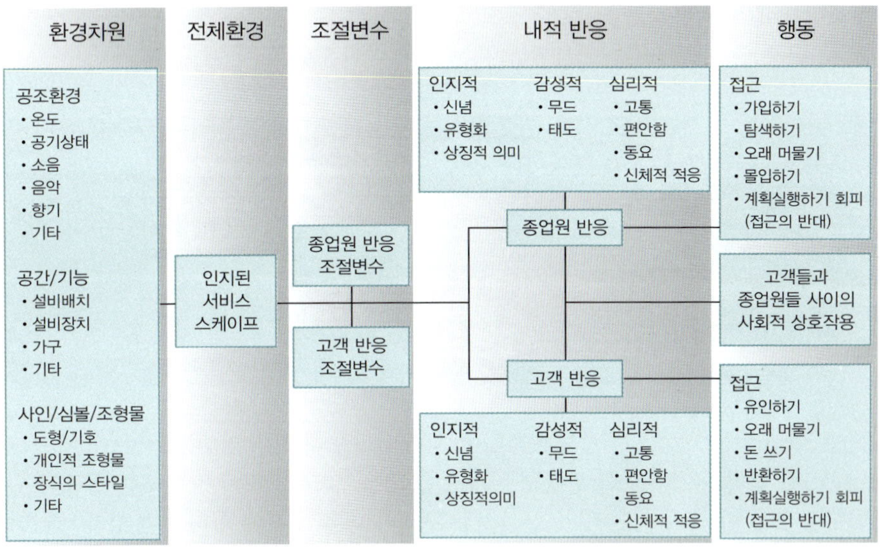

[그림 5-6] 서비스스케이프의 구성요소

출처: Bitner, M. J. (1992). "Servicescapes: The Impact of Physical Surroundings on Customers and Employees", Journal of Marketing, Vol. 56, p.60.

마무리사례

이마트의 '고객 동선 실험'…지갑 더 열릴까

- 매장 빙 돌아야 신선식품 코너
- 통로 가로막는 'ㄷ'자형 진열대

김포한강점에 첫 적용
초기 매출 목표보다 10%↑… "불편하다"는 소비자 반응도

"과일은 어디 있는 거예요?" "주방용품은 저쪽에 있다는데 길이 막혀 있네."
2015년 3월 경기 ○○신도시에 있는 이마트 ○○점. 몇몇 소비자가 원하는 상품이 있는 진열대를 못 찾아 헤매고 있었다. 신선식품 코너가 너무 구석에 있다고 불평하는 사람도 있었고, 점포를 빙 돌아가게끔 동선이 설계됐다는 볼멘소리도 들려왔다.
2015년 1월 문을 연 이 점포는 이마트가 새로운 소비자 동선을 도입한 실험 점포다. 가장 큰 특징은 상품 진열대를 'ㄷ'자형으로 배치한 것이다. 기존 대형마트 진열대는 대부분 일자형으로 배치돼 있다. 한 방향으로 걸어가면서 가공식품에서 생활용품 코너로, 생활용품 코너에서 유아용품 코너로 이동할 수 있다. 반면 이 점포는 중간중간에 진열대가 통로를 가로막고 있다. 통로를 가로막고 있는 진열대를 우회해 다른 코너로 가는 과정에서 보다 많은 상품을 둘러보게끔 유도하는 것이다.
신선식품 코너의 위치도 기존 점포와는 크게 다르다. 채소, 과일, 수산물 등 신선식품은 소비자가 대형마트에서 가장 많이 구입하는 품목으로, 기존 점포들은 주로 이 코너를 입구에서 가까운 곳에 배치하고 있다. 그러나 이마트 ○○점은 국내 대형마트 중 입구와 신선식품 코너 간 동선이 긴 축에 속한다. 입구로 들어와 반대편에 있는 무빙워크를

타고 지하 1층으로 내려간 뒤 또 반대편으로 가야 신선식품 코너가 있다. 신선식품을 카트에 담은 뒤에는 지하 1층을 한 바퀴 돌아 1층으로 다시 올라온 다음 의류와 스포츠용품 매장을 지나야 계산대까지 갈 수 있는 '순환형 구조'다. 지하 1층엔 아예 계산대가 없다. 코스트선이 더 길다.

이마트 측은 동선이 길어져 소비자가 불편해진 측면이 있지만 동선의 폭은 소비자를 배려했다고 설명했다. ○○점의 중앙 통로 폭은 4.5~5m로 다른 이마트 점포보다 30~40% 넓다.

이마트가 매장 설계를 바꾼 것은 소비자가 다양한 상품을 볼 수 있도록 해 궁극적으로 점포당 매출을 끌어올리기 위해서다. 대형마트는 소비 침체와 영업 시간 규제의 영향으로 신규 점포를 내기가 어려워졌다. 모바일 쇼핑, 해외 직구(직접구매) 등이 늘면서 점포 방문객도 줄었다. 이마트의 연간 매출 증가율은 1%대의 정체를 보이고 있다.

○○대 교수는 "소비자의 습관과 심리를 분석해 동선을 설계하고 상품을 배치하면 1인당 구매금액을 늘릴 수 있다"며 "소비자가 불편을 무릅쓰고 매장을 찾게 하려면 관건은 상품 구성과 가격이 될 수밖에 없다"고 말했다. 이마트는 새로운 점포 설계가 효과를 내고 있는 것으로 보고 있다. ○○점은 개장 이래 목표치보다 10% 이상 높은 매출을 올리고 있다.

출처: 한국경제(2015. 03. 09.).

연습문제

1. 삼성 암센터 설비 배치의 유형과 특징을 서술하고 장단점을 제시하시오.
2. 핀테크(fintech: finance+technology) 시대에 적합한 금융회사의 서비스 설비 배치 형태를 제시하고 그 이유를 서술하시오.
3. 서비스스케이프의 구성요소를 제시하고 그 상호관계를 논하시오.
4. 서비스 고객의 이동동선이 복잡한 서비스 설비 배치 사례를 제시하고, 설비 배치 변화를 통해 고객의 불편함을 감소시킬 수 있는 방법을 제시하시오.

PART

03

서비스시스템의 운영 및 관리

CHAPTER

SERVICE MANAGEMENT

06 서비스 수요 · 공급관리

1. 서비스 수요 · 공급관리 이해
2. 서비스 수요관리
3. 서비스 수요관리 전략
4. 서비스 공급관리 전략
5. 혼합 전략

도입사례

우버, 공유기업 논란… 세 가지 쟁점은

글로벌 차량 공유업체 '우버'가 서울에서도 뜨거운 논란을 빚고 있다. 우버는 지난달 한국 서비스 시작 1주년을 맞았지만 서울시와 지속적으로 마찰을 빚고 있다. 서울시는 지난달 22일 우버를 불법 택시로 규정하고 강력하게 대응하겠다는 입장을 밝혔다. 우버가 ▲허가받지 않은 영업을 하며 ▲사고가 났을 때 보험 처리가 어렵고 ▲신용카드 정보가 유출될 뿐 아니라 ▲기존 택시의 영업권을 침해한다는 점에서다. 서울시는 더 나아가 국토교통부에 '유상운송행위 알선금지 법안'을 건의하고, 모바일 앱 서비스 자체를 차단하려는 등 압박 수위를 높이고 있다. 반면 우버는 서울시 조치에 동의할 수 없다며 반발하고 있다.

지난 8월 27일 우버를 둘러싼 논란을 짚어보기 위한 포럼이 서울 종로구 대왕빌딩에서 열렸다. 사단법인 오픈넷이 주최한 이날 포럼에는 강경훈 우버코리아 대표, 조산구 코자자 대표, 강정수 연세대 커뮤니케이션연구소 전문연구원이 참석해 열띤 논쟁을 벌였다. 이나리 디캠프센터장이 좌장을 맡아 토론을 진행했다. 두 시간 반에 걸쳐 진행된 포럼을 세 가지 쟁점으로 정리했다.

▲ (왼쪽부터) 이나리 디캠프센터장, 조산구 코자자 대표, 강경훈 우버코리아 대표, 강정수 연세대 커뮤니케이션연구소 전문연구원이 27일 '우버로 보는 공유경제와 규제의 미래'를 주제로 토론을 벌이고 있다.

① 우버는 정말 '공유경제' 기업인가

조산구 코자자 대표는 우버가 공유경제의 대표주자라고 말했다. 코자자는 숙박공유업체 에어비앤비와 비슷한 서비스를 제공하고 있는 국내 기업이다. 조 대표는 "공유경제란 기존 경제행위에서 항상 객체에 머물러 있던 소비자가 주체로 떠오른 것"이라며 "우버가 18조 원에 달하는 엄청난 기업가치를 평가받은 것은 이런 이유 때문"이라고 주장했다.

우버의 공유경제는 마케팅일뿐이라는 의견도 나왔다. 강정수 연구원은 "우버는 사적으로 운영되는 차량을 효율적으로 분배해 주는 서비스를 제공하는 것이지, 공유경제 기업은 아니다"

고 말했다.
강 연구원은 "다만 우버 서비스는 기존의 시장질서에서 수요와 공급의 불균형을 효율적으로 개선해주는 혁신성을 갖고 있다"며 우버 서비스에 대해서는 긍정적으로 평가했다.
흥미로운 것은 우버 측의 태도다. 강경훈 우버코리아 대표는 우버가 공유경제 기업이든 아니든 상관이 없다는 입장을 밝혔다. 강 대표는 "우버는 스스로 공유 경제 기업이라고 말한 적이 없다"면서 "기존에 연결되지 못한 공급자와 소비자를 연결해 경제를 더욱 효율적으로 개선하는 데만 관심 있다"고 말했다.

② 우버, 과연 안전한가

우버의 안전성에 대한 논의도 이어졌다. 현행법상 개인택시를 운영하기 위해선 운전면허 이외에도 따로 필기시험을 치르고 특정 범죄를 저지른 기록이 없어야 하는 등 엄격한 자격조건을 갖춰야 한다. 하지만 우버는 운전면허만 있으면 누구나 손쉽게 기사로 등록할 수 있기 때문에 이용자의 입장에서는 기존 택시에 비해 상대적으로 안전하지 않다고 느낄 수 있다.
이에 대해 강경훈 대표는 운전기사를 엄격하게 관리하고 있기 때문에 오히려 기존 택시보다 안전하다고 주장했다. 강 대표는 "매번 고객들에게 만족도를 조사하고 있다"며 "기준 이하의 평가를 받은 운전기사는 우버에 재등록할 수 없다"고 밝혔다. 또 "지난 1년간 이용자들이 평가한 기사 평점을 보면 82.2%가 5점 만점에 5점"이라며 "다수의 이용자들의 경험을 통해 안전성은 이미 검증된 부분"이라고 설명했다.
조산구 코자자 대표도 "안전하지 않은데 많은 이용자들이 호응할 리 없다"며 "과거처럼 규제가 아니라 신뢰에 의해 시스템이 움직일 수 있다는 것이 몇 년 간의 운영 기간을 통해 증명됐다"고 말했다.
강정수 연구원은 그러나 이용 평점이 안전성과 신뢰를 보장할 수 없다고 했다. 그는 "이용 평점을 매기는 것에 순기능이 있지만, 한 개인이 여러 계정으로 평점을 조작하는 일이 한국에서 흔하게 일어난다는 점에서 이를 걸러내야 신뢰를 얻을 수 있다"고 말했다.
서울시는 우버 차량으로 사고가 났을 때 보험을 적용받을 수 없다는 점도 들어 안전하지 못하다고 지적했으나, 이번 포럼에서는 이에 대한 논의는 없었다.

③ 우버, 기존 택시 산업 붕괴시킬까

▲ 지난 6월 영국 런던의 택시기사들이 우버에 반발해 집단행동을 벌이고 있다./블룸버그 제공

우버는 기존 택시산업을 무너뜨릴 수 있을까. 우버는 중간 매개체 없이 운전자와 이용자를 연결시켜준다는 점에서 기존 사업을 위협한다는 지적을 끊임 없이 받아 왔다. 지난 6월 런던 · 파리 · 밀라노 등 유럽의 주요 도시에서는 택시기사들이 우버 때문에 생존권이 위협받고 있다며 시속 10km 이하로 택시를 운행하고 경적을 울리는 등 집단행동에 나서기도 했다.

강경훈 우버코리아 대표는 택시 기사에게 더 많은 기회를 준다는 점에서 오히려 기존 택시산업에 이득이 된다고 주장했다. 강 대표는 "택시업계에는 서비스 정신이 좋고 운전 잘하는 기사도 있고, 그 반대도 있다"며 "우버는 뛰어난 기사가 편한 환경에서 일할 수 있는 기회를 제공하는 것"이라고 말했다.

조산구 코자자 대표는 "우버는 택시업계가 기존에 제공하지 못했던 서비스를 제공했기 때문에 지금처럼 성장할 수 있었다"며 "소비자 선택에 따라 산업구조가 변하는 것은 시장의 자연스러운 흐름"이라고 말했다.

기존 택시사업의 붕괴 여부를 넘어 우버가 우리 사회에 미칠 영향에 대해 고민해봐야 한다는 지적도 나왔다.

강정수 연구원은 "우버처럼 중간 단계를 줄이는 기술이 발전되고 디지털 사회가 진전되면, 다양한 산업 부문에서 실업자가 양산될 수 있다"며 "디지털 기술이 사회에 미치는 문제는 IT 문제가 아니라 전 사회적 이슈이기 때문에 디지털 충격에 대해 해법을 찾아야 할 시점"이라고 말했다.

출처: 조선비즈(2014. 08. 31.).

CHAPTER 06

서비스 수요 · 공급관리

1. 서비스 수요 · 공급관리 이해

서비스의 수요 · 공급관리는 서비스를 요청하는 고객과 서비스를 제공하는 제공자(기업 등) 사이에서 발생하는 문제점을 해결하여 균형을 유지하는 것이다. 서비스의 수요 · 공급관리가 전통적인 공급사슬과 다른 점은 서비스는 기본적으로 미래에 판매를 위해 재고로 보관하기가 어렵다는 것이다. 즉, 서비스는 시간이라는 개념이 기업과 고객에게 훨씬 더 밀접하게 연관된다는 점이다.

서비스는 무형성, 비분리성, 비재고성 등의 특징을 가지고 있기 때문에 전통적인 제조업의 수요 및 공급관리와는 다른 차원에서 고려되어야 한다. 비행기, 기차, 영화관 등의 좌석은 소모성 상품과 같이 취급된다. 공항에서 이륙한 비행기가 좌석을 다 채우지 못한 상태이면 이 비행기를 보유한 항공사는 고객이나 수화물을 운송하여 추가적으로 얻을 수 있는 수익 창출의 기회를 잃게 되는 것이다.

서비스 수요와 공급의 균형을 이루기 위해서 기업은 적절한 수요예측을 통해서 가용능력을 확보해야 한다. 가용능력의 확보는 시간, 인력, 공간, 장비 및 시설 등을 효율적으로 운영하고 관리해야 한다. 고객, 기업의 서비스 수요 및 공급에 영향을 미치는 요인들은 매우 많고 다양하기 때문에 효율적인 전략 및 기법 등을 통해서 해결해야 한다.

기업의 서비스 공급능력(service capacity)은 기업이 한 번에 고객에게 제공할 수 있는 서비스 능력을 의미한다(이영희 · 황복주, 2013). 또는 단위 시간당 달성할 수 있는 산출 수준으로 정의된다(서비스경영연구회, 2014). 서비스 공급능력은 최대가용능력과 최적가용능력으로 나누어 설명된다. 최대가용능력은 기업이 고객을 수용할 수 있는 최대의 공급수준을 의미하고, 최적가용능력은 기업이 고객에 대한 서비스 품질을 최적상태로 유지할 수 있는 공급능력을 의미한다.

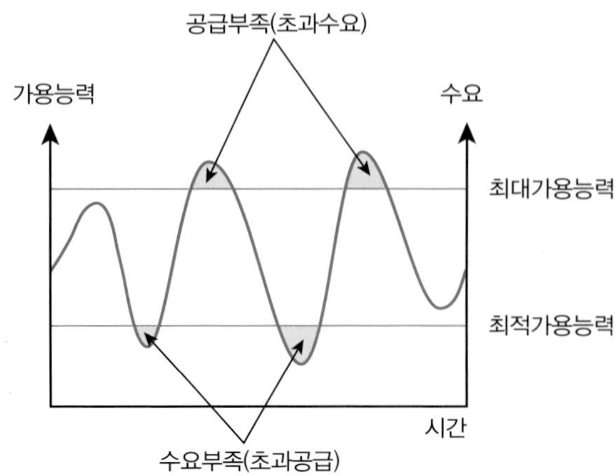

[그림 6-1] 수요의 변동과 공급역량 관계

1) 최대가용능력 초과수요

최대가용능력 초과수요는 고객의 수요는 많은데 기업에서 제공하는 공급량이 부족한 경우를 의미한다. 초과수요에 의한 서비스 공급부족은 잠재고객에게 요구되는 서비스를 제공하지 못하기 때문에 기업의 입장에서는 단기적으로는 영업 기회가 사라지고 장기적으로는 서비스를 제공받지 못한 고객들이 다시 회사로 돌아

오지 않을 확률이 높아져 지속적인 수익 창출의 기회가 사라지게 된다.

최대가용능력을 넘어서는 고객의 수요는 기업의 입장에서는 전혀 대응을 할 수 없는 수준이고 인력, 장비, 설비, 시간 등이 부족하다는 것을 의미한다.

2) 최적가용능력 초과수요~최대가용능력 미달수요

고객의 수요가 기업의 최적가용능력은 초과하지만 최대가용능력에는 미달한 경우에는 모든 고객들은 기업으로부터 서비스를 제공받을 수 있다. 그러나 고객과 기업 측면에서 문제가 발생할 수 있다. 고객은 기업이 최적가용능력을 초과하여 서비스를 제공하기 때문에 각 고객은 서비스 비용을 동일하게 지불할지라도 모든 고객들이 100% 만족할 수가 없다. 즉 어떤 고객은 만족스러운 서비스를 제공받을 수 있고 어떤 고객은 그렇지 못할 확률이 있다. 기업의 종업원들은 최적가용능력 이상으로 서비스를 제공해야 하기 때문에 피로도 상승, 시설 과다 사용, 성의 없는 서비스 제공 등의 문제를 발생시킬 수 있고 이것은 서비스 품질에 바로 영향을 미칠 수 있다.

결론적으로, 최적가용능력 초과수요~최대가용능력 미달수요는 모든 고객은 기업으로부터 서비스를 제공받을 수 있으나 제공받는 서비스의 품질이 저하될 우려가 있다. 다만, 기업의 입장에서는 최대의 수익 창출을 위해 가능한 한 많은 고객 서비스를 제공하려고 시도하기 때문에 최적가용능력을 초과하는 수요에 대응하기 위한 전략 수립이 필요하다.

3) 최적가용능력 일치수요

최적가용능력과 고객 수요가 일치하는 것은 가장 이상적인 상태이며 제공하는 서비스 품질이 100% 만족될 수 있다. 일반적으로 최적가용능력과 고객 수요가 일치하는 경우는 인력 제한보다는 다른 조건(예를 들면, 공간 또는 시간적인 제약 조건)에 의해 결정되는 경향이 강하다. 영화를 상영하는 극장이나 운동경기를 진행하는 경기장 등은 입석이 아닌 좌석을 기준으로 한다면 최대 좌석수가 최적가용능력이 된다. 그러면 서비스를 받는 고객도 최적가용능력을 초과해서는 서비스를 전혀 제공받을 수 없는 상태가 되기 때문에 서비스 요청을 하지 않게 되어 최적가용능력 일치수요가 발생하게 된다.

그러나 기업의 입장에서는 최적가용능력에 일치하는 고객이 항상 서비스를 요청한다는 보장이 없다는 것을 알고 있다. 결국, 기업은 최적가용능력에 미달할 수 있다는 가능성을 염두에 두고 최적가용능력을 초과하는 고객 서비스를 제공하려고 시도하게 된다. 이러한 시도는 결국 고객에게 제공되는 서비스 품질을 저하시키는 요인이 될 여지가 있기 때문에 기업의 입장에서는 최적가용능력을 초과하는 고객 서비스를 제공하더라도 고객이 참을 수 있는 범위 내에서 서비스 품질을 제공하도록 전략을 수립해야 한다.

4) 최적가용능력 미달수요

최적가용능력 미달수요는 고객 수요가 부족하여 초과 공급이 되었다는 것을 의미한다. 여기서 말하는 초과 공급이라는 의미는 기업에서 처음부터 서비스 능력을 과도하게 준비한 경우뿐만 아니라 기업이 적절한 서비스 능력을 가지고 있지만 고객의 수요가 부족한 경우도 포함한다. 최적가용능력 미달수요는 기업의 입장에서는 직원의 과다 채용, 유휴 설비 과다 등의 문제가 발생하게 되고 결국에는 수익성 악화로 이어진다.

최적가용능력 미달수요는 고객의 입장에서 보면 필요한 서비스를 요청하는 즉시 받을 수 있다. 그러나 기업은 수익이 창출되지 않기 때문에 직원 해고, 급여 삭감 등의 정책을 시행하게 되고 이것이 직원의 사기 저하로 이어져 능력이 있는 직원이 회사를 그만두거나 서비스를 제공하는 경우에도 제공되는 서비스의 품질이 저하되어 결국에는 회사뿐만 아니라 고객에게도 피해가 발생하게 된다.

만약에 고객이 원하는 서비스를 즉시 고품질로 받고 싶다면 미달되는 수요만큼 추가적인 비용을 지불해야 한다. 그러나 이러한 경우는 특화된 극소수 영역에서만 가능하기 때문에 최적가용능력에 미달되는 수요는 기업이 적극적으로 극복해야 하지만 고객들도 기업이 최적가용능력에 도달되는 수요를 확보할 수 있도록 도와주는 것도 필요하다.

2. 서비스 수요관리

1) 수요 예측

(1) 서비스 수요 특성

서비스 수요의 특성은 전통적인 제품의 특성과 구별될 수 있는 몇 가지 특성을 가지고 있는데 변동성, 재고관리, 다양성 및 이질성, 시간 및 공간 제약 등으로 나눌 수 있다(박용태 외, 2012).

① 변동성

서비스 수요는 제품 수요와 비교해서 변동성이 더 크고 예측하기도 더 어렵다. 서비스 수요의 변동은 시간별, 일별, 주별, 월별, 계절별 요인에 의해 급격한 변동을 보이게 된다. 서비스 수요의 변동이 패턴을 가진 주기적 변동을 보이는 경우에는 수요 예측이 어렵지 않지만 임의적 변동 또는 불규칙 변동의 경우에는 수요를 예측하기가 훨씬 더 어렵다.

서비스 수요의 변동성을 확인하는 일반적인 방법은 일정기간동안 서비스 수요를 수집하고 분석하여 도표 형태로 나타내는 것으로서 이렇게 하면 서비스 수요가 보여주는 수요 패턴을 확인하는 것이 가능하다. 요즘에는 IT를 이용하여 컴퓨터 시스템을 통해 고객 데이터를 수집하고 분석하여 서비스 수요를 예측하는 데 활용하고 있다.

② 재고관리

일반적으로 서비스는 재고로 저장하는 것이 매우 어렵거나 불가능한 경우가 대부분이다. 서비스에서의 재고는 전통적인 제조업에서처럼 생산되는 제품의 수가 아닌 기업이 서비스를 제공하기 위해서 준비하는 종업원의 수, 설비 용량, 공간 크기 등과 같이 제품이 아닌 서비스를 제공할 수 있는 역량 또는 서비스를 제공할 준비가 되어 있는 여러 조건들에 의해서 나타나게 된다. 서비스에서의 재고는 서비스 제공자가 서비스를 받는 고객에게 서비스를 제공하는 그 순간에 발생했다가 사라지기 때문에 기업 입장에서는 서비스 수요를 가능한 한 정확하게 예측하고 그 예측된 수요를 만족시킬 수 있도록 준비하는 것으로 설명할 수 있다.

③ 다양성 및 이질성

서비스는 형태를 가지고 있지 않기 때문에 제공할 수 있는 서비스의 종류가 다양하다. 또한, 서비스를 제공하는 직원, 서비스를 제공받는 고객, 서비스를 제공하는 장소 및 시간 등에 따라서 동일한 내용의 서비스를 제공하더라도 서비스 품질에 차이가 발생하는 이질성을 가지고 있다. 전통적인 제조업에서 고객은 제품의 기능, 디자인, 크기 등을 고려하여 원하는 제품을 주문하고 공장에서 생산되는 제품은 출고가 될 때 불량이 없는 양품 상태로 고객에게 배송된다. 그러므로 제품 이외의 조건에 의해서 제품의 성능이 달라질 확률이 거의 없기 때문에 제품의 이질성은 큰 고려 대상이 될 수 없지만 서비스의 경우에는 서비스가 가지는 이질적인 특성 때문에 서비스 품질을 맞추기가 매우 어렵다.

④ 시간 및 공간 제약

서비스는 서비스를 제공하는 기업의 입장이 아닌 서비스를 제공받는 고객이 원하는 시간에만 가능하기 때문에 서비스 제공 시간이 매우 제한적이다. 또한 서비스는 서비스를 제공하는 제공자와 서비스를 받는 고객이 함께 있는 공간에서 제공되는 것이 일반적이기 때문에 공간적인 제약을 동시에 갖는 특성이 있다. 이것은 기업이 서비스 능력이 매우 좋고 서비스를 제공하는 직원들을 충분히 보유하고 있더라도 고객과의 시간 및 공간이 일치되지 않으면 고객 수요가 많아도 서비스를 제공하지 못하게 되는 요인이 된다. 서비스를 제공받는 고객은 원하는 서비스를 받지 못하면 서비스를 제공하는 기업에 대해서 불신을 갖게 된다. 시간과 공간이 일치되지 않으면 기업은 충분한 인력과 설비를 가지고 있더라도 고객에게 서비스를 제공하지 못하기 때문에 비용과 명성에 막대한 손해를 입게 된다.

(2) 수요 예측기법

전통적으로 사용되고 있는 수요 예측기법들이 동일하게 서비스의 수요예측에도 사용된다. 일반적으로 수요 예측기법은 정성적인 예측기법(qualitative methods), 정량적인 예측기법(quantitative methods), 기타 예측기법으로 나누며 [그림 6-2]와 같이 설명할 수 있다.

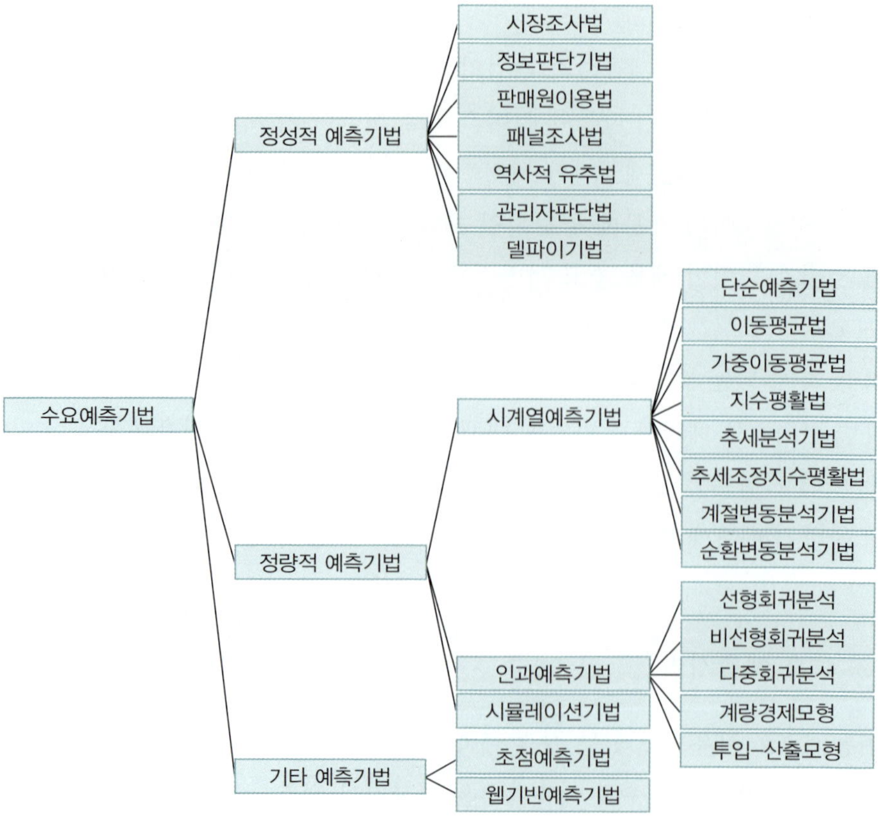

[그림 6-2] 수요 예측기법

출처: 박경종 외(2014).

정성적 예측기법은 시장조사법, 정보판단법, 판매원이용법, 패널조사법, 역사적 유추법, 관리자판단법, 델파이기법 등이 있다. 정량적 예측기법은 시계열예측기법, 인과예측기법, 시뮬레이션기법 등이 있다. 기타 예측기법으로는 초점예측기법, 웹기반예측기법 등이 있다.

3. 서비스 수요관리 전략

서비스 수요 · 공급관리에서 서비스 수요관리 전략은 고객의 수요 변동을 조절하여 기업의 공급 능력에 맞추는 적극적인 방법을 의미하며, 공급 능력을 일정하게 유지한다는 의미로 균일공급수준(level capacity) 전략이라고도 한다. 서비스 수요관리 전략은 수요조절 전략과 수요재고화 전략 관점으로 나누어 설명한다(노형봉, 2013).

1) 수요조절 전략

서비스 공급능력에 맞추기 위해 고객의 서비스 수요를 인위적으로 증가 또는 감소시키는 전략이다. 가장 일반적인 전략은 서비스 상품을 다양화하는 방법, 서비스 수요를 평활(분할)하기 위해 서비스를 제공하는 장소와 시간을 조절하거나 서비스에 지불되는 가격을 조절하는 방법, 커뮤니케이션 활동 등이 있다(노형봉, 2013; 이영희 · 황복주, 2013).

(1) 서비스 상품의 다양화

서비스 수요는 줄이는 것보다 신규 서비스를 개발하여 서비스 수요를 증가시키는 것이 더 어렵다. 스키장의 경우에는 겨울에는 성수기를 이루지만 겨울을 제외한 계절에는 눈이 오지 않기 때문에 고객에게 서비스를 제공할 수 있는 방법이 없다. 이런 경우에 서비스 수요를 만들기 위해서는 겨울을 제외한 다른 계절에도 고객들이 스키장에 올 수 있는 새로운 서비스 원천을 찾거나 개발하는 것이 필요하다.

비수기의 활용도를 높이기 위해서는 여름에는 물썰매장, 야외 수영장 등으로 이용하고 봄과 가을에는 골프장, 삼림욕장 등으로 이용할 수 있도록 스키장을 이용하는 서비스 상품을 개발하는 것이 필요하다. 즉, 하나의 서비스 상품을 계절과 상관없이 사용할 수 있도록 새로운 서비스 상품을 추가하여 고객의 수요를 적극적으로 창출하는 것이다.

호텔은 숙박객이 없는 비수기에는 세미나, 기업연수, 이벤트 등의 추가적인 서비스를 개발하여 호텔의 이용도를 높이고, 음식점이나 카페는 손님이 적게 오는 시간에 저렴한 가격의 특선 메뉴나 음료 패키지를 개발하여 고객 수요를 창출하고 있다. 골프장의 경우에는 봄부터 가을까지는 골프를 즐기는 고객들로 붐비지만 날씨가 춥고 눈이 많이 오는 겨울에는 고객의 수요를 창출하기가 어렵다. 이런 경우에는 스키장과 반대로 겨울에 눈썰매장을 만들어 고객의 수요를 창출하여 수익을 올릴 수 있다.

서비스 상품의 다양화는 동일한 서비스 상품을 고객이 붐비는 시간뿐만 아니라 수요가 없는 시간에도 이용하는 방법을 개발하는 것이 아닌 제공되는 서비스가 없는 시간에 새로운 서비스 상품을 개발하여 고객 수요를 창출하는 것을 의미한다.

(2) 서비스 수요 평활

① 서비스 제공 장소 및 시간의 조절

기업은 서비스 공급능력이 있다면 가능한 많은 고객 서비스 수요를 창출하려고 시도할 것이다. 서비스 수요를 창출하기 위해서는 위에서 설명한 새로운 서비스 원천을 개발하여 서비스 상품을 다양화하는 방법도 있지만 서비스 상품을 가지고 고객이 있는 장소나 고객이 원하는 시간에 서비스를 제공하면 비용을 투자하여 새로운 서비스 상품을 개발하지 않고도 고객 수요가 늘어날 수 있다.

고객 수요를 창출하기 위해서 서비스를 제공하는 장소를 바꾸는 방법은 이동도서관, 방문진료, 자동차 긴급출동 서비스 등이 있다. 서비스를 제공하기 위해서 고객이 있는 장소를 찾아가는 방법은 매우 적극적이고 효과적인 고객 서비스 수요를 창출하는 방법이지만 고객에게 제공되는 서비스 품질이 저하될 우려가 있다. 그러므로 찾아가는 서비스를 제공하는 기업들은 충분한 시간, 인력, 설비 등을 확보하여 고객 서비스를 제공할 수 있도록 노력해야 한다.

서비스를 고객에게 제공하는 시간대를 변경하는 방법은 고객 수요가 많을 것으로 판단되는 시간대에 더 많은 서비스를 제공하고자 하는 것이다. 그러기 위해서는 일일 시간대별, 주중 요일별, 월별, 계절별 등으로 고객 수요 패턴을 분석하여 고객의 성별, 연령 등에 따라 고객 서비스 전략을 수립해야 한다.

여름에는 더워서 낮보다는 밤늦게 활동하는 젊은 올빼미족들이 많기 때문에 영화관이 심야 시간대에 영화를 상영하면 고객 수요를 창출하기도 하고, 대형마트의 경우에도 여름에 직장 일을 끝내고 밤늦은 시간에 시원한 곳을 찾아오는 고객들을 위해 영업시간을 심야시간까지 확장하여 고객 수요를 늘리는 방법을 사용하기도 한다.

② 서비스 지불 가격의 조절

고객의 서비스 수요를 조절하기 위해서 사용하는 방법들 중에서 가장 효과적이고 즉각적인 결과를 얻을 수 있는 방법 중의 하나가 서비스에 지불되는 가격을 조절하는 것이다. 서비스에 지불되는 가격을 조절하는 방법은 주로 고객 수요가 없는 시간 또는 비수기의 활용도를 높이기 위해 사용된다. 서비스를 제공하는 기업들은 비수기에는 가격을 할인하고 그 대신에 성수기에는 가격을 인상하는 정책을 일반적으로 사용한다.

서비스에 지불되는 가격을 차별화시키는 예는 주말과 야간의 장거리 전화요금, 이른 시간대의 영화 조조할인 및 심야 할인, 리조트의 비수기 호텔할인, 피크 시간대의 공공요금 인상정책 등이 있다(서비스경영연구회, 2014). 정부에서는 전력부족 문제를 해결하기 위해서 선택형피크요금제를 실시하고 있다. 선택형피크요금제는 전력소비가 몰리는 날 신청자를 대상으로 전기요금을 더 부과하는 대신 나머지 시간대에 요금을 낮추어 전력수급의 균형을 유지하려는 정책이다.

가격을 조절하여 서비스 수요를 창출하는 것은 풍선의 한쪽을 누르면 다른 쪽이

나오는 것과 같은 풍선효과를 원하는 것이 아니다. 즉, 서비스 가격을 조절하여 성수기 수요가 비수기 수요로 이동하여 기업의 전체 매출을 감소시키는 것이 아니고 비수기에 새로운 고객 수요를 창출하여 성수기 매출에 비수기 매출을 추가하는 것을 원한다. 성수기 수요가 가격 할인에 의해 비수기 수요로 이동하는 것을 막기 위해 서비스를 제공하는 기업들은 다양한 제약 조건을 붙인다. 예를 들면, 항공사나 호텔은 비수기 할인을 받은 상품은 꼭 정해진 기간에만 사용하도록 하거나 유효기간을 설정하여 그 이후에는 비수기어도 사용할 수 없도록 막는 경우도 있다.

(3) 커뮤니케이션 노력

고객 서비스를 제공하는 기업들은 특정한 고객 수요전략을 개발하지 않고 광고나 홍보, 안내방송, 실시간 현황 보고 등과 같은 커뮤니케이션 활동을 통해 고객 수요를 분산시킬 수 있다(이영희 외, 2013). 고객에 대한 커뮤니케이션 활동 강화는 고객과의 긴밀한 소통을 통해 고객들이 스스로 수요를 분산시킬 수 있도록 하는 것이다.

교통방송국에서는 시내도로 및 고속도로의 교통상황을 카메라, 리포터, 운전자 등을 통해 실시간으로 알려주어 운전자들이 스스로 교통체증을 피해갈 수 있도록 지원하고 있다. 우체국이나 유통업체에서는 연말이나 명절 등의 성수기에는 우편물량이 집중되어 원하는 시간에 정상적으로 고객에게 배송하기가 어렵기 때문에 배송되기가 어려운 시간대 및 일정 등을 고객에게 알려서 고객들이 미리 배송요청을 하도록 하거나 아니면 성수기를 지나서 배송할 수 있도록 커뮤니케이션 활동을 수행하고 있다.

고객 서비스를 제공하는 기업의 입장에서는 커뮤니케이션 노력을 통해 피크타임을 피하게 되면 추가적인 서비스 인력을 채용할 필요도 없어지고, 피크타임을 대비해서 기존에 채용했던 서비스 인력들에게 새로운 서비스 제공을 위한 교육이나 재충전의 시간을 줄 수도 있고 고객과의 직접 대면활동을 통해 서비스를 확대할 수 있는 시간으로도 활용이 가능하다.

특히, 요즘에는 정보기술(information technology: IT)이 발달했기 때문에 서비스를 제공하는 기업은 진행되고 있는 고객 서비스 상황을 손쉽게 파악할 수 있고 스마트폰이나 전광판 등을 통해 고객과 빠르게 커뮤니케이션을 할 수 있다.

여기서는 커뮤니케이션 노력만을 별도로 분리하여 고객 서비스를 제공하는 방법에 대해서 설명했지만 커뮤니케이션은 기업이 어떤 고객 서비스를 제공하는지와 상관없이 모든 기업은 고객과의 서비스 활동을 위해 꼭 필요한 요소임을 아는 것이 중요하다.

2) 수요재고화 전략

서비스를 제공하는 기업은 서비스를 재고화시킬 수는 없지만 서비스를 제공받는 고객의 서비스 수요를 재고화시킬 수 있다. 고객이 서비스를 요청했을 때 기업이 즉각적으로 서비스를 제공할 수 없다면 그 고객은 서비스를 제공할 수 있는 다른 기업으로 이동하게 된다. 고객이 다른 서비스 기업으로 이동하는 것은 서비스 기업에게는 손실이 되기 때문에 기업의 입장에서는 즉시 서비스를 제공하지 못하더라도 고객이 다른 서비스 기업으로 이동할 수 없도록 전략을 실행하는 것이 필요하다. 기업은 고객이 요구하는 서비스를 즉시 제공하기가 어렵다면 고객을 기다리게 하거나 서비스를 제공할 수 있는 시간대에 방문할 수 있는 차별화된 방법이 필요하며 이것이 수요재고화 전략이다. 대표적인 방법으로는 대기 전략, 예약 전략, 초과예약 전략 등이 있다.

(1) 대기 전략

서비스를 받으러 온 고객은 서비스를 즉시 받을 수 없다면 서비스를 제공할 수 있는 다른 장소로 이동하는 것이 일반적인데 대기 전략은 다른 장소로 이동하려는 고객을 서비스를 제공할 때까지 기다리도록 하는 방법이다.

실제로 고객은 서비스를 받기 위해서 기다리는 것을 매우 싫어하고 기다리는 시간이 길어지면 동일한 서비스를 제공받더라도 그 기업의 서비스 품질을 낮게 평가한다. Master는 대기시간에 대해서 고객이 느끼는 심리상태를 '대기관리의 원칙'으로 설명하였다.

〈표 6-1〉 Master의 대기관리의 원칙

대기관리의 원칙	1. 아무런 일을 하지 않고 있는 시간이 무언가를 하고 있는 시간보다 더 길게 느껴진다 (읽을 거리, 음악감상, TV시청, 음료제공 등).
	2. 서비스 제공 전의 대기시간이 서비스 제공 중의 대기시간보다 더 길게 느껴진다.
	3. 걱정스러운 마음이 있을 때 대기시간이 더 길게 느껴진다.
	4. 무작정 기다리는 것이 대기시간을 알고 기다리는 것보다 더 길게 느껴진다.
	5. 기다리는 원인을 모르면 대기시간이 더 길게 느껴진다.
	6. 끼어들기 등과 같은 불공정 상황이 발생할 때 대기시간이 더 길게 느껴진다.
	7. 대량구매나 고품질의 서비스일수록 대기시간이 더 길게 느껴진다.
	8. 혼자 기다리면 대기시간이 더 길게 느껴진다.

출처: 이영희 · 황복주(2013).

대기관리의 원칙을 보면 고객은 기본적으로 서비스에 부가되는 대기시간을 매우 불편하게 여기고 상황에 따라 느끼는 감도가 달라짐을 알 수 있다. 기업은 대기시간 관리를 위해서 고객이 서비스 장소를 떠나지 않고 기다릴 수 있는 최대시간을 조사하여 결정하고, 그 시간을 초과하는 경우에는 서비스 인력을 추가로 확보하는 전략이 필요하다. 또한 서비스를 제공받기 위해서 기다리는 시간에는 고객이 즐거운 마음으로 기다릴 수 있도록 다양한 방법을 찾아야 한다.

예를 들면, 고객이 기다리는 대기실은 안락한 의자, 배경음악, 항온 및 항습, 깔끔한 인테리어 등으로 쾌적하고 만들고, 서비스를 기다리면서 생기는 무료함을 달랠 수 있도록 음료수, 신문이나 잡지 등의 읽을거리, TV 또는 컴퓨터 등의 볼거리를 갖춰야 한다. 은행, 병원, 영화관 등은 대기번호를 부여하여 고객의 대기 순서와 기다려야 하는 예상 대기시간 등의 정보를 고객에게 제공하여 고객의 심리적인 대기시간의 길이를 줄이는 적극적인 노력이 필요하다.

VIP 고객의 경우에는 즉시 서비스를 제공하여 고객이 서비스를 기다리지 않도록 배려할 수 있다. 그러나 이러한 서비스 제공이 회사 입장에서 보면 정상적인 마케팅 차원의 서비스이지만 기다리고 있었던 다른 고객들은 더 늦게 온 고객이 먼저 서비스를 받게 되어 본인이 불공평한 대우를 받는 것으로 여길 수 있기 때문에 고객에게 특별 서비스를 제공할 때는 특히 조심해야 할 필요가 있다.

고객이 서비스를 받기 위해 대기하는 것을 관리하는 방법은 효율적인 운영을 통해서 고객의 대기시간을 실제로 줄여 주는 운영관리(operations management) 기법과 실제로 대기시간을 줄이지는 못하지만 고객의 인식 또는 지각을 변화시켜 고객이 느끼는 대기시간을 줄여 주는 지각관리(perception management) 기법이 있다.

(2) 예약 전략

예약 전략은 서비스를 제공하는 기업에게는 고객이 서비스를 받기 전에 서비스를 선판매하는 것이기 때문에 고객의 서비스 수요를 사전에 파악하여 수요와 공급 사이의 균형을 맞추기 위해 서비스 수요를 평활시킬 수 있다. 고객은 서비스를 받기 위해 대기할 필요가 없이 본인이 원하는 시간에 즉시 서비스를 받을 수 있다.

예약은 서비스를 제공하는 기업의 입장에서는 서비스의 선판매이고 서비스를 제공받는 고객의 입장에서는 선구매에 해당되며 양쪽 모두에게 이득이 되는 전략이다. 예약을 하는 경우에 기업은 다른 조건 없이 예약을 받는 경우도 있고 예약을 한 고객이 예약 취소없이 서비스를 받으러 오지 않을 수도 있기 때문에 예약부도의 위험성을 고려하여 예약금을 요청하는 경우도 있다.

예약은 서비스의 후제공을 의미하기 때문에 사전 예약이 모두 서비스 제공으로 이어지지 않는다. 그러므로 예약을 받는 기업은 다양한 가능성을 고려하여 예약은 받는다. 기업의 서비스 제공은 예약 고객이 충분하지 않다는 가정하에서는 비예약 고객과 동시에 서비스를 제공하는 것이 가장 효율적이다. 그러므로 기업은 비예약 고객들이 오는 시간들을 예측하여 예약 고객에게 서비스 가능 시간을 제공하는 것이 필요하다. 예를 들면, 의사나 변호사는 보유하고 있는 서비스능력이 유한하기 때문에 가능하다면 고객들이 같은 시간대에 중복하여 오는 것을 선호하지 않는다. 그러므로 예약없이 오는 고객들과의 서비스 중복 문제를 해결하기 위해서는 예약 고객들에게 고객들이 붐비지 않는 시간을 제공하여 서비스 수요의 평활을 이루는 것이 꼭 필요하다. 이렇게 되면 서비스를 제공받으러 오는 고객들도 대기시간을 최소화할 수 있고 서비스를 제공하는 기업도 서비스를 최적가용능력 범위에서 제공할 확률이 높아지기 때문에 서비스 제공의 품질도 높아지고 서비스를 받는 고객들의 서비스 만족도도 높아질 것이다.

(3) 초과예약 전략

위에서 설명한 예약 전략은 서비스 제공자와 고객을 모두 만족시키면서 서비스 수요를 평활시킬 수 있는 매우 효율적인 방법이다. 그러나 예약은 서비스 비용을 나중에 지불하겠다는 뜻을 가진 서비스의 사전 판매에 해당되기 때문에 기업의 입장에서는 위험이 존재한다. 즉, 서비스를 예약한 고객이 사전에 취소 없이 예약 시간에 오지 않거나 예약된 서비스 시간 직전에 예약 취소를 요청하는 경우도 있다. 이렇게 되면 서비스를 제공하는 기업은 취소된 예약에 대한 대안을 마련할 시간이 충분하지 않기 때문에 서비스 제공능력은 가지고 있지만 서비스를 제공할 수 없는 상황에 처한다. 서비스 제공을 염두에 두고 사전에 인력, 설비, 시설 등을 준비하기 때문에 서비스 미제공으로 인해 기업의 수익이 감소되는 문제가 발생하게 된다.

고객이 사전 예약을 취소하는 경우에 지불해야 되는 금전적 손실이 발생하지 않는다면 예약 취소나 무대응과 같은 약속 불이행(no show)이 증가할 확률이 높다. 서비스는 시간이라는 개념에 매우 의존적이기 때문에 서비스 제공없이 예약시간이 지나게 되면 약속 불이행은 기업에게는 직접적인 매출손실로 이어지게 된다.

항공사나 여행사는 한 번 서비스에 들어가면 그 서비스가 종료되는 시점이 매우 길다는 특징이 있다. 그러므로 서비스 제공에 손실이 발생하게 되면 다시 서비스를 제공하여 복구되는 기간이 매우 길다는 문제점이 있다.

여행사를 예로 들면, 패키지 상품을 구매한 고객이 나타나지 않으면 호텔객실 비용, 비행기좌석 비용 등을 미리 결제하기 때문에 막대한 손실을 입게 된다. 그래서 예약된 여행을 출발하기 전까지는 고객이 여행을 갈수 있도록 최대한 노력을 하지만 출발 바로 전에 예약을 취소하거나 출발을 한 이후에도 나타나지 않게 되면 기간을 구별하여 차별적인 과징금을 부가하여 회사의 손실을 최대한 줄이려고 노력하지만 유휴 서비스능력이 발생되기 때문엔 근본적인 해결책은 되지 못한다.

호텔, 항공사, 병원, 렌트카 회사, 여행사 등은 약속 불이행에서 오는 손실을 대비하여 예약 범위를 초과하는 초과예약(overbooking)을 받게 된다. 특히, 고객의 약속 불이행에 따른 기업의 매출 손실을 예약 부과금으로 보전할 수 없는 병원, 렌트카 회사 등은 훨씬 더 많은 초과예약을 받으려고 시도한다. 이런 경우에 실제로 서비스를 받으러 온 고객 수요가 회사의 서비스능력을 넘어가게 되는 경우가 발생하게 된다. 이렇게 되면 기업은 서비스를 제공하지 못하게 되고 이것은 반대로 기업이 벌과금을 물어야 되는 상황이 될 수 있고 더 나아가 그 고객을 비롯하여 주변의 잠재 고객들까지 동시에 잃게 되는 위험에 처하게 된다.

그러므로 서비스를 제공하는 기업은 바람직스러운 초과예약의 범위를 결정하는 것이 필요하다. 기업은 서비스를 제공하는 인력, 설비, 시설 등은 보유하고 있지만 서비스를 제공하지 못하여 쉬게 되는 유휴 서비스능력과 초과예약에 의한 벌과금의 합을 최소화시켜야 한다. 기업이 부담해야 하는 벌과금은 금전적인 손실 측면과 윤리적, 감정적 요소가 들어가는 무형적 측면을 동시에 고려해야 한다.

항공사의 경우, 초과예약으로 인해 비행기 좌석 수를 넘는 고객이 오면 좌석을 업그레이드시켜서 배정하거나 심한 경우에는 무료로 경쟁사의 비행기 좌석을 구입해서 배정해야 된다. 비행기 좌석을 배정하는 과정에서 처음에 약속된 시간이 아닌 다른 시간을 배정하게 되면 호텔숙박비용까지 책임져야 하기 때문에 기업이 부담해야 하는 금전적 부담은 매우 커지게 된다. 초과예약으로 발생한 문제로 인해 고객들은 실망하게 되고 이것은 기업의 이미지 하락, 고객 이탈, 나쁜 소문 확산 등으로 금전적 손실과 더불어 무형적 손실도 커지게 된다. 그러므로 초과예약을 어쩔 수 없이 받아야 하는 기업들은 금전적 손실과 무형적 손실을 모두 고려해서 초과예약 전략을 수립해야 한다.

지금까지 설명한 서비스 수요관리 전략은 수요의 상태에 따라 다음과 같이 분류할 수 있다.

〈표 6-2〉 수요변화에 따른 서비스 수요관리 전략

수요변화 전략	수요의 최대가용능력 초과	수요의 최적가용능력 초과	수요의 가용능력 미달
무반응전략	고객 대기	가용능력 활용	고객 이탈
수요조절 전략	수요 평활	서비스 품질관리	수요촉진 노력
수요재고화 전략	(초과)예약시스템, 대기시스템	서비스 품질관리	수요촉진 노력

출처: 썬하(2015).

4. 서비스 공급관리 전략

서비스 공급관리 전략은 고객의 수요에 맞춰 기업의 공급 능력을 조절하는 방법이며 수요관리 전략보다는 소극적인 전략이다. 또한, 공급능력을 수요변화에 맞춰 조정한다는 의미에서 수요추종(chase demand)전략이라고도 한다. 서비스 공급관리 전략은 수요적응 전략과 공급능력균형 전략 관점으로 나누어 설명한다(노형봉, 2013).

1) 수요적응 전략

서비스 공급관리 전략은 고객 수요의 변동에 맞추어 공급능력을 조절하는 전략이다. 수요의 변동은 변동이 많은 경우도 있고 수요의 변동이 거의 없는 경우도 있다. 수요의 변동이 많은 경우에 대응하기 위한 공급관리 전략이 수요적응 전략(chase demand strategy)이며, 수요변화에 따라 공급능력을 조절해야 하기 때문에 가용능력 변화전략 또는 공급변화 전략이라고도 한다.

고객이 요청하는 서비스 수요가 변동이 심하여 수요예측을 하기가 힘든 경우가 많다. 또한 원가에서 차지하는 변동비 비중이 높고 채용이 의무화된 정규직이나 전문화된 인력보다는 비숙련 노동력으로도 충분히 대응할 수 있는 경우에 사용하는 방법이 수요적응 전략이다.

(1) 임시직(시간제 직원, 아르바이트) 채용

고객 수요의 변동이 심하지만 서비스를 제공하는 회사가 안정된 관리를 위해 고정된 공급능력을 유지하게 되는 경우에 고객 수요가 많아지면 인력, 시설, 설비 등이 부족해지고, 반대로 고객 수요가 적어지면 남아돌게 되어 기업의 손실이 많아지고 고객이 느끼는 서비스 만족도가 떨어지게 되어 지속적인 고객 이탈로 이어질 수 있다. 그렇다고 해서 고객 수요를 초과하여 과도하게 많은 인력, 시설, 설비 등을 확보하는 것도 기업의 손실만 키우게 된다. 이렇게 고객의 수요 변동이 큰 경우에는 임시직, 시간제 직원 등을 채용하여 활용해야 기업의 손실을 최소화할 수 있다. 그러나 임시직이나 시간제 직원 등은 전문화된 작업에 투입할 수 없고 단순노동에 투입할 수 있기 때문에 기업에서 고객에게 서비스를 하는 분야가 어디에 속하는지를 확인하고 전략을 수립해야 한다.

수요적응 전략으로 가장 대표적인 업무는 편의점 아르바이트 또는 건설현장에서 일하는 일용직 등이 될 수 있다.

2) 공급능력 균형전략

공급능력 균형전략은 고객 수요의 변동이 크지 않고 균일하게 유지될 때 사용할 수 있는 전략이며, 공급능력이 균일하게 유지되기 때문에 가용능력 고정전략 또는 공급능력 고정전략이라고도 한다.

고객 수요가 예측 가능하고 수요변동이 안정적인 범위에서 움직이면서 숙련된 전문인력 또는 고가의 장비가 필요한 경우에는 적절한 공급능력을 지속적으로 유지하는 전략을 사용하게 된다. 서비스를 제공하는 기업들은 고객 수요가 안정적이라고 판단되면 제공해야 될 고객 수요에 대한 공급능력을 정하고 수요변동에 대한 대응 전략을 수립하는 대신에 서비스 품질을 높이는 것에 신경 쓰게 된다.

공급능력 균형전략은 병원, 호텔, 은행, 항공사 등과 같이 인력, 시설, 설비 등의 자원투입이 많고 바꾸기가 어려운 서비스 영역에서 보다 효과적이다. 즉, 고객수요가 안정적이기 때문에 서비스를 제공하기 전에 충분히 서비스 수요를 예측할 수 있고 여기에 맞게 인력, 시설, 설비 등과 같이 초기 투입 비용이 많이 들어가도 지속적이고 일정한 고객 수요로 기업이 손해를 보지 않고 서비스를 제공할 수 있다.

(1) 직원근무 일정 조정

정규직으로 채용된 직원들은 고객 수요가 작아서 유휴 인력이 많이 발생해도 해고하기가 어렵다. 설사 해고가 가능하다고 해도 반대로 고객 수요가 갑자기 많아지게 되면 직원을 채용하는 데도 시간이 오래 걸리고 숙련된 전문인력으로 양성하기 위해서는 추가적인 비용과 시간이 필요하다. 아르바이트와 같은 임시직으로 채용이 가능하겠지만 고객이 고품질의 전문화된 서비스를 필요로 하는 경우에는 대응하기 어렵다.

기업은 정규직을 쉽게 채용하지도 못하지만 채용한 경우에도 다양한 상황이 발생할 수 있기 때문에 해고하기도 어렵다. 그러므로 기업은 현재 보유하고 있는 인력을 활용하여 공급능력을 적절하게 평활시킬 필요가 있다.

보유 인력의 수를 유지하면서 공급능력을 균일하게 유지할 수 있는 방법 중의 하나가 직원의 근무 일정을 조정하는 방법이다. 직원의 근무 일정을 조정한다는 의미는 교대근무 등을 활용한다는 뜻이다. 교대근무는 정해진 일정(예를 들면, 시간제, 하루, 주간 등)에 따라 직원들을 순환근무를 시키는 것이며 고객 수요가 많은 일정에는 더 많은 직원들을 배정하여 수요와 공급의 균형을 유지할 수 있는 정책이다. 교대근무가 유용한 고객 서비스 분야는 콜센터, 병원, 대형마트의 계산대 등과 같이 주기적인 수요 패턴을 보여 주는 곳이다.

(2) 직원의 다기능화

직원의 다기능화(multi-skiller)는 직원의 교차훈련을 의미하며 정해진 인력을 활용하여 고객 수요 패턴에 맞게 공급능력을 유연하게 변경시키는 방법이다. 직원의 다기능화를 위해서는 몇 가지 선결되어야 할 사항들이 있다. 첫째는 고유의 업무가 아닌 다른 부서 또는 경험해 보지 못한 업무에 대해서는 체계적인 교육과 훈련을 받아야 한다. 둘째는 업무가 변경되어도 업무와 상관없이 동일하게 활용할 수 있는 도구나 컴퓨터 시스템이 필요하다.

직원이 다기능화가 되면 고객 수요가 몰리는 피크타임에 훨씬 더 효율적으로 대응할 수 있고 고객 수요가 없는 경우에는 본인의 서비스 업무에 다른 서비스 업무를 추가하여 다양한 서비스를 제공할 수 있다. 직원의 다기능화는 직원들 간에 업무를 쉽게 조정하고, 협력관계를 유지할 수 있고, 단결심을 강화시킬 수 있고, 단일 업무만을 수행하는 데서 오는 단조로움을 극복할 수 있는 장점을 가지고 있다.

지금까지 설명한 서비스 공급관리 전략은 공급능력의 변화 및 고정에 따라 다음과 같이 분류할 수 있다.

〈표 6-3〉 공급능력에 따른 서비스 공급관리 전략

조건	공급능력변화 전략	공급능력 균형전략
수요변화의 크기	큼	작음
수요변화의 속도	빠름	느림
예측 가능성	예측불가능	예측가능
원가 구조	변동비 비중 높음	고정비 비중 높음
서비스 기대수준	낮음	높음
판매기회 상실 비용	높음	낮음

출처: 썬하(2015).

5. 혼합 전략

대부분의 기업들은 서비스 수요관리 전략과 공급관리 전략을 개별적으로 사용하기 보다는 같이 사용하는데 이것을 서비스 혼합 전략(mixed strategy)이라고 한다. 가장 대표적인 서비스 혼합 전략은 수율관리(yield management) 기법이다. 수율관리는 수익관리, 수입관리(revenue management), 소멸성 자산(perishable asset) 수익관리라고도 설명한다. 수율관리는 공급능력이 정해져 있을 때 제공되는 서비스의 수익을 최대화하기 위해 사용하는 종합적인 시스템이라고 정의할 수 있다.

수율관리는 직접적인 수율을 관리한다는 개념보다는 기업의 수익 극대화를 위한 통합된 방법이라고 설명하는 것이 더 이해가 쉬울 수도 있다.

1) 수율관리에 유리한 서비스 기업

수율관리는 고정된 서비스 능력, 세분화된 시장, 소멸성 재고, 사전 예약 판매,

큰 변동 수요, 낮은 한계 판매비용과 높은 한계 서비스능력변경비용 등의 특성을 가지고 있는 서비스 기업에 적용하면 더 좋은 결과를 얻을 수 있다(서비스경영연구회, 2014).

① 고정된 서비스 능력

항공사나 호텔과 같이 인력, 설비, 시설 등에 초기 투자가 많은 기업은 서비스 공급능력을 빠른 시간에 확장할 수 없다는 제약을 가지고 있다. 비행기의 좌석은 비행기가 출발하기 전까지 모두 판매되어야 의미가 있고, 전 비행기에서 좌석이 빈 상태로 출발해도 다음 비행기에서 전 비행기의 빈 좌석 수만큼 승객을 초과해서 태울 수 없다. 호텔의 경우에도 호텔의 객실이 다 차지 않아도 다음날에 전날 차지 않은 호텔 객실의 수를 더해서 가용한 객실의 수를 산정할 수는 없다. 즉, 호텔의 객실의 수는 날마다 변하는 것이 아니라 시설 투자에 의해 정해진 수만큼으로 고정되어 있기 때문에 서비스 능력은 고정되어 있고 호텔의 입장에서는 다음날 숙박객이 많이 올 것을 대비해서 빈 상태로 유지하는 것은 의미가 없고, 당일 가용한 객실의 수를 숙박객으로 다 채워야 수율관리가 효과적으로 진행된다.

② 세분화된 시장

서비스를 제공하는 기업은 고객별로 시장을 세분화하여 세분화된 시장에 맞는 전략을 수립해야 많은 고객을 유치할 수 있다. 즉, 서비스 기업은 고객성향에 따른 그룹별로 선호도가 다르다는 것을 알고 있기 때문에 이러한 특성을 적극적으로 이용하는 마케팅 전략을 수립하고 있다. 항공사의 경우에는 비즈니스 승객, 일반석 승객, 할인티켓 승객 등으로 고객층을 세분하여 승객이 많이 몰리는 성수기와 그렇지 않은 비수기로 나눈다. 성수기에는 비즈니스 승객의 비율을 높이고 비수기에는 반대로 할인티켓 승객의 비율을 높여서 항공기의 좌석수를 모두 채우는 수율관리 전략을 실행한다.

호텔의 경우에도 다음과 같이 고객층을 일등급, 표준, 저비용 고객으로 나누고 계절별 성수기와 비수기 특성을 고려한다. 성수기에는 일등급 고객을 위한 객실 수를 늘리고 비수기에는 저비용 고객을 위한 객실 수를 늘려서 공급능력에 맞추어 고객 수요를 최대한 달성하려는 수율관리 전략을 실행한다.

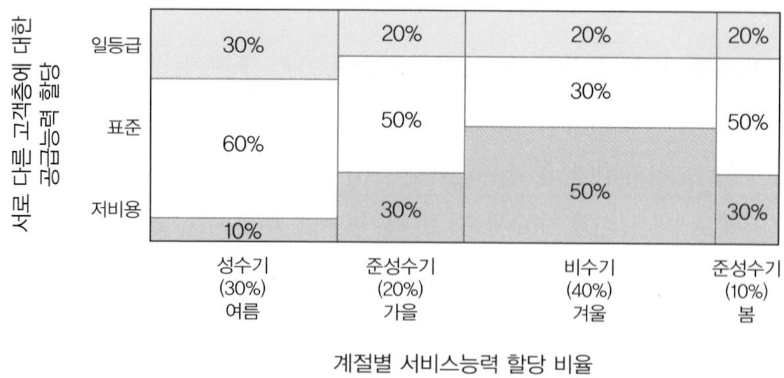

[그림 6–3] 리조트 호텔에서의 계절별 고객층별 객실 할당

출처: Lovelock, C. H. (1984). "Strategies for Managing Demand in Capacity-Constrained Service Organizations," Service Industries Journal 4, no. 3, p. 23: 서비스경영연구회(2014) 재인용.

③ 소멸성 재고

서비스 기업의 특징 중의 하나가 서비스의 공급능력이 아무리 뛰어나도 서비스를 제공하기로 한 약속한 시간이 되었을 때 서비스가 제공되지 못하면 서비스 공급능력이 다음으로 연기될 수 없고 소멸된다는 것이다. 호텔의 경우에 숙박 가능한 객실이 많아도 당일에 숙박하는 고객이 없다면 기업의 서비스는 소멸된다. 항공기의 경우에 비행기가 출발해야 될 시간에도 좌석이 다 차지 않으면 비행기를 그 상태로 출발해야 하고 차지 않은 좌석으로 제공되는 서비스는 소멸하여 없어진다. 서비스 공급능력이 일정하게 유지되는 호텔이나 항공기가 제공하는 서비스는 정해진 시간까지 판매되어야 하는 소멸성 재고로 간주된다. 정해진 시간까지 고객을 채우지 못할 것이라고 예측되면 가격을 할인하여 객실이나 좌석을 다 채울지 아니면 정상 가격으로 유지하여 공급능력에 못 미치더라도 수익률이 일정하게 유지되면 그대로 갈 것인지를 수율관리를 통해서 진행해야 한다.

④ 사전 예약 판매

서비스 기업은 공급능력에 미달되는 고객 수요를 방지하기 위해서 사전 예약 판매를 실시한다. 사전 예약 판매를 실시할 때 정상 가격으로 판매한다면 문제가 없지만 고객 입장에서는 굳이 정상 가격으로 사전 예약 구매를 할 필요를 느끼지 못한다. 물론 비행기의 경우에 특정한 좌석을 선점하는 경우와 같이 어떤 목적이 있다면 고객은 사전 예약 구매를 실시하겠지만 상황 변화에 따라 실제로 비행기를 타지 않을 확률도 있다. 그런 경우에는 예약 취소에 따른 벌과금을 낼 수도 있기 때문에 사전 예약 판매에 따른 인센티브가 없다면 사전 예약 판매가 쉽지 않다.

그러므로 기업은 공급능력에 미달되는 고객 수요를 방지하기 위해서 사전 예약 판매시에 고객에게 가격 할인과 같은 유인 정책을 펴게 된다. 사전 예약 판매 정책을 실시할 때는 할인 금액, 할인 기간, 성수기, 비수기 등을 고려해야 한다. 또한 사전 예약 판매를 실시하지 않았을 때 공급능력에 미달되는 고객 수요에 대한 정상적인 판매액과의 비교를 통해서 기업의 수익이 극대화될 수 있는 수율관리를 실시해야 한다.

⑤ 큰 변동 수요

서비스 기업은 고객 수요의 변동이 심할 때 대응을 잘하지 못하면 매출액에 많이 차이가 발생한다. 그러므로 서비스를 제공하는 기업은 비수기에는 고객을 유치하여 공급능력을 채우는 것이 기업에 이득이 되기 때문에 가능한 범위 내에서 가격 할인, 인센티브, 프로모션 등을 실시해야 한다. 그러나 성수기에는 고객수요가 공급능력을 초과하거나 비슷할 확률이 높기 때문에 가격 할인의 정책을 펴기보다는 서비스 품질을 높이는 방향으로 마케팅 정책을 수립하는 것이 기업의 수익을 극대화할 수 있다. 서비스 기업은 고객 수요가 변동이 심할 경우, 비수기에는 공급능력 달성에 초점을 맞추고 성수기에는 서비스 품질 달성에 초점을 맞춰 수익을 극대화하는 수율관리가 필요하다.

⑥ 낮은 한계 판매비용과 높은 한계 서비스능력 변경비용

한계 판매비용은 서비스를 추가로 한 단위 더 판매할 때 소요되는 비용이기 때문에 이 비용이 낮을수록 수율관리가 효과적이다. 한계 서비스능력 변경비용은 서비스를 제공하는 기업의 공급능력이 모두 소진된 상태에서 공급능력을 추가로 한 단위 더 생산할 때 소요되는 비용이기 때문에 이 비용이 높을수록 수율관리가 더 효율적이다.

항공사에서 빈 좌석이 있다는 경우를 가정하고 승객을 1명 더 태우는 것은 기내식, 스낵, 담요 등만을 준비하는 데 비용이 들어가기 때문에 한계 판매비용은 낮다. 반면에 비행기의 모든 좌석이 다 매진되었을 때 새로운 고객 1명을 추가로 태우기 위해서는 항공기 1대가 새롭게 필요하기 때문에 서비스능력 변경비용은 매우 크므로 수율관리의 효율성이 필요하다.

2) 수율관리의 3요소

수율관리의 3요소는 초과예약, 고객그룹 간 서비스능력 배분, 고객그룹별 가격차별화로 제시하고 있다(김수욱 외, 2006; 노형봉, 2013). 또는 예약시스템, 초과예약, 수요분할 등을 통합하는 종합적인 시스템이라고 설명하기도 한다(서비스경영연구회, 2014).

(1) 초과예약

서비스를 제공하는 기업은 가능한 공급능력까지만 예약을 받고 예약을 한 고객은 예약한 내용에 따라 서비스를 받는 것이 이상적이다. 그러나 고객은 다양한 상

황으로 인해 예약 해지를 하거나 예약 부도를 내게 되고 이것은 기업의 수익성에 즉각적인 영향을 주게 된다. 그러므로 기업은 고객의 예약 해지 또는 예약 부도를 고려하여 초과예약을 받아서 기업의 수익성을 보전하려고 한다. 그러나 과도한 초과예약으로 공급능력을 초과한 고객이 예약을 하게 되면 기업은 공급능력에 초과된 고객에 대해서는 금전적 보상과 대체 서비스를 제공해야 한다. 더 나아가 이러한 과정에서 기업의 이미지 손실은 필수적이기 때문에 수율관리 관점에서 다양한 전략을 통해서 초과예약을 관리해야 한다.

초과예약을 위해 사용할 수 있는 기법은 평균노쇼접근법, 기대손실비용접근법, 한계분석접근법, 동적초과예약법, 전자계산지분석법 등이 있다.

① 평균노쇼접근법

예약을 한 고객이 예약 취소 또는 예약 부도에 따른 손실을 입지 않는 경우에 약속 불이행(노쇼)은 발생할 수밖에 없다. 그러므로 기업은 기업의 손해를 충당하기 위해 초과예약을 받는 것이 필요한데 초과예약을 받을 때 평균노쇼 만큼 받는 방법을 평균노쇼접근법이라고 하다.

그러나 평균노쇼 만큼 초과예약을 받기 때문에 실제 서비스 제공은 공급능력에 미달될 확률과 공급능력을 초과할 확률이 동시에 존재하는 문제점이 있다.

② 기대손실비용접근법

고객이 요청한 서비스를 기업이 제공하지 못하는 경우에는 위로금, 경쟁사를 통한 무료 대체 서비스 등의 금전적 손실로 표현되는 유형의 손실과 회사의 이미지, 고객이탈, 나쁜 소문 등의 무형의 손실을 동시에 입게 된다. 기대손실비용접근법은 초과예약의 실제 결과가 공급능력에 미달되어 유휴능력에 대한 기회비용과 초과예약의 실제 결과가 공급능력을 초과하여 발생하는 벌과비용의 합을 최소화하는 방법이다.

그러나 무형의 손실을 어떻게, 얼마만큼 반영하느냐에 따라 벌과비용의 중요도가 달라져 유형의 손실을 무력하게 만들 수도 있기 때문에 적절하게 반영할 수 있어야 한다.

③ 한계분석접근법

한계분석접근법은 한계기대수익이 한계기대비용보다 같거나 큰 경우에 최적해가 존재한다는 사실을 이용하여 수학적으로 초과예약을 관리하는 방법이다. 한계기대수익은 현재 예약상태에서 초과예약을 한 건 더 받으면서 발생하는 총기대수익의 증가량이고, 한계기대비용은 초과예약을 한 건 더 받으면서 발생하는 기대벌과비용의 증가량이다.

이 방법은 E(다음 예약의 수입) ≤ E(다음 예약의 비용)을 만족할 때 까지 초과예약을 추가한다. 이것은 '공급능력에 도달했을 때의 수입 × 초과예약된 수량보다 노쇼가 많을 확률 ≤ 불만족 고객의 비율 × 초과예약된 수량보다 노쇼가 작거나 같을 확률'과 같은 의미이다(김수욱 외, 2006).

[그림 6-4]는 초과예약이 진행됨에 따라 총기대수익과 기대벌과비용이 발생하고 그 차이로 나타나는 순기대수익에 대한 그래프이다.

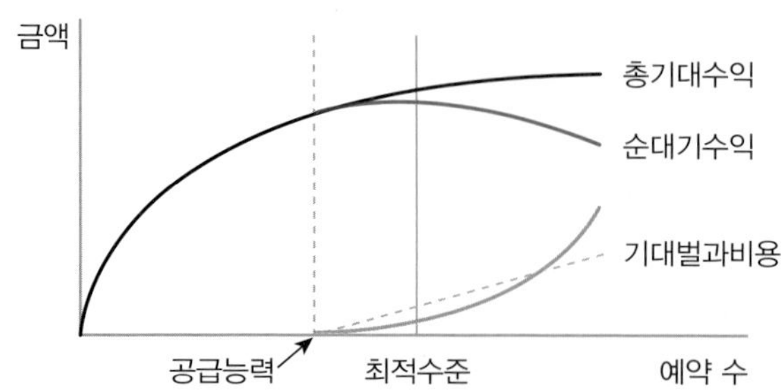

[그림 6-4] 초과예약에 따른 총기대수익과 기대벌과비용의 순기대수익

출처: Smith, B. C., Leimkuhler, J. F., & Darrow, R. M. (1993). "Yield Management at American Airlines," Interfaces, 22: 노형봉(2013) 재인용.

서비스를 제공하는 기업의 공급능력에 도달할 때까지는 초과예약이 아닌 정상적인 예약이 진행되기 때문에 총기대수익만 발생하고 기대벌과비용은 발생하지 않는다. 그러므로 공급능력에 도달할 때까지는 총기대수익과 순기대수익이 같다. 공급능력을 초과해서 예약을 받게 되면 초과예약이 되고 이때부터는 기대벌과비용이 증가하게 되고 총기대수익과 순기대수익이 달라지게 된다. 공급능력을 초과해서 예약을 받게 되면 총기대수익은 증가하지만 증가율은 둔화되고 반대로 기대벌과비용은 증가율이 더 커지게 된다. 순기대수익은 공급능력을 초과하면 증가하지만 그 증가율은 점차 둔화되어 0이 되고 결국에는 증가율이 감소(-)된다.

그러므로 한계분석접근법을 통한 초과예약의 최적치는 총기대수익의 증가율과 기대벌과비용의 증가율이 같아서 순기대수익의 증가율이 0이 되는 시점이 된다.

④ 동적초과예약법

서비스 기업에서 초과예약을 받는 것은 기업의 수익 극대화를 위해서이지만 실제 서비스에서 공급능력을 넘어가는 초과예약이 발생하면 고객 서비스를 제공할 수 없어 위험부담이 더 커지게 된다. 그러므로 기업에서는 초과예약을 받을 때 서비스 제공 시점에서 먼 과거로부터 서비스 시점인 현재로 올 때까지 시장 상황을 고려하여 초과예약을 받는 것이 기업이 갖는 위험부담을 최소화할 수 있고 이러한 기법이 동적초과예약법이다. 예약을 받기 시작하는 시점은 서비스를 제공하는 시점에서 먼 과거이기 때문에 이때 예약한 고객들은 취소할 확률이 높기 때문에 초과예약 비율을 높이는 것이 기업에 유리하다. 그러나 서비스 시점에 가까이 올수록 고객의 예약 취소율이 감소하기 때문에 초과예약 비율을 줄이는 동적초과예약법을 사용하는 것이 현실적일 수 있다.

⑤ 전자계산지분석법

전자계산지분석법은 모든 가능한 시나리오에 대한 기대비용을 계산하여 그림으로 표시하는 방식이다(김수욱 외, 2006). 이 초과예약 분석법은 초과예약과 관련된 비용을 구체적으로 계산하여 전자계산지를 이용하여 쉽게 계산할 수 있다는 장점이 있고, 비용과 수입이 불확실하거나 초과예약과 관련된 비용을 쉽게 계산할 수 없는 경우에는 사용하기가 어려운 단점이 있다. 그러므로 이 방법은 정확한 데이터가 없으면 사용하기가 어렵고, 주먹구구식 주장(brute force)이 될 수 있다는 문제점이 있다.

(2) 고객그룹 간 서비스 능력 배분

서비스를 제공하는 기업들은 공급능력에 맞는 고객 수요를 확보하기 위해서 다양한 고객그룹을 관리해야 하고 각 고객그룹별로 서비스 능력을 얼마나 배분할 것인지를 결정해야 한다. 항공사의 경우에 '고객그룹을 비즈니스석과 이코노미석을 나누어 좌석을 몇 대 몇으로 나눌 것인가? 좌석 요금을 정상요금과 할인요금으로 얼마나 배정할 것인가? 각 고객그룹별로 초과예약을 얼마나 허용할 것인가?' 등에 대한 결정을 통해서 고객 서비스능력을 배분하는 것이 필요하다.

호텔의 경우에도 '정상요금을 지불하는 고객과 할인요금을 지불하는 고객의 비율을 얼마로 할것인가? 할인요금의 사전 예약 기간을 얼마나 할 것인가? 할인요금을 지불하는 고객들을 유인하기 위해 전망이 좋은 객실을 몇 실이나 배정할 것인가?' 등을 결정해야 하다.

다음의 [그림 6-5]는 서비스 기업의 서비스 능력이 일정하다고 가정할 때 호텔의 할인요금 고객과 정상요금 고객의 객실 예약 패턴을 보여 주고 있다.

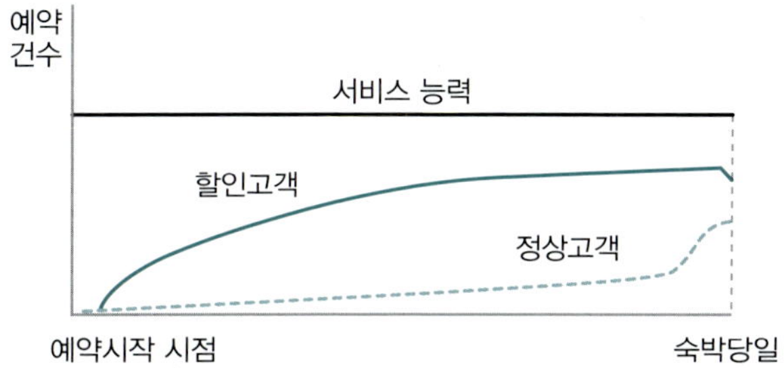

[그림 6-5] 시간에 따른 호텔예약의 동적 패턴

출처: Metters, R. D., King-Metters, K. H., Pullman, M., & Walton, S. (2006). 서비스운영관리(2nd Ed.). 김수욱 외 역: 노형봉(2014) 재인용.

정상요금을 지불하는 고객들은 사전 예약 시스템이 가동되더라도 숙박당일 또는 숙박당일에 근접해야 예약을 하는 특성이 있다. 그러나 할인요금을 내는 고객들은 사전 예약 시스템이 오픈되는 시점부터 예약률이 높아진다. 이것은 호텔에서 할인요금을 제시할 때 숙박일 훨씬 전에 예약을 하면 더 많은 할인율을 제시하기 때문에 나타나는 결과이지만 호텔의 입장에서는 숙박당일에도 공급능력에 미달되는 고객 수요가 나타나면 안 되기 때문에 펼치는 정책이다. 결국 호텔은 '고객 수요가 공급능력에 미달되더라도 정상요금을 고수할 것인가? 고객수요가 공급능력에 미달될 확률이 높기 때문에 사전에 할인요금을 제시하여 공급능력을 충족하는 고객 수요를 창출할 것인가? 정상요금 객실과 할인요금 객실의 비율을 언제까지 결정할 것인가?' 등에 대해서 결정을 해야 한다.

위에서 설명한 것처럼 고객그룹 간 서비스능력을 배분할 때 발생하는 문제를 해결하는 방법은 정적(static) 방법과 동적(dynamic) 방법이 있고, 고객그룹을 보호하는 방식에 따라 둥지형(nested) 방법과 별개형(distinct) 방법으로 분류한다(김수욱 외, 2006; 노형봉, 2014).

① 정적 방법

정적 방법은 시간을 흐름을 고려하는 대신에 특정한 시점을 기준으로 수율관리를 하는 방법이고 고정시간 방식과 고정량 방식을 주로 사용한다.

고정시간 방식은 특정한 시점까지 할인요금이나 프로모션을 진행하지만 고객그룹을 분리하여 정책을 수립하지 않고 고객 수요가 공급능력에 도달하면 종료하는 방법이다. 이 방식은 간단하고 이해하기 쉬운 방법이지만 할인요금과 프로모션을 통한 고객으로 공급능력에 도달하게 될 수도 있어 수율관리 측면에서는 효과적이지 못하다.

고정량 방식은 사전에 고객그룹별로 배정할 양을 결정하고 진행하는 방식으로 별개형과 둥지형으로 나눌 수 있다.

별개형은 고객그룹별로 사전에 배정할 양을 결정하면 추후에 다른 요인이 발생하더라도 사전에 정한 양을 변경하지 않는 방식이다. 예를 들면, 정상요금 고객과 할인요금 고객에게 배정하는 비율을 30:70로 배정하면 정상요금 고객이 30%를 초과하여도 30%까지만 배정한다. 반대로 할인요금 고객이 70%에 미달되어도 초과되는 정상요금 고객에게 배정하지 않고 할인요금 고객이 70%를 채워줄 때까지 기다린다. 만약 정상요금 고객과 할인요금 고객의 비율이 조절 가능하다면 공급능력에 도달할 수 있는 확률이 높아지는데 그렇지 못하기 때문에 비정상적인 상황이 초래되고 수율관리에 문제가 발생한다.

둥지형은 정상요금 고객과 할인요금 고객의 비율을 사전에 30:70로 결정하는 것은 동일하다. 추가적인 조건으로 정상요금 고객 비율인 30%를 둥지(또는 보호수준)로 결정하면 정상요금 고객이 30%를 초과하여 예약하거나 방문하면 초과되는 정상요금 고객은 할인요금 고객에게 할당된 70%의 현재 남아있는 수량에서 선착순으로 배정하는 방식이다. 단, 둥지형은 둥지로 결정된 정상요금 고객 비율만이 초과될 수 있고 둥지로 설정되지 않은 할인요금 고객은 70%를 초과하여 배정할 수 없다.

② 동적 방법

앞에서 설명한 정적 방법은 서비스 기업의 특성과 상황을 고려하지 않고 특정한 시점을 기준으로 수율관리를 한다. 그러나 동적 방법은 시간이 지남에 따라 기업의 시장 상황이 변하기 때문에 이러한 부분을 반영하여 수율관리를 한다.

기업의 시장 상황은 지속적으로 변하기 때문에 과거 및 현재의 상황을 고려하여 미래 시점에서 발생하는 기업의 수익 최대화를 위해 의사결정을 한 번에 끝내지 않고 지속적으로 수정해 나가는 것이 필요하다.

동적 방법이 수율관리에서 효과를 보기 위해서는 고객그룹별로 많은 정보가 필요하다. 이러한 정보 제공을 위해서는 정보시스템을 활용해야 하는데 그러기 위해서는 방대한 양의 고객 데이터베이스를 만드는 것이 필요하다. 예를 들면, 델타 항공사(Delta Air Lines)는 매일 매일 1650만 개의 항공편과 고객 조합을 통하여 수익 극대화를 위한 수율관리를 하고 있는데, 필요한 정보 수집을 위해 2테라바이트 이상의 데이터베이스 자료를 요청한다(노형봉, 2014; Cross, 2004). 그러나 실제로 방대한 양의 데이터를 수집하기도 어렵고 설사 수집한다고 해도 필요한 정보를 실시간으로 분석하기도 어렵다. 그러므로 서비스 기업의 수율관리를 위해서는 기업이 수집할 수 있는 모든 데이터 및 전략을 통해서 의사결정을 하는 것이 필요하다.

③ 고객그룹별 가격 차별화

앞에서 설명한 초과예약과 고객그룹 간 서비스 능력 배분 방법은 고객그룹별로 정상요금 또는 할인요금을 정하면 끝까지 그 요금으로 간다는 가정에서 출발하였다. 그러나 고객그룹별 가격 차별화 전략은 가격(요금)이 사전에 정해져도 기업의 수율관리를 통한 수익 극대화를 위해서는 변경될 수 있다는 가정에서 출발한다.

고객그룹별 가격 차별화 전략은 기본적으로 높은 가격을 기꺼이 지불할 의사가 있는 고객에게는 높은 가격을 책정하고 반대로 높은 가격을 지불할 의사도 없고 능력이 없는 고객들에 대해서는 비수기 또는 고객이 붐비지 않는 시간대의 공급능력을 맞추기 위해 저가격을 책정하여 고객을 유인하는 것이 필요하다.

그러나 기본적으로 고객은 서비스 품질이 동등하다는 가정하에서는 고가격 보다는 저가격을 지불하려는 경향이 강하여 저가격대 시간으로 이동하려고 시도하거나 아니면 고가격대 시간에서도 저가격을 요구할 수 있기 때문에 기업의 수율관리 측면에서는 효과적이지 못하다. 이러한 고객의 특성을 고려하여 항공사나 호텔과 같은 서비스 기업은 할인요금으로 예약을 한 고객에게는 일정 변경을 금지하거나 아니면 예약 취소가 되지 않도록 하는 등의 강화된 고객 대응 전략을 실시하기도 한다.

고객그룹별 가격 차별화 전략을 통한 수율관리를 위해서는 고객그룹의 상황을 지속적으로 관찰하여 그 상황에 맞는 가격을 제시하는 것이 기업의 수익을 극대화할 수 있다. 예를 들면, 고가격을 지불하는 고객의 예약률이 저가격을 지불하는 고객의 예약률보다 더 높아진다면 고가격 전략을 실시한다. 저가격대의 고객만 지속적으로 예약을 한다면 고가격 고객을 기다리다가 공급능력에 미달되어 나타나는 기업의 손해액과 저가격 고객으로 공급능력을 달성했을 때의 매출액 사이의 수익성을 분석하여 가격 차별화 전략을 수립해야 하다. 만약, 고가격대 고객과 저가격대 고객이 모두 다 지속적으로 감소한다면 가격을 파격적으로 할인하여 공급능력에 도달시키는 전략이 필요하다.

일반적으로 기업에서는 위에서 설명한 수율관리의 3요소인 초과예약, 고객그룹간 서비스능력 배분, 고객그룹별 가격 차별화 방법을 동시에 적용하기가 어렵다. 그러므로 실제로 사용될 때는 제시된 3가지 방법을 순차적으로 적용하여 사용하거나 수율관리의 3요소가 아닌 다른 전략들을 포함하여 진행하기도 한다.

마무리사례

집단을 연결하는 촉매기업… 성공방정식은?

카카오톡, 홍대 앞 클럽, G마켓, 배달의 민족, 조선일보…. 이 기업들의 공통점은 뭘까? 정답은 서로 다른 집단을 연결해 주면서 돈을 번다는 것이다. 이를테면 음식 배달 앱인 배달의 민족은 가정과 음식점을 연결하고, 홍대 앞 클럽은 젊은 남성과 여성을 연결한다. 카카오톡은 이용자와 앱(게임) 개발자, 광고주의 세 집단을 연결하고, 조선일보는 독자와 광고주를 연결한다.

21세기 '신(新)뚜쟁이 회사'라 할 수 있는 이런 기업들이 요즘 세상을 움직인다. 글로벌 브랜드 컨설팅 업체 인터브랜드가 뽑은 2013년 '글로벌 브랜드' 상위 20개 중 이런 유형의 기업이 애플, 구글, IBM, 마이크로소프트, 아마존의 5곳이었다. 경제 주간지 포천(Fortune)이 선정한 2013년 '올해의 경영인' 상위 20명 중 이런 유형의 사업을 하는 사람이 마크 저커버그 페이스북 창업자와 중국의 마화텅 텐센트 창업자를 포함해 8명이나 됐다. 이들이 창업한 회사 중 설립한 지 20년이 안 된 경우가 5곳이다.

이런 기업들을 리처드 슈말렌지(Schmalensee) MIT 경영대학원 교수는 '촉매 기업(catalysts)'이라 부르고, 안드레이 하지우(Hagiu) 하버드대 경영대학원 교수는 '다면 플랫폼 기업(multi-sided platform business)'이라고 부른다. 요즘은 다면 플랫폼 기업이란 말이 더 유행하고 있는데, 여기서 '다면'이란 여러 면(面), 즉 여러 집단을 연결한다는 의미이다.

위클리비즈는 두 교수를 인터뷰, 21세기 연금술의 비결을 들었다. 슈말렌지 교수는 2008년에 이어 두 번째다.

사실 촉매 기업은 오래전부터 있었다. 결혼 중매업자나 부동산 중개업자가 그것이다. 그런데 촉매 기업이 본격적으로 주목을 받기 시작한 건 IT가 급격하게 발전한 2000년대 이후다. 서로 다른 집단을 연결하는 데 드는 노력과 비용이 크게 줄었기 때문이다.

하지우 교수는 이렇게 설명했다. "물건을 팔려는 사람과 물건을 사려는 사람이 거래하기까지는 비용이 많이 들었습니다. 우선 구매자가 마음에 드는 물건을 찾는 데 시간이 걸리고, 매장도 필요하죠. 그런데 아마존이나 이베이 같은 성공적인 플랫폼 기업들은 전통적인 재래시장이 하던 일을 IT로 대체해 구매자와 판매자가 치러야 하는 비용을 현저하게 낮췄습니다. 지난 10년간 이들이 얼마나 커다란 가치를 만들어 냈는지 한번 생각해 보세요."

지난해 아마존은 매출액이 745억 달러(약 76조 원)에 달했는데, 이는 800여 개가 넘는 점포를 가진 미국 최대 백화점 메이시스의 약 3배에 이른다.

이렇게만 듣고 보면 촉매 기업은 환상적인 기업 형태처럼 보인다. 운영 유지비도 적게 들고, 상품 재고를 떠맡을 우려도 없다. 과연 촉매 기업은 땅 짚고 헤엄치기 장사일까.

현실은 다르다. 성공하면 대박이지만, 성공하는 기업은 극소수이고, 많은 기업이 실패한다. 국내 실패 사례만 해도 싸이월드나 모네타, 지하철에서 나눠주던 무가지가 있다.

하지우 교수와 슈말렌지 교수는 하나같이 "촉매 기업이 일반 기업을 운영하는 것보다 훨씬 어렵다"고 말했다. "촉매 기업은 보통 회사처럼 한 가지 혁신만 이뤄서는 성공할 수 없어요. 서로 다른 두 집단에 제공하는 제품이나 서비스 모두를 동시에 혁신해야만 합니다. 이것이 어려운 이유는 다면 플랫폼에 참가하는 집단이 서로 다른, 때로는 상반된 목적을 가지고 있기 때문이에요. 이베이만 해도, 판매자는 가장 비싼 값에 팔기를 원하고, 고객은 가장 저렴하게 사길 원하죠. 게다가 충분한 숫자의 참여자를 모집하고, 플랫폼 구조를 설계하며, 참가자들 사이의 규칙을 정하는 등 할 일이 엄청 많아요."

그는 "6년 전 위클리비즈와 첫 인터뷰 당시 촉매 기업의 성공 사례로 꼽혔던 팜OS, 마이스페이스, 심비안은 아예 없어지거나 그 영향력이 미미해졌는데, 공통점을 꼽자면 변화에 대응하는 것이 너무 느렸다는 점"이라고 말했다. "그들은 스스로를 채찍질해 달려나가지 않았습니다. 팜OS와 심비안은 스마트폰으로의 변화 기류에 올라탈 만큼 신속하게 움직이지 못했습니다. 마이스페이스는 페이스북이 이끌어낸 것과 같은 앱 시장의 변화와 그 성장 가능성을 예측하지 못했습니다. 물론 혁신도 뒤떨어졌고요."

촉매 기업이 상대하는 집단은 몇 개가 적당할까? 하지우 교수는 "처음 시작할 때는 가능한 한 최소의 '면'을 가지고 시작하라"고 조언하면서 역시 페이스북을 예로 들었다.

"페이스북은 처음에는 '사용자'라는 1개 면으로 시작했지만, 이후 페이스북 환경에서 돌아가는 앱 개발자를 끌어들였고, 여기에 광고주 그리고 마지막으로 '페이스북 커넥트'라는 서비스(다른 사이트에 회원 가입하거나 로그인할 때 페이스북 계정으로 대신하는 것)를 이용하고자 하는 웹사이트들까지 끌어들여 4개 면으로 단계적으로 확장했습니다."

새로 창업한 촉매 기업의 입장에서 가장 어려운 것은 한쪽 면에 아주 많은 수의 고객을 끌어들이는 것이라고 슈말렌지 교수는 말했다. 한쪽 면에 충분한 고객 숫자가 확보돼야만 다른 쪽 면의 참가자들도 끌어들일 수 있기 때문이다. 예컨대 초창기 유튜브의 경우엔 자발적인 동영상 게시자를 많이 확보하는 것이 가장 어려운 일이었다. 그래야 관중(이용자)을 동원할 수 있기 때문이었다. 관중이 한번 모인 뒤부터는 동영상 게시자의 동기부여가 확실해져 동영상 콘텐츠가 늘어나고, 이것이 관중을 더 불러모으는 선순환이 이뤄진다. 이른바 '교차면 네트워크 효과(cross-side network effect)'다.
그러나 초기엔 서로 상대방이 많아지기만을 기다리므로 누구도 먼저 참여하기를 꺼린다. 닭이 먼저냐, 달걀이 먼저냐의 상황이다. 요컨대 선순환의 첫 번째 사이클을 어떻게 만들어 낼 것인지가 관건이 되는 것이다.
안드레이 하지우 하버드대 경영대학원 교수와 리처드 슈말렌지 MIT 경영대학원 교수를 이메일 인터뷰한 내용을 7가지 문답으로 풀어본다. 하지우 교수는 슈말렌지 교수가 "개인적 친구이자 멘토"라고 말했다. 두 사람은 《보이지 않는 엔진》이란 책을 함께 쓰기도 했다.

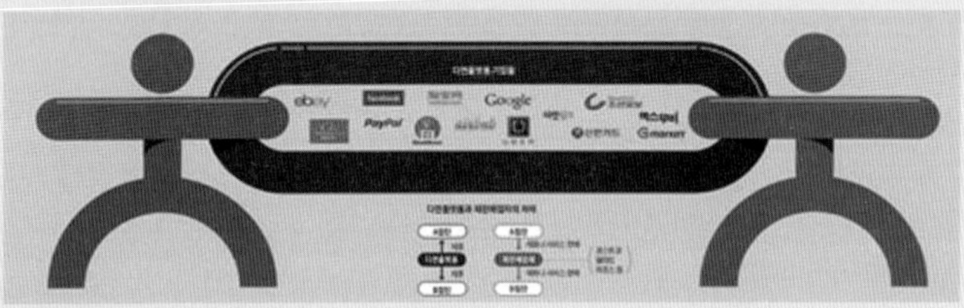

① G마켓과 에어비앤비, 홍대 앞 클럽의 공통점은?

G마켓은 물건을 팔 사람과 살 사람, 에어비앤비는 집주인과 여행객, 클럽은 남성과 여성을 서로 연결해주고 그 사이에서 돈을 번다. 이처럼 서로 다른 2개 이상 집단을 엮고, 상호 작용을 도와 가치를 창출하는 기업을 '다면 플랫폼 기업'이라 부른다. 특히 서로 필요로 하지만, 실제로 만나거나 소통하기 쉽지 않은 그룹을 편리하게 연결해줄 때 더 큰 돈을 번다.

▲ 슈말렌지 교수

슈말렌지 교수는 저서 《카탈리스트 코드》에서 이런 기업의 유형을 ① 중개자(matchmakers) ② 관중 동원자(audience builders) ③ 비용 절감자(cost minimizers)로 나눴다. 중개자는 부동산 중개업소나 결혼 정보업체, G마켓, 우버처럼 양쪽 집단을 단순 연결해 주는 기업이다. 관중 동원자는 페이스북이나 신문사처럼 많은 고객(독자)을 끌어 모은 뒤 광고를 실어 돈을 버는 회사를 뜻한다. 마지막으로 비용 절감자는 신용카드 회사나 구글 안드로이드 운영체제처럼 참여 집단이 스스로 해결하려 할 경우 들어갈 비용을 줄여주는 곳이다. 신용카드 가맹점 업주들은 신용카드를 통해 외상 시스템을 자체 제작 · 운영하는 데 드는 비용을 줄일 수 있고, 회원들은 매번 현금을 들고 다녀야 하는 번거로움을 피할 수 있다.

② '물 관리'는 어떻게 하나?

나이트클럽이 '물 관리'에 신경 쓰는 것처럼, 촉매 기업도 규칙과 규범을 통해 참가한 그룹의 질(質)이 일정 수준을 유지하도록 해야 한다. 우버는 '평점 시스템'을 통해 승객으로부터 기사의 평점을 받고 이를 다른 승객들에게 공개한다. 평점이 나쁘면 고객도 줄어들기 때문에, 누가 시키지 않아도 좋은 서비스를 제공하려 한다. 또 기사와 계약을 맺을 때 전과 기록, 사고 기록도 꼼꼼히 살핀다.
이하모니(eHarmony)라는 미국 데이트클럽은 가입 신청자에게 250여 개 문항 설문지를 작성하게 한 다음, 자격 요건을 갖추지 못했다고 판단되면 회원 가입을 거부한다. 돈이 있다고 해서 무조건 회원이 될 수 있는 건 아니라는 뜻이다.
도쿄 쇼핑 · 문화 공간인 롯폰기힐스는 사무실 임차인, 소매매장 임차인(점포 · 식당 · 영화관 · 호텔 등), 아파트 거주자, 쇼핑객을 연결하는 일종의 다면 플랫폼 기업이다. 관리를 맡는 모리빌딩 컴퍼니는 임차인들에게 매우 까다로운 요구를 한다. 예를 들어 롯폰기 외부 점포들과의 차별화를 위해 늦은 시간까지 문을 열고, 다른 데선 찾기 어려운 독특한 제품을 판매할 것을 요구한다. 하지우 교수는 이 같은 물 관리는 어떤 의미에선 질을 위해 양을 포기한다는 것과 마찬가지라고 말했다.
기업에 따라 물 관리의 수준에는 차이가 있다. 예컨대 애플은 모바일 운영 체계인 iOS 앱 개발자들을 철저하게 통제하는 반면, 구글은 안드로이드 참여자들에 대한 규제가 비교적 자유롭다.

③ 누구에게 돈을 받는가?

상대방을 더 절실히 필요로 하는 집단에 돈을 더 내게 한다. 나이트클럽의 경우 보통 여자들에게 돈을 받지 않고 남자에게 돈을 받는 경우가 많다. 하룻밤 노는 상대를 찾는 데는 남자가 더 적극적이기 때문이다. 반대로 결혼 중매 업체는 여성들에게 더 비싼 회원료를 받는다. 결혼할 대상을 찾는 데는 여성이 더 적극적이기 때문이다.
비슷한 이유로 아마존은 킨들 단말기를 원가 이하의 가격만 받고 소비자에게 판매하지만, 전자책이 판매될 때마다 출판사로부터 수수료를 번다. 고객과 식당을 이어주는 예약 서비스 '오픈 테이블'은 식당에는 돈을 내게 하지만 소비자에게는 값을 매기지 않는다. 식당은 소비자에게 제값을 받고 식사를 제공함으로써 상당한 가치를 얻기 때문이다.
촉매 기업은 또한 가격 민감도가 높은 집단엔 낮은 가격을 매기고(혹은 공짜로 제공), 가격 민감도가 낮은 집단엔 높은 가격을 매기는 것도 공식의 하나이다. 구글이 회원에게 콘텐츠를 무료로 제공하는 대신, 기업에 광고비를 받는 것이 좋은 예이다. 이런 의미에서 촉매 기업의 가격 설정은 '비(非)대칭적'이다.

④ 얼마나 많은 면(집단)을 참여시켜야 하나?

이베이는 구매자와 판매자라는 두 집단을 연결한다. 직업 네트워킹 서비스 링크드인(LinkedIn)은 구직자와 채용 담당자, 그리고 광고주라는 세 집단을 연결한다. 2011년 링크드인 매출에서 프리미엄 구독 서비스가 20%, 광고 솔루션이 30%, 채용 솔루션이 50%를 차지했다. 페이스북은 일반 사용자, 광고주, 앱 개발자, 연계 웹사이트 운영자의 4개 집단을 연결한다.

하지우 교수는 "처음 시작할 때는 가능한 한 최소한의 면으로 시작하라. 사업 개시 첫날부터 3개 이상의 면을 펼쳐나가는 비즈니스는 잘못됐다고 본다"고 조언했다.

"2개 면을 이상적으로 굴리기 위해선, 면 설계 과정부터 많은 시간과 노력이 필요합니다. 플랫폼이 구성된 다음 차츰차츰 면의 숫자를 늘려 가면 됩니다. 반드시 늘리라는 뜻은 아닙니다. 기존의 가치와 엇갈리지 않을 때, 수익과 가치가 불어날 때에 한해서 면을 늘려 가면 됩니다."

무작정 참여 집단을 늘렸다가 실패한 사례가 하나 있다. 온라인 비디오 기술을 공급하는 '브라이트코브(Brightcove)'라는 업체는 2004년 당시 유튜브와 같은 콘텐츠 공급업체, 광고주, 웹사이트, 시청자를 잇는 인터넷 포털 형태의 4면 플랫폼을 계획했다. 그러나 시간이 흐를수록 콘텐츠 공급업체들이 브라이트코브를 자사 클릭 수를 뺏어가는 경쟁자로 여기게 됐다. 4개 집단 모두를 상대하기 위한 인력도 부족했다. 결국 이 회사는 콘텐츠 제작자에게 기술을 제공하는 1개 면에 집중하기로 결정하고, 광고시장 · 유통시장 · 소비자 포털 기능은 완전히 포기했다.

⑤ 수퍼마켓은 왜 다면 플랫폼 기업이 아닌가?

망치를 가진 사람에겐 모든 세상이 못처럼 보인다는 말이 있다. 촉매 기업, 또는 다면 플랫폼 기업에 대해 알고 나면 모든 기업이 그런 기업으로 보이게 된다. 가령 슈퍼마켓도 촉매 기업이나 다면 플랫폼 기업이라고 생각하기 쉽다. 그러나 정답은 "아니오"이다.

▲ 하지우 교수

하지우 교수는 "다면 플랫폼 기업은 중요한 특성이 있다"며 "먼저 각각의 집단이 다면 플랫폼의 고객이 돼야 하며, 둘째 다면 플

랫폼의 고객이 돼야 하며, 둘째 다면 플랫폼이 떨어져 있는 여러 집단이 상호작용을 할 수 있도록 지원해야 한다"고 말했다. 슈퍼마켓은 둘째 조건에 어긋난다. 예를 들어 롯데마트는 애경이 트리오를 납품하고 물품 대금을 지급하는 한, 애경이 어떤 방식으로 소비자에게 마케팅을 할지 신경 쓰지 않는다. 롯데마트는 애경과 같은 공급업체를 유치하기 위해 크게 걱정할 필요가 없다. 슈퍼마켓은 다면이 아니라 단면 기업이고 재판매업체다. 이를 경매회사와 비교해 보자. 미술 경매회사는 화가로부터 작품을 받아 고객에게 판 뒤 수익금을 화가와 나눈다. 영업이 잘되려면 부유한 미술품 애호가를 경매장으로 끌어들이기 위해 평소 마케팅 활동을 벌여야 하고, 화가 역시 이 회사에 믿고 그림을 맡길 수 있는지 탐색한다. 결국 경매회사는 두 그룹 모두를 자신의 플랫폼으로 끌어들이기 위해 노력해야 한다.

다면 플랫폼 전략은 비다면 플랫폼 전략과 공존이 가능하며, 서로 부족한 부분을 보완해 주기도 한다. 아마존은 이베이와 마찬가지로 다면 플랫폼인 장터로서의 역할도 하고 있지만, 동시에 슈퍼마켓처럼 아마존의 이름을 달고 직접 물건을 사다가 재판매하는 유통업자 역할도 한다. 하지우 교수는 "아마존은 '롱테일 제품(예컨대 덜 유명하고 희귀한 제품, 명품 등)'에 대해서는 다면 플랫폼 전략을, '숏테일 제품(흔하고 널리 쓰이는 제품, 생필품 등)'은 유통업자 전략을 사용한다"고 말했다.

⑥ 우버와 콜택시의 차이는 무엇?

우버와 콜택시 모두 승객과 운전기사를 연결한다는 측면에서는 다면 플랫폼 기업에 속한다. 그러나 효율성에서 우버가 앞서는 측면이 있다. 우버의 창업자 트래비스 칼라닉 CEO는 지난해 본지와 인터뷰에서 "우버는 중간 역할을 하는 콜센터 직원이 없습니다. 운전기사와 승객이 앱을 통해 직접 만납니다. 또 우버의 경우 손님이 스마트폰 앱의 지도를 보면서 운전기사의 위치를 알 수 있어요. 효율성의 차이입니다"라고 말한 바 있다.

우버의 가장 커다란 특징 가운데 하나는 결제 시스템이다. 우버 앱을 통해 신용카드를 등록해두면 차에서 내릴 때 결제를 할 필요가 없다. 자신이 차에 탄 만큼 비용이 계산돼 나중에 카드 대금 청구서에 자동으로 합산된다.

우버는 운전기사에겐 별도의 앱을 제공하는데, 이를 통해 고객 수요를 예측하는 정보를 전달한다. 고객이 많이 몰릴 시간과 장소를 지도에 표시해 주는 것이다. 운행 데이터가 쌓일수록 우버의 고객 수요 예측 결과도 정확해지고 있다.

⑦ 참가자들의 이해가 충돌할 경우 어떻게 해결해야 하나?

인터넷 검색 엔진의 경우, 광고주는 자신의 광고가 더 눈에 잘 띄고, 더 많이 노출되기를 바란다. 반면 사용자는 광고 없이 깨끗한 화면을 더 좋아한다. 이 인터넷 검색 엔진은 어떻게 그 균형을 맞춰야 할까.

하지우 교수의 답은 이렇다. "이때는 당연히 플랫폼에 묶어두기(유지하기) 어려운 집단 쪽에 유리한 방향으로 플랫폼 조정을 시행하는 것이 최선입니다. 예를 들면, 인터넷 검색 엔진의 경우 사용자가 광고주보다 플랫폼에 묶어두기 훨씬 어렵기 때문에, 사용자의 요구를 들어주는 방향으로 플랫폼을 설계해야 하는 것입니다."

이베이는 일부 판매자들로부터 수수료를 받고 검색창 최상단에 프리미엄 판매자를 노출시키는 서비스를 운영했다. 이 프로그램은 판매자들로부터 많은 인기를 끌었을 뿐 아니라 이베이에도 많은 수익을 가져다줬다. 그러나 이베이의 고객들은 자신이 원하는 검색 결과에 맞지 않는 판매자가 나타나는 것을 불편해했다. 결국 2010년 이베이는 이 서비스를 중단했다.

하지우 교수는 "'현재'의 매출에서 가장 큰 부분을 차지하는 집단에 유리한 쪽으로 플랫폼 설계에 관한 결정을 내려야 한다고 가정하면 실수를 저지를 가능성이 크다"면서 "당장의 매출보다는 장기적인 성공에 가장 중요한 참가자 집단에 유리한 쪽으로 선택하는 것이 낫다"고 조언했다.

출처: 조선비즈(2014. 08. 30.).

연습문제

1. 기업의 서비스 공급능력의 정의와 그 내용에 대해서 설명하시오.
2. 서비스 수요의 특성은 전통적인 제품의 특성과 구별되는 특징을 가진다. 이 특징에 대해서 설명하시오.
3. 서비스 수요관리 전략에 대해서 설명하시오.
4. 서비스 공급관리 전략에 대해서 설명하시오.
5. 수율관리의 3요소를 설명하시오.

CHAPTER

07

SERVICE MANAGEMENT

서비스 고객관계관리

도입사례

믿을 수 있는 상품, 최고 서비스, 편리한 교통, 한류스타 … 한국 면세점, 미국 · 중국 · 일본 제치고 세계 1위된 경쟁력의 원천

한국 면세점의 경쟁력, 중소기업 제품부터 명품까지 선호브랜드 두루 갖춰
VIP맞춤 혜택도 제공
중국인 의존도 높은 점은 한계 … 러시아 · 중동 등 고객다양화 노력

한국 면세점 시장은 다른 나라에선 찾아보기 편의성, 서비스 등을 제공해 경쟁력을 얻고 있다. 먼저 시내 중심에 위치해 접근성이 뛰어나며 서비스, 제품 등에서 차별화된다는 평가가 나온다. 한류 스타와 결합된 프로그램을 제공하는 것도 강점이다. 면세점 업계 관계자는 "'고객이 왕'이라는 한국적 서비스 정신으로 다른 나라 면세점에선 찾아보기 힘든 친절한 서비스를 제공하고 있다"며 "명품에서 한국 중소기업 화장품까지 제품이 다양한 것도 외국인 관광객들이 한국 면세점을 선호하는 이유"라고 설명했다.

◇진품만 파는 시내면세점

세계에서 유일하게 한국, 특히 서울은 시내면세점이 활성화돼 있는 곳이다. 전 세계적으로 시내면세점은 흔하지 않은 면세점 유형이다. 한국 외에는 중국, 대만, 일본, 태국, 미국 괌 등에 시내면세점이 있지만 그 규모가 크지 않고 대부분 공항면세점과 사후면세점 중심이다. 유럽이나 미국 등에는 시내면세점이 없다. 면세점 관계자는 "한국 면세점은 지하철, 버스 등 대중교통 수단과도 가까운 곳에 위치해 접근성이 좋다"며 "해외에 있는 시내면세점은 낙후된 시설에서 토속제품을 판매하는 사후면세점 중심"이라고 설명했다.
다양한 국내외 명품 및 선호 브랜드를 두루 갖추고 있는 것도 장점이다. 인기가 높은 한국 화장품 브랜드뿐 아니라 명품, 보석, 패션잡화 등 다양한 브랜드를 한 곳에서 쇼핑할 수 있기 때문이다. 시내면세점이 있는 대만, 중국, 태국의 경우에도 '3대 명품'으로 불리는 루이비통, 샤넬, 에르메스 매장을 모두 갖춘 점포는 없지만 신라면세점과 롯데면세점 등에서는 한 번에 쇼핑을 할 수 있다. 이 같은 브랜드 경쟁력은 한국 면세점에선 진품을 판다는 믿음으로 연결되고 있다고 면세점 관계자는 설명했다. 한 면세점 관계자는 "중국인 관광객이 특히 한국 면세점을 선호하는 것은 진품을 판매한다고 있다는 믿음을 주기 때문"이라며 "한국 면세점 쇼핑봉투는 진품을 상징하는 의미로 받아들여 쇼핑봉투를 추가로 더 달라고 요구하는 경우가 많다"고 말했다.

◇세계 최고 수준의 서비스 제공

서비스도 강점이다. 롯데면세점은 멤버십 회원 제도를 통해 다양한 혜택을 제공한다. 멤버십

회원 수는 300만 명이 넘는다. 등급에 따라 할인을 비롯한 다양한 혜택을 제공하며, 제품 정보 및 프로모션 이벤트 DM, 잡지 등을 발송한다. 롯데면세점 관계자는 "최상위 VIP 멤버들을 위한 특별 서비스를 제공하는 등 꾸준한 고객 관리를 실천해 나가고 있다"며 "멤버십 회원은 비회원에 비해 구매력 10배 정도 높아 매출에도 직접적인 효과가 있다"고 말했다.

롯데면세점은 직원들을 대상으로 서비스 교육을 정기적으로 실시하고 있다. 소통을 원활히 하기 위한 통역직원도 매장 곳곳에 배치했으며 기본적으로 안내데스크 및 매장 직원들은 업무에 필요한 정도의 외국어 능력을 갖춘 직원들을 선발해 배치했다.

신라면세점은 중국 고객의 편리한 쇼핑을 위해 중국어 통역 서비스를 제공한다. 총 12명의 전문 통역 인력이 상주한다. 대중교통을 이용하는 중국인을 배려해 서울점에 택시를 타고 방문하는 고객들 대상으로 택시비 지원 서비스를 진행하고, 구매금액별로 한국여행 필수품으로 구성된 신라의 창유예포를 증정한다.

창유예포에는 서울 대중교통 필수품 티머니 교통카드, 무료 와이파이 이용권, N타워 입장권, 셀카봉, 최대 30만원 선불카드 등이 포함된다. 한국의 주요 여행지인 명동, 동대문 등을 순환하는 무료 셔틀버스를 운행해 쇼핑 후에는 무료 셔틀버스를 타고 서울 곳곳을 여행할 수 있다.

◇면세점을 관광자원으로 개발

한국 면세점은 쇼핑 자체뿐 아니라 이와 연계된 볼거리까지 제공하고 있다. 롯데면세점은 업계 최초로 한류스타마케팅을 도입했다. 2006년부터 현재까지 총 22차례 진행한 롯데면세점 패밀리콘서트는 이미 관광객들에게 잘 알려진 한류스타 콘서트다. 지난해부터는 외국인 전용 콘서트도 시작했다. 롯데면세점 관계자는 "콘서트를 통해 직접 유치한 외국인 관광객이 10만여 명을 넘는다"며 "한류스타가 롯데면세점 모델로 활동하며 전 세계의 고객들이 한국을 방문하도록 하는데 활력소 역할을 하고 있다"고 설명했다. 신라면세점은 동방신기, 이종석 등 한류 스타들의 팬미팅을 진행하고 있다.

◇높은 중국 관광객 의존 탈피해야

세계 1위 한국 면세점이지만 취약점도 보인다. 그중 중국인 관광객에 대한 의존도가 높다는 점이 최대 약점으로 꼽힌다. 국내 최대 사업자인 롯데면세점의 경우 중국인 관광객 구매액이 매출의 70%를 차지할 정도다. 이 때문에 메르스(중동호흡기증후군)와 같은 갑작스러운 외부 충격이 왔을 때 받는 영향도 크다.

이에 면세점들은 중국 외 국가의 관광객 발굴을 위한 노력을 전개하고 있다. 롯데면세점은 2013년부터 중국 일본 러시아는 물론 인도네시아 태국 말레이시아 대만 등에서 롯데호텔 롯데월드어드벤처와 공동 또는 단독으로 17차례 해외 로드쇼를 진행했다. 롯데면세점 관계자는 "동남아 지역 현지 사무소를 기반으로 로드쇼를 열고, 현지 여행사와의 신뢰 관계를 쌓아가고 있다"며 "내년 초 태국 방콕에 시내면세점을 열고 한국 알리기에도 나설 예정"이라고 설명했다.

신라면세점은 일본 소비자 공략을 위해 신라면세점 모델인 동방신기, 샤이니 등을 활용한 한류스타 팬미팅 프로그램 등을 꾸준히 진행하고 있다.

신라면세점은 지난 7월 신규 특허를 취득하면서 이슬람 관광객을 포용할 수 있는 계획을 발표하기도 했다. 양창훈 HDC신라면세점 공동대표는 "중동 외에도 말레이시아, 인도네시아 등 동남아까지 잠재된 이슬람 관광객을 모집할 수 있는 방안을 모색 중"이라며 "한국 이슬람의 성지인 용산구 한남동의 이슬람 사원을 중심으로 호텔신라의 할랄푸드를 제공하고 강원 지역의 설원 관광 상품 등 지방관광 연계 마케팅을 추진할 것"이라고 말했다.

출처: 한국경제(2015. 11. 19.).

CHAPTER 07

서비스 고객관계관리

1. 서비스 고객관리의 기본개념

서비스 고객관리는 서비스 운영관리의 핵심개념 중 하나이다. 오프라인 서비스 점포에서 직접 보고 구매하거나 혹은 온라인 서비스 점포에서 주문하는 서비스 고객들의 숫자가 늘고 서비스 고객들이 많이 구매해야 서비스 시설이 발전한다. 2000년대에 들어와서 서비스 시장이 포화상태가 되었다. 서비스 고객의 눈높이에 맞추어서 소비자의 마음을 끌지 못하면 서비스 시설의 생존과 발전이 힘들어지게 되었다.

1900년대 중반부터 후반까지는 대량생산에 기반한 제품 포화상태가 지속되었다. 그러나 1990년대부터 정보기술의 급속한 발전으로 IT의 거대한 흐름이 대부분의 경영활동에 커다란 영향력을 행사하게 되었다. 정보통신 기술들이 발전하면서 오프라인과 온라인의 기업 서비스가 과포화 상태에 이르렀다.

공급 과잉시대에 기업체들의 생존을 위해서는 서비스 고객관리를 전략적으로 수행해야만 한다. 고객의 특성을 파악해서 고객별 맞춤형 서비스를 제공하고 그리고 고객데이터를 기반으로 한 장기지속고객에게 누적적립금을 많이 주고 단골고객화하는 작업에 매진하고 있다. 단기고객이나 이득만 챙기고 떠나는 체리피커고객들에게는 불이익을 주는 식의 서비스 고객관리가 많이 수행되고 있다. 본장에서는 서비스 고객들의 구매의사결정 과정을 간략히 이해하고 그들에 대한 고객관계관리의 핵심개념들과 정보기술적인 측면과 서비스 운영관리의 성공을 위한 마케팅 기법을 설명하겠다.

2. 서비스 고객들의 구매결정 과정의 이해

1) 서비스 고객들의 서비스업체 대안평가 과정

대안평가(alternative evaluation)란 구매를 염두에 둔 서비스 고객이 문제를 인식하고 난 후에 정보탐색을 통해서 회상하거나 새롭게 찾은 구매가능 서비스 대안들을 검토해서 대안의 우선순위를 평가해 보는 것을 의미한다. 서비스 고객이 사고 싶고 마음이 드는 서비스 중에서 특정의 것을 선택하는 방식은 여러 가지로 이루어질 수 있다.

서비스 고객이 구매를 하기 직전의 단계로서 어떻게 대안평가를 하는지를 연구하는 것은 아주 중요하다. 이유는 우리가 구매의 직접적인 원인이 무엇인지를 알고 싶어 하기 때문이다. 대안평가를 서비스 고객들이 어떻게 하는지를 구체적으로 이해하지 못하면 서비스 고객들의 구매의사결정에 직접적으로 영향을 미치는 변수들을 찾아낼 수가 없다. 그러면 서비스 운영관리자들이 무슨 행동을 통해서 서비스 고객의사결정에 영향을 줄 수 있는지에 대한 전략 수립이 힘들어질 수 있다. 대안평가를 할 때 서비스 고객의 기본적인 방식과 그들이 어떠한 과정을 거쳐서 하는지를 명쾌하게 이해하는 것이 중요하다.

서비스 고객들은 대안평가를 할 때 자신들의 개인적인 특성과 구매시점의 상황에 의해서 영향을 받게 된다. 따라서 이와 같이 서비스 고객들의 대안평가에 영향을 미치는 요인들을 하나씩 열거해 보는 것이 중요하다.

첫째, 서비스 고객들의 개인적인 특성이 어떠한지를 감안해서 살펴보는 것이 좋을 듯하다. 서비스 고객들 중에 보면 성격이 급한 사람과 성격이 느긋한 사람으로 크게 구분할 수 있다. 성격이 급한 사람은 대안평가 시 한두 개의 대안들 중에서 비교적 빨리 결정하려는 성향이 있다. 선택을 오래한다고 해서 더 좋은 결과를 낼 것 같지 않다는 자신의 성격적인 판단에 의해 한두 개의 제한된 대안 중에서 신속한 결정을 내린다. 그러나 성격이 느긋한 일부 사람들은 고려해 볼 수 있는 거의 모든 대안들을 전체적이고 종합적으로 평가하려는 성향이 강하다. 이것도 될 것 같고, 저것도 될 것 같은 상황에서 여러 개를 비교적 치밀하게 평가해 보는 것이다.

성격의 급박성이 대안평가에도 영향을 준다고 할 수 있다. 또한 선택을 결정할 때까지 주어진 시간이 얼마나 되느냐에 따라서 대안평가를 쉽게 할 수도 있고, 복잡하게 할 수도 있다. 선택 자체가 중요하기 때문에 구매대안의 평가는 큰 의미를 안 가질 수도 있다.

둘째, 구매시점의 상황도 대안평가에 영향을 준다고 볼 수 있다. 서비스 고객의 구매와 관련해서 편안한 상황에 있는지 아니면 불편한 상황에 있는지의 여부의 영향이다. 당장 급한 일이 없으면서 정신적으로 여유가 있어서 넓고 편안한 호텔에서 필요한 서비스를 즐기겠다는 생각을 할 때는 대안평가가 비교적 잔잔하게 일어난다고 볼 수 있다. 그러나 사람들이 많은 장소에서 뒤에서부터 밀려들어 오는 상황일 때는 눈에 뜨이는 것을 바로 보면서 그냥 살 것인지 말 것인지를 결정해야 하는 상황에 처할 수도 있다.

2) 대안의 숫자

대안평가를 할 때 몇 개의 대안들을 검토해야 하는가? 이에 대한 명확한 답은 나와 있지 않다. 그러나 일반적으로 알려진 것은 정보탐색에서 획득된 대안의 숫자가 많으면 많을수록 어느 정도 서비스 고객들의 확신성은 올라간다. 그러나 너무 많은 대안들을 검토하면 거꾸로 의사결정의 정확도가 떨어진다고 한다. 이것을 정보과부하가설(information overload hypothesis)이라고 부른다.

대안이 하나일 때는 아주 단순한 결론을 내리면 된다. 그것을 구매할 것인가, 아닌가의 문제로 결정이 난다. 대안이 두 개일 때는 어떻게 되는가? 두 개 중에서 상식적으로 우월한 것을 선택하면 된다. 대안이 세 개일 때는 점점 더 복잡해진다. 대안이 여덟 가지에서 열 가지를 넘어가면 서비스 고객이 혼란스럽고 더 이상 늘어나면 부정확한 의사결정을 내릴 수 있는 가능성이 높다.

검토할 대안이 대여섯 개 정도 되면 적절하다고 한다. 그것보다 적은 경우에는 평가해서 결정을 해놓고도 더 많은 대안을 검토했으면 좋았을 텐데 하는 생각이 들 수 있다. 그러나 적절한 대안의 가짓수를 넘어서면 대안이 한 개씩 증대할 때마다 서비스 고객들은 대안평가의 피로감을 느끼게 된다. 대안이 많으면 어떻게 검토할 것인지에 대해서 불확실해지면서 손을 놓게 된다.

이것은 서비스 고객의 정보처리능력과 어느 정도 관계가 있다. 예를 들어서, 서비스 고객이 아주 단순한 개념도 평가하기 힘들거나 사고구조가 논리적이지 못한 경우에는 서너 개의 대안으로도도 힘들어 할 수가 있다. 반면 서비스 고객의 정보처리 능력이 탁월하거나 아니면 지속적으로 주입되는 정보들을 순식간에 처리할 수 있는 능력이 있는 경우에는 대안의 숫자가 늘어나도 별로 힘들어하지 않는다. 기억력이 탁월한 경우에는 대안이 열 가지가 넘어도 과거의 경험에서 서너 개를 한꺼번에 평가하고 나서 최근에 들은 것과 자신이 느끼는 것을 동시에 조합해도 힘들어하지 않을 수도 있다. 그러나 일반적으로 서비스 고객의 정보처리능력이 그렇게 크게 차이가 나지 않는다는 가정하에서 보통 5~8개 정도가 가장 적절하다.

3) 대안의 질적인 차이

비교되는 대안들이 질적으로 비슷한 경우는 그렇게 많지 않다. 두세 개의 대안들이 질적으로 비슷하고 나머지는 질이 떨어지는 경우가 보통이다. 21세기의 현대 산업은 대부분 과점상태로 운영되고 있다. 우리나라도 대기업에서 생산하는 서비스는 3~5개 정도의 기업들이 과점경쟁을 하고 있다.

왜 그럴까? 산업이 태생한 처음에는 많은 업체들이 진출하면서 수십 개 혹은 수백 개 업체들이 난잡한 경쟁을 하게 된다. 그러나 한정된 시장 내에서 마구잡이 경쟁을 하다가 업체들이 도산하거나 선두업체에게 인수가 된다. 그 결과 시장은 열 개 이내로 줄어든다.

물론 이와 같은 선두업체들 이외에도 질적으로 떨어지는 후발업체들이 여러 개 있는 것은 사실이다. 그러나 소수의 과점선두 기업체들의 과다한 영향력하에서 시장이 움직이면서 후발주자나 하위권 업체들은 질적으로 떨어지는 서비스나 서비스를 시장에 내놓게 된다. 따라서 서비스 고객의 입장에서는 자신이 비교적 많은 대안들을 검토해 보려고 해도 실제로 질적으로 우수한 서비스이나 서비스는 저절로 몇 개로 제한되는 경우가 대부분이다. 질적으로 거의 차이가 없는 서비스 중에서 빼어난 서비스를 찾는 것은 쉽지 않은 일이다. 따라서 질적으로 비슷한 경우에는 아주 세밀한 차이를 찾아낼 수 있는 눈으로 대안을 평가하는 것이 필요하다.

4) 평가기준의 활용방법

평가기준의 상대적인 비중이 대안평가의 핵심적인 요인이다. 전반적으로는 대안평가로 가장 높은 점수를 총합적으로 받은 대안을 선정하는 것이 원칙이다. 이것은 단순하지만 명쾌한 논리이고, 서비스 고객도 스스로가 만족할 수 있는 것이다. 그러면 대안평가 기준에 어떻게 점수를 부여할 수 있는가가 중요하다.

평가기준의 상대적 비중을 평가하는 방법은 크게 두 가지가 있다. 하나는 서비스 고객이 스스로 정한 기준에 따라서 개별적으로 평가하는 방식이다. 예를 들어서, 소비여력이 충분하지 않기 때문에 가격에만 신경을 쓰는 경우에는 가격이 제일 낮은 것을 고르는 것을 의미한다. 이와 같이 서비스 고객이 스스로 정한 기준에 의해서 결정하는 방법들이 있다. 다른 하나는 서비스 고객이 전체의 평가기준에 대해서 평가기준 각각의 비중을 정하고 그리고 나서 각각의 평가기준에 점수를 부여해서 최고점을 받은 대안을 선택하는 방법이다.

첫째, 서비스 고객이 자신이 정한 스스로의 기준에 따라서 결정하는 방법이다. 이 방법은 상당히 쉬운 측면이 있으나 단편적인 방법이라고 할 수 있다. 예를 들어서, 앞에서도 간략히 설명했던 Lexicographic Rule은 서비스 고객이 가장 중요하다고 생각하는 기준에 따라서 대안들을 비교한다. 서비스 고객들은 대부분 가격이 낮은 것을 원하기 때문에 최저가격으로 대안들을 비교하는 것이다. 대안이 한 가지로 압축되면 그것을 선정한다. 그러나 대안이 두 가지 이상이 되면 가격 이외의 두 번째 중요하다고 판단하는 기준을 설정한다. 보통은 품질이다. 그러면 가격으로 압축된 두 개 중에서 품질로 다시 선정한다. 이렇게 하면 최적의 대안이 비교적 쉽게 결정될 수 있다.

Sequential Elimination Rule은 특정 속성이 어느 정도는 되어야 한다는 기준을 정해서 그 기준을 넘지 않으면 대안을 제거해 가는 방식이다. 예를 들어서, 내가 스마트 폰을 사려고 하는데 50만 원이 넘지 말아야 한다는 가격조건을 정하는 것이다. 50만 원을 넘는 스마트폰은 다 제외시킨다. 그리고 남은 폰들 중에서 다른 기준으로 평가를 한다. 전세계적으로 브랜드가 최소 1위나 2위는 되어야 한다는 조건을 또 건다. 그 조건을 통과한 스마트폰을 선택하는 것이다. 그러나 첫 번째 방법의 단점은 종합적으로는 점수가 상당히 높아도 미리 설정된 기준에서 합격점을 넘지 못하면 탈락된다는 것이다.

둘째, 두 번째 방법은 가장 복잡하면서 가장 합리적이라고 알려진 방법이다. 서비스 고객이 중요하다고 생각하는 모든 평가기준을 고려해서 모든 대안들을 종합적으로 평가하여 총점이 가장 높은 것으로 결정하는 것이다.

예를 들어서, 서비스 고객이 택시를 사려고 하는데 고려하는 평가기준에는 가격, 탈 수 있는 예상연수, 중고차로 팔 때의 가격, 연비, 차량유지비이다. 그런데 전체 비중을 100이라고 했을 때 가격은 40의 비중을 두고, 탈 수 있는 예상연수는 30, 중고차로 팔 때의 가격은 15, 연비는 10, 차량유지비는 5로 둔다. 모두 합해서 100이 되어야 한다. 그리고는 각 평가기준별로 세 대의 택시에게 점수를 부여했다. 이 점수는 서비스 고객의 마음속에 있는 것과 택시업체에서 받은 것을 감안해서 복합적으로 고려한다.

이렇게 해서 각각의 택시 점수에 각 평가기준의 비중을 곱해서 종합적으로 가장 높은 점수를 받은 것을 선정한다는 것이다. 이렇게 하는 것은 상당히 합리적인 방법이다. 이와 같이 복잡 다양한 기준들을 한꺼번에 고려해서 선정하는 방법을 다속성평가모델(multi-attribute evaluation model)이라고 부른다.

이것은 앞의 방법과는 다르게 모든 평가기준을 한꺼번에, 그리고 동시에 고려한다는 특징이 있다. 서비스 고객의 마음속에 있는 모든 평가기준을 고려하게 되면 서비스 고객이 조금이라도 소홀하게 생각하는 것이 없이 전체가 평가점수에 반영이 된다는 점이 특징이다. 그러나 반대로 이것은 상당히 까다로운 방법이다. 모든 평가기준이 얼마나 중요한지를 일일이 생각해서 상대적 비중을 두고 그리고 나서 고려되는 각각의 대안별로 모든 것을 합계해서 평가한다는 것이다.

5) 평가기준의 비교

앞에서 설명했던 단순한 기준들(lexicographic rule, sequential elimination rule)은 PC방을 고를 때 적합하고, 여기에서 설명하는 Multi-Attribute Evaluation Model은 비싸거나 복잡한 서비스들을 선정할 때 사용된다.

Heuristic한 방법(lexicographic rule, sequential rlimination tule)은 속성들의 우선 순

위에 기초해서 선정하는 것이다. 우선순위란 서비스 고객이 주관적으로 생각하는 중요도의 순서이다. 구매 시에 대금을 서비스 고객이 내고 잘못 사더라도 별로 문제가 안 되는 것이다. 따라서 시간을 들이고 신경 쓸 필요 없이 적절하게 사면 되는 것이다.

이와 반대로, Multi-Attribute Evaluation Model은 고려되는 모든 브랜드 전체의 속성들을 동시에 평가해서 한꺼번에 고려하는 전능한 방식(holistic method)이다. 여기서 전능한 방식이란 종교적인 의미가 아니고, 전체적인 것들을 한꺼번에 고려한다는 것이다. 대학교에 입학원서를 낸 수험생들을 선발할 때는 이 방법을 쓴다. 예를 들어서, 고교 재학 시의 성적, 봉사활동기록, 추천서, 수능점수 등을 전부 각 대학들이 알아서 고려하면서 대학이 미리 결정한 선발기준에 맞추어 선발하는 것이다.

어느 것이 더 합리적인가? 이러한 질문에 대한 답은 쉽지 않다. 학자들은 복잡한 방법이 단순한 방법보다 합리적이라고 이야기한다. 그 이유는 복잡하면 상당히 그럴듯해 보이고 과학적인 것처럼 일반인들이 느끼기 때문이다. 그러나 앞의 방법도 나름대로의 논리적 귀결에 이른다면 그 자체로서도 합리적이라고 볼 수 있다. 따라서 어느 방법을 선택해야 하는가는 합리의 문제가 아니라, 서비스 고객 선호의 문제이다.

3. 서비스 고객관계의 이론

1) 관계마케팅의 개념

관계마케팅은 세상에 흩어져 있는 다양한 활동요소들을 관계의 강도에 따라서 분류해서 강한 관계는 지속하고, 약한 관계는 강한 관계로 유도하겠다는 마케팅이론이다.

관계가 왜 중요한가? 이 세상에 있는 모든 활동들은 '관계'와 '차이'라는 두 가지의 큰 틀로서 구분이 가능하다. 인간의 모든 활동들을 숫자적으로 분석해서 이해하려는 조사방법론의 핵심도 개념들과 실체들의 관계와 차이를 분석하는 것이다. 더 쉽게 이야기하면, 이 세상에 있는 모든 것들은 관계라는 개념과 차이라는 개념으로 이해될 수 있다는 것이다.

우수한 서비스 마케팅 업체와 열등한 서비스 마케팅 업체와의 차이는 무엇인가? 창조적인 서비스이미지를 발안하고 적절한 브랜드를 붙이고 기업이 활용가능한 모든 촉진수단을 이용해서 서비스 고객들에게 알리는 것을 잘하는 업체와 못하는 업체는 무엇인가에 차이가 있는 것이다.

서비스 마케팅활동과 관련된 수많은 것들을 1970년대까지는 많은 학자들의 그 것의 중요성을 간과하고 있었다. 그러다가 1980년대에 관계마케팅이라는 개념이 등장하면서 서비스 관계마케팅이 도입되었다.

2) 관계마케팅의 효과와 비용

관계마케팅은 비용 대비해서 효과가 있는가? 관계마케팅의 기본생산성은 얼마나 되는가? 많은 서비스 마케팅이론가들이 수많은 논문들을 작성하면서 거의 공통적으로 내놓는 결론이 관계마케팅은 상당한 효과가 있다는 것이다.

관계마케팅은 기업과 서비스 고객과의 관계를 강화시키면서 한번 고객이 된 사람이 지속적으로 그 기업의 서비스를 구매한다는 것이다. 이렇게 되면 기업체로서는 상당히 이득이 된다. 단골고객은 서비스충성도가 높고, 브랜드가치가 높아지고, 이탈성향이 적어진다고 한다.

물론 관계마케팅을 수행하는 데에는 많은 비용이 든다. 특정한 고객을 관리하는 데 드는 자료수집 및 관리비용과 그 고객에게 제공하는 각종 서비스 마케팅인센티브가 막대하게 든다. 전체적으로는 관계마케팅의 비용이 급증하나 고객 개별적으로는 관계마케팅의 효과가 관계마케팅의 비용 보다 크다는 것이 서비스 마케팅학계의 정설이다.

3) 서비스 고객관점의 관리

서비스 고객 지향주의란 마케팅은 서비스 고객의 욕구에서 출발해서 서비스 고객의 욕구를 충족시키는 것으로 종결된다는 서비스 고객 위주의 핵심개념이다. 서비스 고객이 없이는 마케팅 활동이 성공을 이룩할 수가 없는 것이다.

통합적 서비스 커뮤니케이션은 서비스 고객 관점을 명확하게 하면서 서비스 고객이 쌍방향적(dyadic)으로 서비스 고객을 이해하고 접근하고 서비스를 제공하고 그리고 만족을 평가해가는 전체적인 커뮤니케이션 활동을 말한다.

서비스 고객과 일대일 커뮤니케이션이 가능한 모든 매체들은 통합적 서비스 커뮤니케이션의 도구가 될 수 있다.

- 고객데이터를 근간으로 한 문자메시지나 이메일 발송, 편지로 보내는 카탈로그
- 쌍방향 송수신이 가능한 TV, 라디오, 잡지를 통한 접촉
- 서비스 고객 반응을 알 수 있는 기업 PR이나 홍보메시지를 통한 고객과의 관계강화 노력

4) 서비스 고객가치-관계가치-브랜드가치의 삼각형

통합적 서비스 커뮤니케이션에서는 세 가지 종류의 가치들을 개념화할 수 있다. 그것들은 서비스 고객가치(consumer value), 관계가치(relationship value), 브랜드가치(brand value)이다.

(1) 서비스 고객가치

서비스 고객가치란 서비스 고객이 느끼기에 기업이 제공하는 서비스가 확실하게 다른 경쟁서비스들에 비해서 좋은 것이 있어야 한다. 기업의 메시지가 명확하거나 혹은 독특한 유형의 디자인을 개발했거나 혹은 과거의 품질을 한 단계 업그레이드 시킨 것이어야 한다.

또한 과거의 거래마케팅에서는 서비스 고객에게 한 번 제공한 것으로 거의 모든 것이 종결되었다. 물론 다른 기회에 서비스 고객이 재구매할 수는 있으나 그것은 또 다시 별개의 새로운 거래로 인식되었다. 거래마케팅은 이와 같은 단속적인 형태들의 총합으로 운영되어 온 것이 사실이다. 그래서 기업 자체가 서비스 고객들을 위해서 지속적인 노력을 기울일 필요가 별로 없어진 것이다.

그런데 새로운 패러다임으로 등장한 관계마케팅에서는 모든 거래는 한 번으로 끝나는 것이 아니라, 가능한 오랫동안 지속되는 것을 기업목표로 삼게 되었다. 새로운 신규고객의 확보가 어려우므로, 자사의 고객이 된 사람들은 지속적으로 장기적인 고객으로 유도하려는 것이다. 이와 같이 장기적인 관점에서 서비스 고객관리를 하려면 서비스 고객의 초기욕구를 충족시켜 주고 또한 지속적인 욕구도 민첩하게 파악해서 충족시켜 주어야 한다.

서비스 고객가치를 항상 올려주려면 기업이 커뮤니케이션 메시지는 참신하고, 지속적이고, 포괄적이어야 한다. 메시지를 변경하는 것에는 아주 신중하면서 서비스 고객들이 '항상 신뢰를 가질 수 있는 개념'을 확고하게 심어 주는 것에 모든 초점을 맞추어야 한다.

(2) 관계가치

관계가치란 서비스 고객과 기업이 지속적인 관계를 맺으면서 관계의 품질을 올리는 것을 말한다. 서비스 고객이 만족한 경우에는 서비스 고객과 기업의 관계에

별로 변화가 없으나, 서비스 고객이 불만족한 경우에는 서비스 고객과 기업의 관계가 어긋나게 된다. 서비스 고객이 별 말 없이 스스로 기업과의 관계를 끊는 분들이 꽤 많아지고 또한 노골적으로 불만을 기업에 표시하는 사람도 있다.

서비스 고객과의 관계를 좋은 관계로 지속화하려면 기업은 상당한 신경을 써야 한다. 기업이 통제가 가능한 요인들에 불만족을 해서 관계가 끝나는 경우를 기업이 인지하게 되면 즉각적으로 반응해야 한다.

그러나 실제의 문제는 기업이 인지했더라도 통제가 불가능하거나 혹은 기업이 인지하지 못한 경우이다. 먼저 서비스기업이 제공한 서비스가 서비스 고객의 관점에서는 지난 번 경우보다 품질이 떨어졌다고 느껴 불만을 표시한 경우이다. 서비스는 형체가 없으므로 품질균일성(quality uniformity)을 유지하는 것이 힘들다. 이때 서비스 고객은 지난번과 동일한 가액을 지불하고서 낮은 품질의 서비스를 구매하는 것에 대해서 불만을 표시하면 기업으로서는 별 도리가 없다. 서비스를 잘하라는 말만 서비스제공자에게 할 수 있을 뿐이다.

더 심한 문제는 대부분의 불만서비스 고객의 실제 불만을 기업이 인지하지 못하는 경우이다. 미국이나 한국이나 대부분의 서비스 고객들은 불만이 있으면 그냥 말없이 떠난다. 물론 미국의 경우에 불만을 제기하는 비율이 한국의 경우보다 좀 더 높은 것은 사실이나, 기본적으로는 불만서비스 고객들은 불평을 하지 않는다. 불평을 해 보았자 별로 개선될 것 같지 않다는 것이다. 젊은 서비스 고객들은 어느 정도 적극적으로 불만을 표시하고 심지어는 정부나 서비스 고객단체에 고발을 하는 공적불평(public complaints)에 나선다. 그러나 나이가 있는 서비스 고객들은 대부분이 속으로 삭히거나 친한 사람들에게 말로 하는 사적불평(private complaints)으로 마무리하고 만다.

고객불만의 원인에 대한 근본적인 해결이 되지 않으면 불만은 수면 아래로 사라지는 것이지, 없어지는 것은 아니다. 기업에 직접적으로 전해진 고객불만의 비율이 약간 줄었다고 해서 기업이 관계품질이 좋다고 오인하는 것은 엄청난 문제가 될 수 있다. 서비스 고객과 기업의 관계가치를 지속적으로 증대시키려는 양방향 커뮤니케이션(two-way communication)이 필요하다.

(3) 브랜드가치

브랜드가치란 서비스 고객이 좋은 관계를 유지하고 있는 기업체의 서비스에 대한 브랜드에 대해서 어떻게 반응하느냐를 평가한 것이다. 브랜드가치가 높다는 것은 서비스 고객이 서비스 브랜드를 좋아하고, 이에 충실하게 반응하고, 좋은 연상들을 많이 하고 일관적으로 선호하는 것을 말한다.

브랜드가치를 높이는 것은 기업의 가장 큰 목적 중의 하나가 될 수 있다. 과거에는 기업들 간의 기술개발의 수준이 확실하게 차이가 났다. 그러나 최근에는 기술개발 속도가 워낙 빨라서 선두기업이 서비스 개발에 나서면 판매되는 서비스를 복사하는 수준이 급속하게 늘어가면서 격차가 거의 없어지게 되었다.

서비스 고객들이 눈에 비치는 서비스 품질의 차이가 별로 나지 않게 되면서 '현재 서비스가 어떠냐?'하는 것보다는 '누가 그 서비스를 만들었느냐?' 하는 것이 훨씬 더 서비스 고객들에게 쉽게 어필할 수 있게 되었다. 눈에 안 보이는 서비스의 경우에는 원래부터 품질격차(quality gap)를 인식하기가 힘들어지면서 서비스 고객들이 서비즈 제공업자의 신뢰성에 비중을 두게 되었다.

여기에서 품질격차란 실제적인 서비스의 품질격차를 의미하는 것이 아니라, 서비스 고객이 인식하는 수준에서 기대했었던 품질과 실제 경험한 품질 간의 차이를 의미한다. 기대한 품질에 비해서 제공된 품질이 거의 비슷하게 되었다고 서비스 고객이 주관적으로 느끼면 그것은 서비스 고객만족을 유발하고, 반대로 기대한 품질에 비해서 경험한 품질이 훨씬 더 낮다는 것은 서비스 고객불만족의 원인이 된다.

브랜드가치란 서비스 고객만족이 지속되면서 서비스 고객이 브랜드에 대해서 확고하게 가지는 신뢰이다. 이것을 올리는 방식의 커뮤니케이션이 좋다고 말할 수 있다.

4. 서비스 고객관계관리의 시스템

1) 고객관계관리 시스템의 정의

고객관계관리 시스템(customer relationship management system)이란 고객을 일회적인 관점에서 바라 보는 것이 아니라, 지속적인 관점에서 기업과 고객을 하나로 연결시켜서 고객이 바라는 것을 지속적으로 파악하고 그리고 고객의 욕구를 충족시키기 위해서 기업이 장기적으로 노력하는 것을 말한다. 그런데 이것을 경영정보시스템화해서 정보처리의 관점에서 고객관리를 효율적으로 하려는 것이 고객관계관리라고 부를 수 있다.

고객관계관리는 기업에서 고객을 바라보는 관점으로서 고객을 이용하는 측면이 아니라, 고객과 함께 가겠다는 생각에서 출발한 것이다. 고객의 주문을 접수해서 나오는 데이터를 분석해서 고객관계관리 시스템이 가능할 수 있다. 또한 이 자료를 분석해서 고객에게 판매하기 위한 물품의 구매에도 활용할 수 있다(신규서비스 의 선정과 기존서비스의 탈락을 위한 의사결정).

고객관계관리란 대용량 데이터를 데이터웨워하우스로 처리하면서 데이터마이닝을 통해서 고객들의 구매이력을 파악해서 고객들을 장기적인 자사고객으로 유도하려는 경영기법이다. 우리나라에서 보통 서비스 점포들에서 고객카드를 작성하고 구매를 하면 일정의 포인트를 적립해 주는 것이 고객관계관리의 실제 현상이다.

서비스 고객관계관리는 서비스 고객과의 장기적인 관계를 유지하는 것이 서비스 시설에게는 이득이 된다는 것이다. 처음 서비스 고객을 끌어들이는 데에는 광고비용과 판촉비용 그리고 종업원들의 거래비용이 많이 든다. 거래비용이란 서비스 고객을 맞이하고서 설명하는 데 드는 시간을 돈으로 따진 것과 거래를 종결하는데 드는 각종 서식작성, 컴퓨터 활용, 신용카드 수수료 등을 포함한다. 서비스 시설로

서는 서비스 고객당 거래비용을 낮추는 것이 절대적으로 필요하다.

서비스 고객이 단골이 되면 단골이 된 이후의 거래에는 비용이 크게 들지 않는다. 서비스 고객의 습성과 취향도 알게 되므로 서비스 고객을 대하는 데에 추가적으로 비용이 거의 들지 않는다.

2) 고객관계관리의 중요성

고객관계관리 시스템은 기업체가 정보시스템을 통해서 고객을 파악하고 그리고 고객과의 접촉을 장기적으로 유지하는 것이 기업체에게 이익이라는 사고방식에서 출발한 것이다. 처음 고객관계관리을 끌어들이는 데에는 광고비용과 판촉비용 그리고 종업원들의 거래비용이 많이 든다. 거래비용이란 고객관계관리를 수행하려고 설명하는 데 드는 시간을 돈으로 따진 것과 거래를 종결하는 데 드는 각종 서식 작성, 컴퓨터 활용 등을 포함한다. 서비스 시설로서는 고객관계관리당 거래비용을 낮추는 것이 절대적으로 필요하다.

고객이 단골이 되면 단골이 된 이후의 거래에는 비용이 크게 들지 않는다. 고객의 습성과 취향도 알게 되므로 고객을 대하는 데에 추가적으로 비용이 거의 들지 않는다.

CRM은 고객관계관리카드를 발급해 주기 전에 고객의 기본정보를 받는 과정을 거쳐야 한다. 고객과 관련한 다양한 인구통계학적인 변수들(demographic variables)에 대한 정보를 고객관계관리에서 요구하는 것이다. 고객의 이름, 성별, 생년월일, 거주지 주소, 가족상황 등과 같은 것들이다. 그리고 고객관계관리카드를 발급해 주면 고객은 매번 구매할 때마다 관리카드를 제시하면 고객별로 정보가 수집된다. 많은 경우에 고객들이 고객관계카드를 가지고 오지 않으면 그냥 주민등록 번호의 일부를 고객에게 물어서 고객관계관리정보를 저장하는 방법도 있다.

고객관계관리의 정보와 고객관계관리의 구매관련 정보를 실시간으로 연계해서 데이터웨어하우스(datawarehouse)에 저장을 하게 된다. 우리나라의 대형 서비스 시설들은 고객 숫자가 수백만 명이 넘는다. 그리고 규모가 중소형인 곳도 고객의 숫자는 수만 명에서 수십만 명 정도에 달한다.

이와 같이 방대한 고객들이 일 년에 몇 번에서 몇 십번 구매하는 서비스 의 품목과 시간, 액수를 저장해 두는 것이 데이터웨어하우스이다. 고객관계관리정보는 각종 통계기법을 활용해서 분석한 후에 고객관계관리실무에 적용되고 있다.

5. 고객관계관리의 정보시스템 개발과 운영

1) 고객관계관리 시스템의 개발

고객관계관리 시스템(customer relationship management system)은 현실에서 가장 활발하게 응용되는 정보시스템의 일종이다. 우리나라에서 거의 모든 국민들이 한 개 이상의 각종 회원제 카드를 가지고 있다. 기업체들이 회원관리의 목적으로 발급해준 고객카드를 소지한 분들이 회원제카드를 발급해 준 기업체의 매장이나 서비스 점포에 들릴 때마다 제시하게 되면 전체 요금의 일부를 적립해 준다. 그대신 고객들은 그 매장이나 서비스 점포에 자주 들러야 한다. 적립금을 다음 기회에 활용하기 위해서이다.

(1) 고객관계관리 시스템의 장점

기존의 일상적인 업무상황에서 생기는 것을 파일처리 시스템이라고 부르고, 이와 같은 파일처리 시스템에 내장된 데이터들을 별도로 저장해서 검색이나 삭제를 자유롭게 하는 것을 고객관계관리 시스템이라고 부른다. 두 개의 시스템들은 상당한 차이가 있다. 파일처리 시스템의 데이터관리가 문제가 있어서 보통은 파일처리 시스템에서 데이터를 직접 관리하기보다는 별도의 고객관계관리 시스템을 만들어서 사용하는 경우가 많다. 그러나 별도의 고객관계관리 시스템은 이미 개발된 것을 구매하거나 혹은 자체 개발을 해야 하는 데 상당한 비용이 든다. 따라서 소규모의 조직이거나 사용할 데이터의 양이 그다지 많지 않을 경우에는 기존의 파일처리 시스템을 그대로 사용해도 된다. 그러나 중규모 혹은 대형 조직에서 하루에도 수천개 혹은 수억만 개의 데이터웨어하우스 급의 데이터가 생성되는 곳들(백화점, 통신사, 금융기관, 학교 등)은 21세기에는 별도의 고객관계관리 시스템을 활용하는 것이 보통이다.

고객관계관리 시스템에서는 파일처리 시스템에서와 별도로 데이터를 저장하는 공간을 만들어 놓고 관계를 파악하게 됨으로써 다양한 모습으로 발생하는 이상한 거래관계들의 모든 기록들이 전부 고객의 별도 데이터로 저장이 되게 된다. 파일처리 시스템에 비해서 문제가 생길 확률도 훨씬 줄어들고 동시에 데이터의 삭제, 변경, 삽입과 같은 일반적인 데이터관리가 아주 용이하다.

고객관계관리 시스템이 개발되어서 상용화된 이후에 컴퓨터를 사용하는 거의 모든 조직들이 파일처리 시스템에서의 데이터처리와는 별도로 고객관계관리 시스템을 활용하는 것이 대세다. 물론 고객관계관리 시스템을 사용하려면 벤더들(Oracle, IBM, Microsoft, Sybase 등)에서 별도로 구입해야 하므로 비용이 든다. 시스템 분석과 설계가 자체적으로 가능하고 동시에 현대식 프로그래밍을 할 수 있는 능력 있는 소프트웨어 프로그래머들이 조직 내부에 있는 경우에는 개발도 가능하다. 보통 외부구입은 비용이 들고, 내부개발은 시간이 걸린다. 그러나 비용이나 시간의 단점을 떠나서도 보통의 경우에는 고객관계관리 시스템이 보통의 파일처리 시스템보다 더 용이하다고 한다. 아주 작은 조직의 경우에는 전통적인 파일처리 시스템을 그냥 사용해도 되나, 대부분의 미래형 조직들은(영리조직이든 비영리조직이든 간에) 별도의 고객관계관리 시스템을 사용하는 것이 바람직하다.

(2) SQL 언어와 고객관계관리 시스템의 설계

SQL(structured query language)는 고객관계를 사용하기위해서 고안된 고객관계를 관리하는 소프트웨어이다. 물론 고객관계관리 시스템(database management system: DBMS) 자체가 파일 시스템과 별도로 데이터를 관리하기위해서 개발된 시스템이다. 그러한 DBMS를 활용하기 위해서 사용되는 것이 SQL이다.

SQL은 비절차적인 언어(non-procedural language)로서 사용자는 명령어만 입력하면 고객관계 테이블을 관리하거나 혹은 고객관계의 구체적인 것들을 사용하는 것이 가능하다. 비절차적이란 말은 사용자가 내부의 절차의 흐름을 일일이 알 필요가 없다는 것이다. 물론 알게 되면 더 좋을 수도 있겠지만 대부분의 고객관계 사용자는 컴퓨터 지식이 낮을 수가 있고 또한 어느 정도의 컴퓨터 지식과 경험이 있다고 하더라도 고객관계 자체를 움직일 수 있는 별도의 프로그램을 C++이나 Java로 코딩화할 수 있는 정도의 실력은 아니다. 그러한 사람들은 컴퓨터 개발자들 중에서도 극히 소수이다. 따라서 교사, 학생, 기업인, 교수, 행정가, 주부나 사무원들이 고객관계를 사용하기 위해서는 명령어 입력만으로도 원하는 것을 자동으로 추출해 주는 것이 필요하고 그것을 하는 것이 SQL이다.

MYSQL이 무료여서 많은 경우에 사용된다. 오픈소스를 지향하는 리눅스 계열이어서 당연히 무료였으나 현재는 유료DB를 판매하는 오라클에 인수된 이후에도 MYSQL은 무료로서 많은 웹프로그래밍의 DB관리에 빈번하게 사용되고 있다.

관계대수는 절차적 형식이고, 관계해석은 비절차적 형식이다. 과거의 계층형 DB나 네트워크형 DB와는 달리 최근의 대부분의 DB는 관계형이다. 관계해석을 통해서 관계를 파악하는 것이고 그것을 통해서 관계형의 파악을 위한 SQL을 활용해서 DBMS에 명령해서 고객관계 사용자가 필요로 하는 데이터를 추출해서 그것을 활용하는 것이다.

SQL은 크게 세 가지로 구성되어 있다. 다시 말해서, 고객관계를 움직이는 고객관계 언어는 크게 세 가지로 나누어진다. 그것들은 고객관계 정의어(database definitional language), 고객관계 조작어(database manipulation language), 고객관계 제어어(database control language)이다. 고객관계 정의어는 고객관계의 전반적인 개념적인 것을 정의하는 것이고, 고객관계 조작어는 고객관계를 운영하기 위한 것이고, 고객관계 제어어는 고객관계를 통제하기 위한 것이다.

고객관계 정의어에는 대아터베이스의 물리적인 구조를 정의하는 것으로서 CREATE(생성), ALTER(변경), DROP(삭제) 등이 있다. 테이블을 생성하고 변경하고 삭제하는 것을 말한다. 고객관계 정의어는 기본적으로 고객관계의 기본구조를 짜는 것을 말한다. 도메인을 정의하고 테이블의 형식을 구성하고 그리고 속성들을 파악하는 것이다. 기본적으로 다음과 같은 형식으로 고객관계가 형성된다. 개별 속성을 의미하는 Field가 있고, 이것의 집합이 Record이고, Record의 집합이 File, 마지막으로 File의 집합이 Database이다.

고객관계 조작어에는 데이터를 운영하기 위한 것으로서 SELECT(선택), INSERT(삽입), UPDATE(갱신)가 있다. 데이터를 선택하고 삽입하고 갱신하는 것을 말한다. 고객관계 제어어는 고객관계의 무결성(integrity)을 유지하기 위한 것과 사용권한 부여 등이 있는데 GRANT(권한부여)와 REVOKE(권한제거)가 있다. 고객관계의 권한부여와 권한제거이다. 고객관계를 개발하는 사람들과 고객관계를 관리하는 사람과 고객관계를 사용하는 사람들이 있다.

고객관계 설계란 고객관계를 운영하기 위한 주체들(학교, 기업, 정부, 종교기관, 사회기관 등)이 고객관계 시스템을 완비하는 것을 의미한다. 컴퓨터의 하드웨어와 소프트웨어 그리고 주변장치들과 인프라스트럭쳐의 시스템을 구축해서 실제로 고객관계를 활용하기 위한 것이다. 과거에는 메인프레임 위주였으나, 2000년대를 넘어서는 PC기반, 현재는 모바일과 웹 위주로 고객관계 시스템이 다양화되고 있다.

고객관계 설계자는 전체적인 요구사항들을 분석하고 나서 그것에 적합한 고객관계를 개념적, 논리적, 물리적으로 설계하는 사람을 말한다.

고객관계관리 시스템 설계는 크게 다섯 단계로 나누어진다. 첫째는 고객관계를 사용할 사용자들의 요구분석을 하는 것, 둘째는 이러한 요구분석의 결과를 구조화해서 ERD(entity relationship diagram)을 만드는 것, 셋째는 이러한 개념적인 모델에 근거해서 논리적인 모델을 만드는 것, 넷째는 논리적인 모델에 근거해서 물리적인 시스템을 설계하는 것, 다섯째는 실제로 고객관계관리 시스템을 사용하면서 유지와 보수를 하는 단계이다. 각각의 단계들을 설명하면 다음과 같다.

① 요구분석의 실시

첫째, 사용자들의 요구를 명확하게 파악하는 것은 아주 중요하다. 많은 시스템들이 실패하는 이유는 실제로 사용할 사람들의 요구를 반영하지 않은 시스템을 개발해서 만들어진 시스템과 실제로 사용하는 시스템 사용자들과의 격차(gap)가 크다는 것이다. 따라서 성공하는 고객관계 시스템을 만들기 위해서는 사전에 사용자들을 면밀하게 분석하는 것이 필요하다. 다양한 방법들이 사용될 수가 있는데, 크게 세 가지 방법들이 가능할 것으로 보인다. 먼저 기존에 사용된 고객관계의 상황들에 대한 기존문서나 시스템에 대해 분석하는 것이다. 과거에 어떠한 방식으로 사용했고, 문제가 있었다면 무엇이었는지를 파악하는 것이다. 다음에는 사용자들을 정성적(qualitative)으로 조사하는 것이다. 한 명에게 깊숙하게 물어 보는 심층면접법(depth interview) 혹은 4~8명 정도의 그룹을 형성해서 물어보는 초점면접법(focus growp interview)이 가능하다. 정성적으로 조사하면 주로 사용자들의 말을 분석해서 원하는 것을 파악하는 것이다. 마지막으로는 사용자들의 요구를 파악하기위한 설문지 분석(survey analysis)을 하는 것이다. 사전에 잘 짜인 설문지를 만들어서 사용자들의 의견을 묻는 것이다.

② 요구분석 자료의 구조화

둘째, 이와 같은 요구분석으로 입수되는 자료들을 구조화해야 한다. 구조화란 고객관계의 사용목적에 따라서 관련이 되는 다양한 개체들과 개체들 간의 관계 그리고 여기에서 나타나는 다양한 속성들을 전체적으로 분석하는 것이다. 사용자들의 과거의 고객관계의 사용상황, 정성적 분석의 결과, 정량적 설문조사 분석의 결과들을 모두 합해서 하나의 큰 틀 안에서 전체적인 구조화를 하는 것이다.

여기에서 파악되었으나 명확하게 이해되지 않은 것들은 암묵적 개념 모델(implicit conceptual model)화가 된다. 우리 인간의 지력으로 감지는 했으나 그것을 명확하게 표현하거나 구체화시키기 힘든 경우의 개념들을 말한다. 문제를 보다 더 잘 이해하게 되고 그리고 보다 더 자세하게 연구를 하다보면 암묵적 개념적 모델들이 어느 정도는 명시적 개념 모델(explicit conceptual model)화가 될 수가 있다. 우리가 명확하게 이해하고 그것들에 속한 것들을 파악할 수 있는 것이다. 고객관계를 많이 사용해 본 경험이 적은 경우에는 암묵적 개념적 모델화가 많이 될 수 있고, 반면에 고객관계에 대한 사전지식이나 활용경험이 많은 경우에는 명시적 개념적 모델화가 될 수가 있다.

가장 많이 쓰이는 것들이 자료흐름도(data flow diagram)와 개체관계도(entity relationship diagram)이다. 과거에는 자료흐름도를 많이 사용했으나, 최근에는 1970년대 중국인이 개발한 개체관계도를 많이 사용하는 편이다. 개체관계도는 모든 개체들을 파악하고, 개체들 간의 관계를 파악하여 여기에 관련되는 다양한 속성들을 그림으로 그리는 것이다. 최근에는 CASE(computer aided software engineering)가 발전하면서 Microsoft의 Visio와 같은 소프트웨어들을 사용하면 개체관계도를 쉽게 그릴 수가 있다.

③ 논리적인 모델화

셋째, 개념적인 고객관계 모델이 만들어지면 실제로 고객관계를 논리화해서 전체적인 논리 모델을 만드는 것이다. 논리적인 모델을 설계하는 것은 창조적인 행위이다. 고객관계를 필요로 하는 조직이나 단체의 내부상황에 적합하면서도 외부변화에 대응할 수 있는 자기 조직만의 고객관계관리 시스템을 만드는 행위 자체가 새로운 것을 만드는 작업이다. 따라서 경쟁력 있고 강하면서도 독특한 시스템을 만들도록 준비하고 노력하는 자세가 필요하다.

앞에서 설명한 데이터흐름도를 사용했다고 해서 논리적인 모델이 바로 만들어지는 것은 아니다. 데이터흐름도는 전체 데이터가 어떠한 방식으로 흐를 것인가의 프로세스를 표현한 것뿐이다. 따라서 데이터흐름도에 기초해서 새롭게 논리적인 모델을 구성해야 한다.

논리적인 모델은 보통 두 가지의 방식들로 수행된다. 그것들은 구조적인 영어(structured english)와 의사결정분석(decision analysis)이다. 먼저 구조적인 영어란 선택이나 반복과 같은 영어표현을 써서 전체적인 프로세스를 영어로 쉽게 이해할 수 있도록 만드는 것이다. 다음에는 조건과 상황들을 나타내는 의사결정 분석으로 전체적인 프로세스를 논리화시키는 것이다. 이것은 데이터흐름도의 흘러가는 표현을 보다 더 가다듬으면서 구체적인 논리를 만드는 것이다.

논리적인 모델은 어떠한 외부 시스템을 사용할 것인가와 상관없이 그냥 논리적인 모델링을 통해서 생각들을 구체화하는 것이다. 이와 같은 논리적인 모델링이 되면 프로토타입(prototype)이 만들어질 수 있다. 실제로 모든 사용자들이 원하는 것이 포함되어 있지는 않지만 개념화와 논리화를 통해서 어느 정도의 가성 소프트웨어를 만들기 위한 전체적인 틀이라고 볼 수 있다.

논리적인 모델을 설계하는 과정에서 형상관리(configuration management)가 될 수도 있다. 형상관리란 고객관계관리 시스템의 개발과정에서 전체적인 구조가 제대로 틀을 잡기 위해서 아이디어들이 추가되면서 변경되어 발전하는 전체적인 과정을 관리하는 것이다. 물론 소프트웨어가 개발된 이후에 유지보수하는 경우에도 형상관리가 활용될 수도 있다.

소프트웨어 설계(architecture design)에서 가장 중요한 것은 설계를 제대로 해서 모델을 잘 만들어야 물리적으로 소프트웨어를 실제로 만들고 그리고 사용자들이 실제로 사용할 때 나중에 문제가 덜 생긴다는 것이다. 나쁜 설계를 하면, 다시 말해서 나쁜 논리적 모델을 만들면, 나중에 소프트웨어를 실제로 개발하고 나서 문제가 발견되면 그것을 수정하는데 비용이 엄청나게 많이 드는 것이다. 소프트웨어의 유지와 보수비용이 보통 초기개발비용보다 서너 배가 든다는 것이 거의 전세계의 공통적인 현실이다. 따라서 설계를 제대로 해야 한다.

논리적 모델을 설계할 때는 전체적인 시스템을 분해해서 수많은 컴포넌트들로 만들고 그리고 각각의 컴포넌트들 간의 인터페이스를 제대로 해야 한다. 각각의 컴포넌트들을 여러 개를 합해서 모듈(module)을 만들고 모듈들 간의 연결로 전체적으로 고객관계관리 시스템의 논리적 모델이 완성될 수 있다. 각각의 모듈들은 보통 일곱 개 이내의 컴포넌트들로 구성된다. 각각의 모듈들의 연결형태에는 두 가지가 있다. 하나는 응집도(cohesion)이고, 다른 하나는 결합도(coupling)이다. 응집도는 모듈들이 모이는 것을 말하는데, 응집도들 중의 하나에 논리적 응집도(logical cohesion)이 있다. 논리적 응집도란 논리적으로 모듈들이 연결되어 있다는 것이다. 결합도는 모듈들 간의 연결의 강도를 의미하는데, 내용 결합도(content coupling)은 한 모듈의 내용이 다른 모듈의 내용으로 연결되는 것을 말한다. 그런데 보통 고객관계관리 시스템에서는 강한 응집도를 요구하고 그리고 약한 결합도를 원한다. 다시 말해서, 모듈들이 서로 연결은 되지만 그러한 연결의 강도는 낮아야 전체적인 시스템이 분할도 되고 연결도 된다는 것이다.

④ 물리적인 모델화 후의 프로그래밍

물리적인 모델을 만들 경우에는 앞에서 수행된 개념적 모델과 논리적 모델의 연장선상에서 실제로 어떠한 고객관계관리 시스템을 도입할 것인가와 같은 구체적인 문제들을 논의하게 된다.

예를 들면, 필요한 운영체제는 어떠한 것인가? 고객관계의 크기는 얼마나 되어야하는가? 고객관계관리 시스템이 데이터를 실제로 처리하는 속도는 어느 정도인가? 그리고 고객관계를 외부벤더에게서 구입할 경우의 비용은 얼마인가? 벤더서포트의 정도는 어느 정도인가? 유지보수의 비용은 얼마나 되는가? 내부에서 개발할 경우에는 인력이 어느 정도 필요한가(예, 몇 man/month가 필요한가?)

물리적인 고객관계관리 시스템은 외부의 소프트웨어 벤더에게서 구입을 하거나 혹은 자체적으로 개발하게 된다. 벤더들에게서 구입한 것을 자체적인 요구에 맞추어서 적합화를 하거나 혹은 자체적으로 소프트웨어를 활용해서 개발하게 된다.

⑤ 데이터웨어하우스의 유지와 고객관계관리 시스템의 보수

데어터웨어하우스를 사용하면서 유지보수를 하게 된다. 이 세상에는 완벽한 컴퓨터시스템은 없고, 사용하면서 요구가 변하거나 상황이 변하면서 기존에 만들어진 고객관계 시스템들을 많이 변경하게 된다. 보통 몇 년 정도 쓰다가 다시 보수하는데, 처음에 개발하거나 구입할 때 드는 비용보다도 유지하고 보수하는 비용이 몇 배가 더 드는 것이 보통이다.

거래처리 형태의 데이터처리가 아니라, 다양한 형태로 사용자가 분석할 수 있는 OLAP 형식의 데이터웨어하우스가 고객관계관리 시스템의 핵심도구로 활용되어 왔다.

6. 고객관계관리 시스템의 운영과 관리

1) 데이터 마이닝의 개념

이 세상에서 가장 많이 쓰는 것이 오라클의 DBMS이다. 전세계에서 고객관계 시장점유율 1위로서 압도적이고 과거의 SYBASE나 INFORMIX는 제치고 그리고 Microsoft의 소형기반의 엑세스를 압도하고 최근에는 무료 DB였던 리눅스의 MYSQL을 인수해서 명실공히 세계 최고의 고객관계이다. 관계형으로 RDBMS이다. 고객관계 관리자(dabase administrator: DBA)는 적절하게 관리해서 필요하면 튜닝으로 DB의 성능을 최고도로 올려야 한다.

고객관계를 운영하는 SQL(structured query language)은 비절차적인 언어이다. 비절차적인 언어란 고객관계를 사용하는 사람이 명령어만 입력하면 알아서 돌아가는 것이다. 고객관계를 사용하는 사람이 내부의 구조를 일일이 알 필요가 없다는 의미에서는 사용자 편리성(user-friendliness)을 최고도로 올린 것이다. 통계패키지로서 사용자 편리성이 뛰어난 SPSS(statisticatl package for social sciences)나 PHP 기

반의 웹사이트 제작도구로서 세계의 홈페이지의 6분지 1 정도가 사용하고 있는 워드프레스(WORDPRESS)처럼 사용자는 어려운 컴퓨터 소프트웨어의 코딩이 필요 없이 그냥 명령만 주면 되는 것이다.

잔세계의 거의 모든 컴퓨터 그리고 우리나라에서도 거의 모든 인간생활에서 꼭 필요한 데이터를 관리하는 고객관계는 컴퓨터사용자에게는 필수적인 시스템으로 인식되고 있다.

데이터 마이닝(data mining)이란 자료분석을위한 통계적인 방법과 계량적인 방법들을 활용해서 수많은 관련데이터들을 분석해서 데이터 안에 숨어 있는 관계들을 찾아내는 것을 말한다. 주로 SPSS를 통한 다양한 형태의 다변수 통계량(multivariate statistic)의 관계를 찾아내는 것이다. 구체적으로 많이 쓰이는 데이터 마이닝의 방법으로는 군집분석(cluster analysis), 판별분석(discriminant analysis) 등이 있다. 또한 경영과학적인 분석방법인 의사결정나무(decision tree)도 있다.

데이터 마이닝은 자료들 간의 숨겨져 있는 패턴유형의 파악(pattern recognition)을 하는 것으로서 그것을 통해서 서비스 고객들의 장바구니에 무엇이 있는지를 분석하는 장바구니분석(market basket analysis)을 하기도 한다. 이와 같은 것들은 주로 데이터베이스의 관계형 자료를 SQL(structured query language)로 표현된 것을 분석한다.

현실세계에서 나타나는 자료들을 테이블 형태로 분석해서 이것을 지속해서 분석하다 보면 데이터 안에 숨어 있는 새로운 방식의 연관관계를 알 수가 있다. 우리는 이러한 관계형식의 지식들을 활용해서 인간생활에 도움이 되는 것을 할 수가 있다. 한 가지 사례로서는 많은 데이터들 속에서 새로운 관계방정식을 찾아낸 후에 그것을 If-Then Statement 형식으로 표현하면 규칙기반 시스템(rule-based system)이 되면서 지식공학에 근거한 전문가 시스템으로 발전할 수 있는 것이다. 예를 들어서, 치과의사가 현실에서 환자를 치료하는 과정들을 고객관계화하고 그러한 고객관계에서 관계를 찾아내면 어떠한 상태의 환자에게는 적절한 조치가 무엇인지 전문적인 조언을 컴퓨터가 치과대학을 막 졸업한 경험 없는 치과의사 후보들에게 제공할 수 있는 것이다.

2) 빅데이터와 NOSQL

최근 인터넷의 빅데이터(big data)가 너무나 많이 축적되면서 고객관계관리 시스템도 정형화된 SQL뿐만 아니라 비정형화된 NOSQL의 분석도 시도하고 있다. Not Only SQL이라는 개념의 NOSQL은 비정형적인 데이터들 안에 숨어져 있는 비정형적인 관계의 형태를 파악하는 것을 의미한다. 수십 년 동안 사용되어 오던 정형화된 형태에서 비정형화된 형태로의 발전이라고 할 수 있다.

인터넷에서 무한하게 생성되는 엄청난 규모의 데이터들과 최근의 SNS의 가세로 인한 폭발적인 자료의 급증은 어느 규모의 분석적인 자료분석의 범위를 넘어서서 초대형의 자료처리가 요구되고 있다. 빅데이터의 분석의 결과를 기본적인 고객관계관리 시스템의 정형적인 분석절차와 합해져서 활용되는 방식들이 앞으로 급속하게 증대할 것으로 예견된다.

3) 고객관계관리 시스템의 세부적인 수행전략

(1) 고객데이터를 근간으로 한 문자메시지나 이메일 발송, 편지로 보내는 카탈로그

한번 고객이 되면 보통의 경우에 기업체가 내미는 고객카드에 자신의 개인정보들을 입력하게 된다. 성함, 집주소, 직장주소, 핸드폰번호, 생년월일과 각종 취미나 기타 정보들이다. 고객카드를 작성할 때 보통의 경우에는 위의 정보들을 기업체가 정당한 고객관계관리커뮤니케이션 활동에 사용할 수 있다는 허락요구사항에 사인을 하는 것이 보통이다. 이렇게 되면 기업체는 합법적으로 고객관계관리에게 지속적으로 접촉할 수 있는 커뮤니케이션 통로를 확보하게 된다. 기업이 지속반복해서 커뮤니케이션을 하게 되면 고객관계관리는 더 이상의 커뮤니케이션을 중단해 달라는 요청을 할 수도 있다. 대부분의 경우에는 기업체들이 중단요구가 들어오면 중치를 하나, 일부의 기업체들은 지속해서 사후에 문제가 되는 경우가 있다.

우리나라는 고객의 동의를 얻어서 획득한 정보를 활용해서만 정상적인 커뮤니케이션을 할 수 있도록 법제화가 되어 있다. 불법적으로 획득한 정보를 사용하는 경우에는 법적인 제제를 받을 수 있게 되어 있으나, 현실에서는 고객관계관리들이 불법정보에 심각하게 반응하지 않고 그냥 무시하는 경향이 있다. 미국에서는 고객관계관리데이터를 사고파는 행위가 합법화되어 있어서 기업체들이 얼마든지 마음만 먹으면 획득이 가능하다. 그러나 미국에서도 고객관계관리가 자신이 선호하는 기업체의 고객카드에만 정보를 입력하는 것이 보통이어서 고객관계관리의 취향을 알지 못한 상태에서 접촉하는 것은 거의 실패로 끝난다.

미국에서 우리 기업과 사전에 접촉한 적이 없는 낯선 고객관계관리들에게 전화를 거는 것을 콜드콜(cold call)이라고 부른다. 낯선 전화를 무작위로 거는 강압적 고객관계는 많은 경우에 효과가 별로 없다. 이것은 우리나라에서도 비슷하다. 금융기관들이 공격적 대출확대를 위해서 무더기로 많은 분들의 고객관계를 확보해서 콜드콜을 해도 만 건 중에 몇 건 정도가 반응이 오는 것이 보통이다.

데이터를 근거로 하는 가장 많이 쓰이는 것이 RFM이다. R은 Recency의 약자로서 최근에 많이 오는 사람에게 비중을 두고, F은 Frequency의 약자로서 자주 오는 고객에게 관심을 가지고, M은 Monetary의 약자로서 많이 돈을 사용하는 사람들에게 신경을 쓰라는 것이다. RFM에 근거해서 통합적 고객관계 커뮤니케이션이 많이 현실에서 이루어진다.

과거에는 이메일이 비용이 거의 안 들고 상당히 효과가 있었다. 그러나 2000년대를 넘어서면서 인터넷 확산이 보편이 된 현재에는 이메일 커뮤니케이션의 효과는 상당히 낮은 것으로 알려지고 있다. 만 개의 이메일을 발송하면 몇백 건 정도를 읽는 것으로 알려지고 있다. 이메일 발송에 비해서 문자발송은 상당한 효과가 있다. 문자발송은 일반 핸드폰이나 스마트폰에서 거의 강제적으로 읽어야 하는 상황에 달했다. 통화나 검색하기 위한 과정의 일부로 문자를 읽어야 하는 상황에 많이 처하게 된다. 카카오톡과 같은 무료문자 발송은 중소기업에서 소규모 커뮤니케이션에서 활용이 가능하고, 대용량으로 문자를 발송할 때는 별도의 비용이 드는 것이 보통이다.

고객이 기입한 집이나 직장으로 우편을 통한 카탈로그를 발송하는 것은 상당한 비용이 많이 든다. 카탈로그 제작과 봉투의 준비와 우체국에서 발송하기까지 관련된 비용들이 상당히 많이 든다. 보통 카탈로그는 100명당 적으면 2명에서 많으면 8명 정도가 개봉하는 것으로 알려지고 있다. 상세한 정보나 화려한 그림을 인쇄해서 보낼 수 있다는 장점이 있어서 명품이나 대형택시의 경우에는 어느 정도의 효과가 있다고 볼 수 있다.

(2) 고객과의 직접 접촉을 통한 직접고객관계활동과 인적판매활동

미국에서는 직접고객관계가 상당히 신뢰를 얻고 있다. 암웨이와 같은 기업체들이 비교적 양질의 서비스들을 가지고 고객관계관리들에게 직접적인 커뮤니케이션을 하고 있다. 인간이 인간을 상대로 하는 직접고객관계는 상당히 강한 커뮤니케이션 효과가 있다.

서로 얼굴을 마주 보고 있는 상황에서 한쪽에서 제안한 것을 다른 쪽에서 거절하는 것은 그렇게 쉽지가 않다. 직접고객관계는 보통 3~5명 정도의 잠재고객관계관리들을 접촉하면 한 개 정도의 계약이 이루어진다고 알려져 있다.

직접고객관계에서는 당연히 접촉하는 고객관계관리들의 각종 인적정보들을 쉽게 구할 수가 있다. 이름이나 성별과 같은 단순한 정보뿐만이 아니라, 잠재고객관계관리를 소개해 준 사람을 통해서 성격이나 취미 그리고 좋아하는 것이나 관심사까지의 세세한 것도 알 수 있다는 장점이 있다.

잠재고객관계관리가 다양한 매체들을 통해서 특정기업의 서비스를 어느 정도 알고 있을 때 직접 접촉을 시도하면 상당한 효과가 나올 수 있다. 문자, 이메일이나 카탈로그를 통해서 취득한 간접정보들과 중간에 소개를 해준 사람들을 통해서 들은 구전정보는 잠재고객관계관리의 결정에 상당한 영향을 줄 수 있다.

그러나 사전에 다른 매체들에 노출이 되지 않은 상태에서 일방적인 직접고객관계에만 노출되면 잠재고객관계관리는 상당한 심적가부감을 가질 수가 있다. 이러할 때에는 고객관계관리의 상태를 파악한 후에 최적으로 적절한 커뮤니케이션 전술을 구사하는 것이 바람직하다.

직접고객관계 담당자가 잠재고객관계관리에게 메시지를 전달하는 방식에는 일방형 커뮤니케이션(one-way communication)과 쌍방형(two-way communication)이 있다. 일방형 커뮤니케이션이란 직접고객관계 담당자가 자사 서비스이나 서비스의 장점만을 일방적으로 지속전달하는 형태이다. "우리 서비스는 국내 최고의 서비스입니다."라는 일방적인 메시지 제시는 잠재고객관계관리의 학력이 낮거나 혹은 판단력이 정교하지 못할 때에는 상당한 효과가 있다고 한다.

반면에 잠재고객관계관리가 학력이 높거나, 지적수준이 꽤 높고 또한 판단능력이 많을 때에는 일방적인 커뮤니케이션은 효과가 없다고 한다. 이때에는 자사 서비스의 장점과 동시에 단점도 같이 제시하는 것이 필요하다고 한다.

(3) 쌍방향 송수신이 가능한 TV, 라디오, 잡지를 통한 접촉

주문형 비디오(video on demand)가 보편화되고 있다. 케이블TV를 설치한 거의 모든 가정들과 사무실에는 VOD가 접근이 가능하다. VOD 단말기를 가지고 케이블 선이나 인공위성을 통해서 고객관계관리가 선택한 비디오를 언제든지 시청이 가능하게 되었다. VOP를 반복해서 구매하는 시청자의 습성을 비교적 쉽게 파악할 수가 있다. 코미디영화를 지속해서 보는 사람들은 상당히 유쾌하면서 쉽게 즐기는 라이프스타일을 가졌다고 볼 수 있다. VOD를 다시 시청할 때에 이러한 고객관계관리의 특성에 적협한 광고를 보여 주거나 혹은 새로운 코미디영화를 제안하는 것이 가능하다.

인터넷으로 판매하는 많은 업체들이 쌍방향 송수신을 하면서 통합적 고객관계 커뮤니케이션을 하고 있다. 예를 들어서, 미국의 온라인 서점인 아마존은 고객관계관리가 최초구매를 할 때 신용카드 번호를 저정하게 하고 그리고 고객관계관리가 구매한 것들과 비슷한 스타일의 책들을 고객관계관리에게 제안해 주는 것이다.

특정기업이 후원하는 라디오음악프로그램에 향수 어린 노래를 신청한 분들의 문자메시지 번호를 기업이 합법적으로 확보해서는 복고풍 서비스들을 커뮤니케이션하는 경우도 있다. 배포된 명품잡지를 보고서 홍미가 생겨서 잡지에 부착된 고객 반송엽서에 기입해서 보내면 명품샘플을 보내는 경우도 통합적 고객관계 커뮤니케이션 활동이다.

(4) 서비스매장에서의 다양한 고객관계관리자극

서비스의 상당수는 오프라인 매장에서 판매가 된다. 온라인 매장들은 앞으로 증가할 것으로 예상은 되지만, 현재는 그 파급효과가 그다지 크지 않다. 또한 온라인 매장들에서 성공하는 서비스 들은 거의 대부분이 규격화되고 표준화된 것들이다. 도서와 컴퓨터 부품들이 가장 잘 팔리고 있다.

오프라인 매장에서는 다양한 형태의 고객관계관리자극들이 나타난다. 제조업체의 신서비스 행사와 서비스 업체의 자체적인 판매촉진행사다. 제조업체가 신서비스 개발후에 도입기에서 대규모의 광고프로모션을 하게 된다. 그러고 나서는 서비스 매장에서 고객관계관리들과 직접적인 접촉을 가진다. 고객관계관리들이 홍미를 가지면 고객관계관리정보를 획득하려고 노력한다. 혹시 고객관계관리정보를 획득하지 못해도 대중적인 커뮤니케이션을 할 수가 있다.

오프라인 매장에서 직접적인 판매촉진은 상당히 즉각적인 반응을 유도한다. 30만 원어치를 구매하면 오천 원짜리 상품권을 준다는 판매촉진에 많은 고객들이 앞다투어서 구매를 한다. 그리고 고객관계관리카드를 기입해 주면 또 다른 오천 원짜리 상품권을 준다고 하면 또 반응을 한다. 이렇게 획득된 고객관계관리정보를 가지고 통합적 고객관계 커뮤니케이션을 할 수가 있다.

(5) 고객반응을 알 수 있는 기업PR이나 홍보메시지를 통한 고객과의 관계 강화노력

우리나라의 경우에는 기업의 오너나 전문경영인이 상을 수상하면 대대적으로 기업PR이나 홍보에 나서게 된다. 기업자체의 이미지를 제고시켜서 기업이 판매하는 모든 서비스들과 서비스에 우산효과를 주겠다는 것이다.

우산효과(umbrella effect)란 펴진 우산 위에 빗방울이 떨어지면서 전체적으로 근방의 땅이 적셔지는 것처럼, 기업전체의 이미지를 향상시키면 기업이 판매하는 모든 서비스와 서비스의 이미지 상승효과가 있다는 것이다.

기업PR은 기업체의 현시적인 광고에 비해서 고객관계관리들의 신뢰를 더 얻을 수 있다. 고객관계관리들이 기업이 의도적으로 하는 광고커뮤니케이션의 메시지는 그대로 받아들이지 않는다. '기업이 이득을 보려고 하는 것'이라는 인식이 강하다.

그러나 기업PR을 언론사나 방송국과 같이하거나 혹은 간접협찬을 통해서 하게 되면 고객관계관리들은 메시지에 상당히 호의적으로 반응을 한다.

7. 서비스 고객관계관리 시스템의 지속발전과 미래

서비스 고객들은 까다롭고 욕구의 충족화가 쉽지가 않다. 서비스는 자체가 눈에 안 보이고 만질 수도 없어서 비교가 잘 안 되는 대상이다. 이와 같은 서비스의 품질을 측정하는 것조차 쉽지가 않다. 물론 SERVQUAL을 통해서 서비스 품질을 세밀하게 기대와 현실의 두 가지 측면으로 분류해서 측정하려는 노력이 상당한 성과를 거두었으나 현장의 시시각각으로 변모하는 서비스 고객들을 포착하고 지속고객화하는 것은 쉽지가 않다.

그러나 서비스 고객관계관리는 당연히 지속되어야 한다. 서비스 제공의 측면에서 차별화가 점점 힘들게 되고 있어서(서비스 모방의 속도가 빠름) 서비스 고객들의 내면욕구 속으로 점점 더 파고들어가는 노력이 필요해진다.

최근에 빅데이터의 분석흐름이 유행하고 있다. 인류역사상 누적되어온 거의 모든 데이터들의 총합에 비해서 최근 몇 년 동안의 데이터가 더 많다는 것은 PC와 모바일 정도시대에 점점 더 분석할 것이 많아진다는 것을 의미한다.

최근까지는 서비스 고객관계관리는 자사의 고객들의 정보를 분석해서 고객들에게 일대일 맞춤형 서비스를 제공하는 것에 포인트가 맞추어져 있었다. 그러나 앞으로의 서비스 고객관계관리는 외부 빅데이터의 분석을 통해서 내부고객자료와 외부상황자료의 결합이 점점 더 중요한 이슈가 되어 있다.

그런데 외부 빅데이터의 대부분은 정량형 서술문장들이다. 다시 말해서, 외부의 거의 모든 자료들이 웹상에서 흘러 다니는 유행형 언어문자들이다. 따라서 과거의 데이터마이닝 분석에서 최근에는 텍스트마이닝 분석으로 상황이 변모하고 있다.

서비스 고객관계관리가 향후 더 발전하려면 내부자료의 보다 더 세밀한 분석(SAS Analyzer 분석)과 외부 텍스트 빅데이터의 세밀한 분석(하둡과 R)이 병행해서 수행되어야 할 것으로 판단된다. 앞으로 점점 더 늘어날 서비스 관련데이터들을 어떠한 방식으로 내부자료화할 수 있느냐가 서비스 경쟁력의 핵심척도가 될 것으로 추산된다.

마무리사례

콜센터의 품질 관리를 위한 3가지 비법

콜센터는 정보통신기술을 활용한 전화, 인터넷, 이메일, 문자 서비스, SNS 등을 통해 비대면 고객 서비스 업무를 수행하는 대표적 조직이다. 고객이 기업을 만나는 최일선에서 기업의 얼굴 역할을 수행하기에 고객이 서비스 품질을 지각하고 평가하는 데 지대한 영향을 끼친다.

콜센터가 기업에서 차지하는 역할과 위상이 크게 달라지고 있다. 과거 콜센터는 문의에 대한 대응이나 불만 접수와 같은 단순한 역할을 했으나, 현재는 고객 니즈의 수집과 파악, 신제품 개발과 서비스 개선, 기업 이미지 개선 등 다양한 역할을 수행하고 있다. 하지만 콜센터 산업의 급속한 성장과 다양해진 역할에 따라 해결할 과제도 산적해 있다. 기업 입장에서는 매출 대비 인건비가 85%에 이르는 저수익 구조와 낮은 생산성, 수요의 변동성으로 인한 일정한 서비스 수준 유지의 어려움, 인력 수급의 불균형 및 높은 이직률 등이 있다. 상담사 측면에서는 아웃소싱 업체들의 저가 입찰로 인해 파생된 낮은 급여, 복리후생 미흡 및 감정 노동에 따른 직무 불만족을 꼽을 수 있다. 고객 측면에서는 지나친 텔레마케팅, 개인정보 유출 사고로 인한 부정적 인식 및 콜 배분 과정에서의 대기 시간 등으로 야기되는 서비스 품질 저하와 불만족 등이 있다. 이러한 문제점들은 상당 부분 이해 관계자인 기업, 상담사, 고객 간의 요구 사항의 충돌로 발생한다. 그러므로 콜센터의 운영은 이해 관계자 간의 핵심 요구 사항을 균형 있게 충족시킬 수 있는 접근이 필요하다.

경영자가 콜센터를 '비핵심 활동을 수행하는 비용 조직'이라는 초창기적 관점에서 '직·간접적으로 수익을 발생시킬 수 있는 조직'이라는 관점으로 인식을 전환한다면 현재 콜센터의 많은 문제점들이 해소될 수 있다. 콜센터의 서비스 품질은 기업이 나아갈 방향을 제시하는 요소이며 새로운 가치 창출의 요소이기도 하다. 서비스 품질이 좋으면 고객이 만족하게 되고, 고객의 충성심을 이끌어내 기업수익에 영향을 미치게 돼 서비스 품질은 기업 경쟁력을 가늠하는 중요한 요소가 된다. 또한 서비스 품질은 경쟁자와 차별화할 수 있는 중요한 항목을 제시해 경쟁 우위를 확보할 수 있게 한다.

기업은 경쟁력 강화를 위한 콜센터의 서비스 품질 관리 시스템을 다음과 같이 구축할 수 있다.

첫째, 고객 중시의 서비스 품질 평가 시스템을 구축해 관리한다. 지각은 실제보다 더 중요하다. 고객이 인지하는 서비스 품질 수준은 실제로 기업이 제공한 것보다 고객이 지각하는 것에 더 높은 상관관계를 보인다. 따라서 서비스 품질은 기업의 관점이 아닌 고객의 관점에서 측정·관리돼야 한다. 고객의 입장에서 서비스 품질을 측정하는 대표적인 방법은 고객설문조사의 활용이다. KS-CQI는 고객설문조사와 모니터링을 이용해 콜센터의 서비스 품질 수준을 측정한다. 즉 KS-CQI는 고객 중시의 서비스 품질 평가 모델이라 할 수 있다.

둘째, 지속적 서비스 품질 개선 시스템을 구축해 관리한다. 콜센터의 서비스 품질은 고객이 원하는 방식으로 개선돼야 한다. 기업은 주기적으로 콜센터의 서비스 품질을 측정·분석함으로써 현 수준을 진단하고 개선 방향을 마련해 서비스 품질 향상의 계기를 마련할 수 있다. KS-CQI 조사는 콜센터 서비스 품질의 7가지 차원에 대한 세부 문항들로 구성돼 구체적인 서비스 품질 개선에 활용할 수 있다.

셋째, 스마트한 서비스 품질 관리 시스템을 구축해 관리한다. 치열한 시장 경쟁 환경에서 다양한 고객의 요구에 부응하고 차별화된 서비스를 제공받기 원하는 고객을 만족시키기 위해서는 무엇보다 고객을 명확하게 이해해야 한다. 개별 고객 맞춤 서비스의 제공 여부는 우선 고객에 대한 데이터를 얼마나 잘 확보하고 효율적으로 활용하느냐에 달려 있다. 이런 이유로 빅 데이터 경영의 중요성이 대두되고 있다. 오늘날 고객은 표준화된 제품이나 서비스보다는 개인의 성향에 따른 차별화된 제품과 서비스의 제공을 원한다. 그러나 이러한 맞춤 제작은 개개인의 니즈를 충족시키고 만족도를 높인다는 장점이 있지만 기업 입장에서는 많은 비용과 노력이 필요하다. 최근엔 이를 극복하기 위해 대량 생산의 효율성과 개별 맞춤을 결합한 대량 맞춤(mass customization)에 대한 관심이 높아지고 있다.

콜센터는 기업 경쟁력을 결정짓는 대량 맞춤을 가능하게 하는 빅 데이터의 중요한 소스며, 빅 데이터 분석을 통해 고객의 다양한 니즈를 수용하고 즉각적인 대응까지 가능하다. 콜센터는 수집된 고객의 요구 사항을 분석해 새로운 제품과 서비스 개발에 반영하거나 기존 제품과 서비스를 개선하는 기회를 얻는다. 기업은 이렇게 수집된 정보를 기업의 고객 관계 관리와 연계해 기업의 경쟁 우위로 활용할 수 있다.

따라서 빅 데이터의 수집, 분석 및 활용이 가능하도록, 그리고 고객 관계 관리가 강화되도록 콜센터 서비스 품질 관리 시스템을 구축한다면 콜센터는 부가가치를 창출하는 수익 센터로 거듭날 수 있고, 현재 콜센터가 안고 있는 많은 문제를 해결할 수 있을 것이다.

출처: 조선일보(2015. 11. 19.).

연습문제

1. 서비스 고객관계관리의 개념을 설명하시오.
2. 서비스 고객관계관리의 성공적인 사례를 찾아서 분석하시오.

CHAPTER 08

SERVICE MANAGEMENT

서비스 대기행렬 관리

1. 서비스와 대기행렬
2. 기다림의 심리학
3. 대기행렬 규칙과 관리 원칙
4. 컴퓨터 시뮬레이션을 활용한 대기행렬 관리

도입사례

고객 상대로 인내력 테스트 하십니까… 속 터지는 ARS(자동응답시스템)

ARS 이용 빈도

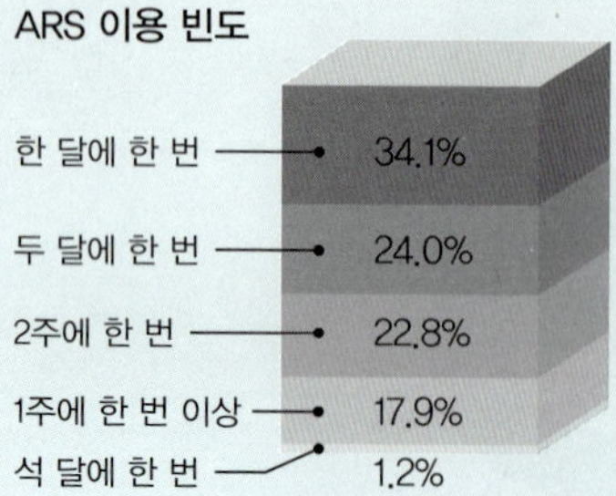

3개월 이내 ARS 서비스 이용 경험이 있는 13세 이상 남녀 1,007명 대상 조사

출처: 방송통신위원회

상담원 연결 별 따기, 10단계 거치는 건 예사… 기다리다 통화 끊기기도

고객에겐 알리지도 않고 통화료 절반 떠넘기고 걸핏하면 주민번호 요구, 정부 가이드라인도 안 통해

지난달 휴대전화 요금 납부를 깜빡 잊은 직장인 A씨는 연체 요금을 확인하느라 요금센터 상담원과 통화를 시도했다가 스무고개처럼 끝없이 이어지는 자동응답시스템(ARS) 안내 때문에 질리지 않을 수 없었다.

처음 안내에 따라 "휴대전화면 1번, 유선전화면 2번을 눌러라"는 지시에 1번을 누르자, 전화번호를 입력하라는 안내가 나왔다. 전화번호를 입력하니 "입력한 번호가 맞으면 1번, 다시 입력하려면 2번을 눌러라"는 안내가 나왔다. 이어 주민등록번호를 입력하라는 안내가 나왔고, "입력한 번호가 맞으면 1번, 다시 입력하려면 2번을 눌러라"는 안내가 앵무새처럼 반복됐다. 연체 요금을 확인하고 상담원 연결을 선택하자 전화번호와 주민번호를 입력하라는 안내가 다시 나왔다.

A씨가 이날 상담원과 연결될 때까지 기다린 시간은 대략 4분여. 전화번호와 주민번호를 각각 두 번 입력한 것을 포함해 모두 10단계를 거친 뒤에야 상담원과 연결됐다. 그는 "상담원 연결이 인내력 테스트인 줄 알았다"고 말했다.

기업이나 공공 기관이 고객의 불만을 처리하기 위해 운영하는 ARS 서비스가 오히려 고객 불만을 키우고 있다. 상담원과 통화하려면 수십 번 전화해 복잡한 절차를 거쳐야 한다거나 개인 정보를 지나치게 많이 요구한다는 불만이 쏟아지고 있다.

◇연결 지연 '통화료 폭탄' 될 수도

해외에서 팔리는 물건을 인터넷 쇼핑몰로 사려던 B씨도 최근 ARS 때문에 짜증이 났다. 눈여겨보던 물건이 싼 가격에 올라와 서둘러 결제를 끝냈지만, 이후 환불을 요청하려고 고객센터에 여러 번 전화했는데 상담원 연결엔 끝내 실패했다. "통화량이 많으니 잠시 기다려달라"는 ARS(자동응답시스템) 안내를 10분 동안 듣고 있었는데 "상담원 연결이 어려우니 다음에 다시 전화해 달라"는 안내와 함께 갑자기 전화가 끊겼다.

광주광역시에서 IT 기기 유통업체를 운영하는 C씨는 최근 휴대전화 할부 잔액을 알아보려고 통신사 고객센터에 전화를 걸어 상담원 연결을 기다리다 2시간 가까이 휴대전화를 들고 있어야 했다. C씨는 "나중엔 '누가 이기나 보자' 하는 오기(傲氣)가 생기더라"고 말했다.

더한 문제는 상담원 연결 지연이 고객에게 금전적 피해까지 안긴다는 점이다. 기업 대부분은 ARS 안내 시작 때부터 부과되는 통화료를 고객에게 절반 정도 떠넘긴다. 그러면서 이런 사실을 고객에게 미리 알리지도 않는다. 휴대전화로 콜센터 상담원 연결을 시도하면 1시간당 2,000원이 넘는 통화료를 부담할 수도 있다. 한국정보통신진흥협회 ○○팀장은 "통화료 관련 내용을 사전에 알리는 기업은 손에 꼽을 정도"라면서 "상담원 연결 지연에 따른 보상책 마련을 적극 검토할 때"라고 말했다.

ARS로 신용카드 해지하려면?
A카드사 기준, 5분 이상 소요

1단계
"안녕하십니까. ○○카드입니다.
음성인식 ARS는 1번, 버튼인식 ARS 2번,
보이스피싱 관련 상담은 3번을 눌러 주십시오."

▼

2단계
(연결신호음 또는 연결 음악 후)
"도난분실신고는 1번, 개인회원은 2번,
법인회원은 3번을 눌러주십시오."

▼

3단계
"개인회원 서비스입니다. 주민등록번호 13자리를
눌러주십시오."

▼

4단계
"정보보안을 위해 비밀번호 4자리를 눌러 주십시오."

▼

5단계
"한도조회는 1번, 사용내역은 2번, 입금방법은
3번… 해지 상담은 8번을 눌러 주십시오."

▼

6단계
"상담원 연결이 지연되어 죄송합니다.
예상 대기시간은 **분 **초입니다."

▼

7단계
"본인이 아닌경우 상담원 연결이 체한됩니다."
멘트 후 상담원 연결

▼

8단계
카드해지를 요청하면 "1년만 더 쓰십시오.
연회비 면제해드리겠습니다."로 유혹

◇정부 가이드라인은 '무용지물'

지난해 외국계 은행으로부터 부동산 대출을 받은 직장인 D(40)씨. 중도 상환을 문의하려고 이달 초 은행 고객센터로 전화해 ARS 안내를 듣다 중간에 전화를 끊어 버렸다. 금융 상품 광고를 들은 뒤 상담원 연결 버튼을 누르자 주민등록번호를 입력하라는 안내가 나왔기 때문. 주민등록번호를 입력하지 않고선 다음 단계로 넘어갈 수조차 없었다. 개인 정보 유출을 걱정한 D씨는 결국 다음 날 회사 근처에 있는 은행 점포를 찾아가 상담을 받았다.

금융감독원은 개인 정보 유출 사고가 끊이지 않자, 2011년 5월 ARS 안내 때 단순 금융 상담에는 주민등록번호 입력을 강요하지 말라는 '금융회사 ARS 운용 가이드라인'을 마련했다. 6

개월이 지났지만, 적지 않은 금융회사가 여전히 주민번호 입력을 요구한다. 일부 금융회사는 주민번호를 입력하라는 안내 뒤 일정 시간이 지나야만 '주민등록번호 입력을 원하지 않으면 별표(*)를 눌러라'는 안내를 내보낸다. 주민등록번호 입력을 사실상 강요하는 '꼼수'를 쓰는 것이다.

방송통신위원회도 지난 2009년 ▲상담원 연결 기능 강화 ▲서비스 대기 시간 최소화 ▲이용료 사전 고지 등을 담은 'ARS 운영 개선 가이드라인'을 마련했다. 하지만 여전히 '상담원 연결이 어렵다'는 소비자 불만이 끊이지 않는다. 금감원 ○○○조사역은 "주민등록번호 입력은 인권 침해 소지가 있는데, 단순 금융 상담 때마저 이를 요구하는 금융회사가 있다는 건 심각한 문제"라고 말했다.

ARS에 대한 불만이 끊이지 않는 것은 많은 기업이 고객센터에 적극 투자하지 않기 때문이다. 상당수 중소기업은 고객센터에 상담원 2~3명만 두고 상담 전화를 하루 수백 건 처리하게 한다. ○○○ 교수는 "소비자의 기대 수준은 점점 높아지는데, 고객센터의 경쟁력이 이를 따라가지 못한다"면서 "고객센터에 대한 나쁜 기억이 소비자를 등 돌리게 만든다는 사실을 기업들이 알아야 한다"고 말했다.

출처: 조선일보(2011. 12. 15.).

CHAPTER 08

서비스 대기행렬 관리

1. 서비스와 대기행렬

1) 대기행렬

서비스를 제공받는 소비자는 때때로 서비스 제공자(server)에게서 서비스를 받기까지 여러 형태로 기다려야 한다. 패밀리 레스토랑에서 줄을 서거나 이동통신사의 ARS 고객센터에 전화를 하고 안내를 기다리는 행위 등이 모두 서비스를 위해 기다리는 형태의 일종이다. 소비자가 이렇게 서비스를 받기 위해 기다리는 것을 대기행렬(queue, 待機行列)이라고 한다. 이러한 대기행렬은 소비자가 서비스를 받는 모든 종류와 단계에서 빈번히 발생하게 되고 이는 서비스에 대한 평가와 품질의 인식에 주요한 요소가 된다.

2) 대기행렬이 서비스에 미치는 영향

대기행렬은 여러 형태로 서비스에 영향을 미친다. 서비스를 받기 위해 소비자가 대기하는 시간이 길어지면, 소비자가 서비스를 포기하는 일이 발생한다. 또한 서비스를 위해 대기하고 있는 긴 대기 줄을 보이면 대기시간이 길어질 것으로 예상되어 처음부터 서비스를 받지 않는 경우가 발생되며, 서비스를 받더라도 서비스를 받기 전에 소비자의 불만이 증가하게 된다.

3) 대기행렬 발생의 원인

서비스 대기행렬이 발생하게 되는 원인은 서비스 공급과 수요 측면에서 서비스 고유의 특징에서 찾아볼 수 있다.

첫째, 서비스 공급 측면에서의 원인이다. 서비스는 제품과 달리 생산과 소비가 동시에 일어나고, 재고를 보유할 수 없다. 제조업에서 제품의 수요가 높을 것으로 전망되면 미리 제품을 생산하여 재고를 확보해 두고 대응할 수 있다. 서비스는 미리 재고를 생산해 둘 수 없기 때문에, 고객의 수가 증가할 경우 서비스의 생산이 지연되며 이로 인해 대기행렬이 발생하게 된다.

둘째, 서비스 수요 측면에서의 원인으로, 서비스 고객 도착의 불확실성이다. 서비스 고객은 불규칙적으로 서비스를 받기 위해 도착하게 되며 이는 예측 불가능한 수요를 발생시킨다. 서비스 고객은 시간, 요일, 계절, 날씨, 경제상황 등 다양한 변수에 영향을 받으며, 이는 서비스 수요의 변동으로 나타나게 된다. 서비스 공급 능력이 충분히 준비되어 있다고 예상하더라도 서비스 공급 능력을 초과하는 서비스 고객 수요가 발생하게 되면 대기행렬이 발생하게 된다.

4) 대기행렬의 유형

대표적인 대기행렬의 유형은 슈퍼마켓, 은행과 같이 서비스를 받기 위해 줄을 서는 형태로 하나의 서버(server)가 하나의 고객을 상대하는 것에서 발생하는 것이다. 또 다른 유형은 하나의 서버가 여러 고객에 대해 동시에 서비스를 제공하는 경우로, 비행기와 같은 운송 서비스는 동시에 하나의 비행기가 다수의 고객에게 운송 서비스를 제공하게 된다.

여러 서버가 하나의 고객을 상대해야 하는 경우도 있다. 중대 질환을 가진 환자는, 다수의 의사와 의료진들이 동시에 진료를 해야 하거나, 하나의 고객에 대해 프라이빗 뱅킹 서비스 제공을 위해 은행원, 세무사, 변호사 등이 동시에 처리해야 하는 경우가 있다.

5) 대기행렬의 대기방식

(1) 단일 대기행렬

단일 대기행렬은 전체 고객이 먼저 도착한 순서대로 줄을 서고 이에 따라 순차적으로 서비스를 제공받는 대기 방식이다. 단일 대기행렬의 장점은 고객들에게 도착한 시간에 맞추어 먼저 도착한 고객이 먼저 서비스를 제공받는 공평한 서비스를 제공할 수 있는 점이다. 또한 복수의 서버와 대기행렬이 있는 경우에 비해, 어떤 대기행렬을 선택해야 할 것인지에 대해 고민해야 하는 문제점을 없앨 수 있다. 하지만 단일 대기행렬은 전체 고객이 하나의 긴 줄을 형성하게 되어, 긴 줄을 본 새로운 고객이 서비스를 포기하게 되는 경우가 발생할 수 있다.

(2) 복수 대기행렬

복수 대기행렬은 고객이 여러 서비스 제공자(server) 중 하나를 선택할 때 나타날 수 있는 대기행렬이다. 복수 대기행렬에서는 대기행렬별로 서비스 제공 속도의 차이 때문에 고객별로 공평한 대기시간이 보장되지는 않는다. 이로 인해 다른 대기행렬의 늦게 온 고객이 먼저 온 고객보다 먼저 서비스를 제공받을 수 있다.

이에 반해 고객은 자신이 선호하는 서버를 선택할 수 있는 장점이 있다. 또한 서버별로 차별화된 서비스를 제공할 수 있다. 예를 들어 대형마트에서 구매 수량에 따라 소량 계산대를 운영해, 소량 구매 고객에게 좀 더 빠른 서비스를 제공할 수 있다. 복수 대기행렬은 대기행렬이 각 서버별로 분산되므로, 개별 대기행렬의 줄은 짧게 느껴지는 장점이 있다. 이로 인해, 소비자가 긴 줄을 보고 서비스를 포기하는 상황을 예방할 수 있다.

(3) 고객 순번 대기행렬

고객 순번 대기행렬은 서비스 제공은 단일 대기행렬이나, 개별 고객은 줄을 서서 대기하지 않고, 순서대로 순번을 받아, 자기 차례가 오는 경우 서비스를 받는 방식이다. 이 방식은 고객이 하나의 줄을 서서 기다려야 하는 대신, 편한 장소에서 쉬거나 대기할 수 있고, 신규 고객이 긴 대기행렬을 보고 서비스를 포기하는 문제를 발생시키지 않은 장점이 있다. 반면에 고객은 자신의 순서를 주시해야 할 부담이 생긴다.

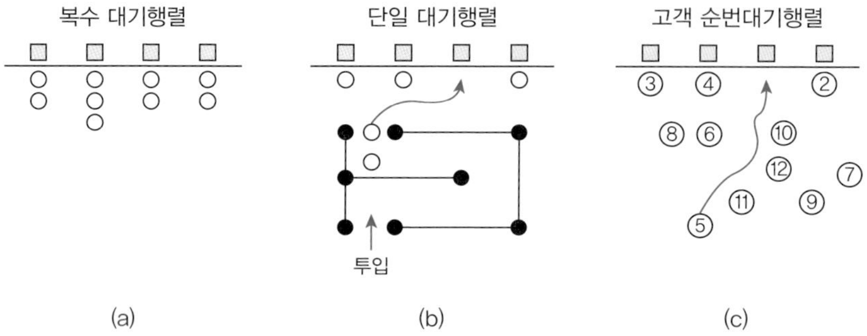

[그림 8-1] 대기행렬의 대기방식

출처: Fitzsimmons, J. A., & Fitzsimmons, M. J. (2010). Service Management. McGraw-Hill Korea. p.468.

2. 기다림의 심리학

서비스를 받기 위해 대기하는 것에 대해 고객은 일반적인 생각 이상으로 고통을 느끼는 경우가 많다. 이는 서비스를 받는 고객의 심리에 대기행렬이라고 불리는 기다림이 직접적인 영향을 미치기 때문이다. 많은 경우 고객이 실제 기다리는 전체 대기 시간보다 기다리는 과정 자체가 고객의 인지 서비스 품질에 더욱 직접적인 영향을 미치는 경우가 많다.

뉴욕타임스는 "고객이 서비스를 기다리는 것이 왜 고통(Why Waiting Is Torture)" 인지에 대해 공항, 엘리베이터, 매점가판대 사례를 들어 설명하고 있다.

사례

휴스턴 공항의 관리 책임자들은 고객들에게서 수하물을 찾는 시점에서 기다리는 시간이 너무 길어진다는 불만을 받았다. 휴스턴 공항은 불만 조치를 위해 수하물 관리 직원을 늘려, 수하물을 찾기 위한 대기 시간이 8분대로 줄였고 이는 다른 공항 평균과 비교해서도 적은 시간이었다. 하지만 승객들의 불만은 계속되었고, 휴스턴 공항 책임자들은 고객 수하물 수거 현장에서 분석을 수행하였다. 고객 수하물에 대한 대기행렬 분석결과 전체 대기 시간 8분은 승객들이 게이트에서 짐이 있는 터미널까지 걷는 시간에 1분과 수하물을 실제 기다리는 시간은 7분으로 구성된 것을 발견하였다. 이는 전체 대기시간 8분 중 7분을 아무것도 못하며 그저 서서 기다리는 데에 쓰이고 있었던 것이다.

이러한 문제점을 해결하기 위해, 휴스턴 공항은 대기행렬 관리에 새로운 방법을 접목하였는데, 전체 8분의 대기 시간을 줄이는 것이 아니라, 서서 기다리는 시간을 줄이는 방법을 활용하였다. 게이트를 터미널에서 멀찍이 떨어뜨려 놓아, 수하물을 찾기 위해 걷는 시간을 6분으로 늘리고, 서서 대기 하는 시간은 2분으로 줄였다. 이후 승객들은 수하물을 찾기 위해 이전에 비해 약 6배의 거리를 걸어야 했지만, 불만은 거의 없어지게 되었다.

휴스턴 공항의 사례는 우리가 경험하는 '기다림의 경험' 은 총 대기 시간에 의해서만 좌우되지 않는 다는 것을 암시한다. MIT 의 연구원 Richard Larson 은 "객관적인 대기 시간 그 자체보다 기다림의 심리가 더 중요할 때도 있다."라고 말한다.

또한 뉴욕타임스는 엘리베이터의 사례도 제시하였는데, 엘리베이터 옆에 거울을 비치한다는 생각은 제2차 세계대전 이후 고층 빌딩들이 많이 올라가던 호황 시기에 엘리베이터 대기 시간에 대한 불만을 처리하고자 태어났다. 이 아이디어는 휴스턴 공항이 불만 승객들을 처리한 방식과 닮아있다. 사람들에게 대기 시간동안 소일거리를 주면 대기 시간이 짧게 느껴진다는 것이다. 거울이 있다면 엘리베이터를 기다리는 시간에 헤어스타일을 확인하거나 할 수 있기 때문이다. 거울을 비치한 다음날부터 엘리베이터 대기 시간에 대한 불평은 거의 없어졌다.

기다리는 것에 대한 지루함은 계산대 옆 가판대에서 충동적으로 물건을 구매하는데도 영향을 미친다. 슈퍼마켓들은 이러한 계산대 옆 가판대로만 연간 5.5억 달러, 한화로 치면 약 5,800억에 달하는 매출을 올리고 있다. 가판대의 잡지와 껌은 기다림의 지루함으로부터 우리를 해방시켜 준다.

사람들의 기대심리는 기다림에 영향을 미치기도 한다. 대기 시간에 대한 불확실함은 스트레스를 높이지만, 예상 대기 시간이나 지연의 이유를 설명해주는 행위 등은 긍정적인 반응을 이끌어낸다. 기대가 '긍정적으로' 깨지는 순간 또한 사람들의 기분에 영향을 끼친다. 예정 대기 시간보다 실제 대기 시간이 짧아질 경우 - 당연하게도 - 더 기분이 좋아진다는 것이다. 디즈니 랜드에서 고객들의 기다림을 해결하는 일에 도가 튼 디즈니는 이런 심리를 이용하여 고객들에게 보여주는 예상 대기 시간을 실제 예상보다 더 길게 잡아 고객들을 행복하게 만들어 준다.

Business School Insead 의 Ziv Carmon 과 행동경제학자 Daniel Kahneman 은 우리가 겪는 기다림의 경험은 이른바 '마지막 순간' 에 많은 영향을 받는다고 말한다. 예상 대기 시간보다 빨리 입장하는 등 기다림이 좋은 경험으로 끝을 맺는다면 설령 대기 시간이 힘들었더라도 추후에는 그 순간을 긍정적으로 여기는 경향이 있다는 것이다. 바꿔 말하면, 기다림의 순간이 괜찮았더라도 끝이 불쾌하면 기다림의 경험 자체가 불쾌하게 기억될 수 있다는 말이다.

또한 Carmon과 Kahneman 교수는 사람들이 줄이 얼마나 빨리 줄어드는가 보다 줄이 얼마나 기냐에 관심을 둔다고 한다. 짧지만 느리게 줄어드는 줄과 길지만 빠르게 줄어드는 줄 사이에서 대기 시간에 큰 차이가 없더라도 우리는 주로 전자를 택한다는 말이다(디즈니 랜드에서 줄을 빙글빙글 돌려 최대한 길이를 파악할 수 없게 만드는 것도 이런 이유에서이다).

아마 사람들이 대기 줄에 쏟는 관심은 대부분 '공정함' 에 많이 가 있을 것이다. 대기 줄에 관해서는 일반적으로 선착순이라는 인식이 있다. 저번 달에는 메릴랜드 우체국에서 한 남성이 새치기로 오해 당해 칼에 찔려 살해당한 일도 있었을 만큼 이러한 공정함은 중요한 이슈이다. Larson 교수는 이런 새치기를 "Slips and Skips"라고 부른다.

'공정함' 에 대한 요구는 단순한 개인의 이익만을 넘어서는 이슈이다. 어느 사회에서나 대기 줄은 개인의 이해(利害)를 넘어서는 기준에 의해 지배된다. 밴드 U2 팬들에 대한 연구 결과에서는 티켓을 사기 위해 줄을 서는 팬들이 그들의 앞에서 일어나는 새치기만큼이나 뒤에서 일어나는 새치기에도 분노한다는 사실을 볼 수 있다.

패스트푸드 주문 시 여러 줄에서 기다리는 형태보다 한 줄로 길게 늘어서 선착순으로 기다리는 고객이 두 배 정도 더 기다릴 의향이 있다는 조사 결과도 있다. 장 본것을 계산할 때 왜 내가 빨리 줄어드는 옆줄을 선택하지 않았을까 후회했던 경험은 누구든지 있다.

하지만 이 경험에도 인지적 비대칭이 존재한다. 옆줄이 내 줄보다 빨리 줄어드는 것은 기분을 매우 불쾌하게 만들지만, 내 줄이 다른 줄보다 빨리 줄어드는 것은 비교적 기분 향상에 도움이 되지 않는다는 사

쾌하게 만들지만, 내 줄이 다른 줄보다 빨리 줄어드는 것은 비교적 기분 향상에 도움이 되지 않는다는 사실이다. 이는 우리가 줄을 비교할 때 내 줄보다 느린 곳은 무시하고, 우리의 줄보다 빨리 줄어드는 줄에 집중하기 때문이다.

공정함에 대한 기분은 우리가 기다리는 상품의 가치에 영향을 받는다. 상품이 가치있을 수록 사람들은 오랜 기다림을 감수한다.

미국 사람들은 약 1년에 370억 시간을 기다리는 데 쓴다. 기다림의 비용은 주로 스트레스, 지루함, 내 인생이 낭비되고 있다는 느낌 등등의 감정적인 것들이다. 그렇다고 대기 줄을 없애는 일은 불가능하다. 하지만 이러한 '기다림의 심리학'을 조금이라도 이해하고 활용한다면 피할 수 없는 대기 시간에 활력을 불어넣을 수 있지 않을까.

출처: 뉴욕타임스(2012. 08. 18.). Why Waiting Is Torture 재편집.

3. 대기행렬 규칙과 관리 원칙

1) 대기행렬 규칙

대기행렬 규칙이란 대기행렬에서 다음 서비스를 받을 고객을 선택하는 방법이다. 가장 일반적인 방법은 먼저 온 고객이 먼저 서비스를 받는(first-come, first served: FCFS) 정책으로 가장 직관적이면서도 형평성을 추구하는 방식이다. 이 방식에서는 고객의 도착순서 외에 다른 정보는 고려하지 않는 방법으로 정태적 규칙이다.

이에 반해 고객의 도착순서 외에 다른 정보도 고려하는 경우 동태적 규칙이 되는데 대기행렬의 상태에 대한 정보와 개별 고객에 대한 정보에 기반한 규칙으로 구분할 수 있다. 대표적인 고객 특성에 기인한 규칙으로는 응급 고객을 위해 우선순위를 부여하는 것이다. 이 경우 서비스를 제공받는 고객의 서비스가 중지되고, 응급 환자나 긴급 소방차에 대해 서비스를 제공하는 것이다. 두 번째는 우선권 방식이다. 예를 들어 많은 비용을 지불한 고객에 대해 대기행렬에서 대기하지 않고 바로 서비스를 받을 수 있는 우선권을 부여하는 규칙이다. 이 규칙에서는 기존의 일반 대기행렬 라인과 별도의 대기행렬 라인을 통해, 우선권을 가진 소비자를 배려하는 경우가 많다. 고객 프로세스 시간(shortest processing time: SPT) 방식은 도착순서가 아니라 가장 짧은 서비스 시간을 요구하는 소비자에게 먼저 서비스를 제공하는 방식이다.

대기행렬 상태에 대한 정보에는 대기 고객의 수에 따라 다른 규칙을 선택하거나, 고객에게 부분적인 서비스를 제공하고 다른 고객으로 넘어가는 라운드 로빈(round robin) 방식[1]을 사용하기도 한다.

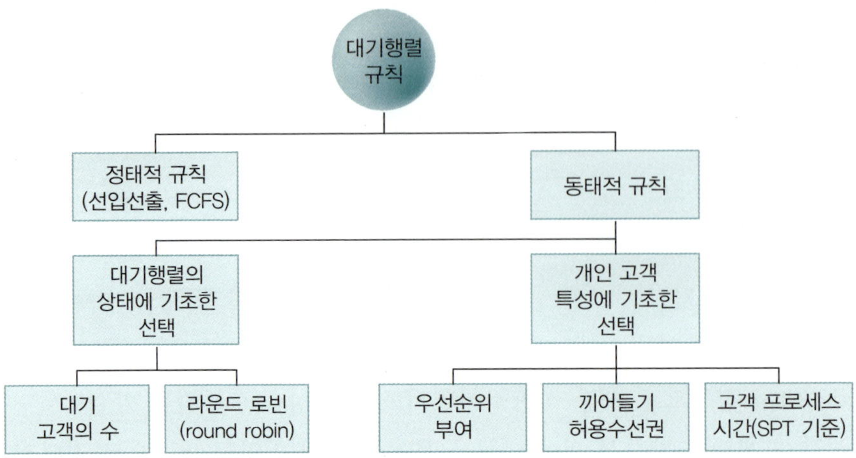

[그림 8-2] 대기행렬 규칙

출처: Fitzsimmons, J. A., & Fitzsimmons, M. J. (2010). Service Management. McGraw-Hill Korea. p.471.

1) 스케줄링(scheduling)의 한 방법이며, 다중처리에서 태스크의 실행순서를 사이클릭(cyclic)으로 실행하는 방법 등에 사용되고 있다. 예를 들면 A, B, C의 3개의 태스크가 있을 경우에는 "A→B→C→A→B→C→A→"와 같이 전환된다. 태스크에 우선도가 주어졌을 경우에는 태스크를 우선도에 의해서 그룹분할하고, 각 그룹에서 라운드 로빈이 실행된다. 이것에 의해 그룹의 각 태스크는 평등하게 CPU 시간이 할당되는 것으로 된다(정보통신용어사전, 2008).

2) 대기행렬 관리 원칙

대기행렬 관리의 원칙은 고객이 대기 중 서비스 제공을 포기하거나, 대기 후 서비스를 제공받았으나, 대기 시간의 과다로 전체 서비스 질에 대한 평가를 악화시키거나, 처음부터 대기 시간이 길어질 것으로 예상되어 서비스를 받지 않는 부작용을 최소화 하는 것이다. 대기행렬 관리의 주요 원칙으로는 다음과 같은 8가지 원칙과 행동요령이 제시되고 있다(보건복지부, 2010).

① 아무 것도 하지 않을 때가 덜 길게 느껴진다.
 ⇒ 읽을 거리(신문, 잡지), 볼거리(TV), 먹을거리(음료, 차)를 제공하라.
② 구매 전 대기가 구매 중 대기보다 더 길게 느껴진다.
 ⇒ 구매 전 미리 메뉴판이나 작성 양식을 제공하라.
③ 근심은 대기시간을 더 길게 느껴지게 한다.
 ⇒ 즐거운 마음을 가질 수 있도록 분위기를 밝고 경쾌하게 만들어라.
④ 언제 서비스를 받을 지 모른 채 무턱대고 기다리면 더 길게 느껴진다.
 ⇒ 대기시간을 미리 알려주거나 예측할 수 있게 하라.
⑤ 원인이 설명되지 않은 대기시간이 더 길게 느껴진다.
 ⇒ 대기시간이 길어지는 경우, 그 이유를 설명하고 양해를 구하라.
⑥ 불공정한 대기시간이 더 길게 느껴진다.
 ⇒ VIP 고객과 일반 고객을 아예 격리시켜라.
⑦ 가치가 적을수록 더 길게 느껴진다.
 ⇒ 서비스 가치를 높여라.
 ⇒ 소문난 음식점은 기꺼이 기다린다.
⑧ 혼자 기다리는 것이 더 길게 느껴진다.
 ⇒ 인터넷, 게임기 등으로 혼자 있는 시간을 줄여 주어라.

4. 컴퓨터 시뮬레이션을 활용한 대기행렬 관리

1) 대기행렬 규칙

일반적으로 서비스 대기행렬의 구조가 간단할 경우 여러 수학적인 분석적인 방법(analytic analysis)을 활용해 행렬을 분석할 수 있다. 그러나 현실세계에서 서비스 대기행렬은 하나의 행렬로 구성되기보다는 여러 대기행렬이 복잡한 네트워크를 형성하게 되어 수학적인 분석 모델로는 풀 수 없는 문제가 많다. 이러한 대기행렬 문제를 해결하기 위해 활용되는 것이 컴퓨터 시뮬레이션 기법이다.

컴퓨터 시뮬레이션을 활용하는 경우 다양한 서비스 현장에의 적용이 용이하며, 발생하기 어려운 예외적인 경우에 대해서도 발생한다는 가정하에 다양한 케이스를 적용하여 대기행렬을 관리할 수 있다.

〈표 8-1〉 서비스 대기행렬 관리 컴퓨터 시뮬레이션 적용 사례

적용	시뮬레이션 목적
은행 직원 배치	근무에 배치할 직원 수를 결정할 때 고객의 대기 시간을 고려
응급 구급차 위치	위치 선택의 응답시간 이행을 분석
병원 환자 흐름	환자 흐름과 자원 활용을 관리할 절차 개발
주문 처리	저스트-인 타임(just-in-time) 발송을 지원하기 위한 주문 처리 절차 분석
비행기 유지보수	예방적인 유지보수 스케줄의 가동휴지 시간(downtime)의 영향 결정
위험물 처리	재생시설 서비스 능력 분석과 운송 니즈 분석
경찰 순찰차 스케줄링	우범지역의 범죄예방 목표의 영향력 조사
프로젝트 관리	활용 시간이 불확실할 때 프로젝트 완료 시간 배분 결정
휴양시설	다른 운영 정책하에서의 시설에 대한 영향력 예측

출처: Fitzsimmons, J. A., & Fitzsimmons, M. J. (2010). Service Management. McGraw-Hill Korea. p.478.

마무리사례

병원 서비스 대기 관리

치과 대기시간 관리의 필요성

환자가 치과 치료를 회피하는 이유는 여러 가지이다. 그중 하나가 바로 치료가 한 번에 끝나지 않거나 치료 시간이 오래 걸린다는 것이다. 지금은 바쁜 시대다. 현대인들은 시간의 압박 속에 살고 있다. 따라서 환자의 대기 시간을 최소화 하고 정시에 치료하는 치과는 또 하나의 경쟁력을 갖춘 치과라고 할 수 있을 것이다.

15분이 한계다

Lincon National Research Corporation은 1만명의 환자를 대상으로 의료서비스 이용시 대기시간의 적정성에 대해 조사를 하였다. 인터뷰 질문은 다음과 같다. "당신이 화가 나지 않고 이해할 만한 대기 시간은 어느 정도인가?" 이 질문에 관대한 대답을 한 환자도 있었지만 70% 이상의 환자들은 '15분' 정도가 '인정할만한 수준의 대기 시간의 한계'라고 답하였다. 즉 진료 약속 시간보다 15분 이상 경과하면 '부적절한 서비스'라고 느낀다는 것이다. 여기서 통상 고객의 대기 시간 한계(waiting tolerance time)는 15분이라는 것을 이해하고 이 이상의 대기 시간에 대해서는 보다 철저하게 관리가 필요하다는 것을 인식해야 한다.

어떻게 관리해야 될까?

15분이 한계라는 사실을 알았다면 이제 고객의 대기 시간을 구체적으로 어떻게 관리할 것인가 대비책을 마련해 놓아야 한다. 미용실을 가보자. 통상 여성 고객의 미장원 이용시간은 기본적으로 3~4시간이 필요하다. 여기에 대기 시간까지 포함 시킨다면 한 나절 이상을 보내야만 한다. 그렇다면 잘되는 미용실의 대기시간 관리는 어떻게 할까? 간단히 말하면 기다리더라도 지루하지 않게 해주고 짜증나지 않게 해준다는 점이다. 차별화된 미용실의 대기시간 관리는 다름 아닌 수시로(5~10분마다) 다시 한 번 대기 시간에 관해서 설명하고 양해를 구한다는 점이다. "죄송해요 많이 기다리셨죠?", "지루하시죠? 곧 봐드리겠습니다", "5분 정도면 끝날 것 같습니다. 샴푸부터 먼저 해드리겠습니다." 이러한 배려가 대기시간의 한계를 조금 더 벗어나게 한다. 접수 직원은 환자의 도착 시간과 대기 시간을 반드시 적어 두고 시간의 변화를 보고 항상 대기 시간을 관리해야 한다.

환자의 심리적 대기 시간을 감안한다면 15분보다 짧은 간격(5분마다)으로 대기실을 살펴 볼 필요가 있다. 접수 직원의 업무는 단순히 수납, 전화응대의 리셉션 업무에서 벗어나 대기실의 전체적인 분위기를 좌우하는 관리개념으로 확대가 필요하다. 짧은 간격으로 대기 환자들의 반응을 살피고 살갑게 다가가서 "음료수 한잔 더 드릴까요?", "읽을거리 갖다 드릴까요?"라는 응대를 하는 것은 물론 치과를 처음 방문하는 환자의 경우 낯설지 않게, 치과를 다시 방문하는 환자의 경우 알아보고 친근감을 주는 태도 ("잘 계셨죠? 불편하시지는 않으셨나요?")가 필요하다.
이러한 응대는 대기시간의 한계를 연장 시켜주고 분위기를 한층 부드럽게 해주는 완충작용을 할 것이다. 만약 대기 시간이 필요할 경우 도착한 환자마다 자신의 대기 시간이 다를 수 있으므로 일일이 대기 시간의 지연 이유와 경과 시간 및 앞으로의 예상 시간에 관해 환자 한명 한 명에게 알리는 정성도 필요할 것이다.

치과 대기 시간에 관하여 밝혀진 사실

두 번째는 불확실하고(uncertain), 특별한 설명이 없거나 부족한(unexplained) 대기시간은 환자에게 더욱 더 길고 지루하게 느껴진다는 것이다. 치과를 처음 방문하는 환자의 경우 적절한 대응없이 마냥 기다리는 시간은 치과에 대해 좋은 첫 인상을 갖기 힘들다. 약속된 치과를 다시 방문한 환자의 경우에도 그냥 양해를 구하는 것보다 구체적인 대기 상황과 기다려야 하는 구체적인 시간에 대해 알리는 것이 필요하다.
세 번째는 부당한 대기(unfair waits)에는 더욱 참기 힘들다는 것이다. 부당한 대기시간은 우리 생활 속에서도 무수히 발견할 수 있다.
이때 환자들은 자신이 온 순서와 대기 순서를 나름대로 생각해 둘 것이 분명하다. 이때 자신보다 훨씬 늦게 도착한 환자가 단지 예약이라는 이유만으로 진료실에 들어가게 되면 당연히 불쾌해지고 환자의 성격상 노골적으로 불만을 드러내는 환자도 생길 것이다. 이때 필요한 관리는 대기 환자 한 명 한 명에게 반드시 양해를 구하는 것이 필요하며 약속된 시간에 오신 환자분들이 있을 경우 순서대로 진료실에 안내할 수 있도록 예의 주시하는 것이 반드시 필요할 것이다.
대기시간 관리는 단순히 예절(courtesy)을 넘어선 시간에 대한 치과의 철학을 나타내는 것이다. 대기 시간을 최소화하기 위해 스케줄 원칙을 정하라.

1. 존중이 존중을 낳는다. 시간 약속을 소중히 하는 사람에게는 소중히 해주어야 한다.
2. 약속제의 중요성과 가치는 초진 시 환자에게 전달하여 확인한다.
3. 특히 예정된 모든 약속은 최소 48시간 전에는 변경되지 않도록 환자에게도 주지시킨다.

4. 바쁘지 않는 시간대는 약속제를 최대한 지키도록 노력하고 바쁜 시간의 경우에는 부분적인 약속제를 실시하고 대기시간의 가능성을 환자들에게 설명한다.

출처: 데일리덴탈(2005. 11. 28~12. 08.). [정기춘 원장] 차별화된 환자의 대기시간관리가 필요하다 (2)~(5) 재편집.

연습문제

1. 서비스 대기행렬이 긴 서비스 사례를 들고 대기행렬 개선 방안을 제시하시오.
2. ARS(자동응답시스템)의 서비스 대기행렬을 개선할 수 있는 방안을 제시하고 근거를 설명하시오.
3. 서비스대기행렬에서 '기다림의 심리학'에 대해 설명하고 적용 사례를 제시하시오.
4. 환자의 대기시간이 긴 종합병원에서 대기행렬 관리를 최적화할 수 있는 방안을 제시하고 그 이유를 설명하시오.

CHAPTER

SERVICE MANAGEMENT

09 서비스 일정계획

1. 서비스 일정계획 개념
2. 고객수요 일정계획
3. 인력 일정계획
4. 복합자원 일정계획

도입사례

정부, '워킹맘 · 워킹대디' 고충 보듬는다

▲ 김희정 여성가족부 장관이 21일 정부서울청사 브리핑실에서 열린 2015 업무보고 국민행복 분야 사전 브리핑에서 기자의 질문에 답하고 있다(©여성가족부).

오는 3월 맞벌이 가정의 균형 있는 삶을 지원하기 위한 '워킹맘 · 워킹대디 지원센터'가 신설된다. 또 대기자 수가 많아 이용이 어려웠던 아이돌봄 서비스는 아이를 임신했을 때부터 신청할 수 있는 '영아종일제 대기 시스템'을 도입해 개선하기로 했다.

22일 여성가족부의 대통령 업무보고에는 현장에서 정책을 체감할 수 있는 데 중점을 둔 일 · 가정 양립 지원 정책이 주요 내용으로 담겼다.

우선 신설되는 '워킹맘 · 워킹대디 지원센터'는 맞벌이 가정에서 느끼는 고충을 해소하기 위한 원스톱 지원체계로, 오는 3월 시범 운영에 들어간다. 전담 노무사가 상주하며 일 · 가정 양립제도 활용 관련 고충 상담을 실시하기로 했다. 특히 건강가정지원센터에서 이뤄졌던 기존의 프로그램은 주말 가족 프로그램, 아빠 육아학교, 찾아가는 상담 등으로 야간 시간과 주말로 확대해 맞벌이 부모가 참여하기 쉽도록 개편된다. 지금까지는 고충 상담과 체험 프로그램 등이 대부분 주중에 전업맘 중심으로 이뤄져 맞벌이 부모가 참여하기 어려웠다. 이를 위해 6억3000만 원의 예산을 확보했다.

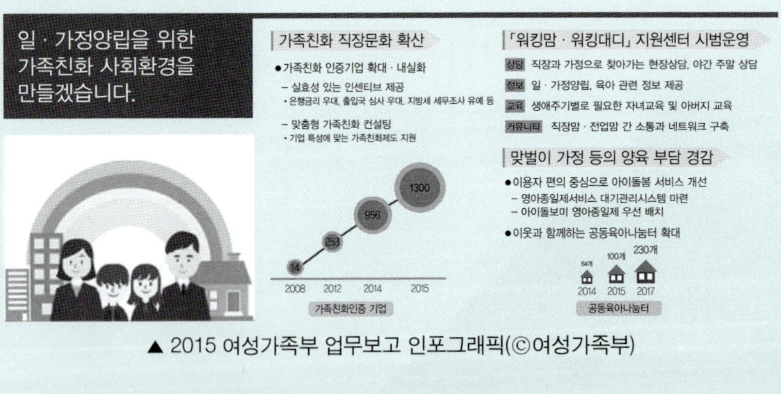

▲ 2015 여성가족부 업무보고 인포그래픽(©여성가족부)

대기자 수가 많아 제때 이용하기 어려웠던 아이돌봄 서비스는 대기관리 시스템으로 개선된다. 아이돌봄 서비스는 여가부가 운영하는 베이비시터 제도로, 정부가 신원을 보증하고 민간 서비스보다 이용료가 저렴해 호응이 매우 높다. 하지만 특정 시간에 이용자가 몰리고, 출산 후에야 예약 신청을 하는 탓에 0~2세를 위한 영아종일제에 아이돌보미가 연계되지 못하는 경우가 많다는 것이 여가부의 설명이다. 이에 임신 기간부터 영아종일제 예약 신청을 온라인으로 접수할 수 있도록 했다. 또 영아종일제에 아이돌보미가 우선 배치되고, 아이돌보미 영아종일제 활동 비율은 서비스 제공 기관 평가에 반영된다.

여가부는 여성의 경력 유지를 지원하기 위한 방안으로 출산휴가 후 별도 신청 없이 육아휴직으로 전환되는 '자동육아휴직' 확산에 적극 나서기로 했다. 우선 가족친화인증기업 900여 곳과 '여성인재활용과 양성평등 실천 태스크포스(TF)'에 참여하는 100여 개 기관 · 기업을 대상으로 자동육아휴직 도입을 권고할 방침이다. 제도를 활용하는 기업에는 가족친화인증에 참여 시 가점을 부여하기로 했다.

경력단절 여성의 재취업을 지원하는 여성새로일하기센터(새일센터)는 전공과 경력, 지역 특성을 반영해 경력개발형과 일반형, 농어촌형으로 개편된다. 특히 경력개발형 새일센터는 30대 고학력 경력단절 여성을 대상으로 전공과 경력을 살릴 수 있는 유관 분야 재취업을 지원하게 된다.

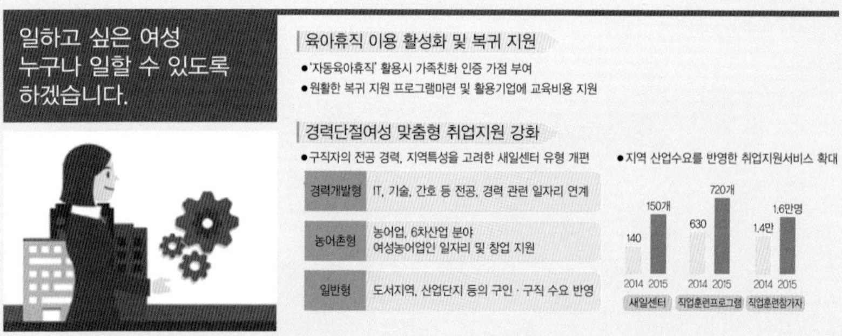

▲ 2015 여성가족부 업무보고 인포그래픽(ⓒ여성가족부)

이날 업무보고에는 성평등 사회 실현을 위한 추진체계 강화와 문화 확산을 위한 대책도 담겼다. 오는 7월 양성평등기본법이 시행됨에 따라 국무총리 주재로 열리는 '여성정책조정회의'의 명칭을 '양성평등위원회'로 개편하고, 중앙행정기관에만 두던 여성정책책임관을 '양성평등정책책임관'으로 변경해 시 · 도까지 확대하기로 했다. '양성평등 주간'이 운영되며, 30대 여성고용률과 전문직 여성비율, 관리직 여성비율, 여성 출산휴가 사용자 수 등 8개 지표를 반기별로 측정해 이를 통한 정책 개선 과제가 발굴된다.

김희정 여가부 장관은 "이제는 남녀의 대결이라는 관점에서 벗어나 남녀 동반 성장에 초점을 맞추는 것이 여성정책 패러다임 전환의 핵심"이라며 "여성 정책이라기보다 양성평등 정책"이라고 거듭 강조했다.

김 장관은 "이제는 여성의 일 · 가정 양립만을 이야기하는 것은 한계에 도달했다"며 "남성이 일 · 가정 양립을 할 수 있도록 하는 것이 결국 여성의 일 · 가정 양립 확산에도 효과가 있을 것"이라고 강조했다.

출처: 여성신문(2015. 01. 22.).

CHAPTER 09

서비스 일정계획

1. 서비스 일정계획 개념

서비스업과 제조업의 근본적인 차이점을 먼저 이해하고 서비스 일정계획을 수립해야 한다. 서비스업은 제조업에 비해서 고객 수요를 예측하기가 훨씬 더 어렵고, 제조업에서는 재고로 저장하여 나중에 사용할 수 있지만 서비스는 무형성이라는 특징 때문에 재고로 보관하여 나중에 사용하는 것이 어렵다(Manager Society, 2015).

일정(schedule)은 처리해야 할 서비스 또는 일의 작업 순서(sequence)와 각각의 일에 할당된 시간을 의미하고(김태웅, 2010), 일정계획(scheduling)은 주어진 일정을 가장 효과적으로 달성하여 기업에게는 이윤을 증가시키고 고객에게는 서비스 만족도를 증진시키는 계획을 의미한다. 또는 일정계획은 생산계획을 완수하기 위해서 필요한 활동들에 대한 세부적인 단기계획을 수립하고 실천 및 관리하는 기능을 의미한다. 일정계획은 의사결정 단계로 보면 실제 산출물(output)이 만들어지기 바로 전 단계로 설명하고 있다(김병태 외, 2006).

통상적으로 일정 수립시의 평가지표로는 서비스 처리능력의 가동률(utilization)

또는 납기지연정도(tardiness)를 이용하지만 흐름시간(flow time) 또는 총처리시간(make-span)과 같은 처리시간 지표를 사용하기도 한다(김태웅, 2010). 흐름시간은 고객이 서비스를 받기 위해서 도착한 후에 모든 서비스를 받은 다음에 서비스 시설을 떠날 때까지의 시간을 의미한다. 총처리시간은 고객이 실제로 서비스 시스템에 체류하는 시간을 계산하는 흐름시간과는 다르게 계획 초기에 주어진 모든 서비스 업무를 처리하는데 소요되는 시간을 의미한다.

기업이 고객에게 서비스를 제공할 때 제공해야 할 서비스 품목의 수가 많고 서비스 제공 단계가 복잡해지면 상세한 일정계획을 수립하기가 어렵다. 이때는 사전에 처리 순서를 미리 결정하기보다는 한 업무가 완료되면 처리해야 될 업무 중에서 업무의 중요성 또는 우선순위에 따라 다음에 해야 할 업무를 선택할 수 있다.

우선순위에 따라 다음 업무를 선택하는 우선순위(priority dispatching) 규칙을 설명하면 다음과 같다.

① FCFS(first come first served): 서비스를 먼저 받으러 온 고객부터 서비스를 시작하는 방식이다.
② LCFS(last come first served): 서비스를 받기 위해 가장 최근에 온 고객부터 서비스를 시작하는 방식이다.
③ SPT(shortest processing time next): 서비스를 받기 위해 대기하는 고객 중에서 서비스 처리시간이 가장 짧은 고객부터 서비스를 시작하는 방식이다.
④ EDD(earliest due date next): 서비스를 가장 빨리 받아야 하는 고객부터 서비스를 시작하는 방식이다.

서비스 일정계획은 정적(static) 일정계획과 동적(dynamic) 일정계획으로 구분하여 진행할 수 있다. 정적 일정계획은 진행되어야 할 모든 서비스가 서비스를 시작하기 전에 미리 결정된 경우에 진행하는 방법이다. 즉, 서비스가 시작되면 새로운 서비스 요청이 들어오지 않는 경우를 가정한다. 동적 일정계획은 서비스를 시작하기 전뿐만 아니라 서비스를 시작한 후에도 지속적으로 서비스 요청이 들어오는 경우에 진행하는 방법이다. 우리가 살고 있는 세상은 다양한 요구와 복잡한 환경으로 인해 서비스 요청이 지속적으로 들어오고 예약과 취소가 빈번하게 발생하기 때문에 동적 일정계획을 중심으로 진행할 필요가 있다.

서비스는 재고로 보관하고 있다가 나중에 서비스로 제공하는 것이 어렵기 때문에 서비스 제공이 필요할 때 즉시 서비스를 제공할 수 있도록 하는 서비스 공급능력 관리가 중요하다. 그러므로 서비스 일정계획은 서비스를 받으려고 오는 고객 수요를 조절하는 고객수요 일정계획과 서비스를 제공할 수 있는 직원을 조절하는 인력 일정계획을 고려하는 것이 필요하다(양종택 외, 2007).

2. 고객수요 일정계획

서비스를 제공하는 기업의 공급능력이 일정하다면 기업은 일정한 공급능력에 맞추기 위해서 가능하다면 고객의 도착 시간 및 서비스 시간을 조정하는 일정계획을 수립하려고 시도하게 된다. 이 방법은 서비스 기업의 공급능력에 맞추어 고객의 수요를 평활시키는 것이 주목적이며 사용할 수 있는 방법으로는 약정(appointment), 예약(reservation), 주문적체(backlog) 등이 있다(김병태 외, 2006; Manager Society, 2015).

1) 약정

약정은 서비스를 받을 고객에게 특정한 시간을 배정하여 그 시간에 서비스를 제공하는 방식이다. 이 방법은 고객들이 대기하는 시간을 줄이면서 서비스를 제공하는 인력의 이용률을 높일 수 있다는 장점이 있다.

약정을 한 고객이 늦게 오거나 심한 경우에는 취소도 없이 오지 않을 수도 있기 때문에 지속적으로 고객에게 약정 시간을 안내하는 등과 같이 다양한 관리 수단을 사용할 필요가 있다.

약정을 통한 서비스 일정계획에서는 약속 시간 및 사용(서비스) 시간에 대한 규칙과 서비스를 받기 위해 도착한 고객들을 처리하기 위한 규칙 등이 필요하다. 약속 시간 및 사용 시간에 대한 규칙에서는 약속 시간을 어떤 식으로 결정할지와 한 명의 고객에게 얼마 정도의 서비스 시간을 할당할 것인지를 사전에 결정해야 한다. 약속 시간을 잡을 때는 일정한 시간 간격으로 잡는 것보다는 고객의 수를 고려하여 사용 시간의 길이를 결정하고 약속 시간을 배정하는 것이 좋다. 서비스를 받기 위해 도착한 고객을 처리하기 위한 규칙에서는 '약속 시간이 비어 있으면 무조건 약속 시간대로 할 것인지? VIP 고객을 먼저 배정할 것인지?' 등을 결정하는 것이 필요하다. 또한 서비스를 받기 위해 도착한 고객들을 가능하면 편안한 분위기에서 기다릴 수 있도록 대기 고객 운영 전략이 필요하며 서비스 상황을 지속적으로 고객들에게 알려주는 것도 필요하다.

의사, 변호사 등이 약정 시스템을 사용하는 대표적인 예이며 서비스를 제공하는 인력의 이용률만을 무조건 높이도록 약정 시간을 배정하기보다는 고객이 도착해서 기다릴 수도 있다는 상황을 충분히 고려해서 약정 시간을 잡도록 해야 한다.

2) 예약

예약은 약정과 비슷한 개념이지만 주로 고객이 서비스를 제공받을 때 설비나 시설 등을 동시에 사용하는 경우를 의미한다. 예약의 가장 큰 장점은 서비스 제공자가 서비스 제공에 필요한 설비나 시설 등을 효과적으로 이용할 수 있는 일정계획을 수립하는 데 시간적인 여유를 제공한다는 점이다. 또한 설비나 시설의 공급능력을 최대한 이용할 수 있도록 일정계획을 수립할 수도 있다.

리조트, 항공기, 음식점, 자동차 등이 예약 시스템을 사용해서 이용되는 대표적인 예이다. 예약은 서비스를 제공하는 인력 중심이 아닌 서비스 설비 및 시설이 중심이기 때문에 고객이 예약을 부도내거나 약속 시간에 임박해서 취소하는 경우를 대비해서 벌과금을 부과하기도 한다.

가장 좋은 예약은 고객이 예약한 시간에 방문해서 예약한 설비나 시설을 사용하고 만족감을 얻도록 하는 것이라는 점을 명심해야 한다. 그러나 예약 부도가 발생할 수 있다는 사실을 항상 염두에 두고 초과 예약 등과 같은 전략들을 효과적으로 사용하는 것이 필요하다.

3) 주문적체

주문적체 방법은 고객과 서비스 예약 시간을 협의하는 약정이나 약속과는 다르게 서비스 시간을 약속하지 않는다. 고객이 서비스를 받으러 왔을 때 서비스 제공자가 서비스를 제공할 수 있다면 그대로 서비스를 제공하고 아니면 대기열에서 기다리도록 하는 방법이다. 주문적체는 서비스를 받는 고객이 지불하는 서비스 비용이 아예 없거나 있어도 조금만 지불하는 일상적이면서도 서비스 품질이 높지 않은 서비스업에서 많이 사용하는 방법이다.

가전제품 수리점, 은행, 미용실, 레스토랑 등이 주문적체를 사용하는 대표적인 예이다. 고객이 서비스를 받기 위해서 도착했을 때 단순하게는 선입선출(fist come first served: FCFS) 방법을 사용하지만 회사가 고려해야 될 요소들이 많기 때문에 서비스 제공 순서를 전략적으로 결정해야 한다. 자주 서비스를 받으러 오는 고객이 있는 경우나 은행에서는 거래금액이 큰 고객이 올수도 있기 때문에 선입선출 방법이 항상 우선적으로 사용될 수 있는 방법은 아니라는 것을 명심해야 한다.

3. 인력 일정계획

인력 일정계획(work-force schedule)은 각 종업원의 근무기간과 휴무기간을 지정하는 것으로 충원계획을 구체적인 개인별 업무 일정계획으로 변환하는 것이다. 각 직원별로 근무기간과 휴무기간을 결정한다고 해서 충원계획이 실행되지 않기 때문에 일자별로 필요한 인력 소요량을 충족시켜야 하고 이러한 계획이 인력 일정계획이 되는 것이다. 일자별 인력 소요량이 충족되지 않으면 담당자는 휴무일 조정, 근무기간 조정 등을 통해서 일정계획을 조절해야 한다. 이렇게 해도 일자별 충원계획이 충족되지 않으면 신규채용, 초과근무, 주문적체를 더 허용하는 것이 필요하다. 신규채용은 서비스 인력을 신규로 더 확보하는 것이고 초과근무는 근무기간 또는 시간을 조정하여 근무 시간을 늘리는 방법이다. 주문적체는 고객이 서비스를 받으러 도착했을 때 서비스를 제공하는 직원이 모두 서비스 중이기 때문에 대기하도록 요청하는 것을 말한다. 고객 입장에서는 실제 서비스 시간과 상관없이 불필요한 시간을 기다려야 하기 때문에 긍정적인 방법은 아니다.

인력 일정계획을 수립할 때 동일한 서비스를 제공할 수 있는 여러 명의 직원에 대한 일정계획보다 전문적 업무 영역이 다른 직원들에 대한 일정계획이 더 어렵다. 병원의 경우에 고객인 환자의 수술 일정을 조정할 때 외과의사, 마취의사, 영상판독의사, 간호사 등에 대한 일정 조정과 수술실, 회복실, 응급실 등의 시설 일정 조정이 동시에 진행되어야 하기 때문이다.

인력 일정계획의 방법으로는 연속휴무 일정계획, 일일작업시간 일정계획, 시간별작업 일정계획, 순환 일정계획, 고정 일정계획 등이 있다(박형호 외, 2007; 양종택 외, 2007; 강종열 외, 2009; 김연성 외, 2010). 인력일정계획의 일반적인 접근 단계는 ① 수행할 작업량 결정 → ② 작업을 수행하는 데 필요한 직원 수 결정 → ③ 가용한 직원 수 파악 → ④ 필요한 직원 수와 가용한 직원 수를 고려하여 일정계획 수립 순으로 진행된다(이순룡, 2005).

1) 연속휴무 일정계획

일반적인 기업에서 직원은 5일 동안 일하고 연속 2일을 쉬는 주5일 근무를 하고 있다. 또한 근로기준법에 의하면 일주일에 정해진 시간 이상을 종업원이 초과근무하면 초과임금을 지불해야 하기 때문에 가능하면 연속휴무가 포함되도록 일정계획을 수립한다. 종업원의 경우에도 통상적으로 토요일과 일요일을 연속해서 쉬는 연속휴무에 익숙하기 때문에 연속휴무 일정계획을 선호한다(김연성 외, 2010).

연속휴무 일정계획은 서비스 수요능력에 맞추어 일자별로 인력에 대한 일정계획을 수립하고 이틀간의 연속휴무를 보장하면서 필요한 직원의 수를 최소화하도록 계획을 수립하는 것이 필요하다.

연속휴무 일정계획을 수립하는 일반적인 탐색적 절차(heuristic)는 다음과 같다(박형호 외, 2007).

- 단계 1: 고객 수요가 가장 적은 요일이 포함된 연속 이틀의 요일 조합을 찾는다.
- 단계 2: 연속된 이틀의 요일 조합의 고객 수요 합이 동률이면 우선순위를 부여하여 1개의 요일 조합을 선택한다.
- 단계 3: 1명의 직원에게 선택된 요일 조합을 휴무일로 지정한다.
- 단계 4: 해당 작업자가 근무하는 모든 요일의 고객 수요에서 1씩 뺀다.
- 단계 5: 고객 수요가 없어질 때 까지 단계 1~4를 반복한다.

다음의 표는 위에서 설명한 탐색적 절차를 이용하여 연속휴무 일정계획을 수립한 예를 보여 주고 있다. 연속된 휴무의 고객 수요 합이 동률일 때는 임의로 선택하는 우선순위 규칙을 사용한다.

〈표 9-1〉 연속휴무 일정계획

요일		월요일	화요일	수요일	목요일	금요일	토요일	일요일
고객수요		5	5	3	4	3	2	1
직원	A	5	5	3	4	3	2	1
	B	4	4	2	3	2	2	1
	C	3	3	1	2	1	2	1
	D	2	2	0	2	1	1	0
	E	1	1	0	1	0	1	0
	F	0	1	0	0	0	0	0
공급능력(C)		6	5	5	5	5	3	3
고객수요(R)		5	5	3	4	3	2	1
여유 공급능력(C-R)		1	0	2	1	2	1	2

위의 표에서 직원 A는 토-일요일, B는 토-일요일, C는 목-금요일, E는 화-수요일에 휴무일로 결정된다. 직원 F는 화요일에만 고객 수요가 있기 때문에 화요일만 근무 일정으로 계획된다. 또한 직원 D는 수요일에 고객 수요가 없기 때문에 추가 휴무일이 되고, 직원 E는 금요일과 일요일에 고객 수요가 없기 때문에 추가 휴무일이 된다.

공급능력(C)과 고객수요(R)를 고려한 여유공급능력(C-R)을 보면 수요일, 금요일, 일요일에는 2로 다른 요일에 비해서 여유가 있기 때문에 사전에 우선순위 규칙을 적용할 때 공급능력과 고객수요가 비슷하게 일치할 수 있도록 고려하는 것이 필요하다.

2) 일일작업시간 일정계획

매일 매일 달라지는 서비스 업무량에 대한 일정계획은 일일작업시간 일정계획을 통해서 해결할 수 있다. 기업들은 일자별로 처리해야 될 서비스 업무량에 필요한 직원의 수를 최소화하는 일정계획이 필요한데 이것이 일일작업시간 일정계획이다. 각 서비스에 대한 일자별 수요를 예측하고 각 서비스 기능별로 필요한 시간을 노동시간으로 변환시켜서 직원 1명이 하루에 근무해야 될 시간으로 나누면 하루에 필요한 직원 수가 계산된다. 직원 수가 계산되면 휴가일자, 결근 유무 등을 고려하여 일정계획을 수립하는 것이 기본 방법이다.

3) 시간별작업 일정계획

서비스업의 특징이 시간대별로 고객 수요 변동이 심하다는 것이다. 이런 경우에 피크 시간만을 고려하여 필요한 직원 일정계획을 수립하거나 비수기 시간만을 고려하여 직원 일정계획을 수립하면 직원이 과도하게 필요하거나 과도하게 남게 되는 문제가 발생한다. 이렇게 시간대별로 변동되는 고객 수요에 맞춰 직원의 수를 조절하는 방법이 시간별작업 일정계획이다.

시간대별로 변동되는 고객수요에 맞춰서 서비스 제공 인력수요를 해결하기 위해서 가장 손쉽게 사용하는 방법은 'first-out 규칙'이다(김연성 외, 2010). 이 규칙은 하루에 근무해야 될 전체 시간을 관리되는 최소 시간 단위(예를 들면 1시간)로 나누고 가장 첫 시간대에 필요한 고객수요에 맞춰 동일한 수의 직원을 배정한다. 다음 시간대에 고객수요가 증가하면 증가한 만큼의 수요에 대응되는 수만큼 직원을 추가로 배정하고 고객수요가 감소되더라도 직원의 수는 그대로 유지한다.

다음의 표는 시간대별로 요청되는 고객수요를 나타내고 있다.

〈표 9-2〉 시간대별 고객수요

시간대	오전 9시	오전 10시	오전 11시	정오	오후 1시	오후 2시	오후 3시	오후 4시	오후 5시	오후 6시	오후 7시	오후 8시
고객수요	3	5	8	8	5	4	6	8	10	10	8	5

위의 고객수요에 대해서 직원이 하루에 8시간을 근무한다는 가정하에 'first-out 규칙'을 적용하면 〈표 9-3〉과 같이 정리된다.

〈표 9-3〉 시간별작업 일정계획

시간대	오전 9시	오전 10시	오전 11시	정오	오후 1시	오후 2시	오후 3시	오후 4시	오후 5시	오후 6시	오후 7시	오후 8시
고객수요	3	5	8	8	5	4	6	8	10	10	8	5
추가직원	3	2	3	0	0	0	0	0	5	2	1	0
근무직원	3	5	8	8	8	8	8	8	10	10	8	8

시간별작업 일정계획을 보면 오전 9시에 고객수요가 3이기 때문에 직원 3명이 서비스를 제공하고, 오전 10시에 고객수요가 5이기 때문에 직원을 2명 추가하여 전체 서비스 제공인력을 3명에서 5명으로 증원한다. 오전 11시에 고객수요가 8로 증가하여 오전 10시부터 일하던 직원의 수를 3명 증원하여 전체 8명이 일하게 되고, 정오에는 고객수요가 그대로 유지되기 때문에 추가직원이 배정되지 않아서 근무직원은 그대로 8명이 된다. 오후 1시 이후에는 고객 수요가 감소하기 때문에 추가직원은 배정되지 않고 8시간 근무 일정을 따른다. 오후 5시에는 오전 9시부터 작업을 하던 직원 3명이 퇴근을 하며, 고객수요가 8에서 10으로 증가하기 때문에 증가된 고객수요 2와 퇴근한 직원의 수 3명을 더하여 직원을 추가로 5명을 배정한다. 오후 6시에는 고객수요가 10으로 동일하기 때문에 고객수요 증가에 의한 추가직원은 없지만 오전 10시부터 근무한 직원 2명이 퇴근하기 때문에 2명의 직원을 추가로 배정한다. 오후 7시에는 고객수요가 10에서 8로 감소하기 때문에 고객수요 증가에 대한 추가직원은 없지만 오전 11시에 출근한 직원 3명이 퇴근하여 고객수요 감소에 의한 여유 인력 2보다 퇴근한 직원의 수 3이 크기 때문에 직원을 1명 추가하여 배정한다. 오후 8시에는 고객수요가 8에서 5로 감소하여 고객수요 증가에 대한 추

가직원은 없고 8시간 전인 정오에 추가로 배정된 직원의 수가 0이어서 퇴근 직원도 없기 때문에 근무 직원은 그대로 8명으로 유지된다.

4) 순환 일정계획

순환 일정계획(rotating scheduling)은 서비스를 제공하는 직원들에게 근무일과 휴무일을 동일한 조건 및 방법으로 순환시키는 방법이다. 그러므로 직원들은 정해진 기간 동안 주중, 주말, 공휴일, 초과근무 등에 대해서 동등한 기회를 부여받게 되기 때문에 고정일정계획보다 더 많이 사용되고 있다.

5) 고정 일정계획

고정 일정계획(fixed scheduling)은 직원이 항상 같은 요일 및 같은 시간대에 근무하도록 일정계획을 수립하는 방법이다. 이 방법은 수요의 변동에 대해서 순환일정계획보다 대응이 더 어렵다. 또한 직원이 근무하는 요일 및 시간대가 정해져 있기 때문에 개인 일정이 근무일 및 시간대와 겹쳐서 생길 때는 조정하기가 쉽지 않다.

4. 복합자원 일정계획

서비스를 제공할 때 서비스 인력뿐만 아니라 다양한 시설, 설비 등의 자원이 필요한 경우가 많다. 이러한 경우에 복합자원 일정계획이 필요하며 병원의 경우에는 의사, 간호사 등의 인력과 수술실, 회복실, 응급실, 수술도구 등의 시설 및 설비에 대해서 동시에 일정계획이 수립되어야 한다.

서비스 일정계획을 수립할 때 필요한 인력의 전문성 및 인원 수, 시설 및 설비와 같은 자원의 종류 및 수량 등이 다양하고 많을 때 달성 가능한 일정계획이 수립될 확률이 줄어들기 때문에 효과적인 복합자원 일정계획이 수립되도록 해야 한다.

마무리사례

성형외과 서비스 경쟁 '치열'‥1:1 관리와 리무진까지

성형외과들의 경쟁은 올해도 치열했다. 기자가 만난 성형외과 관계자들은 국내 환자뿐만 아니라 해외환자까지 만족시키기 위해 '서비스' 부분에 더 많이 투자할 할 예정이라고 입을 모았다.

성형외과계에 따르면, 최근 트렌드는 1:1 상담과 관리다. 병원에 들어선 후부터 수술을 끝마치고 나갈 때까지 환자 1명에게 될 수 있으면 1명의 직원이 따라붙게 된다.

한번 얼굴을 익힌 직원이 지속적으로 관리를 하다보면 수술과 관련된 긴장을 환자가 보다 쉽게 풀 수 있다는 이유에서다. 또한 1:1 관리를 통해 보다 집중적이고 구체적인 상담이 가능해진다.

해외환자의 경우엔 전담 통역사가 중요한 역할을 한다. 병원을 방문한 해외 환자들이 가장 걱정하는 것이 '의사소통' 문제였고, 자세한 상담과 만족할 만한 수술 결과를 얻기 위해 고안해 낸 방법이다.

때문에 압구정에 위치한 대규모 성형외과들의 경우 대부분이 영어, 중국어, 일어, 몽골어, 태국어, 러시아 등 해외환자를 위한 통역 코디네이터들을 고용한 상태였다.

이들은 성형을 위해 내원하는 환자들의 예약, 상담, 통역업무를 맡는다. 해당 통역사들은 코디네이터 업무를 함께 하기위해 입사 전 전반적인 교육을 받게 되고, 해외환자와 국내환자의 구분 없이 곧바로 상담이 가능하다는 점에서 시간 단축에도 유용성을 보였다.

의료통역 코디네이터를 고용한 병원 관계자들은 이들을 통해 찾아오는 해외환자의 만족도가 상대적으로 상승했다고 전해왔다.

E성형외과 원장은 "한국의료가 유명해지면서 해외환자가 부쩍 늘고 있다는 것을 실제로 체감하고 있다. 찾아와 주는 환자를 위해서라도 그들과 소통하는 것이 가장 중요한 요소이기 때문에 언어에 있어서는 덜 신경 쓰고 말이 통하지 않을까봐 의료관광을 주저하는 일은 없어야 한다고 생각했다"고 말했다.

특히 규모가 큰 성형외과 사이에서는 해외환자가 편히 쉴수있는 숙박부터 식사까지 원스탑으로 해결해주는 마케팅 전략이 자리잡혀있었다.
실제로 메디파나뉴스가 압구정에 위치한 J성형외과를 방문한 결과, 해외 환자를 위해 공항 리무진 서비스를 비롯 제휴 호텔 할인 및 예약 서비스까지 시행하고 있었다.
말레이시아에서 '쁘띠성형'을 위해 방문했다던 A씨는 해당 병원에서 약 5일 정도를 머물며 여러 서비스에 비교적 만족스럽다고 평가했다.
A씨는 "한국의 성형기술은 이미 말레이시아에서도 유명하다. 그런데 공항에서 직접 픽업을 나오는 것부터 수술 후 식사 및 마사지까지 신경을 써줘 굉장히 감동했다"고 말했다.
이날 A씨는 J성형외과가 제공한 리무진를 타고 호텔로 이동했으며, 마지막까지 말레이시아 통역 코디네이터가 따라붙어 여러 주의사항을 전달했다.
또 다른 H성형외과의 경우 VIP병실도 마련돼 있었다. 병원에서 수술을 하고 난 뒤, 해당 병실에서 맞춤형 식사와 관리를 받으며 호텔처럼 쉬고 회복하는 시스템이다. 굳이 병원을 벗어나지 않아도 수시로 수술 결과를 상담할 수 있고, 그에 맞는 여러 조치가 빨리 이뤄져 이를 선호하는 환자들이 증가하고 있다는 전언이다.
하지만 이러한 서비스 경쟁도 '빈익빈 부익부'가 팽배한 성형외과계에서는 편차가 심했다. 해외환자는 상대적으로 성형외과가 몰린 강남구를 찾는 것이 일반적이고, 대형성형외과는 자본력을 바탕으로 여러 서비스를 제공하며 더 많은 환자들을 끌어 모으고 있다는 분석이다.
성북구에 위치한 소규모 성형외과의원 관계자는 "국내 해외환자들은 대부분 피부와 성형외과를 위해 방문하고 있지만, 정작 몰려드는 곳은 국한돼 있다. 때문에 매년 증가하는 피부과 · 성형외과 모두가 수익을 만족할 만큼 얻을 수 없는 구조다. 웬만한 자본과 마케팅력 없이는 이 시장에서 성공하기 힘들다"고 말했다.
이어 그는 "해외환자의 유치나 병원 홍보는 어느 병원이든 욕심나는 부분일 것이다. 하지만 그만큼 자본력이 뒷받침되지 않으면 결국 서비스에서도 편차가 벌어져 부익부 빈익빈의 현상이 나타나는 것은 당연할 것"이라고 토로했다.

출처: 메디파나뉴스(2015.01.20).

연습문제

1. 서비스 일정계획에 대해서 설명하시오.
2. 고객수요 일정계획에 대해서 설명하시오.
3. 인력 일정계획에 대해서 설명하시오.
4. 복합자원 일정계획에 대해서 설명하시오.

CHAPTER

SERVICE MANAGEMENT

10 서비스 인터페이스

1. 서비스 인터페이스의 기본
2. 서비스 프로세스 관리
3. 서비스 인터페이스 전략과 서비스 브랜드 관리
4. 서비스 인터페이스 만족

도입사례

서비스로 진화하는 보안 산업... 클라우드 기술로 고객 부담↓ 웹 대응력↑

클라우드 기술 저변이 넓어지면서 이를 응용한 '서비스로서의 보안(SecaaS · Security as a Service)'이 보안 산업 블루오션으로 떠올랐다. 고가 네트워크 보안 설비 구축이 필요한 기존 보안 솔루션에 비해 도입 비용이 저렴하고 전문가서비스 제공이 가능하다. 보안 관련 투자 여력이 상대적으로 부족한 소규모 사업장과 중소기업에도 접근성이 높다는 평가다.

SecaaS는 기기와 설비 등에 기반을 둔 기존 보안 솔루션과 달리 클라우드를 기반으로 서비스를 제공한다. KT U클라우드, 아마존 웹서비스(AWS) 등 상용 클라우드 플랫폼 마켓 플레이스에 입점해 부가 서비스 형태로 이용한다. 등록한 웹사이트 트래픽에 따라 종량제 과금을 적용해 비용 부담이 적다.

박상학 KT 클라우드컨설팅1팀장은 "중소기업에 클라우드 저변 확대는 보안을 강화할 수 있는 기회"라며 "기존 보안 솔루션 구축에 비해 비용 부담이 적고 이용이 편리해 접근성이 높다"고 말했다.

클라우드 산업이 발달한 해외에선 시만텍, 아카마이, 인캡슐라 등 글로벌 보안전문업체가 한 발 앞서 관련 제품을 출시했다. 국내에선 펜타시큐리티와 모니터랩, 유엠브이기술 등이 올해 들어 관련 서비스를 선보이며 시장 개척에 나섰다.

펜타시큐리티는 올해 초 글로벌 시장에 클라우드 기반 웹 방화벽 '클라우드브릭' 서비스를 개시했다. 웹페이지에 회원 가입하고 설정을 변경하는 것만으로 기존 펜타시큐리티 웹방화벽 제품 '와플(WAPPLES)' 수준 웹보안 서비스를 제공한다. 와플은 올해로 10주년을 맞은 지능형 탐지엔진으로 클라우드브릭 역시 와플 엔진을 기반으로 개발됐다. 보안이나 IT(정보기술) 관련 지식이 부족한 초기 창업자, 소규모 홈페이지 운영자도 쉽게 이용한다. 지난 6월 한글 버전을 내놨으며 월 최대 4GB까지 무료 이용 가능하다. 수천만원에 이르는 고가 장비 구입 없이도 웹방화벽과 통합보안솔루션을 사용한다.

모니터랩은 클라우드 웹방화벽 솔루션 '웹인사이트WAF(WIWAF)-VE' 기반 클라우드 보안서비스를 KT u클라우드와 AWS를 통해 공급 중이다. 홈페이지 위변조, 개인정보보호유출, SQL 인젝션과 웹셸 업로드 등 웹 취약점 공격에 대응하는 웹 방화벽을 제공한다. 고객 웹 서버 성능에 영향을 미치지 않고 웹 방화벽 구축비용은 줄였다.

서비스 신청과 동시에 웹 방화벽 보호를 받는다. 초기투자비용 없이 저렴한 운영비용으로 수준 높은 보안 환경을 누린다. 모니터랩은 지난 2013년 클라우드 방식 보안관제 서비스 '웹인사이트매니저센터(WIMNG)를 선보이며 SecaaS 시장을 준비했다. 부가서비스 형태로 월정액을 내면 웹 공격 징후 사전탐지 알림 등 서비스를 받는다.

유엠브이기술은 KT u클라우드 보안 마켓플레이스에서 웹서버 악성코드(웹셸) 탐지 · 검역 솔루션 '쉘모니터'를 제공한다. 실시간으로 웹셸을 탐지해 방어하고 악성코드 유포지 URL, 공격자 IP 등을 탐지한다. 악성코드 웹서버 취약점임 WAS 설정 파일 변경도 탐지 · 방어한다. 일반 호스팅 서비스보다 저렴해 웹서버 보안 준비가 부족한 중소기업이 주 고객이다.
클라우드 기반 보안 서비스는 별도 하드웨어, 소프트웨어 구매와 솔루션 설치를 위한 비용이 발생하지 않는다. 설비 유지관리 비용 부담도 적다. 늘어나는 지능형지속위협(APT) 공격에도 기존 솔루션에 비해 우수한 대응력을 보인다. 전문가가 실시간으로 위협 정보를 업데이트하고 고객에 최신 보안 서비스를 제공해 해외에서는 시장이 급성장 추세다.
국내에서는 시장 인식이 낮고 보안 정보를 소유 개념으로 여기는 경향이 강해 활성화가 더딘 편이다.
업계 한 관계자는 "세계적으로 SecaaS 시장이 빠르게 커지고 있지만 국내 시장에서는 고객에게 관련 서비스를 소개하기도 쉽지 않다"며 "클라우드 저변 확대와 함께 서비스로서의 보안에 대한 인식 개선이 필요하다"고 말했다.

출처: 전자신문(2015. 11. 16.).

CHAPTER 10

서비스 인터페이스

1. 서비스 인터페이스의 기본

1) 서비스 인터페이스의 개념

서비스 인터페이스(service interface)란 서비스 판매자와 서비스 구매자가 접촉하는 것을 의미한다. 보통은 오프라인의 서비스 구매현장에서 실질적인 판매자-구매자 접촉이 많이 일어난다. 그러나 2000년대를 넘어서 정보통신기술의 급속한 발전으로 온라인에서 서비스 판매자와 서비스 구매자가 접촉하는 사이버 만남도 많이 일어나고 있다.

서비스 인터페이스는 서비스 프로세스가 시작하기 전 인풋 형태의 접촉이 시작이다. 서비스를 구매하려는 서비스 잠재소비자가 서비스 판매현장에 와서 서비스 요청(service request)을 하면서 시작하게 된다. 헤어살롱에 들어선 여성이 자신이 원하는 형태의 머리를 해달라고 헤어살롱 측에 요청하면 헤어살롱 측에서 실제 서비스 프로세스를 수행하게 된다. 서비스 프로세스가 종료되면 서비스 프로세스의 아웃풋 변수들인 서비스 고객만족이나 서비스 재방문의도 등이 형성이 되는 것이다.

서비스 인터페이스는 서비스 인풋과 서비스 실제 프로세스와 서비스 아웃풋의 진행과정 전체에 걸쳐서 수행하게 된다.

제품의 경우에는 인터페이스가 그렇게 중요하지 않을 수도 있다. 예를 들어서, 냉장고를 구입하는 소비자는 냉장고 매장에서 냉장고를 검토하고 구입하면 된다. 그런데 서비스는 눈에 안 보인다. 따라서 서비스를 구입하는 것이 중요할 뿐만 아니라 서비스를 구입하는 과정도 또한 중요해진다. 자동차 운전면허 준비를 하려고 학원을 다니는 경우에는 학원의 자동차강사 자체가 누구인지도 신경을 쓰는 것이다. 따라서 서비스는 인터페이스가 중요하다고 결론 내릴 수가 있다.

2) 서비스 인터페이스 환경

서비스 인터페이스 환경은 크게 오프라인 인터페이스, 온라인 인터페이스, 온오프 인터페이스로 구분이 된다. 전통적으로는 오프라인 서비스 인터페이스 환경이 대다수 였으나 정보통신기술의 발달로 온라인 서비스 환경의 중요성도 급격하게 높아지고 있다.

첫째, 오프라인의 서비스 인터페이스는 찜질방이나 놀이공원 같은 곳에서 서비스를 받는 것이 포함이 된다. 인천국제공항은 공항을 통해서 입국하는 과정이 1시간 이내에 수행이 되고 또한 출국하는 과정도 1시간 이내에 수속이 완료되는 것으로 전세계에 소문이 나있다. 따라서 이와 같이 신속한 공항입출국 수속프로세스 때문에 세계적인 공항으로 호평을 받으며 우뚝 설 수 있었다. 또한 장거리 영향을 하는 고객들을위해서 무료 샤워시설도 갖추고 있다고 한다.

서비스 종업원들은 서비스 소비자를 직접 만나면서 서비스제공을 하게 된다. 서비스 소비자는 서비스 종업원들의 서비스를 보고서 서비스 품질을 평가하게 된다. 따라서 서비스 종업원이 최선을 다해서 종업원들에게 서비스를 하는 것은 아주 중요하다.

서비스 소비자를 만나는 서비스 종업원의 중요한 순간을 '진실의 순간(moment of truth)'이라고 부른다. 종업원의 말 한마디 그리고 행동 하나가 서비스 소비자들에게 서비스 품질의 진실을 평가하는 호기로 인식되는 것이다.

서비스 종업원들이 최선의 서비스를 제공하려면 자신이 무엇을 해야하는지에 대한 명확한 구조(structure)를 가져야 하고 그리고 서비스 소비자들을 정성껏 대하는 배려(consideration)가 필요하다.

서비스 종업원들이 자신이 할 일에 대한 것들을 순차적으로 그리고 구체적으로 이해하게 되면 그들은 그것에 맞추어서 표준화된 서비스를 서비스 소비자들에게 제공하게 된다. 그러나 종업원들이 표준화된 서비스를 제공하는 상황에서 서비스 소비자들은 표준화가 되어 있지 않다. 그들은 모두 다르다. 따라서 비표준화된 서비스 소비자들의 요구를 종업원들이 정확하게 읽고는 그에 배려하는 마음으로 대응하는 것이 필요하다.

서비스 광고를 보고서 서비스 현장을 찾은 서비스 소비자들이 서비스 광고에서 인식한 이미지와 일치하는 종업원들의 서비스를 받으면 호감을 가진다. 그러나 서비스 광고와는 다른 서비스를 현장 종업원들에게서 받으면 서비스 인식에 나쁜 영향을 주게 된다.

방문판매는 별도의 서비스 시설 없이 서비스 소비자의 집으로 찾아서 방문한다는 측면에서는 상당한 경쟁력이 있다. 집안에 사람을 들여놓겠다는 것은 일단 어느 정도의 구매의사를 표시한 것이다. 집안에 들어온 이후에는 가격과 각종 거래조건을 협상해서 어느 정도의 조건이 맞으면 서로 최종구매와 판매를 하는 것이 보통이다.

국토가 광활한 미국에서는 방문판매가 거의 발전하지 않았다. 일일이 손님들을 찾아가는 것이 힘들고 또한 찾아가도 잘 만나주지 않고, 무단으로 집안으로 들어가려고 하다가는 범죄행위로 간주되어서 처벌받는 경우도 흔하다. 그러나 우리나라와 같이 주거지역들이 밀집해 있는 형태에는 방문판매가 상당한 강점이 있다. 하루 종일 집에서 별로 찾아오는 사람이 없는 전업주부들이 있는 경우에는 방문판매원을 의외로 반기는 경우가 있다.

둘째, 온라인 서비스 인터페이스 환경은 기업체 홈페이지에 고객이 접속하는 것을 이해하면 바로 알 수가 있다. 세계 최고의 전자상거래 소매점인 미국의 아마존 홈페이지에 접속하는 순간이 서비스 인터페이스 환경이라고 할 수가 있다. 최근에는 스마트폰의 급속한 보급확산으로 모바일 인터페이스 환경도 급격하게 증가하고 있다. 과거의 PDA가 양손을 다 써야 하는 것에 비해서 최근의 스마트 폰은 한손으로도 작동할 수 있다는 것이 장점으로 알려지면서 거의 현대인의 생활필수품이 되었다. 생활필수품을 통해서 온라인 금융서비스의 환경인 증권서비스나 은행서비스를 활용할 수 있다.

서비스 업체들이 네이버나 구글 혹은 페이스북과 같은 대형포탈을 통해서 자사의 서비스를 홍보하거나 광고를 하게 되면 서비스 소비자들과 처음으로 접촉하게 된다. 또한 쿠팡이나 티몬과 같은 소셜커머스를 통해서도 다양한 온라인 인터페이스가 발생한다. 이와 같은 다양한 온라인 만의 인터페이스를 통해서 좋은 고객관계를 형성하는 것이 필요하다.

셋째, 온오프 서비스 인터페이스 환경이 최근에 가장 많이 늘어나고 있다. 거의 모든 서비스 기업체들이 PC용 홈페이지 혹은 모바일용 홈페이지를 다 제공하고 있다. 최근에는 모바일을 사용하는 서비스 잠재소비자가 늘어나면서 모바일 홈페이지를 만드는 경향이 더 많아지고 있다. 가장 먼저 홈페이지에서 서비스업체를 이해하고 그리고 온오프 서비스를 구매하게 된다. 따라서 온라인 인터페이스로 첫인상을 형성하고 그리고 나서 온라인 서비스를 다 제공하거나 혹은 오프라인 현장에서 서비스를 제공하는 형태가 보편화되고 있다.

은행의 24시간 자동현금출금기를 통한 서비스를 수행하면서 동시에 소비자들에게 문자메시지를 발송하는 형태가 온오프 서비스 인터페이스의 중요한 형태로 부상하고 있다. 예를 들어서, 현금출금기에서 신용카드를 사용하는 경우에 바로 문자메시지가 와서 본인이 서비스를 직접 수행했는지를 확인하는 인터페이스 형태가 그런 것들이다. 이와 같이 오프라인 현장에서의 서비스를 보완하는 온라인 인터페이스 형태가 늘어날 것으로 추산된다.

2. 서비스 프로세스 관리

1) 서비스 프로세스 관리의 중요성

서비스는 서비스 수요자들에게 경험(experience)을 제공하는 것이다. 서비스를 생산하는 과정에 서비스 소비자가 참여하면서 서비스 제공자와 접촉하게 된다. 예를 들어서, 헤어살롱에 여성서비스 소비자가 들어가면 무슨 서비스를 원하냐고 물어보면 간단히 커트 혹은 파마라고 답하게 된다. 그 과정에서 서비스 제공자의 요청에 따라서 서비스 소비자는 행동을 해야 한다. 머리를 깍는 과정과 머리를 감는 과정 그리고 말리는 과정에 모두 서비스 소비자가 참여하는 것이다.

따라서 서비스 상품을 만드는 것은 프로세스(process)의 형태로 진행된다. 서비스 제공자가 개발한 서비스 청사진(service blueprint)을 만드는 것이다. 서비스 전체의 프로세스를 그림으로 그린 것이 청사진이다. 보통 건물을 만들면 청사진을 상세하게 만드는데, 그것과 비슷하게 서비스의 상품개발 과정을 그림으로 그린 것을 청사진이라고 부른다.

서비스 프로세스가 고객관점에서 정교하게 구성되어 있을수록 서비스 소비자들의 호감을 사게 된다. 많은 경우에 서비스 상품개발은 서비스 종업원의 아이디어에서 나오는 경우가 많다. 고객의 대기시간을 줄이기 위해서 시설배치를 이렇게하면 되겠다라는 종업원의 아이디어가 채택이 되면 새로운 서비스 프로세스를 구축하게 되는 것이다. 그런데 종업원의 관점에서 하다보니까 경우에 따라서는 화장실옆으로 대기행렬을 만들어 서비스 소비자들의 짜증을 유발할 수도 있다. 모든 새로운 서비스는 서비스 소비자에게 차별적인 혜택이 주어지도록 구성되어야 한다.

2) 서비스 프로세스 구축

서비스 상품의 종류를 크게 창조와 파생 그리고 전문과 대중으로 구분할 수가 있다. 각각의 서비스 상품에 맞추어서 서비스 인터페이스를 위한 프로세스를 설명하려고 한다.

(1) 창조서비스 프로세스와 파생서비스 프로세스

창조서비스란 이 세상에 존재하지 않은 서비스를 새롭게 만드는 것을 말한다. 우리나라의 경우에는 작은 건물 내부에서 필드에서처럼 골프의 재미를 느낄 수 있게 만든 골프존이 창조적인 서비스이다. 또한 노래방도 창조서비스라고 할 수 있다. 이와 같은 창조적인 서비스는 프로세스를 새롭게 구축해야 한다. 정보기술의 도움을 받아서 골프의 스윙감각을 느낄 수 있는 프로세스를 정교하게 만들어야 한다. 또한 노래방도 고객들이 주문하는 노래가 흘러 나올 수 있게 새로운 프로세스를 정보기술의 도움으로 개발해야 한다.

파생서비스란 세상에 존재한 것을 약간 변형시킨 것을 말한다. 창조적인 서비스에 비해서는 파괴력이 훨씬 떨어진다. 목욕탕을 찜질방으로 개조한 것이 파생서비스라고 할 수 있다. 기존 목욕탕의 고객접수, 탈의실, 욕탕, 옷을 입고 나가는 과정이 이미 프로세스화되어 있어서, 찜질방은 약간의 프로세스 추가나 삭제만 있으면 된다.

창조적인 서비스의 경우에는 서비스 사회화(service socialization)가 잘되어서 처음 서비스를 구매하는 서비스 소비자가 익숙해질 수 있도록 서비스 종업원들의 지도와 조언이 필요하다. 골프존 서비스가 국내에 처음으로 도입되었을 때에 실내 골프에 낯설은 고객들에게 종업원들이 자세한 정보를 주면서 이끄는 과정이 서비스 사회화 프로세스라고 볼 수 있다. 또한 들어오는 것을 망설이는 고객들을 끌어들일 수 있는 흡인력이 필요하다고 할 수 있다.

(2) 전문서비스 프로세스와 대중서비스 프로세스

전문서비스란 의료나 법률적인 조언처럼 전문가들의 도움을 받는 서비스 프로세스이다. 이러한 서비스에서는 진실의 순간이 중요할 수가 있다. 서비스 소비자와 판매자가 만나는 순간에 서비스 소비자가 판매자의 전문성을 쉽게 받아 들일 수 있는 것이 필요하다. 어느 병원에서는 유명대학의 외래교수라는 POP를 부착해 두었다. 이것을 보는 순간에 유명 대학에도 출강하는 의사라 믿을 수 있을 것으로 서비스 소비자들이 판단한다. 그런데 기다리는 순간에 간호사들이 혈압을 일일이 잰다. 그리고 진찰실로 들어갔는데 의사가 다시 혈압을 잰다면 병원의 전문성이 의심을 받게 되고 서비스 소비자는 떠나게 된다. 전문서비스 프로세스에서는 서비스 판매자와 서비스 소비자가 만나는 순간에 판매자는 세심하고 또한 전문성을 의심을 받지 않도록 행동해야 한다.

대중서비스란 많은 사람들이 쉽게 받는 서비스를 말한다. 은행에서 번호표를 뽑고서 기다리다 자신의 번호가 호출되면 은행원의 서비스가 시작된다. 최근에는 은행에서 고객이 스스로 할 수 있는 것들은 셀프서비스화하려고 노력하고 있다. 공과금의 수납도 은행원의 조력서비스가 없이 서비스 소비자가 스스로 서비스를 무료 구매할 수 있도록 프로세스들이 변화하고 있다.

전문서비스는 광고를 많이 하는 반면에, 대중서비스는 판촉을 많이 사용한다. 광고는 단기간에 즉각적인 효과가 나타나지는 않고, 장기적으로 도움이 된다. 판촉은 단기간에 즉시 효과가 나타난다. 그러나 서비스 브랜드의 관점에서는 광고는 서비스 브랜드 자산을 올려주는 데 비해서, 판촉은 서비스 브랜드 자산을 떨어뜨리는 것이 보통이다. 장기적으로 서비스 프로세스를 경쟁력 있게 하려면 광고가 효율적이라는 것이다.

3. 서비스 인터페이스 전략과 서비스 브랜드 관리

1) 서비스 인터페이스 전략

(1) 기본개념

서비스 인터페이스는 서비스 소비자와 서비스 생산자가 온라인 혹은 오프라인에서 만나게 되는 것이다. 서비스 생산자가 판매를 수행하는 서비스 광고를 하게 되면 이것을 서비스 소비자들이 접하고 그리고 자신의 의사를 결정하게되는 것이다. 서비스 활용이나 구매와 관련한 직간접적인 서비스 접촉이다.

이러한 온라인 혹은 오프라인 인터페이스를 전략적으로 수행하기위해서는 기업 내부가 많은 데이터들을 분석해야 한다. 서비스 운영과 관련해서 직결되는 자료들에는 기업 내부에 축적된 많은 고객관련 데이터웨어하우스를 의미한다. 고객의 주문접수나 고객에 대한 서비스수행현장의 자료들과 서비스에대한 고객의 불만족 혹은 만족과 관련한 자료들이다. 이와 같은 자료들을 데이터마이닝을 잘해서 최적의 서비스 인터페이스 전략을 개발해야 한다.

서비스 운영과 관련된 간접적인 인터페이스 전략은 기업의 서비스 광고이다. 서비스의 속성과 가치를 서비스들에게 대중매체나 소셜매체를 통해서 알리는 것이다. 또한 최근에는 기업에대한 소비자들의 사회적 이미지 향상을위해서 기업이 장애인을 고용한 경우 혹은 사회봉사활동을한 것을 홍보성 매체를 통해서 알리는 것도 좋은 간접적인 대고객 서비스 인터페이스 전략의 하나라고 할 수가 있다.

(2) 온오프 인터페이스 전략의 형태

온라인 인터페이스와 오프라인 인터페이스에서 가장 많이 사용되는 형태는 온라인에서 서비스 잠재소비자들에게 서비스 구매와 관련한 판매촉진 홍보를 하고 그리고 실제로 오프라인에서 서비스를 구매하게 되면 판매촉진을 수행하는 형태이다. 판매촉진이란 서비스 소비자들의 서비스 구매와 관련한 태도를 변화시키지는 않으나 서비스 잠재소비자들이 현장에서 서비스 구매를 실질적으로 결정할 수 있도록 촉진시키는 단기적인 역할을 할 수 있다.

서비스 판매촉진은 현장에서 서비스 소비자들에게 서비스를 구매하도록 유도하는 것이다. 직접적인 효과가 강하다. 그러나 판매촉진은 장기적으로는 서비스 점포에 부정적인 영향을 주게된다. 너무 달착지근한 판매촉진을 지속하게 되면 그러한 판매촉진이 제공될 때는 서비스 소비자들이 서비스를 구매하나 그렇지 않은 경우에는 서비스를 구매하지 않게 되는 것이다.

서비스 현장에서 가장 많이 쓰이는 판매촉진은 적립금이다. 소비자카드를 가진 서비스 고객들에게 구매하면 구매대금의 일정액수를 적립금으로 주게되면 다음에 구매할 때 효과를 주는 것이다. 또한 최근에는 쿠폰도 많이 활용되고 있다.

판매촉진(sales promotion)이란 서비스업체가 서비스를 확실하게 판매하기 위해서 손님들에게 주는 다양한 것들을 의미한다. 서비스 소비자가 서비스를 구매하는 것은 서비스에 대해서 기본적으로 좋은 태도를 가지고 있어야 한다. 태도란 서비스를 좋아하느냐 싫어하느냐와 같은 것이다.

판매촉진에는 여러 가지 방법들이 사용되고 있다. 첫째, 할인쿠폰을 손님들에게 지급하는 것이 가장 많이 쓰이는 판매촉진 방법이다. 신문에 할인쿠폰을 넣어서 돌리는 서비스 업체도 있고, 이메일로 할인쿠폰을 보내거나 스마트 폰으로 다운 받을 수 있게 한다. 서비스 점포 내의 입구에 할인쿠폰을 비치해 두거나 진열되어 있는 제품에 할인쿠폰을 붙인 경우도 있다. 손님이 할인쿠폰을 사용할 수 있게 해서 구매를 유도하는 것이다. 할인쿠폰이란 가격할인과 동일한 효과이다. 그런데 동일한 가격을 인하해 주지 않고 할인쿠폰을 사용하는 이유는 무엇인가.

가격인하를 함부로 하게 되면 다음번에 가격인상을 하기가 쉽지 않다. 10,000원짜리 서비스를 8,000원으로 인하를 하고 나면 다음 번에 12,000원으로 가격을 올릴 때 서비스 소비자의 가격저항이 심해진다. 가격을 인하하지 않고 그대로 유지하지만 실제로는 가격인하의 효과를 서비스 소비자에게 제공하는 것이 할인쿠폰의 매력이다.

둘째, 서비스 업체에서 경품을 내거는 경우도 종종 있다. 일정 금액 이상을 구매하신 고객들에 한해서 추첨을 해서 사은품을 주는 이벤트는 손님들의 기대심리를 자극하여 소비를 부추긴다. 고급 경품에 당첨될 확률은 0.1%가 안 되는데도 구매 서비스 소비자들은 기대를 가진다. 보통은 10만 원짜리를 사면 5천 원짜리 사은품을 주는 간단한 경품 이벤트를 활용한 판매촉진이 많이 사용되고 있다.

2) 서비스 브랜드 관리

(1) 서비스 인터페이스와 서비스 브랜드 자산

서비스 인터페이스를 잘하게 되면 서비스 소비자들이 서비스 제공기업에 대한 인지도와 호감도가 늘어나게 된다. 특정한 서비스 기업을 많이 알고 그리고 그 서비스 기업을 좋아하게 되는 것이 서비스 기업의 브랜드 자산에 영향을 미치게 된다. 서비스 브랜드 자산이 서비스 기업의 가치를 평가하는 좋은 측정척도가 된다.

서비스 인터페이스는 소비자와 서비스 업체가 만나는 접점이다. 서비스는 눈에 안 보이고 따라서 서비스의 품질을 사전에 예견하기 힘든 소비자로서는 서비스 브랜드 자산에 영향을 강하게 받는다. 업종별 가장 유명한 서비스 업체에 손님들이 몰리는 것이다.

서비스 브랜드 자산의 수준이 최초의 서비스 인터페이스의 가장 중요한 결정요인이 된다. 따라서 많은 서비스 업체들이 자사의 서비스 브랜드를 올리려고 일관성이 있으면서도 창조적인 서비스를 개발하고 있는 것이다.

최근의 많은 서비스 기업들은 독창적인 서비스 인터페이스를 통해서 서비스 브랜드 자산을 높이기 위해서 많은 노력을 한다. 서비스 기업체에 전화를 건 사람의

DB를 내부적으로 저장해서 다음 번에 전화가 오면 바로 고객의 이름을 불러주면서 서비스에 친절하게 응하는 것 등이다. 컴퓨터관련 서비스를 받고 싶어하는 고객들에게 직전의 서비스 수행에 대한 만족도를 문의하고 그리고 불편한 점을 타진하는 것도 그러한 형태이다. 최근에는 전자적으로 수행되어서 고객들이 직접 모바일을 통해서 서비스에 대한 의사를 입력하게 하고 있다. 앞으로 텔레비전을 이용한 T커머스의 활용도가 늘어나게 되면 TV앱을 통한 서비스 인터페이스 활동으로 서비스 브랜드 인지도와 호감도를 높이는 전략들도 개발이 되어야 할 것이다.

(2) 서비스 브랜드 자산의 정의

서비스 브랜드 자산(brand equity)이란 쉽게 말해서 서비스 브랜드의 가치를 기업의 무형자산으로 표현한 것이다. 미국의 서비스 브랜드 마케팅의 가장 뛰어난 대가인 아커 교수가 무형의 서비스 브랜드가 유형의 재고처럼 기업의 자산이 될 수 있을 것이라는 뛰어난 발상에서 출발했다.

서비스 브랜드 자체가 기업의 중요한 보배라는 인식이 서비스 브랜드 마케팅 전문가들에게 확산되자 서비스 브랜드 자산에 대한 수 많은 연구들이 쏟아져 나왔다. 대부분의 서비스 브랜드 연구들이 서비스 브랜드 자산의 개념화와 관련된 변수들과의 관계를 선험적으로 규명하고 그러고 나서 실증적으로 분석해 입증하는 과정을 거치고 있다.

원래 우리말로는 Equity는 자본으로 번역하고, Asset을 자산으로 번역하는 것이 보통이다.

원래 자산이란 자본과 부채를 합한 것이고, 자본은 자기자본과 타인자본을 합한 것이다. 이것은 회계학적인 분류이고, 마케팅적으로는 서비스 브랜드와 관련해서 자산과 부채를 구분할 수도 없고 또한 서비스 브랜드는 자기자본의 일종이므로 타인자본의 의미도 별로 가질 수가 없다. 그래서 미국에서 Aaker 교수가 Brand Equity라는 용어를 마케팅적인 관점에서 사용한 것을 우리나라의 학자들이 자본이 아니고, 자신으로 번역하는 바람에 현재는 그냥 사용되고 있다. 이와 같은 것들은 개념상의 문제이고 실질적으로 서비스 브랜드를 이해하거나 실무에 활용하는 데에는 큰 문제가 없다.

(3) 서비스 브랜드 자산의 중요성

서비스 브랜드 자산의 중요성은 크게 기업측면과 서비스 소비자 측면에서 분류되어서 지적되고 있다. 첫째, 기업측면에서는 서비스 브랜드가 자산화되면 기업으로서는 다른 물적 자산들과 비슷하게, 아니 동등하게, 소중하게 다루어야 한다. 서비스 브랜드 자산을 높이면 높일수록 기업에게는 계량적인 수익이 증대하기 때문이다. 한때 최고의 서비스 브랜드 가치를 기록했었던 코카콜라는 100년 이상을 전세계에서 사랑을 받으면서 엄청난 수익을 기업체에 안겨주었다. 최근에는 마이크로소프트의 서비스 브랜드 가치가 상승했었고, 한때는 애플과 구글도 최고의 서비스 브랜드 가치를 평가받으면서 주식시장에서도 우량주로 손꼽혔다.

높은 서비스 브랜드 자산을 가진 경우에는 서비스 브랜드를 타른 기업에게 양도할 때의 매각대금을 상당히 많이 받게 된다. 신규 서비스 브랜드가 기존의 유명 서비스 브랜드를 매입해서 자사의 서비스 브랜드로 활용하려고 할 때에는 막대한 금액을 지불해야 한다. 서비스 브랜드 자체가 기업의 발전에 상당한 영향을 미치게 되면서부터 서비스 브랜드를 올바르게 이해하고 관리해야 한다는 개념들이 현실의 서비스 브랜드 전문가들에게도 인식되었다.

둘째, 서비스 소비자 측면에서 느껴지는 서비스 브랜드 인지도와 서비스 브랜드 충성도는 서비스 브랜드 자산의 효과이다. 서비스 브랜드를 전략적으로 관리해서 독특하면서도 일관성이 있는 서비스 브랜드 포지셔닝이 서비스 소비자들에게 각인되면서 결과변수로 나타나는 것이 서비스 브랜드 인지도와 서비스 브랜드 충성도이다. 서비스 브랜드 인지도란 서비스 브랜드를 얼마나 많은 서비스 소비자들이 알고 있느냐를 측정한 것이고, 또한 서비스 브랜드 충성도는 특정한 서비스 브랜드를 지속적으로 매입하는 서비스 소비자의 성향을 측정한 것이다.

또한 서비스 소비자가 서비스의 기본적인 품질을 완전하게 파악할 수 있는 지식이 부족할 수도 있고 또한 시장에 출시되는 서비스들의 품질이 거의 균질화되어 가면서 서비스 소비자들이 느끼는 지각된 품질(perceived quality)이 중요하게 되었다. 형체가 없는 서비스의 경우에는 내적 품질에 대한 명확한 준거기준이 없기 때문에 많은 서비스 소비자들이 서비스 브랜드의 유명도를 가지고 품질을 추산하게 된다.

따라서 높은 서비스 브랜드 자산을 가지고 있는 기업은 수익적으로도 효과를 볼 뿐만 아니라, 서비스 소비자들에게 좋은 서비스 브랜드 이미지를 제공하므로써 광고비 절감과 지속적인 구매효과를 누리게 될 수 있다.

(4) 서비스 브랜드 자산의 이론적인 분석

서비스 브랜드 자산이 이론적으로 분석이 시작된 것은 1900년대 후반기였다. 서비스 소비자행동 이론이 숙성해 가면서 기업마케팅의 초점이 서비스 소비자행동보다 더 좁은 의미의 서비스 브랜드로 집약화되면서 서비스 브랜드마케팅의 서비스 소비자행동적인 결과변수로 서비스 브랜드 자산이 이론화된 것이다. 마케팅적인 서비스 브랜드 자산의 논리적 구조를 이해하면 다음과 같다.

첫째, 서비스 브랜드 자산은 서비스 소비자관점에서 새로운 개념들이 발견되면서 이론화가 되었다고 볼 수 있다. 기업은 개인서비스 소비자들의 특성적인 변수들(욕구, 태도, 만족, 학습)과 개인서비스 소비자들의 사회적인 변수들(준거집단, 가족, 하위문화, 문화)에 영향을 주는 다양한 형태의 마케팅 노력들을 추구해 왔다. 서비스 소비자들의 욕구를 파악하기 위해서 초점집단면접과 설문분석을 하고 서비스 소비자들의 태도를 변화시키려고 서비스 속성의 구성에 변화를 주고, 서비스 소비자들의 사전기대를 충족하는 행위를 통해서 서비스 소비자만족도를 올리고, 서비스 소비자들에게 반복적인 광고를 제공해서 서비스 소비자학습을 유도하고, 외부노출이 많이 되는 서비스들인 의류나 자동차와 같은 것들은 서비스 소비자 집단의 비교

기준으로 삼으면서 사회적인 영향력를 활용하는 방안들을 수행해 왔다.

이러한 서비스 소비자 지향적인 행위의 결과로서 서비스 소비자들은 특정의 서비스 브랜드를 기억하게 되었다. 짧은 광고나 무수하게 많은 서비스들 사이에 놓인 매장진열을 통해서 서비스 소비자들의 감각기억에 노출되고 그리고 지속적인 반복광고와 반복진열을 통해서 감각기억에 노출되었던 정보들이 단기기억으로 이전되고 그리고 서비스 소비자들이 선택을 자주하게 되면서 단기기억에서 장기기억으로 이전되는 과정이 진행되어 왔다. 서비스 소비자행동의 기억이론에 의하면 한번 장기기억에 저장된 서비스 소비자정보는 망각되지 않고 영원히 저장된다고 한다. 그러나 서비스 소비자들이 장기기억에 저장되어 있는 정보를 인출하지 못하는 상황들이 생기는 것뿐이라고 한다.

수십 번의 동일한 서비스 브랜드를 구매해서 장기간 지속적으로 사용하게 되면 당연히 서비스 브랜드 충성도(brand loyalty)가 생기게 되면서 서비스 소비자들의 마음속에는 서비스 브랜드 자산이 형성되게 된다. 이와 같이 형성되는 서비스 브랜드 자산은 전부 기업의 서비스 소비자마케팅 노력의 결과라는 것이다. 기업이 서비스 소비자욕구를 파악해서 그것에 충족하도록 노력하는 과정을 통해서 서비스 소비자마케팅이 강화되면 그 결과로서 서비스 소비자의 서비스 브랜드 자산이 형성된다는 이론이 만들어지게 된 것이다.

둘째, 서비스 브랜드 자산은 서비스 소비자들의 직접 경험과 간접 경험의 압축이라고 볼 수 있다. 자신의 눈과 손 그리고 온 몸으로 겪은 직접 경험은 상당히 강한 자극을 서비스 소비자에게 제공한다. 수만개가 진열되어 있는 소매점에서 십여개의 서비스를 구매해서 오랫동안 사용하면서 서비스 소비자는 자신 나름대로의 경험기록을 마음속에 남기게 되는 것이다.

또한 서비스 소비자들이 직접적으로 구매하지 않더라도 매스 커뮤니케이션을 통해서 다양한 반복광고에 노출되면서 간접 경험을 부분적으로 하게 된다. TV에서 본 것을 스마트폰에서 짧은 노출광고로 다시 접하게 되는 것이다. 또한 신뢰할 수 있는 사람들의 말을 통해서 듣거나 혹은 대중들이 모인 장소에서 우연히 나오는 이야기들을 청취하면서도 간접 경험을 하게 된다. 간접 경험이 축척되면서 부분적으로는 "한번 사 보아야겠다"라는 순간적인 인식이 들면서 직접 경험도 또한 할 수 있게 된다.

서비스 소비자들의 직접 경험과 간접 경험을 한 것들이 전부 서비스 소비자들의 지식구조화되게 된다. 서비스 소비자들이 특정한 서비스 브랜드에 대한 지식이 축적되어 가면서 자신 나름대로 그 서비스 브랜드를 선택한 것이 좋았다는 판단 그리고 가끔은 나쁜 구매를 했다는 실망적인 생각이 반복축적되어 가는 것이다. 이러한 과정을 겪으면서 서비스 브랜드 충성도를 강화시키면서 특정한 서비스 브랜드의 자신형성이 되는 것이다.

셋째, 서비스 브랜드 자산이 축적되었다고 하더라도 서비스 소비자들이 항상 그 것을 구매와 직결시키는 것은 아니다. 가장 좋은 서비스 브랜드에 대해서 충분히 알고 그리고 호감을 가지고 있더라도 막상 온라인이나 오프라인에서 구매를 항상 하는 것은 아니다.

왜 자신이 가장 좋아하는 서비스 브랜드를 항상 구매하지 않을까? 특정한 서비스 브랜드 선호도가 아무리 놓아도 구매관련해서 순간적인 새로움을 추구하는 경향이 있기 때문이다. 서비스 소비자들의 다양성 추구행동(variety seeking behavior) 개념에 의하면 서비스 소비자들은 별로 좋아하지 않는 서비스 브랜드라도 어떠한 때에는 다른 경험을 해보고 싶어서 구매하는 현상이 나타난다는 것이다. 따라서 일정한 수준의 서비스 브랜드 자신이 축적되었다고 서비스 소비자마케팅담당자들이 항상 자만심에 빠져 있어서는 곤란하다는 것을 우리에게 알려주는 서비스 브랜드 자신의 이론적인 특성이다.

넷째, 서비스 브랜드 자산은 서비스 브랜드 인지도가 높아야 형성이 되는 것이 보통이다. 서비스 소비자들이 특정한 서비스의 기능에 대한 지식이 늘거나 혹은 서비스의 상징적인 측면에 대한 경험이 축적되면서 무형적으로 서비스 소비자들의 정신에 영향을 주는 것이 서비스 브랜드 자산이다. 서비스 소비자들이 많이 알게 되면서 서비스 브랜드 자산이 확산되는 것이다.

국내에서 서비스 브랜드 자산이 높은 서비스 브랜드들은 거의 전부 시장 1위의 서비스들이다. 가장 먼저 시장에 진출해서 서비스 소비자들에게 가장 잘 알려진 것이 대부분이다. 국내 최초의 항공회사인 대한항공의 기업서비스 브랜드는 현재도 1위이다. 시장 1위라는 개념은 시장에 가장 먼저 진입했다는 것이다.

최초로 시장에 진출한 것은 시장선도우위(first mover advantage)를 가지고 있다. 시장선도우위란 국내 시장에 최초로 등장하면서 서비스 소비자들에게 특정한 서비스와 거의 동일시 되는 서비스 브랜드로 각인되는 것이다. 서비스 브랜드가 바로 그 서비스라는 것을 의미한다. 따라서 서비스를 구매할 때마다 특정한 서비스 브랜드를 자연적으로 서비스 소비자들이 기억하게 되면서 서비스 브랜드 자산이 형성되는 것이다.

다섯째, 앞의 설명과 연계되어서 전세계적으로 가장 높은 서비스 브랜드 가치를 가진 자산형 서비스 브랜드들은 대부분 세계 최고의 선진국들인 미국, 일본, 독일의 서비스들이다. 코카콜라, 마이크로소프트, 애플, GM, 구글과 같은 미국산 서비스들이 세계 최고의 서비스 브랜드들이다.

왜 이러한 현상이 발생했을까?

국내최고의 기업인 삼성전자는 미국의 마이크로소프트나 애플보다 기업 전체 매출액이 더 많다. 그런데 서비스 브랜드 가치는 삼성전자보다 마이크로소프트나 애플이 훨씬 더 높다고 알려져 있다. 이는 우리나라의 국가서비스 브랜드가 미국의 국가서비스 브랜드보다 열악한 데 기인한다고 볼 수가 있다. 미국의 기업이라는 프리미엄이 마이크로소프트와 애플의 서비스 브랜드 자산의 배경요인이 되고 있는 것이다.

원산지효과(country-of-origin effect)는 서비스가 어느 나라의 것이냐에 따라서 글로벌서비스 소비자들이 서비스 브랜드에 대한 중요도를 다른게 둔다는 것이다. 세계 최강국인 미국의 서비스라는 강한 원산지효과는 그에 미치지 못하는 우리나라의 원산지효과보다 훨씬 더 강한 것이 사실이다. 국가이미지에 투영된 서비스 이미지가 서비스에 대한 글로벌서비스 소비자들의 서비스 브랜드 자산 평가에 상당한 영향을 주고 있다는 것이다.

(5) 서비스 브랜드 자산 형성과 가치

서비스 브랜드 자산은 서비스 소비자관점에서 크게 두 가지로 분류가 된다. 하나는 그러한 서비스 브랜드를 서비스 소비자들이 알고 있느냐는 것이고, 다른 하나는 알고 있는 서비스 브랜드를 어떻게 생각하느냐와 관련된 것이다. 서비스 브랜드에 대한 인지도가 높으면 높을수록 서비스 브랜드 자산이 높다고 할 수 있다. 원래 통합적 커뮤니케이션은 서비스 소비자들에게 서비스 브랜드를 많이 알리도록 하는 모든 노력의 총합이다. 또한 알고 있는 서비스 브랜드에 대해서 좋은 연상들을 서비스 소비자가 많이 하면 할수록 서비스 브랜드 자산이 높다고 할 수 있다. 서비스 소비자가 알고 있는 서비스 브랜드에 대한 호의적인 이미지를 가지고 있어 다는 것이다. 각각 설명하면 다음과 같다.

서비스 브랜드 자산의 첫 번째 요건으로는 서비스 브랜드 인지도가 높아야 한다. 서비스 브랜드 인지도가 높다는 것은 서비스 소비자들이 많이 안다는 것이다. 서비스 소비자들이 모르는 서비스 브랜드를 구매할 가능성이 있는가? 상당히 낮을 것이다. 서비스 소비자들이 많이 알고 있다는 것은 서비스 브랜드가 광고를 많이 했거나, 서비스 점포들에 많이 진열이 되었거나 혹은 무료샘플을 많이 배포해서 알고 있거나, 어쩌다 구매한 서비스의 매력에 빠져서 서비스 브랜드를 기억하고 있는 경우라고 할 수 있다.

서비스 브랜드 인지도란 크게 두 가지 방식으로 측정이 된다. 하나는 재인(recognition)이고, 다른 하나는 회상(recall)이다. 재인이란 누군가가 보여 준 서비스 브랜드를 보면서 '안다'고 하는 것이다. "당신이 좋아하는 서비스 브랜드의 이름을 말해 보세요"라는 질문에는 답을 못했으나, 특정한 서비스 브랜드를 보여 주었더니 이것이 내가 좋아하는 서비스 브랜드라고 지적을 하면 그것이 재인이다. 재인은 서비스 브랜드명을 상기해 내지 못해도 서비스 브랜드를 인지하는 것을 의미한다. 서비스 브랜드 재인이 많이 된다면 서비스 브랜드를 노출을 많이 하면 된다. 많은 서비스 점포들에 진열을 해두면 서비스 소비자들이 서비스 점포에 방문했을 때 재인하면서 구매할 확률이 높아진다. 혹은 인터넷 쇼핑몰 같은 경우에 빠지지 말고 전부 리스트 업을 해놓으면 서비스 소비자들이 재인을 할 확률이 높아진다.

서비스 브랜드 회상이란 특정의 서비스 브랜드 이름을 상기해 내는 것을 의미한다. 무슨 서비스 브랜드를 염두에 두고 있느냐는 질문에 특정의 서비스 브랜드 명을 회상에서 말한다면 그것은 상당히 높은 수준의 서비스 브랜드 자산이 형성되어 있다는 것이다. 서비스 브랜드 회상이 된다면 서비스 브랜드에 대한 정확한 정보들을 많이 가지고 있을 확률이 높아지면서, 서비스 점포를 방문하기 전에도 구매계획을 세워서 계획구매(planned shopping) 할 확률이 높은 것이다.

서비스 브랜드 재인은 서비스 브랜드 회상보다 훨씬 더 용이하다. 안다는 것과 아는 것을 또렷하게 기억해 내는 것은 차원이 다른 것이다. 그러나 서비스 브랜드 마케팅 전략이 서비스 소비자의 서비스 브랜드 회상에만 초점을 맞추게 되면 위험해질 수가 있다. 서비스 소비자들은 구매 이외에도 개인적인 많은 일들이 있으므로(직업, 가족과의 생활, 취미, 사회생활) 하루에 쇼핑을 할 수 있는 시간이 그렇게 많지 않다. 또한 서비스 소비자들은 수 많은 다양한 서비스 들을 구매하므로, 특정의 서비스 브랜드를 확고하게 기억하고 있을 확률은 낮은 것이다.

서비스 브랜드 재인이 잘될 수 있다면 서비스 브랜드를 노출시키면 서비스 소비자들이 그냥 선택할 수 있는 것이다. 서비스 브랜드 재인이 되고 또한 서비스 브랜드 회상까지 같이 된다면 더 좋겠지만 서비스 브랜드 재인만 되더라도 서비스 브랜드 마케팅 전략은 어느 정도 성공했다고 볼 수 있다.

서비스 브랜드 연상이란 서비스 브랜드와 관련해서 서비스 소비자가 느끼는 것을 의미한다. 보통은 서비스 소비자가 가지고 있는 서비스 브랜드 이미지를 연상이라고 표현한다. 특정한 서비스 브랜드를 마케팅하게 되면 서비스 소비자들은 그 서비스 브랜드에 대한 각종 정보에 노출되면서 자신 만의 특정한 연상을 가지게 된다. 또한 가족이나 준거집단이 표현하는 것을 들으면서 그 서비스 브랜드에 대한 연상을 변화시켜 나가게 된다.

이와 같은 과정들이 지속화되면 서비스 소비자는 서비스 브랜드에 대한 자신 만의 이미지를 가지게 된다. "저 서비스 브랜드는 너무 천박하다." "이 서비스 브랜드는 내 마음에 쏙 든다."라는 개인의 주관적인 서비스 브랜드 이미지를 가지고서 자신의 구매성향을 결정하는 데에 영향을 받는 것이다.

서비스 브랜드 이미지를 지속적으로 유지하는 마케팅 전략이 필요하다. 서비스 소비자들에게 한번 나쁜 이미지로 각인되면 상당히 많은 마케팅 노력을 들여도 회복이 되지 않는다. 서비스 브랜드 이미지를 좋은 방향으로 유지하려는 지속적인 노력이 필요하다.

서비스 브랜드 자산이 형성되면 그것은 가치가 있을가? 만약 서비스 브랜드 자산이 가치가 없다면 우리는 서비스 브랜드 자산을 형성하려는 노력을 할 필요가 없을 것이다. 서비스 브랜드 자산은 가치를 가져야 하는데 그것은 고객관점과 기업관점에 가치를 각각 가져야 한다.

고객관점에서 본 서비스 브랜드 자산의 가치란 상표충실성(brand loyalty)을 만들고 그리고 지속적인 서비스 브랜드 구매(brand purchasing)하는 것을 의미한다. 높은 자산을 가진 서비스 브랜드는 서비스 소비자를 그 특정 서비스 브랜드를 지속적으로 선호하게 만든다. 그 결과로서 지속적인 구매를 하게 하는 것이다.

기업관점에서 본 서비스 브랜드 자산의 가치란 매출액을 높여 주는 것이다. 서비스 소비자들이 선호하는 높은 서비스 브랜드 자산을 특정 기업이 가지고 있다면 서비스 소비자들이 결과적으로 그러한 서비스 브랜드를 지속적으로 구매해서 매출액이 올라갈 것이다.

고객관점과 기업관점이 결과적으로는 동일한 결론에 도달할 수가 있다. 그러나 과정적으로는 다르다. 고객관점에서는 고객이 특정한 서비스 브랜드를 선호하는 현상을 분석한 것이고, 기업관점에서는 서비스 브랜드가 많이 팔려서 들어온 금액을 분석하는 것이다. 서비스 브랜드 자산을 올리기 위해서 많은 광고비를 투입하게 되면 고객관점에서는 이득이 될 수 있으나, 기업관점에서는 수익 대비 비용이 많아서 손해가 될 수도 있다.

4. 서비스 인터페이스 만족

고객이 서비스 인터페이스에 만족했는지 불만족했는지를 검증하는 방법은 서비스 마케팅에서 개발된 서비스 기대이론을 활용하면 비교적 쉽게 측정이 가능하다. 서비스 운영관리에서 핵심이 서비스 소비자의 만족도를 높이는 것이다. 그러면 서비스 소비자 만족도는 어떻게 형성이 되는 것일까?

서비스 운영관리의 연구에 의하면 서비스 소비자들이 서비스 인터페이스에 대해서 사전에 기대한 것보다 실제로 수행된 서비스에 대한 인식의 차이가 서비스 인터페이스 만족도를 형성한다고 한다. 다시 말해서, 특정 쇼핑몰의 인터넷 서비스에 대해서 높은 사전기대를 가졌던 사람이 실제로 받은 서비스에 대해서 사후선호도가 떨어진다면 이것은 서비스 인터페이스 만족도를 낮추게 된다는 것이다. 반대로 사후에 더 높은 선호도를 표시하면 이것은 서비스 인터페이스 만족도를 향상시키는 요인으로 작동한다는 것이다.

서비스 기대이론에 근거한 서비스 인터페이스 기대성공과 기대실패는 서비스 운영관리에 시사점을 준다. 서비스 소비자들에게 사전에 높은 기대를 형성하게 하면 서비스 만족도가 떨어질 수도 있다는 것이다. 따라서 현실적인 서비스 기대를 형성할 수 있도록 조처를 취하는 것이 바람직할 것으로 판단된다.

서비스에 대한 고객만족이나 종업원 성과는 긍정적인 관련성이 있는 것으로 알려지고 있다. 서비스 인터페이스가 효율적으로 작동해서 서비스 고객만족이 올라가면 이것은 서비스 종업원들의 성과에도 긍정적인 작용을하는 것이다.

최근에는 소셜네트워킹서비스가 점점 더 페이스북과 같은 SNS 매체를 통해서 늘어가고 있다. 소셜커머스를 효율적으로하기위한 창조적인 서비스 인터페이스의 전향적인 전략들을 강구해야 한다. 해외에서는 구글과 애플과 같은 업체들은 서비스 인터페이스 접촉점을 늘리려고 하고 있다. 구글안경 등을 SNS를 통해서 세상에 알리고 애플과 나이키가 운동화 바닥에 부착한 전자칩으로 운동화를 신고 운동하는 사람의 체력측정을 해서 이것을 전달한다는 것도 SNS을 통해서 홍보하고 있다.

마무리사례

플런티, 인공지능 답변 인터페이스 '토키(TALKEY)' 출시

텍스트 딥러닝(Deep Learning) 기술 기반 스타트업 플런티(Fluenty)는 스마트워치 및 모바일 사용자의 메세징 편의성을 극대화해주는 '토키(TALKEY)' 어플리케이션의 영문버전을 출시했다고 29일 밝혔다.

토키는 수신된 메세지를 딥러닝으로 이해하고, 이에 이어질 자연스러운 문장을 예측하여 사용자에게 제시함으로써 한번의 터치 만으로 쉽게 답장을 보낼 수 있도록 하는 인공지능 서비스이다. 예를 들어 "오늘 점심 약속 있어?" 라는 메세지에 대해서는 "아니 없어. 같이 밥 먹을까?", "응 오늘은 선약이 있어", "니가 살꺼야?" 등 자연스러운 답변을 제시하여 사용자가 별도의 입력 없이 답장을 보낼 수 있도록 한다.

토키는 4억건 이상의 대화 빅데이터를 기반으로 개발되어, 대다수의 일상 메세지에 대해 적절한 반응을 제시할 수 있다. 이러한 배경에서, 최근 화두가 되고 있는 딥러닝 기술을 실생활에 활용 가능하도록 적용한 좋은 사례로 평가 받고 있다. 최근에는 스마트워치 입력의 불편을 획기적으로 해결하고 있다는 미국 현지 사용자들로부터의 평가를 통해 AH Best Android Top-10에 선정되는 등 많은 주목을 받고 있다.

토키 서비스를 운영하고 있는 플런티는 국내 주요 포털서비스인 다음과 네이버에서 검색엔진을 담당했던 엔지니어와 다양한 UX기술을 글로벌 기업에 기술이전 한 황성재 박사가 모여 창업한 회사로 현재는 구글 캠퍼스에 입주해 있다.

플런티는 퓨처플레이에서 초기 투자를 받은 이후, 글로벌 자연어처리 기업인 Basis Technology의 스타트업 프로그램에 선정되었으며, 지난 9월에는 일본 내 주요 창업 경진대회인 비대시(B-Dash) 캠프에서 한국팀으로는 최초로 수상하는 등 글로벌 시장에서 기술력 및 시장성을 인정받고 있다.

김강학 플런티 대표는 "미국 스마트폰 사용자는 하루에도 60건 이상 메세지를 확인하며, 답을 하기 위해 스마트폰 잠금을 해제하고, 앱을 열고, 타이핑을 한다. 그 중에 30% 이상의 메세지는 반복되는 일상적 대화로, 인공지능을 통해 보낼 메세지를 미리 예측하여 제시할 수 있다."며, "토키를 통해 기술적 역량을 극대화하여 답장뿐만 아니라 향후 사용자가 원하는 행동을 미리 예측하여 제시하는 예측적 인터페이스로 발전시킬 것"이라고 밝혔다.

한편, 토키의 한국어 버전은 2016년 초에 출시될 예정이다.

출처: 매일경제(2015. 11. 03.).

연습문제

1. 서비스 인터페이스의 종류를 열거하시오.
2. 서비스 인터페이스가 중요해지는 이유를 설명하시오.

CHAPTER

SERVICE MANAGEMENT

11 서비스 시설 운영관리

1. 서비스 시설 운영관리의 중요성
2. 서비스 시설관리의 개념과 방식
3. 서비스 시설의 물리적 환경
4. 서비스 시설 운영관리와 판매종결

용인 에버랜드역 라마다호텔, 글로벌 브랜드 체인망 강점 '객실가동률 최고' 투자 인기

최근 전국 체인망을 갖추고 안정적인 운영을 보장하는 호텔 브랜드'(체인 호텔)를 내세운 분양형 호텔이 투자자들의 주목을 받고 있다.
체인 호텔은 전국 지점에서 축적된 운영 노하우와 엄격한 시설요건 및 호텔운영의 안정성, 서비스 등은 물론 사업에 대한 신뢰도도 높아져 투자자들이 안심하고 맡길 수 있어 선호한다.
지난 2013년 본격 등장한 분양형 호텔은 지난해 1만여 실이 공급됐고, 올해도 잇달아 분양 물량이 나오고 있다. 분양형 호텔이 꾸준하게 인기를 끌고 있는 것은 은행보다 높은 수익률을 보장하기 때문이다. 하지만 분양형 호텔은 입지에 따라 수요 편차가 심하고, 객실가동률도 달라 당장의 수익률에 이끌려 투자하기보다는 장기적으로 안정적인 수익을 낼 수 있는 상품인지를 살펴봐야 한다. 특히 운영사를 먼저 확인해야 한다. 객실가동률이 낮아지면 운영사에 따라 수익이 달라지기 때문이다.
대표적인 체인호텔 운영사 중 하나인 '라마다'가 용인에 체인사업을 시작해 선풍적인 인기를 끌고 있다. 용인시와 용인라마다 호텔 건립을 위해 시행사인 에버파크코리아와 MOU를 체결했으며, 최근 객실분양을 시작하자 문의가 쇄도하고 있다.
용인시에 처음으로 매머드급 호텔인 용인 에버랜드역 라마다 호텔은 연면적 2만88.73㎡ 지하 3층~지상 18층, 399객실 규모로 에버랜드 주차장에서 100여m 거리에 위치한 처인구 포곡읍 전대리 356-6번지 일원에 호텔을 건립할 계획이다.
특히 용인시는 호텔 가동률이 평균 91.2%에 이를 정도로 타 지역보다 높아 수익성이 높다. 에버랜드역 라마다 호텔 주변으로는 삼성전자, 르노삼성, LG전자, 쌍용자동차, 동탄 산업단지 등 대기업 및 벤처 단지이며 유동인구 20만 명 이상 되며, 캐리비언베이, 양지리조트, 지산리조트 등 관광시설도 밀집돼 있어 수요가 풍부하다.
에버랜드역 용인 라마다 브랜드를 살펴보면 전 세계 52개국 850여 개의 체인망을 보유하고 있으며, 세계적으로 7,380여 개의 호텔체인을 운영 관리하는 윈덤 호텔그룹의 특급 호텔브랜드로 명성과 인지도가 높아 국내뿐 아니라 중국을 비롯해 아시아 지역에서도 높은 인지도를 자랑하고 있다.
용인 에버랜드역 라마다호텔 계약자에게는 월 120만원의 확정수익을 보장함은 물론, 가족 모임 등을 위해 연 20일 무료 호텔 숙박이 제공되며 전국 10개 라마다 호텔에서 준회원 자격으로 할인이용(제주서귀포라마다호텔, 강정라마다호텔, 함덕라마다호텔, 설악라마다호텔, 경주라마다호텔, 천안라마다호텔 외)이 가능하다.
전국적으로 호텔 분양이 대세를 이루고 있다. 노형골든튤립호텔, 호텔 마리나베이 코업스위트, 명동르와지르호텔, 강원라마다호텔, 제주함덕 라마다호텔 등 수익형 호텔분양을 하고 있지만 꼼꼼히 체크해서 옥석을 가려야 분양형 호텔에 대한 피해를 줄 일수 있다.

에버랜드역 라마다 호텔분양 모델하우스는 전화상담을 통한 모델하우스 방문예약 신청과 청약신청을 함께 받고 있다. 방문 예약 시 고객사은품 증정도 하고 있다. 분양에 관련된 사항은 전화로 문의하면 친절하게 상담 받을 수 있으며, 모델하우스 관람 및 자세한 안내를 받을 수 있다.

출처: 헤럴드경제(2015. 11. 17.).

CHAPTER 11

서비스 시설 운영관리

1. 서비스 시설 운영관리의 중요성

서비스는 무형적이어서 서비스 품질의 사전평가가 상당히 어렵다. 서비스를 제공하는 사람의 성향에 따라서 서비스가 변하기 때문에 비일관적인 측면이 강하다. 서비스 소비자들이 오프라인의 서비스 구매를 고려할 때 중요한 요인들 중의 하나가 서비스 시설이다. 서비스 시설이 화려하면 고객들이 서비스 품질이 높을 것이라고 추정하고, 반대로 서비스 시설이 수준 이하라고 느껴지면 서비스 품질이 낮을 것이라고 미리 짐작하는 것이다. 이와 같은 측면에서는 오프라인의 서비스 시설의 품격은 서비스 운영관리에서 상당히 중요하다.

물론 온라인은 PC나 모바일로 서비스 시설을 시각적으로 간접관찰하는 정도로 마무리가 된다. 최근에는 애플의 아이폰이나 구글이 주도한 안드로이드폰의 배경화면을 가지고서 서비스 수준을 가늠하게 된다. 맥킨토시에서 시작해서 상당히 높은 수준의 그래픽 수준을 가지고 있는 아이폰이 온라인 서비스를 제공하는데 매체로서 상당한 인기를 누려왔다. 그러나 최근에는 구글의 안드로이드폰의 디자인도 상당히 높아져서 아이폰을 따라잡는 정도이다.

서비스 시설 운영관리는 크게 세 가지 측면으로 구분될 수가 있다. 첫째는 서비스 시설을 신축하거나 임대해서 관리하는 것과 관련된 것이다. 시설관리는 서비스 시설적인 측면이 많고 또한 까다로운 관리문제들도 많아서 자세하게 이해하는 것이 필요하다.

둘째는 서비스 시설을 실제로 구성하는 물리적 환경의 측면이 있다. 물리적 환경이란 서비스 소비자가 오프라인 서비스 시설을 방문했을 때 실제로 느끼는 실체적인 시설의 물리적인 측면들을 의미한다. 아크릴로 치장된 서비스 시설도 있을 수가 있고, 유명한 화가의 그림이 사방에 배치된 화려한 물리적 환경의 서비스 시설도 있고, 혹은 다양한 멀티미디어 기기들을 동원한 서비스 체육관의 물리적 환경도 서비스 시설의 중요한 측면이다.

셋째는 실제로 서비스 시설의 물리적 환경을 운영하는 형태를 의미한다. 순수하게 서비스만 판매하는 장소들(미장원, PC방, 영화관 등)의 운영에 비해 서비스와 제품을 동시에 판매하는 서비스 장소들(가전제품 판매와 서비스, 대형체육시설서비스 시설 판매와 고객서비스)의 서비스 시설 운영관리는 현장에서의 판매촉진과 같은 측면들이 부각이 된다.

본장에서는 서비스 시설의 시설적 측면과 물리적 환경을 포함하는 서비스 시설의 실체적인 것들을 설명하고 또한 서비스 시설을 운영하는 관리형태들에 대해서 설명하겠다.

2. 서비스 시설관리의 개념과 방식

1) 서비스 시설관리의 개념

서비스 시설이란 지구상에 존재하면서 제자리에 움직이지 않고 있으나 인간에게 제공하는 가치가 많은 물질을 의미한다. 지구의 땅덩어리 자체가 엄청난 서비스 시설이다. 인류의 역사는 토지지배를 위해서 움직여 왔다고 할 수 있다. 많은 땅을 차지한 왕조가 세계 제패를 했었다. 21세기의 현재의 국가들도 러시아, 중국, 미국, 캐나다와 같이 거대한 땅덩어리를 가진 국가들이 세계 최고급이고, 땅이 적으나 오랜 문화를 가진 영국, 독일, 프랑스, 이탈리아가 세계 최고의 위치를 차지하고 있다. 인도나 브라질은 아직은 세계 최정상급은 아니나 도약하는 상황에 있다. 땅의 힘이 세계를 지배한 것이다.

우리나라도 서비스 시설의 핵심이 땅이었다. 현재 우리나라의 모든 서비스 시설들의 가격의 약 3분지 2는 아직도 토지비용으로 알려져 있다. 그러나 최근 국토를 활용하는 비율이 늘면서 현재 약 전체 토지의 10%는 개발이 되었다.

서비스 관리는 크게 세 가지 분야로 나누어진다. 그것들은 시설관리, 운영관리, 자산관리이다. 하나씩 설명하면 다음과 같다.

첫째, 시설관리란 서비스 시설을 신축해서 유지하는 것을 의미한다. 토지 위에 신축된 건물형태의 시설물들을 관리하는 것이다.

둘째, 운영관리란 서비스 시설물에 입주할 사람들을 모집해서 임대차 계약을 맺고 그들이 원하는 다양한 서비스 시설관련 서비스들을 제공하면서(임대면적, 주차장, 부속시설의 이용여부) 그들로부터 임차료를 받는 것이다.

셋째, 자산관리란 서비스 시설물을 담보로 해서 빌린 금융기관의 빚과 서비스 시설 시설물을 활용해서 얻게 되는 수익과를 비교해서 순수익을 절대적으로 크게 만드려고 하는 관리를 말한다. 그 외에 매월 수익을 얻는 것을 관리하는 것도 포함된다.

미국에서는 이와 같은 서비스 시설 관리를 전문적으로 할 수 있는 공인서비스 시설관리자(certified property manager)라는 제도가 있다. 우리나라는 서비스 시설 관리의 경험이 많은 개인들이 주로하고 최근에 서비스 시설 관리를 전문으로 하는 회사들이 등장하고 있는 상황이다.

2) 서비스 시설관리의 내용

서비스 관리란 형태가 있는 기존 서비스 시설을 적절하게 활용해서 수익을 얻는 것과 관련된 모든 활동들을 의미한다. 서비스 시설관리의 내용들은 주로 임대차 계약과 관련된 것과 임대관련 서비스 제공과 관련된 것들이다.

(1) 임대차 계약관리

임대차 계약과 관련한 것들은 주로 가망임차인의 모집과 계약체결 과정이다. 임대용 빌딩이나 임대용 주택이나 아파트의 경우에 공실율을 최소로하는 것이 가장 중요한 목적이다. 임대용 공간을 최대로 활용하기 위해서는 외부에서 임차인들을 항상 불러들여서 공실이 생길 때마다 임대를 바로 바로 수행하는 시스템이 갖추어져야 한다.

서비스 시설 중개업소를 통해서 가망임차인을 발굴하고 그들과의 계약조건의 협상을 지속하면서 임대계약을 추진해 나간다. 우리나라 현행법에 임대용 사무실은 임대기간이 보통 1년으로 규정되어 있고, 주택의 경우에는 2년이다.

사무실용 임차인을 모집할 때는 수익을 낼 수 있는 업종인지를 면밀하게 체크해야한다. 계약 시에 받는 보증금과 매월 받아야 하는 월세를 낼 수 있는 상황인지를 체크해서 수익성이 나올 수 있는 업종을 선택하는 것이 가장 바람직하다. 지난 몇 년 사이에 우후죽순 생겼었던 커피전문점은 전국적으로 포화상태에 이르러서 앞으로는 지속적으로 수익이 날 수 있는지가 의심스럽다면 임대차 계약의 체결을 신중하게 판단해야 한다.

또한 임대차관리에서 중요한 것은 입주일이 서로 다르기 때문에 들어오고 나가는 것과 관련해서 일이 많아지게 된다. 따라서 이것을 표준화시키는 시스템을 개발해야 한다. 사전에 정해진 계약서의 내용대로 계약 만료 한 달 전에 지속계약인지 비울 것인지에 대한 의사를 명확하게 파악할 수 있어야 한다.

또한 서비스 시설 운영자와 직접 관련이 없는데 전 입차인과 현 임차인이 변경되는 과정에서 생기는 권리금 분쟁이 일어나는 경우도 있다. 현재 입주해 있는 업체가 권리금을 내고 들어 왔을 경우에는 새로 입주하려는 업체에게도 권리금을 요구하는 경우가 있다. 권리금은 건물소유주와는 상관없이 건물의 임차인들끼리 주고받는 것이므로 이것으로 인해서 임대계약에 영향을 받아서는 안 된다.

주거용도로 임대관리를 할 경우에도 월세의 경우에는 매월 월세를 성실하게 납부할 의사가 있는지를 사전에 잘 파악해야 한다. 그리고 전세의 경우에는 전세기간이 만료된 이후에 바로 나갈 수 있다는 확신이 들어야 입주계약을 하는 것이 바람직하다. 경우에 따라서는 여기를 나가면 갈 곳이 없다는 핑계로 계약기간이 만료된 이후에도 나가지 않는 경우가 나타날 수가 있다.

(2) 임대관련 서비스관리

임대관련 서비스 제공은 입주한 임차인의 요구서비스(service request)에 대응하면서 장기적으로 공실률을 최소화하는 것과 관련된 것들이다. 임대와 관련해서 생기는 서비스들은 크게 인적서비스와 물적서비스로 분류가 된다. 각각 설명하면 다음과 같다.

첫째, 인적서비스에는 관리인이 거주하면서 빌딩이나 아파트를 관리해 주는 상황이 전제되어야 한다. 관리인이 없을 경우에는 입주자 간의 주차문제나 입주자와 방문자 간의 주차문제로 시비가 붙는 경우에 해결이 힘들어질 수가 있다. 또한 관리인이 있어야 환경미화가 정기적으로 가능해지면서 안락한 시설을 유지할 수가 있다.

임대관련 다른 유형의 인적서비스로는 방범이나 성희롱 같은 문제를 사전에 예방할 수 있는 준비가 되어 있어야 한다. 나이 어린 사람들이나 혹은 노약자가 거주하는 경우에는 방범이 중요한 문제가 되고 또한 독신여성들이 거주하는 경우에는 성희롱 문제가 발생할 수가 있다.

둘째, 물적서비스는 임대와 관련해서 물리적 시설이나 기기가 관련되는 서비스 유형들을 말한다. 외부잡상인의 무상출입을 통제하기 위해서 별도의 출입통제 시스템을 만드는 경우도 많이 늘고 있다.

또한 주차관련 시설을 완비해서 외부인이 함부로 시설 내부에 주차하는 것을 금지하는 것이 내부의 안락한 환경을 조성하기 위해서 필요하다.

화재에 대비하기 위한 화재방지기나 혹은 방화관리를 위한 소방시설들이 완비되어 있어야 한다. 화재는 인명피해를 동반할 수도 있으므로 주기적으로 소화기나 소화시설들을 점검하고 방화관리자를 임명해서 항상 만전을 기해야 한다.

3) 서비스 시설관리

(1) 서비스 시설관리의 주체

서비스 시설 운영은 외국에서는 외부 전문업체들이 하는 경우가 많으나, 우리나라는 전체적으로는 서비스 시설 소유주가 더 많이 하고 있다. 물론 대형빌딩이나 입출입하는 사람들이 다수인 대형서비스 시설은 외부전문업체가 운영하는 경우가 있으나 우리나라의 거의 대부분의 빌딩들이 층수가 낮고 바닥면적이 적은 상태에서는 소유주가 직접 관리하거나 혹은 약간의 고용인을 활용하는 경우가 있다. 각각을 설명하면 다음과 같다.

① 직접관리

우리나라에서 90% 이상의 서비스 시설은 소유주나 소유주가 고용한 1~2인의 관리자들이 운영하는 것이 보통이다. 서비스 시설은 월세나 월임대료와 같은 현금이 오가는 사업이다. 따라서 거의 모든 서비스 시설의 소유주들은 현금은 매월 자신의 통장으로 입금 받는 것을 원칙으로 하고 있다. 자신의 통장에 찍힌 입금내역을 확인하 후에 혹시 이번 달 임대료가 밀리게 되면 자신이 고용한 관리인 보고 임차인에게 입금을 빨리 해달라고 요청하고 있다.

임대료 이외에도 각종 주차나 방화관리 혹은 서비스 시설 개보수와 같은 것은 부분적으로 문제가 발생할 때마다 관련된 전문업체들을 고용하는 것이 보통이다. 장기간 동일한 업체와 지속관계를 유지하면서 문제가 생길 때마다 서비스 시설의 다양한 서비스를 충족시켜 줄 것을 요구하는 것이 보통이다.

② 외부 전문업체 위탁관리

우리나라에서 평균적으로 5층 이상의 십여 개 이상의 외부 입주업체가 있는 대형빌딩 중의 일부는 외부 전문업체에 위탁관리를 맡길는 수가 있다. 임차인 모집과 임대차 계약 그리고 주차관련 서비스의 전문적인 제공을 위해서 하는 경우이다. 재벌이 운영하는 대기업들은 거의 전부 서비스 시설관리 전문회사를 계열사로 가지고 있으면서 이러한 업체들이 재벌계열사의 대부분의 빌딩관리를 도맡아서 하는 경우가 있다. 귀금속이나 비밀장비들이 많이 있는 특수한 목적의 빌딩들은 세콤과 같은 전문적인 도난방지시스템를 적극적으로 활용하고 있다.

(2) 서비스 시설 운영 포트폴리오의 작성

서비스 시설 운영을 위해서 운영 포트폴리오는 사전에 작성하는 것이 필요하다. 운영을 위해서 무엇을 준비해야 하고 또한 준비한 것을 어떻게 수행해야 하는지에 대한 사전계획서를 치밀하게 만드는 것이 필요하다.

서비스 시설 운영에서 중요한 것들이 있다. 그것들은 공실이 생겼을 때에 내부 수리와 인테리어를 하는 것과 보험과 도난에 대비하는 것, 그리고 임차인이 들어왔을 때에 생가는 불만을 처리하는 것이다.

대형빌딩의 경우에는 옥상에 헬리콥터가 착륙할 수 있는 시스템을 완비하고 또한 화재가 발생해서 엘리베이터가 작동을 하지 않는 경우에 대비해서 항상 비상계단을 유사시에 사용할 수 있도록 지속적으로 점검하는 일지를 작성하도록 하고 있다.

서비스 시설 보유재산세와 취득세와 관련해서 다양한 세금들이 부과된다. 특히 땅의 공시지가가 계속해서 올라가면서 서비스 시설 관련 세금이 급증하는 경우도 나타난다. 서비스 시설 운영 포트폴리오에는 서비스 시설과 관련한 각종 세금을 서비스 시설 소유주가 어떻게 다룰 지에 대한 것도 포함시켜서 사전에 준비해 놓는 것이 필요하다.

예를 들어서, 단독 소유주인 경우에는 재산세를 소유주가 납부하면 된다. 그러나 서비스 시설이 다수의 사람들에게 등기분양된 경우에는 많은 공동소유주가 발생하게 된다. 서비스 시설과 관련한 재산세 부과가 되었을 때 영업성적이 좋은 사람들은 재산세를 바로 납부하나, 영업성적이 나쁜 사람들은 재산세를 납부하지 못해서 재산세 부과관청에서 나와서 다양한 제제를 가하는 경우가 있다. 이렇게 되면 서비스 시설 전체의 이미지에 악영향을 미칠 수도 있다.

4) 임대료 산정과 수거방식

임대료 가액의 산정은 상당히 중요한 문제이다. 서비스 시설은 건립시에 상당히 큰 자금이 투여되기 때문에 자금력이 충분한 업체들이 서비스 시설 사업에 나서는 것이 보통이다. 그러나 자금력이 충분하다고 할지라도 경우에 따라서는 주위 환경에 비해서 자금회전이 열악한 경우도 생길 수 있고 또한 경기가 나쁜 경우에는 자금악순환이 지속되면서 서비스 시설 개발에 투입된 비용을 회복하는 기간이 길어질 수가 있다.

보통 임대료의 산정은 정액제와 정율제로 나누어진다. 각각을 설명하면 다음과 같다.

첫째, 정액제란 우리나라의 거의 모든 서비스 시설 운영에서 나타나는 것으로서 사전에 임대인과 임차인이 결정한 가액대로 지불하고 받는 것을 말한다. 계약기간을 결정하고 보증금과 월세금액 혹은 전세금을 사전에 정하고 이것대로 집행하는 것이다. 정액제란 사전에 합의된 대로 진행하면 되므로 가액결정이 끝나고 나면 별 문제가 생기지 않을 수가 있다.

둘째, 정율제란 백화점 지하의 시식코너를 임대한 경우와 같이 수익을 내는 것에 따라서 임대요금이 달라지는 것이다. 백화점의 작은 시식코너를 임대하고 나서 한달 매출액이 생긴 경우에 이것의 몇 퍼센트를 백화점이 매장 제공료로 받아가는 형태이다.

3. 서비스 시설의 물리적 환경

1) 서비스 시설의 물리적 환경의 개념

물리적 환경(physical evidence)이란 서비스 시설 내외부의 물리적인 시설물을 의미한다. 서비스 시설은 서비스 시설로 이루어져 있고 서비스 시설 내외부가 다양한 시설물로서 되어 있다. 이와 같은 다양한 서비스 시설물을 서비스 시설고객들이 어떻게 인식하느냐가 서비스에 대한 서비스 시설고객의 평가기준이 될 수 있다.

미국의 마케팅교수인 Mary Jo Bitner가 도입한 물리적 환경의 개념은 서비스이스케이프(servicescape)라는 표현으로 불리고 있다. 서비스를 인식할 적에 눈에 안 보이는 서비스를 눈에 보이는 서비스 시설물의 좋고 나쁨에 따라서 평가한다는 개념이다. 서비스 시설이 좋으면 서비스가 좋을 것으로 생각하고, 반대로 서비스 시설이 나쁘면 서비스가 나쁜 것으로 평가한다는 것이다.

서비스 시설 내외부의 색깔이 서비스 시설고객의 무드에 영향을 준다. 물론 서비스 시설내부에서 우러나오는 배경음악도 서비스 시설평가에 영향을 준다. 빠른 음악을 틀면 고객들이 빨리 움직이고, 반대로 느린 음악을 틀면 고객들이 천천히 움직인다. 향기도 물리적 환경에 대한 좋은 이미지를 만드는 요소이다. 서비스 시설고객들이 즐거운 경험을 가지고, 반면에 종업원들은 유익한 봉사를 하는 것이다.

휴양지에 있는 서비스 시설은 객실의 창문이 바깥으로 향하는 Outside room이 많다.

Suite room은 방이 두 개인데 하나는 객실이고 다른 하나는 거실이다. 일반 Sutite room은 20~30평 정도이고 Presidential sutie room은 80평 정도이다. 대형룸일수록 고객들이 물리적 환경에 대해서 더욱더 좋게 느끼는 것이다. 외국의 어느 유명인은 국내에 올 때 자신이 묶는 서비스 시설의 룸이 있는 전층을 전부 빌린다고 알려져 있다. 두 가지 이유라고 하는데 하나는 자신과 같은 층에서 다른 사람들이 잠을 청하는 것을 원하지 않고, 다른 이유는 경호원들이 그 층을 전부 빌려서 사용하는 것이다.

서비스를 제공하는 장소는 크고, 화려하고, 좋은 시설을 갖추어야 한다. 별이 다섯 개인 서비스보다 별이 여섯 개인 서비스 시설의 서비스가 더 좋을 것이라고 믿는 것이다. 서비스가 제공되는 장소의 질적 환경을 예쁘고, 멋있고, 빼어나게 만드는 작업에 서비스 마케터들은 치중하고 있다.

온라인 서비스의 경우에는 오프라인과 달리 물리적 환경의 중요성이 확 떨어지게 된다. 대신 온라인 서비스를 제공하는 시스템(TV, 모바일, 컴퓨터)의 배경화면이 시각적인 물리환경의 역할을 한다. 자극적인 스튜디오나 홈페이지를 만들어서 온라인으로 유도하는 물리적 환경이 있다.

서비스 소비자들이 외부의 정보를 받아들여서 자신의 기억 속에 저장하는 과정이 중요하다. 얼핏 들어서 무엇인가를 느끼는 순간적인 감각기억에 투입된 정보가 서비스 소비자의 단기기억을 거쳐서 장기기억에 저장되면 영원히 잊히지 않게 된다. 장기기억 속에 저장된 정보를 서비스 소비자들이 인출하지 못하는 경우는 종종 있으나, 적절한 단서가 제공되면 서비스 소비자들이 서비스에 대한 재인이나 회상을 하는 경우가 많다. 서비스 소비자는 새로운 자극에 노출되면 그것에 주의를 기울이면서 이해를 하려고 한다. 이와 같은 과정을 거친 정보들이 서비스 소비자들의 차후 행동에 영향을 미치게 된다.

서비스를 어디에서 사는가? 서비스를 판매하는 장소를 서비스 시설이라고 부른다. 미장원, 찜질방, 노래방, PC방이 전부 서비스 시설이다. 오프라인 서비스는 거의 대부분이 서비스 시설을 잘 꾸며야 한다. 이것을 서비스의 물리적 환경(physical environment)이라고 부른다.

서비스 시설의 물리적 환경은 크게 서비스 시설 내부의 것들이 대부분이고, 약간이 서비스 시설 외관과 관련되어 있다. 서비스 시설 내부의 물리적 환경으로는 로비, 오락시설, 객실, 연회시설, 극장, 테니스장, 수영장, 헬스클럽, 골프장, 카지노, 세탁소, 미장원, 이발소, 면세점, 아케이드, 비즈니스센터 등이다. 서비스 시설 외부 물리적 환경이란 주차장과 서비스 시설 외관을 의미한다.

서비스 시설시설은 노후화가 빠른 편이다. 준공 후 수십 년이 흐르면 서비스 시설의 노후화가 진행되면서 서비스 시설 외관과 내부 시설에 대한 리모델링이 수행되는 경우가 많다. 몇 달씩 서비스 시설을 클로징한 후에 전반적인 시설 개보수에 들어가는 것이다.

2) 물리적 환경의 중요성

물리적 환경이 중요한 이유는 환경심리학(environmental psychology)의 관점에서 서비스 시설의 물리적 외관이 서비스 시설 고객의 심리상태에 영향을 주기 때문이다. 예를 들어서, 서비스 시설 내부가 붉은색 계통이면 서비스 시설고객들이 약간 들뜨면서 서비스 시설 내부를 좋아한다고 한다. 그러나 금방 싫증을 내게 된다고 한다. 반면에 서비스 시설 내부가 푸른색 계통이면 서비스 시설고객들이 차분해지면서 서비스 시설 내부에 대해서 반응이 별로 강하지가 않다고 하는데, 반면에 푸른색을 오래 좋아한다고 한다. 이와 같은 것들이 환경심리학적인 서비스 시설 물리적 환경의 이해에서 나온 것이다.

서비스 시설의 물리적 환경에는 앞에서 설명한 대형의 것들뿐만 아니라 서비스 시설객실의 각종 어메니티류(amenity: 칫솔, 치약, 비누, 헤어드라이기)와도 연관이 될 수 있다. 하룻밤에 몇백만 원을 넘는 초고급서비스 시설 객실룸의 인테리어와 함께 목욕실에 배치된 각종 칫솔과 헤어드라이어기도 서비스 시설고객의 물리적 환경의 지각의 보조수단으로 활용될 수가 있다. 인테리어가 약간 떨어져도 어메니티류가 고급이면 인테리어의 지각의 수준이 올라갈 수 있는 것이다. 이와 같은 의미에서는 비즈니스센터의 강화도 좋은 서비스 시설의 물리적 환경의 지각수단이 될 수 있다. 비즈니스 센터는 팩스와 컴퓨터 정도만 있는데 이것이 잘되어 있으면(쓰기가 편하고 그리고 종업원들이 싹싹하면) 서비스 시설고객들이 서비스 시설의 물리적 시설이 좋다고 인식하는 것이다.

3) 서비스 시설 이미지

서비스 시설의 이미지는 크게 세 가지로 나누어질 수가 있다. 화려한 서비스 시설, 깨끗한 서비스 시설, 편리한 서비스 시설이다. 이것은 기본적으로 서비스 점포들이 취급하는 서비스 들이 크게 의류, 식품, 공산품으로 분류가 되기 때문이다. 대형체육시설의 의류코너나 패션전문점, 패션쇼핑몰, 의류점들과 온라인의 전자상거래 쇼핑몰의 의류코너와 TV 홈쇼핑의 패션방송이 거의 전부 화려한 서비스 시설을 지향한다. 실제로 화려하거나 예쁘게 보여야 매출을 지속적으로 상승시킬 수 있다고 현장실무자들이 이야기한다.

배경음악은 서비스 시설에 영향을 준다. 배경음악이 좀 빠르면 손님들이 빠르게 움직이고, 좀 느리면 느긋하게 쇼핑한다. 세일을 할 때는 빠른 음악을 틀어서 회전율을 높이고, 오후 시간대에는 좀 느린 배경음악을 트는 것이 보통이다. 고급서비스 시설들은 느린 음악을 많이 애용한다.

종업원의 옷차림과 태도도 서비스 시설이미지에 영향을 준다. 종업원들이 볼품이 없으면 손님들이 종업원에게 반말도 쓰면서 마구 대한다. 그러나 종업원들이 깔끔하게 옷맵시를 갖추고 있으면 손님들도 정중하게 종업원들을 대한다고 한다. 또한 손님들이 쇼핑할 때 종업원들이 손님들과 눈을 직접적으로 마주치면 불편감을 느낄 수 있다. 따라서 멀리서 손님들의 행동을 주시하면서 필요한 것이 있으면 달려가서 도와주는 것이 좋다고 현장실무자들이 언급한다.

4) 서비스 시설 배치

서비스 시설 바로 앞의 전면부는 통행하는 서비스 소비자들의 시선을 끌어야 한다. 간판은 크고 눈에 잘 뜨게 만들어야 한다. 눈에 가장 잘 뜨이는 색깔이 빨간색이다. 서울 시내의 많은 서비스 시설들이 서비스 소비자들의 눈길을 끌려고 간판을 빨간색으로 만든 경우가 많다. 그런데 과거에 빨간색 간판이 문제가 된 적이 있었다. 서비스 시설에서 간판을 빨간색으로만 하면 시민들에게 위화감을 조성하면서 붉은 혁명의 공산화를 연상시킨다고 규제하려고 하였다. 그러나 많은 사람들이 간판에만 규제하는 것은 문제가 있다는 반론을 제기해서 규제시도가 없어진 적이 있었다.

서비스 시설 앞에는 입간판을 놓아서 지나가는 사람들이 볼 수 있게 만들고, 서비스 시설 전면부의 통로에는 충동성이 있는 서비스 들을 진열하는 것이 보통이다. 중소형 서비스 점포들은 서비스 시설 전면부를 적극적으로 활용하고 있으나, 대형 서비스 시설들은 지저분하다는 느낌을 주기 싫어서 서비스 시설 전면부를 거의 활용하지 않는다.

서비스 소비자가 서비스 시설 내에 들어와서 카운터를 중심으로 서비스 시설을 보면서 자신이 구매하려고 하는 서비스가 있는 곳을 찾아간다. 서비스 시설 내 배치의 기본 원칙은 서비스 소비자들이 쉽게 원하는 물건을 찾을 수 있게 하는 동시에, 서비스 시설 전체를 돌아볼 수 있도록 동선을 만드는 것이다. 서비스 소비자들이 필요한 것만 구매하고 나가게 되면 큰 서비스 시설의 경우에 비효율적이다. 그래서 되도록 서비스 소비자들이 서비스 시설의 구석구석을 돌아볼 수 있도록 배열하는 것이 기본원칙이다.

5) 가격과 서비스 물리적 환경

서비스를 구매하는 서비스 소비자는 가격을 지불해야 한다. 영화관에서 영화를 보면 정해진 대금을 지불해야 하고, 영어학원에서 영어를 배워도 수강료를 내야 한다. 눈에 안 보이므로 가격이 적절한지 아닌지를 명확하게 알기가 쉽지 않다. 서비스를 구매하고 나서 상당한 기간이 흐르는데 "가격이 비싸니 다 못내겠다."라는 고객의 불평이 나오는 경우가 종종 있다. 예를 들어서, 장기간의 컨설팅서비스를 구매하고 계약할 적에 절반의 대금을 지불하고, 나머지 절반은 계약이 완료된 이후에 지불하기로 약정하는 경우가 종종 있다. 계약하기 전에는 상당히 부픈 기대감을 가지고 컨설팅업체와 협의하고 절반의 대금을 미리 지불했다. 그리고 실제 컨설팅을 받아 보니까 기대보다 수준이 떨어지는 것 같은 경우에 계약된 나머지 대금을 못 내겠다고 항거하는 경우가 종종 나타나서 피곤해지는 경우가 있다. 서비스의 품질에 대한 정확한 인지를 사전에 하기가 쉽지가 않아서 가격결정이 어려워지는 경우가 종종 있다.

병원건물은 의료서비스의 서비스 장소가 된다. 교통사고가 나서 인근 병원의 응급실로 119에 의해서 실려 온 응급환자에 대한 의료서비스는 응급실에서 발생한다. 혹은 교통사고가 심각하고 환자가 이동이 불가능한 경우에는 의사와 간호사가 현장으로 출동하게 되면 현장이 바로 서비스 경로가 된다. 서비스가 발생하는 공간의 각종 물리적 시설들이 서비스의 평가에 직접적인 영향을 준다. 이것을 물리적 증거관리라고 부른다. 가을에 조용한 북카페에서 책을 읽으려고 하는데 실내 온도가 너무 덥게 되면 독서하는 사람이 졸게 된다. 이것보다는 독서에 적절한 온도관리를 하면서 은은한 음악을 나지막하게 틀어 주는 것이 좋은 서비스 마케팅이 될 수 있다. 서비스 현장의 여러 가지 물리적 요소들이 서비스 소비자에게 영향을 주는 것이다.

4. 서비스 시설 운영관리와 판매종결

1) 서비스 시설 운영관리의 개념

서비스 시설이란 오프라인 서비스 점포에서 진열되어 있는 공간들을 창의적이고 독특하면서 효율적으로 관리되는 면적을 의미한다. 서비스 점포의 전면부와 입구 그리고 서비스 점포내의 서비스 시설 전체와 후면의 백스토어까지를 전부 포함한다. 손님들이 방문하고 싶어 하는 산뜻한 인테리어로 서비스 시설을 꾸미고 어느 정도 시간이 흐르면 서비스 진열을 바꾸어가면서 신선감을 제공해야 지속적으로 경쟁력을 갖출 수 있다.

보통 대형체육시설의 서비스 점포외부의 시설공사와 내부의 서비스 시설진열 개보수에는 수백억 원대의 돈이 들어간다. 우리나라의 대형체육시설들은 보통 만 평 내외의 대규모로서 그 지역의 랜드마크 빌딩으로서의 역할을 한다. 밤 열두시에 먼 거리에서도 대형체육시설을 알아볼 수 있을 정도로 야간조명도 밝혀 놓고 있다.

미국은 거의 전 서비스 점포들이 24시간 동안 환하게 서비스 시설 내외부를 밝혀 놓고 있다. 24시간 내내 영업을 하는 미국의 서비스 점포들을 포함해서 야간에는 영업을 하지 않는 서비스 점포들도 외부에는 항상 조명을 밝게 비추고 있다. 전기 값이 상당히 저렴한 것도 이유 중의 하나이지만 외부에서의 침입에 대비해서 누구든지 서비스 점포 내부로 침입이 들어오는 것을 쉽게 인지할 수 있도록 하는 의미가 더 크다.

우리나라의 대기업 서비스 업체들은 서비스 시설을 전문적으로 관리하기 위해서 산업디자인 전공이나 인테리어를 전공한 사람들을 전문인력으로 채용하는 추세이다. 서비스 시설의 손님의 대부분이 여성이고, 여성들의 우아한 취향이나 산뜻한 개성에 맞추어서 서비스 점포 내외부의 서비스 시설 운영관리를 위해서는 다른 서비스 점포들과 차별화된 경쟁력을 강화하겠다는 것이다.

서비스 시설관리의 효율적 차별화 자체로 매출액이 얼마나 더 증대되었는지를 확인하는 것은 쉽지 않다. 이것은 매출액 증대에는 여러 가지의 요소들이 결합해서 작용하는데 서비스 점포내외부의 서비스 시설이 산뜻하고 보기 좋다고 해서 손님들이 얼마를 더 지출했는지에 대한 데이터를 구하는 것이 쉽지 않기 때문이다.

2) 서비스 시설 운영관리의 중요성

서비스 시설 운영관리의 효율적 차별화 자체로 매출액이 얼마나 더 증대되었는지를 확인하는 것은 쉽지 않다. 이것은 매출액 증대에는 여러 가지의 요소들이 결합해서 작용하는데 서비스 점포 내외부의 서비스 시설이 산뜻하고 보기 좋다고 해서 손님들이 얼마를 더 지출했는지에 대한 데이터를 구하는 것이 쉽지 않기 때문이다.

우리나라의 대부분의 오프라인 서비스현장에서는 보통 4단계를 거쳐서 팔고 있다. 4단계는 관찰 → 접근 → 판매설득 → 판매종결이다. 4단계를 효율적으로 수행하는 서비스 업체들이 발전 할 수 있다. 각각의 단계들의 고객관리 방법을 설명하면 다음과 같다.

첫째는 관찰의 단계이다. 서비스 점포 내로 걸어 들어오는 손님을 면밀하게 관찰해야 한다. 우리 서비스 점포를 이용하려고 온 손님인지, 아니면 그냥 구경삼아 들어온 사람인지를 판단하는 것이 필요하다.

둘째는 접근의 단계이다. 손님이 지나가다가 점원의 앞에서 멈추는 경우는 찬스가 될 수도 있다. 일단 손님에게 서서히 발길을 향한다. 손님이 살펴보다가 도움이 필요할 것 같으면 점원 쪽으로 고개를 돌리게 된다. 그때에는 살며시 접근을 하면 고객이 말을 걸어오는 것이 보통이다.

고객의 학력이 낮거나 고객의 서비스 평가 경험이 적은 경우에는 일방적으로 서비스의 장점만을 설명하는 접근(one-way communication)이 성공할 수도 있다. 그러나 최근에는 젊은 층의 대부분이 고학력이고 서비스 평가 경험이 많아 서비스를 신중하게 고르는 편이다. 따라서 서비스의 장점과 단점을 솔직하게 밝히는 접근(two-way communication)이 더 효과적 일 수 있다.

셋째는 판매설득의 단계이다. 고객이 일단 서비스가 마음에 들게 되면 그 다음에는 가격표를 보면서 자신의 구매력과 비교해 보게 된다. 구매를 하고 싶은 마음이 굴뚝 같아도 서비스의 가격이 서비스 소비자의 지불수준을 넘어서게 되면 구매를 못하는 것이 정상이다. 전세계에서 신용카드의 보급이 가장 많은 우리나라에서는 성인의 거의 대부분이 신용카드를 가지고 있다. 신용카드 결제는 일단 현찰보다는 고객에게 부담이 덜 된다. 할부가 된다는 것도 장점이다.

넷째는 판매종결의 단계이다. 판매종결은 서비스 소비자에게 서비스를 제공해 주고 대금을 받으면 된다.

3) 서비스 시설에서의 결제

서비스 판매는 서비스 소비자를 서비스 시설에서 맞이해서 세일즈를 종결하는 행위이다. 서비스 소비자를 대하는 종업원의 생각과 태도 그리고 행동과 대응방법에 따라서 서비스 판매매출의 상당수가 영향을 받는다. 서비스 판매에서는 뛰어난 종업원들이 얼마나 있느냐가 성공의 관건이다. 얼마나 뛰어난 종업원을 선발하고 그들을 어떻게 교육해서 최고의 서비스 판매종업원으로 활용하느냐가 서비스 판매성공과 직결된다.

서비스 판매활동에서 종업원이 관련되는 분야는 크게 세 가지이다. 첫째는 판매와 관련된다. 서비스 시설 대부분의 직원들은 판매현장에서 근무를 한다. 아침에 출근하자마자 서비스 판매현장에 배치되어 그날 판매할 서비스를 점검해 보고 서비스 판매와 관련해서 중요한 점들을 머릿속에서 다시 상기해 보면서 그날의 업무를 준비하는 것이다. 그리고 서비스 시설의 영업이 끝나는 저녁시간까지 서비스 시설에서 근무하면서 판매와 관련된 제반문제들을 취급하는 것이다. 우리나라도 종업원에 대한 교육이 상당히 발전해서 서비스 소비자에 대한 서비스마인드가 어느 정도 잘되고 있다. 물론 규모가 작은 중소형 서비스 점포에서는 아직도 서비스 마인드가 부족한 것은 사실이다. 앞으로 나아질 것으로 사료된다. 판매와 관련해서는 종업원들이 서비스 소비자들의 불만처리에 어떻게 대응하느냐가 가장 중요한 핵심사항이다.

둘째는 서비스 판매의 자금관리와 관련된다. 서비스 업체에서 손님이 구매한 서비스의 대금을 신용카드나 현찰로 결제하는 것이 보통이다. 신용카드는 신용카드 단말기를 통해서 확인이 된 후에 결제가 되고 실제로 현찰이 왔다갔다 하는 것이 아니므로 거의 문제가 되지 않는다. 문제는 현찰 결제에서 주로 발생한다. 서비스 소비자들이 내는 현찰을 종업원이 몰래 훔치는 경우가 비일비재하다고 한다. 전표를 뒤바꾸거나 액수를 조작하는 형태로 물건 값을 변경시킨 후에 서비스 소비자가 낸 차액 중의 일부를 종업원이 훔치는 경우이다.

서비스 시설에서 손님들이 가장 많이 결제하는 것은 신용카드 결제이고, 그 다음이 현찰 결제이다. 간혹 대형체육시설과 영화관의 상품권 결제와 선불카드에 의한 결제도 있다. 그러나 대부분은 신용카드와 현찰 결제이다. 서비스 점포의 입장에서는 현찰 거래가 가장 좋은 방법이다. 두 가지 이유들이 있다. 첫째, 영세한 서비스 업체에서는 현찰로 물건을 팔고는 현찰로 결제된 매출액을 세금보고시에 누락시키는 경우가 있다. 대형 서비스업체나 기업체들이 하는 경우에는 현찰 결제를 했다고 해서 매출에서 누락시키는 것은 전산시스템상으로 거의 불가능하다. 그리고 이와 같이 세금탈루를 하게 되었다가 국세청의 세무조사를 받게 되면 엄청난 불이익을 당하게 된다. 세금이 누락된 사실이 언론에 나가면 서비스 기업의 이미지도 문제가 되고 또 미신고 과징금과 추가부담금을 내야 한다.

둘째, 현찰 결제를 하게 되면 받은 돈의 100%가 서비스 업체의 자산이 된다. 10만 원짜리 물건을 팔고는 10만 원을 현찰로 받으면 서비스 업체는 10만 원을 번 것이다. 그러나 손님이 신용카드로 결제를 하는 경우에는 10만 원 결제에 대한 카드수수료를 카드회사에 지불해야 한다. 서비스 업체들이 대형화되면서 카드회사와 줄다리기를 해서 최근에는 카드수수료가 상당히 내려갔다. 대형 서비스 업체들은 1% 내외의 신용카드 수수료를 내고 있고, 중소형 서비스 업체들은 그것 보다 많이 내고 있다.

마무리사례

순천만국가정원 내년부터 야간 확대 운영

전남 순천시가 대한민국 제1호 국가정원 지정으로 '순천만국가정원'을 찾는 관람객이 크게 증가추세에 있어 오는 2016년에 순천만국가정원 야간 운영을 올해보다 확대 운영할 방침이라고 15일 밝혔다.
이를 위해 시는 호수정원과 네덜란드정원 등에 야간 경관 조명 시설을 보완하고 정원만의 특색 있는 볼거리와 체험거리, 야간에 즐길 수 있는 콘텐츠를 준비했다.
특히 봄에는 밤(夜) 꽃구경, 여름에는 갈대 이글루 체험, 가을에는 가을정원 산책, 겨울에는 전망지 별 관람 등 계절별로 정원에 머무를 수 있는 프로그램을 운영한다.
또한 국가정원에 걸맞은 품격 높은 서비스 제공을 위해 내년에도 정원운영과 관리에 노하우를 지닌 업체에 정원운영을 위탁하고, 현장에서 근무하는 운영인력의 피로감 해소를 위해 근무방식을 주 6일제에서 주 5일제 근무로 전환한다.
아울러 관람객의 편의를 위해 출입 · 퇴장 맞이 자동 음향 시스템 설치도 할 계획이다.
순천만국가정원의 연장운영은 늦은 시간까지 관광객을 머물게 함으로써 도심의 활기를 유도해 지역 상권 활성화에 큰 몫을 할 것으로 기대된다.

출처: 시민일보(2015. 11. 15.).

연습문제

1. 서비스 시설 운영관리의 핵심을 기술하시오.
2. 서비스 시설 운영관리의 어려운 점을 설명하시오.

CHAPTER

SERVICE MANAGEMENT

12

서비스 품질경영

1. 서비스 품질에 영향을 주는 환경요소
2. 고객 중심 조직의 이점
3. 서비스 품질의 정의
4. 서비스 품질
5. 서비스 제공에서 제공자(종업원)의 역할
6. 종합적 품질경영
7. 식스 시그마
8. ISO 9001:2008 인증 및 국가품질상
9. ISO 14001:2004 인증의 의미
10. 국가품질상

도입사례

저가 항공사 서비스 품질향상

출범 10년을 맞은 저가항공사(LCC)가 시선을 해외로 돌려 국제노선 발굴에 적극 나서고 있다. 지난해 국내선 승객의 절반 이상이 저가항공을 이용한 것으로 나타난 가운데 제주항공 · 진에어 · 에어부산 · 이스타항공 · 티웨이항공 등 5개 업체는 항공권 가격 중심의 출혈 경쟁에서 벗어나 새로운 노선을 개발하는 데 치중하고 있다. 특히 국제선에서 새로운 수요를 만드는 데 혈안이다.

항공업계 관계자는 "지난 몇 년간 저가항공의 안전문제나 서비스 품질에 대한 소비자의 시각이 긍정적으로 돌아섰다"며 "이들의 수송 분담률이 지속적으로 높아질 것"이라 말했다.

▲ 국적 5개 저비용항공사/조선일보DB

이들 중 제주항공이 국제노선 확장에 가장 활발한 움직임을 보이고 있다. 보잉 737-800 기종 17대를 보유해 저가항공 중 규모가 가장 크고, 실적도 가장 좋다.

제주항공은 총 20개의 국제노선을 운영하고 있다. 상반기에 4개 노선을 추가할 예정이다. 당장 다음 달부터 대구~베이징 노선이 신규취항하며, 오는 4월 오사카 · 후쿠오카 · 타이페이 노선도 새로 열린다.

최규남 제주항공 사장은 "올해 안에 항공기를 4대 더 늘리고, 국내 · 외 정기노선을 30개로 확대할 것"이라며 "올해는 중국시장 개척에 초점을 맞추겠다"고 말했다.

대한항공 · 아시아나항공의 자회사인 진에어와 에어부산은 각각 16개, 12개의 국제노선을 운영 중이다. 진에어의 경우 일본 · 동남아 지역에 노선을 집중한 다른 항공사와 달리 장거리 노선을 공략할 계획이다. 최근 중대형 기종인 B777-200ER 기종을 도입해 인천~괌 노선에 투입했으며, 하와이 호놀룰루 노선도 계획 중이다.

에어부산은 영남권 대도시 수요 확보에 집중하고 있다. 엔화약세가 지속되고 일본 여행 수요가 회복되면서 부산을 거점으로 둔 에어부산을 이용하는 승객이 많아지는 추세다.

에어부산은 현재 12개의 국제노선이 모두 부산발(發)이며, 일본 노선을 지속적으로 증편하고 있다. 또 4월부터는 중국과 베트남, 오는 7월에는 부산~괌 노선을 신규 취항할 예정이다.
티웨이항공은 현재 10개의 국제노선을 운영 중이다. 다음달 대구~상해 노선을 시작으로 인천~오사카, 대구~오사카, 인천~라오스, 무안~텐진 노선을 연이어 취항한다. 현재 13개 항공기를 보유 중인 이스타항공은 올 상반기에 청주~홍콩 취항도 준비 중이다.

〈2015년 1월 30일 기준 저비용 항공사 국제노선 및 항공기 수〉

	제주항공	진에어	에어부산	티웨이항공	이스타항공
국제노선 수	20	16	12	10	13
항공기 수	17	13	13	13	11

이스타항공은 11대의 항공기를 운영하고 있다. 국제노선은 13개다. 현재 항공기 추가 도입을 추진 중으로 오는 4월 청주-홍콩 노선 취항을 준비하고 있다.
항공업계 관계자는 "현재 5개 업체가 치열하게 경쟁 중이지만, 해외노선 차별화 전략에 따라 업계도 빠르게 재편될 것"이라며 "현재로선 중국 시장에 올인할 것이라고 선언한 제주항공의 성장세가 돋보이는 상황에서 대한항공 · 아시아나항공을 배후로 둔 진에어와 에어부산이 추격하는 모양새"라고 말했다.

출처: 조선비즈(2015. 01. 30.).

CHAPTER 12

서비스 품질경영

1. 서비스 품질에 영향을 주는 환경요소

기술의 발전과 고객요구사항의 다양한 변화로 인하여 우리 모두는 넘쳐나는 상품, 즉 수많은 제품과 서비스가 쏟아져 나오는 사회 속에서 살고 있다. 기술의 발전과 고객요구사항의 변화는 기업에게 있어 새로운 사업의 기회를 제공함은 물론 경쟁요소 출연 등 위험요소로 작용하기도 한다.

끝없는 경쟁사회 속에서 살아남기 위한 조직전략으로 대두되어 왔던 품질의 개선 노력, 즉 품질관리, 품질경영, 종합적 품질관리, 종합적 품질경영은 고객만족과 수익극대화와 맞물려 기업에게 있어서는 절대적인 생존전략으로 인식되고 있으며, 기존의 생산자 중심의 품질에서 고객중심의 품질로 변모하고 있다. 본문에서는 품질의 정의를 파악함과 동시에 품질의 종류를 나열하고, 최근에 들어 더욱 중시되고 있는 고객 중점적 품질 특히 서비스 품질에 대하여 설명하고자 한다.

서비스 환경이란 서비스를 제공하거나 제공받는 환경, 즉 서비스 과정상에 놓인 모든 환경을 의미한다. 서비스 환경은 서비스를 제공하는 제공자 중심의 환경일수도 있고 서비스를 제공 받는 고객 중심의 환경일수도 있으나, 서비스 환경의 효율적인 측면과 서비스를 제공하는 제공자와, 제공받는 고객의 인지도에 따라 그 평가가 달리 해석될 수 있다. 다음은 서비스 품질에 영향을 주는 환경요소에 대한 설명이다.

1) 고객의 인식과 기대

고객은 제품이나 서비스를 구매하기 이전에 기대감을 형성하고, 구매시 서비스에 대한 지각을 한다. 결국 고객은 기대와 지각을 비교함으로써 서비스 품질을 인식하게 된다. 기대란 제공될 것에 대한 고객의 느낌으로 물리적 환경과 과정, 서비스 제공자와 관련이 있다.

물리적 환경 = 유형적 요소 ⇒ 본질적 요소 + 부수적 요소

특급호텔의 경우, 고객은 특급호텔이라는 것만으로도 물리적인 환경에 대한 기대품질을 형성하게 된다. 만약 특급호텔이 고객의 기대품질에 미치지 못하는 경우 예를 들면 호텔로비의 유리창이 깨져 있는 상태로 방치되어 있는 등의 경우, 서비스 품질은 저평가받을 수 있다.

서비스 전달과정과 제공자 또한 중요한데 이는 서비스를 전달 받은 고객의 서비스에 대한 인식과 직접적인 연관이 있기 때문이다. 게이터(Gaither)는 다음과 같이 서비스 제공자의 중요성을 강조하였다. 형태를 띠고 있지 않다는 특성상 서비스의 품질은 측정하기가 쉽지 않다. 항공사 승무원들의 품질활동이 좋은 예이다. 승무원들이 항공서비스를 통해 고객에게 제공한 품질에 대하여 고객의 인식을 분석하고 측정하기란 어려우며, 대부분의 경우, 품질활동에 대한 측정기준 조차도 마련되어 있지 않다. 더욱이, 고객들은 자신들만의 기준을 책정하고 그들이 기대하는 서비스 수준과 그들이 전달받은 서비스를 비교하게 된다.

또 다른 복잡한 요인은 일부 서비스에 대해 인지된 품질은 주변 환경에 의하여

영향을 받는다는 것이다. 서비스는 노동집약형이기에 종업원과 고객의 직접접촉이 수시로 이루어지고, 고객들은 '서비스공장'으로 진입하게 된다. 이에 서비스 품질 수준의 상당부분은 서비스를 제공하는 종업원의 역할에 의하여 채워지게 된다.

2) 기술발전

기존 기술의 발전과 새로운 기술의 개발은 기업의 고객요구에 대한 해소는 물론 고객의 이해에 커다란 도움이 되고 있다. 최신 기술을 통하여 기업은 고객과 보다 쉽게 의사소통할 수 있으며, 더욱 신속하고 정확하게 고객서비스를 제공할 수 있다. 기술의 발전은 고객만족을 개선시킬 수 있는 요인일 뿐만 아니라 고객의 만족을 촉진시키는 요인으로 작용해 오고 있다. 결과적으로 기술의 발전을 통하여 기업은 더욱 높은 수준의 서비스 제공이 가능해졌고 동일한 서비스에 대한 과거의 경험보다 고객의 서비스품질 만족도는 향상되었다고 할 수 있다.

기술을 이용한 고객서비스로는 콜-센터를 통한 신속한 고객응대서비스, VIP 고객 전용 핫-라인 운용, 고객데이터베이스를 통한 고객관리 등이 있다. 최근에는 전문적으로 고객관리만을 위한 시스템들도 등장하였는데, 이는 보다 체계적으로 고객을 관리하여 서비스품질을 개선함과 동시에 고객만족을 통해 수익을 극대화하는 데 그 목적이 있다. CRM(customer relationship management)은 고객관리관계를 의미함과 동시에 시스템적인 모든 체계를 포함하고 있다. 현대의 고객관리는 기술의 도움 없이는 효율적으로 추진할 수 없다. 가트너 그룹에 의하면 CRM이란 수익, 매출, 고객만족을 최적화하기 위한 고객 중심의 비즈니스 전략이라고 정의하고 있다. 메타 그룹은 기업의 프론트 오피스 활동을 향상시키는 정보기술을 총칭하는 것으로 영업/서비스/마케팅 운영을 지원하는 운영적 CRM, 운영 중 발생된 데이터를 이용하여 분석을 지원하는 분석적 CRM, CTI로 대표되는 것으로 고객 접점 관리를 담당하는 협동적 CRM으로 정의하고 있다.

3) 경쟁환경

현대의 경영환경은 고객요구의 다양성 증가와 동시에 경쟁환경 또한 더욱 복잡하고 치열해졌다. 경쟁환경의 변화로 고객의 요구는 그 한계를 판단하기가 쉽지 않고 또한 고객이 원하거나 필요로 하는 것조차도 분별하기가 어려워졌다. 이러한 환경에 적응하기 위해서 기업은 생산 · 운영과 재무적 효율, 초점화 된 제품과 시장전략을 강조하는 것으로 대응하고 있다. 기업은 고객서비스 품질이 중요하다는 것을 인식하고 차별화된 서비스 제공으로 경쟁우위를 달성해야 한다.

2. 고객 중심 조직의 이점

기업 경영환경이 생산시스템의 효율성을 강조하는 생산자중심에서 고객의 전반적인 만족을 중시하는 고객중심으로 변환하면서 품질의 필요성은 더욱더 부각되고 있다. 품질의 개선은 고객만족을 실현가능하게 할 뿐만 아니라 이를 통해 기업의 수익을 극대화함은 물론 고객과 기업 모두에게 다양한 차원의 상승효과를 제공한다. 기업의 고객만족에 대한 노력, 즉 제품공정개선, 서비스 개선 등은 제품수명주기 연장, 고객유지율 증가 등으로 연결되어 기업의 존재성을 강화시키고, 고객은 만족활동을 통하여 더욱 신뢰할 수 있는 제품 또는 서비스 창출에 직접 관여할 수 있으며, 이를 통해 더욱 높은 품질의 제품이나 서비스를 제공받을 수 있게 된다. 이렇듯, 품질의 개선노력은 기업과 고객 모두에게 긍정적인 효과를 제공하고 이를 위해 기업과 고객은 함께 공생하고 협력해야 한다.

기업 경영환경은 고객중시 특히 친환경 정책 등 외부적인 요인으로 더욱 복잡해지고 있다. 이에 기업은 제품, 고객, 경쟁자, 기술, 정부, 법과 규제, 환경, 자원 등 경쟁 환경을 구성하는 수많은 요소들의 조화로운 활용을 통해 경영환경을 개선하는 노력을 전개하여야 할 것이다.

Ferdows 교수(1990)는 모래성이론(sand cone theory)을 통해 기업의 경쟁력 형성을 위해서는 품질-Delivery-Flexibility-Cost의 성과가 누적되어야 한다고 했다. 이는 품질의 체계적인 조화 없이는 기업의 경쟁력이 없음을 나타내는 말이기도 하다.

고객만족은 기업경쟁력을 강화시키고, 경쟁력이 강한 기업은 제품이나 서비스 제공에 있어 개선노력의 결과물로 높은 품질의 제품, 서비스를 고객의 기대에 부응하는 가격(비용)에 제공가능하다. 다음은 서비스 품질의 관리조직에 대한 이점을 나열한 것이다.

- 고객만족을 통한 고객충성도 향상 → 고객만족을 통한 비용절감 효과
- 대체판매의 기회 증대 → 고객과의 관계발전으로 매출증가 효과
- 종업원의 사기 증가, 노사관계 개선, 경영진에 대한 충성도 증대 → 이직률 감소 등
- 기업이미지 향상, 가격 경쟁력 확보가능 → 마케팅 비용 감소, 매출 증대 효과

3. 서비스 품질의 정의

서비스 품질에 대한 정의는 다양한 선행연구를 통해 알 수 있듯이 해석하는 주체와 활용주체에 따라 조금씩의 차이는 있으나 대부분은 고객만족이라는 공통적인 주제를 중심으로 설명되고 있다. 다음에서는 품질의 발생과 일반적인 정의 그리고 서비스 품질에 대하여 알아보자.

1) 서비스 접점

진실의 순간(moments of truth) 혹은 중요한 순간(critical incidents)라고 불리는 서비스 접점(service encounter)은 스칸디나비아 항공의 Jan Carlson 사장에 의하여 보편화 되었다. 서비스 접점이란 서비스 제공자와 고객 간의 직접적인 상호작용(조직, 종업원, 고객)을 말한다. 서비스 접점에서 종업원이 서비스 공동생산자 역할을 수행하고 있는 고객을 향하여 어떻게 대하고 있는지 여부에 따라 고객의 참여행위 정도는 많이 달라질 수 있을 것이다. 즉, 종업원의 고객에 대한 응대행위나 서비스 행위에서 고객이 서비스 품질의 수월성을 인지하게 되면 이는 그들로 하여금 서비스 생산과정에 보다 깊이 몰입하게 하여 다양하고 적극적으로 투입하게 할 것이다.

양질의 종업원 서비스 행위가 고객에게 넘쳐 흘러가게 되고 이를 고객이 지각하게 되면 고객은 생산과정에 보다 많은 기여를 하게 된다. Parkington과 Schneider(1979), Schneider와 Bowen(1985)을 포함한 여러 선행연구에서 '서비스 종업원(직무) 만족 → 고객만족'과 같은 감정적 이전(emotional transfer)을 발견할 수 있듯이 이들 사이에는 행위적 이전(behavioral transfer) 또한 발생할 수 있다.

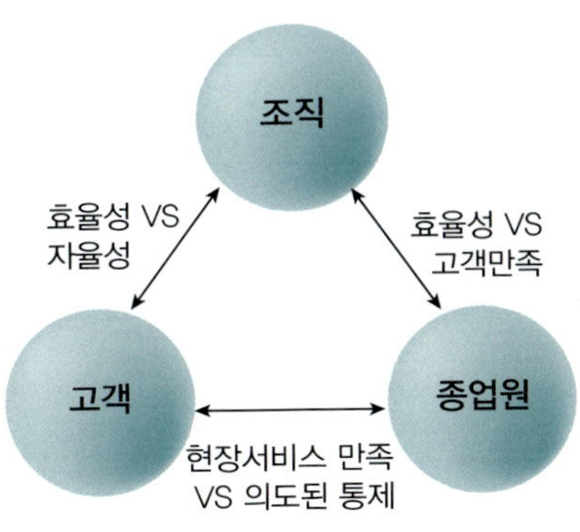

- 조직은 이익증대 추구, 서비스 과정 통제, 종업원의 자율성 제한, 종업원은 조직에 자율성을 기대 (조직 vs 종업원)
- 조직은 효율성 추구로 서비스 범위 축소하고 고객 불만족 발생, 고객은 조직에 고객만족을 기대 (조직 vs 고객)
- 고객의 행동통제로 업무관리 추구, 고객은 서비스 상황통제 추구, 종업원은 고객에 대해 의도된 통제를 시도, 고객은 종업원에게 현장서비스 만족을 기대함 → 의도된 통제문제 발생 (고객 vs 종업원)

[그림 12-1] 서비스 접점의 삼각대

Fitzimmons와 Fitzimmons는 부분적으로 종업원의 역할을 수행하면서 서비스 전달과정에 참여하는 고객은 사회적 통념에 의해 정의된 혹은 서비스 설계에 의해 규정된 규칙을 따라야 한다고 하였으며, 만일 고객이 적절한 규칙을 따른다면, 고객과 서비스 제공자 모두가 서비스 접점에서 상대방을 존중하는 역할을 수행할 수 있기 때문에 서비스 접점에서 각자의 행동을 예측할 수 있다고 했다. 또한 고객은 여러 다양한 서비스 제공자들과 더불어 많은 접점을 경험하게 되고 각각의 '진실의 순간'은 곧 서비스 품질에 대한 고객의 인식에 영향을 줄 수 있는 기회가 된다고 하였다.

Krajewski와 Ritzman은 서비스 과정에서의 고객참여에 대하여 제조공정과 달리 서비스 과정에서는 고객이 과정의 일부가 되는 경향이 높다고 하고는 고객은 실체적인 참여 없이도 높은 접촉을 나타낼 수 있다고 했다(예컨대 인터넷). 또한, 서비스 과정에 고객이 참여하는 빈도가 높을수록 고객 접촉도는 높다고 하였고, 고객의 접촉정도는 서비스 제공단계에서 소요되는 전체시간 대비 고객이 과정에 참여한 시간을 계산해서 측정가능하다고 하였다. 이에 고객의 접촉도를 높이기 위해서는 고객의 서비스 전달(제공)과정의 참여를 유도하여야 한다.

〈표 12-1〉 서비스 과정의 고객접촉 매트릭스

(→ 고객접촉도, 고객화 정도 낮음)

(↓ 복잡성 분산 감소 · 라인 업무 흐름 증가)

특성 \ 서비스 과정	고객과의 상호작용, 고객화 정도 높음	고객과의 일반적 상호작용, 표준화된 서비스	고객과의 상호작용 낮음, 표준화된 서비스
복잡한 흐름, 업무 복잡, 기대치 높음	Front Office 전방 종업원		
유동적 흐름, 업무 지배적, 업무 복잡성 감소		Hybrid Office 혼합 종업원	
라인 업무 흐름, 업무 보편화, 업무 이해도 높음			Back Office 후방 종업원

출처: Krajewski, L. J., & Ritzman, L. P. (2004). Operations Management-Processes and Value Chains. p. 95.

서비스 운영의 관점에서 서비스 시스템을 분류할 때 활용 가능한 기준 중의 하나가 서비스 전달 과정에서의 고객과의 접촉 정도(customer contact)라고 할 수 있다. 고객 접촉은 시스템에 고객의 존재가 포함됨을 나타내고, 서비스의 전달 과정은 서비스 제공 자체에 고객이 관여되는 작업 과정을 나타낸다. 여기서 접촉의 정도는 대략 고객에게 서비스가 수행되는 총 시간에서 고객이 시스템에 관여되는 시간의 비율로 정의될 수 있다. 일반적으로 말하면, 서비스 시스템과 고객 간의 접촉 시간의 비율은 생산 과정에서 둘 사이의 상호작용의 정도를 나타내는 것이다.

이 개념에 따르면, 고객 접촉의 정도가 높은 서비스 시스템은 고객과의 접촉이 낮은 시스템보다 제어하기가 어렵고, 합리적으로 업무를 처리하기가 어렵게 된다. 고접촉 시스템에서의 고객은 요구시간, 서비스의 품질 또는 지각된 품질에 영향을

〈표 12-2〉 고객 고접촉 및 저접촉 정도에 따른 운영의 주요 차이점

설계의사결정	고접촉 시스템 (지점 등 전방서비스)	저접촉 시스템 (수표 처리센터 등 후방서비스)
위치	고객과의 근접	전문인력, 원자재 구입 등이 용이함
배치	고객의 물적, 심리적 욕구를 충족시킬 수 있게 배치	생산 효율성 극대화 측면에서 배치
제품 설계	제품 자체뿐만 아니라 주변 환경까지 고려	제품 설계가 중요
전달 과정 설계	생산 과정은 고객에게 직접 영향을 끼침	고객은 대부분의 전달 과정에 참여 안함
스케줄	고객은 생산 스케줄에 반드시 포함되어야 함	고객은 생산 스케줄상 완료 단계에서 고려
생산 계획	주문은 재고 유지가 불가능	미납주문 및 안정적 생산 가능
작업자 기술정도	작업집단이 고객과의 직접 접촉이 필요하므로 대고객관리 기술이 중요	작업집단은 업무의 기능적 처리 기술만 중요
품질관리	품질기준도 고객에 따라 다양함	품질수준은 측정 가능함
표준시간	서비스 시간은 고객에 따라 다르며 표준이 정해지지 않음	표준시간 일정함
보수	다양한 고객 작업에 따라 시간 기준 급여제도 선호	산출기준 급여제도 선호
능력 계획	피크타임 수요에 생산능력계획 적용함	재고가 가능하기 때문에 평균수요수준의 생산능력계획을 적용함

미칠 수 있다. 〈표 12-2〉는 고객접촉 정도에 따른 서비스 운영의 주요 차이점을 설명하였다.

〈표 12-2〉는 고객과의 접촉 정도에 의한 서비스 운영 시스템의 특징들을 운영분야의 의사결정에 영향을 주는지 이해할 수 있다. 은행처럼 대부분의 일이 고객과의 접점이 아닌 후방에서 이루어질 때에는 고객들이 제시하는 소정의 양식(청구서 등)에 따라 이루어짐을 알 수 있다. 그러므로 서비스 시스템을 설계할 경우에도 산출율의 최대화를 목표로 설계가 이루어지는 공장과 동일한 원리를 활용해야 한다.

Fitzimmons와 Fitzimmons는 서비스 접점을 서비스 청사진의 가시선 위에서 형성된다고 하였다. 제조 과정 설계의 경우와 마찬가지로, 서비스 프로세스 설계의 표준 도구는 순서도를 그리는 것이다. 최근, 서비스 전문가들은 과정 설계의 중요성을 강조하기 위해 순서도를 서비스 청사진(service blueprint)이다.

서비스 청사진의 특징은 첫째, 가시선으로 서비스의 고객 접촉 부분과 고객이 보지 못하는 활동 사이를 구별하는 것이다. 이 구별은 순서도 위에 가시선으로 그려진다. 둘째, 고객의 행동이 나열되고 상호작용선이 나타난다.

4. 서비스 품질

1) 서비스 품질의 정의

Lewis와 Booms(1983)는 서비스 품질이란 인도된 서비스 수준이 고객의 기대(expectation)와 얼마나 잘 일치하는가의 척도(measure)라고 정의하였으며, Gronroos는 서비스 품질은 소비자의 지각된 서비스와 기대한 서비스의 비교평가의 결과이며 기술적 품질, 기능적 품질, 이미지와 같은 제 변수와 함수관계가 있다고 주장하였다.

Parasuraman, Zeithaml과 Berry에 의하면 소비자들이 지각한 서비스 품질이란 서비스 기업이 제공해야만 한다고 느끼는 소비자의 기대와 제공된 서비스 기업의 성과에 대한 소비자들의 지각의 차이라고 정의하였다. 가장 널리 알려져 있는 서비스 품질의 결정요소는 Parasuraman 등(1985, 1988)이 제시한 모형이다. 그들은 고객의 기대와 서비스 지각을 형성하는데 중요한 기준을 열 가지의 차원으로 제시하였다. 그 차원과 내용이 〈표 12-3〉에 나타나 있다.

〈표 12-3〉 서비스 품질의 차원들

차 원	내 용
유형성(tangibles)	서비스 기업이 보유하고 있는 물적 시설(장비, 도구), 종업원의 복장, 용모 등
신뢰성(reliability)	약속된 서비스를 정확하게 이해하는 능력(정확한 계산, 시간엄수)
반응성(responsiveness)	고객에게 서비스를 신속하게 제공하려는 의지
의사소통(communications)	고객의 말에 귀를 기울이고, 고객들이 이해할 수 있도록 정보를 제공하는 능력
신용도(credibility)	서비스 제공자의 신뢰도, 진실성, 정직성
안전성(security)	고객은 서비스 제공 과정이나 서비스 결과로부터 어떤 위험 부담이나 심적 부담이 없어야 함
능력(competence)	서비스 수행에 필요한 종업원들의 기술과 지식의 소유 정도
예의(courtesy)	고객과 만나는 종업원의 친절, 배려, 공손함
고객의 이해(understanding/knowing the customer)	고객과 그들의 요구를 알려고 노력하는 정도
접근성(access)	서비스 시스템에 대한 접근가능성, 접촉의 용이성 등(주차가 편리한 입지, 교통이 편리한 입지)

출처: Parasuraman 등(1985, 1988).

이를 요인분석을 통해 내용을 축약하면 다음 다섯 가지 품질차원으로 나타낼 수 있다.

〈표 12-4〉 Parasuraman와 Berry의 서비스 품질차원

품질차원	내 용
신뢰성(reliabulity)	약속된 서비스의 신뢰할 수 있고 정확한 이행
확신성(assurance)	종업원의 지식 및 친절도
유형성(tangibility)	시설의 외형 상태
공감성(empathy)	고객존중
대응성(responsiveness)	고객지원에 대한 의지

2) 서비스 품질 차이모형

서비스 품질은 각각의 서비스에 따라 다르게 평가된다. 이는 서비스가 다양하고 서비스를 제공하는 종업원과 고객들 또한 다양하기 때문이다. 각각의 서비스에 따라 고객이 또는 종업원이 지각하는 것이 다르고 또한 상호작용에 대한 과정상에 관여하고 있는 모든 구성원들의 기대 또한 다르다.

서비스 품질의 평가는 서비스 전달과정 중에 일어난다. 서비스 품질과 관련하여 고객만족은 제공받은 서비스의 인지와 요구한 서비스의 기대를 비교하는 것으로 정의할 수 있다. 인지가 기대를 상회할 때 서비스는 특별한 품질로 인식되며 고객감동으로 이어진다. 새로운 제품과 서비스는 조직에게는 수익성 개선, 신규고객 유치, 기존 고객의 충성도 개선, 시장기회 구축 등 다양한 혜택을 제공한다. 그럼에도 불구하고 새로운 제품과 서비스를 활용하는 고객의 만족도는 제품, 서비스, 고객별로 다양하게 측정될 수 있다.

서비스 품질차이라는 개념은 Berry와 그의 동료들에 의하여 광범위한 연구가 이루어졌다. 그들에 의하면, 서비스 품질은 서비스에 의한 고객의 기대와 서비스 집단에 의한 실제 서비스 제공의 지각들 간의 차이로 나타나는 함수로 보았다. 다음은 Parasuraman 연구팀에 의한 서비스 품질차이 모형에 대한 설명이다.

Gap 1 고객의 기대된 서비스

→ 고객의 기대와 고객기대에 대한 서비스 제공자의 지각차이

▶ 결정요인 :
- 마케팅 조사지향성–공식적 혹은 비공식적인 정보 수집을 통해 관리자가 고객의 욕구와 기대를 이해하기 위해서 노력하는 정도
- 하의상달 의사소통–최고경영자가 근로자들로부터 정보의 흐름을 촉진하고 자극하여 알아보려고 노력하는 정도
- 관리의 수준–위에서 아래로 관리의 단계 수

Gap 2 고객의 기대에 대한 서비스 제공자의 지각

→ 고객의 기대에 대한 서비스 제공자의 지각과 서비스 표준/명세와의 차이

▶ 결정요인 :
- 서비스 품질에 대한 서비스 제공자의 지시–경영층이 서비스 품질을 핵심적인 전략 목표로 보는 정도
- 목표설정–서비스 품질 목표가 고객의 기준에 맞추어 설정되어 있는 정도
- 업무의 표준화–서비스 업무의 표준화에 활용할 수 있는 기술 정도
- 타당성의 지각–관리자가 고객의 기대를 충족시킬 수 있다고 믿는 정도

Gap 3 지각에 기초한 서비스 표준/명세 → 서비스 성과차이

▶ 결정요인 :
- 역할 모호성–관리자가 무엇을 원하며 기대를 어떻게 충족시킬 수 있는지 파악하는 정도
- 역할 갈등–직원들 간에 역할에 대해서 서로 조정이 잘되어 있는 정도
- 직원의 직무적합성–직원들의 기술과 직무 간의 조화
- 기술과 직무적합성–장비와 기술의 조화
- 인식된 통제–직원들이 직면한 문제에 대해서 융통성을 발휘할 수 있다고 느끼는 정도

• 팀워크–직원과 관리자의 공동 목표를 위해 노력하는 정도
• 감독통제 시스템–평가 및 보상 체계의 적절성

Gap 4 **실제 제공된 서비스 → 실제 제공된 서비스와 고객에 대한 외부의사소통 불일치**

▶ 결정요인 : • 수평적 의사소통–한 부서와 다른 부서 간, 부서내에서 커뮤니케이션 정도
• 과대약속의 경향–외부 의사소통이 실제 고객들이 받는 서비스를 정확하게 반영하지 않는 정도

Gap 5 **기대된 서비스**

→ 기대된 서비스와 지각된 서비스의 차이

▶ 결정요인: 고객평가, 지각된 서비스가 기대된 서비스와 같거나 클 경우 고객만족

[그림 12-2]의 차이모형에 대한 설명에서 알 수 있듯이, 서비스 품질차이는 서비스 전달의 과정상에 속한 모든 구성원들과 관련이 있다. 특히, 서비스 접점을 형성하는 종업원(직원)과 고객 간의 관계는 서비스 품질차이에서 가장 중요하다고 할 수 있다. 이는 고객이 서비스를 전달받은 이후 스스로 기대한 서비스 품질과 전달받은 서비스에 대하여 인지한 품질을 비교하여 서비스 품질에 대한 스스로의 정의를 내리기 때문이다. 이에 고객과 종업원(직원) 간의 충돌에 대한 결과는 서비스 집단에게 있어 파급효과가 높은 부정적이거나 긍정적인 효과를 부여 가능하다.

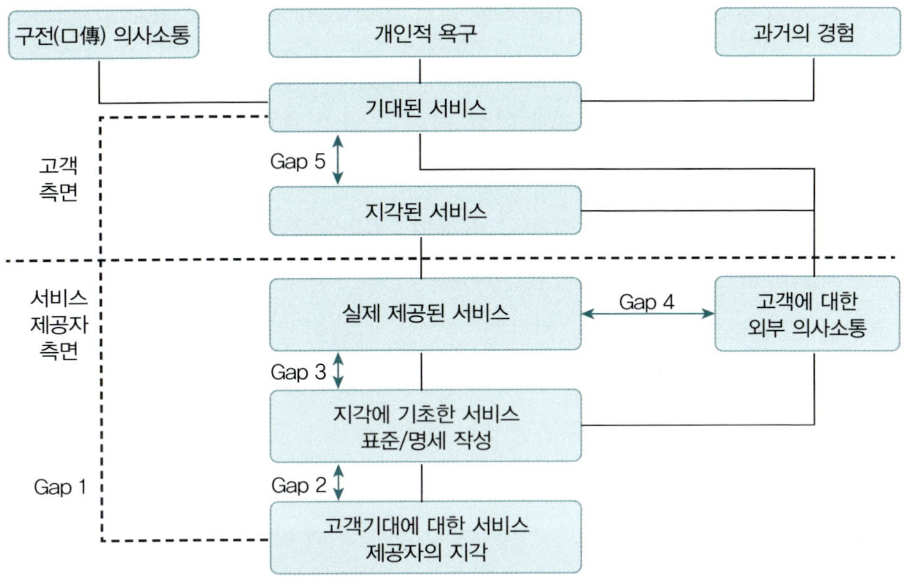

[그림 12-2] Parasuraman 연구팀의 서비스 품질차이모형

출처: Zeithaml, V., Berry, L., & Parasuraman, A. (1988). p. 36.

3) 서비스 품질의 차원

〈표 12-4〉에서 이미 Parasuraman과 Berry의 서비스 품질차원에 대한 설명이 있었으나 본 절에서 좀 더 구체적으로 이를 설명하고자 한다. 서비스 품질의 차원은 다양하며 기본적인 서비스 상품과 부가서비스 모두와 관련이 있다(Gronroos, 1987). 기본 또는 핵심서비스 상품의 경우 기본적인 또는 핵심적인 서비스를 소비할 때 필요하고, 부가서비스는 필요한 것은 아니지만 서비스를 향상시킬 수 있고 경쟁자와 차별화될 수 있는 것을 의미한다. 확장된 서비스는 서비스가 제공되는 방법과 기업과 고객 간의 상호작용을 의미하고 서비스 접근성, 서비스 과정에서의 고객참여, 종업원과 고객간의 상호작용을 포함한다. 고객참여, 종업원과 고객간의 상호작용에 대해서는 이미 위에서 언급하였으므로 추가적인 설명은 생략키로 한다.

〈표 12-4〉에서 포함되지 않은 서비스 품질의 추가적인 결정요소로는 의사소통, 신용도, 안정성, 능력, 예의, 접근성 등이 있다.

서비스 품질을 측정하는 문제에 있어 널리 알려진 모형은 SERVQUAL과 SERVPERF 모형 두 가지이다. Parasuraman, Zeithaml과 Berry(1994)는 기업이 서비스품질을 평가하는 적절한 접근 방법은 소비자의 지각을 측정하는 것이라고 주장하였다. Parasuraman, Zeithaml과 Berry(1988)는 서비스 품질의 개념을 정리한 후, 이것을 측정한 도구로서 SERVQUAL이라고 불리는 다항목 척도를 개발하였으며, 초기에는 서비스 품질의 구성요인을 10개 차원(97개 항목)으로 도출하였으나 이후 5개 차원(22개 항목)으로 축약하였다(김연성 외, 2005; 송광석, 2007).

Gronroos(1988)의 연구에서 다섯 개의 범주에 여섯 번째 특성인 회복성(recovery)을 추가시켰다. SERVQUAL 모형은 설문지를 통해 응답자들이 특정 기업의 어떠한 서비스 특성에 관한 그들의 기대를 몇 개의 차원을 통해 완성하게 된다. 응답자들은 또한 그 기업의 동일한 특성에 대한 성과를 기록하게 된다. 이러한 측정을 통해 기대와 성과의 차이를 비교하게 되며, 여기서 인지된 성과가 기대보다 낮다면 서비스 품질이 낮다는 것이고, 그렇지 않다면 좋은 서비스 품질을 나타낸다. Cronin과 Taylor(1992)는 자신들의 연구에서 SERVQUAL 식의 서비스 품질의 개념화와 조작화가 부적절하다는 주장을 하였다. 이들은 '서비스품질=성과'라는 공식을 수립하고 SERVPERF라고 명명함으로서 서비스 품질을 서비스의 성과로서 측정하고자 하는 노력들을 통합하면서 SERVQUAL가 기존 연구와 개념적으로 상당한 혼란을 야기한다는 것이였다. 즉, 소비자들은 기대와 성과를 비교하여 그 차이를 산술적으로 계산가능하나 실제로는 불가능하다는 것이다.

Teas(1993)는 SERVQUAL 모형에서 기대에 대한 개념 정의와 측정 타당도에 문제가 있다고 지적하였다. 기대수준은 규범적 기대수준이므로 SERVQUAL은 어떤 이상적 기준과의 비교를 나타내며 예견된 서비스와 제공된 서비스의 차이를 나타내지는 않는다고 주장하며, 평가된 성과를 바탕으로 서비스 품질을 측정하는 EP(evaluated performance) 모형과 규범화된 품질(normed quality: NQ) 모형을 제시한 후, 실증연구를 통해 EP 모형이 우수하다고 결론을 내렸다. 다음은 SERVQUAL 모형과 SERVPERF 모형을 구분한 것이다.

〈표 12-5〉 SERVQUAL, SERVPERF 모형 차이

구 분	SERVQUAL	SERVPERF
제 안 자	Parasuraman, Zeithaml, Berry	Cronin, Taylor
모델의 구성	성과-기대	성과
기대의 정의	규범적 기대 - 제공해야만 할 수준	기대측정 안함
측정차원	5개 차원 22개 항목	5개 차원 22개 항목

출처: 김연성 외(2002). 서비스경영.

5. 서비스 제공에서 제공자(종업원)의 역할

고객중심 조직의 한 가지 특징은 그 조직과 접촉한 사람들이 개인적으로 만족스러웠다고 보고하는 점이다. 고객중심 조직이란 주어진 예산의 범위 내에서 자기들의 고객과 공중의 여러 욕구와 요구를 알아내어, 봉사하고, 또 만족시키기 위해 필요한 노력을 다하는 조직이다.

조직이 고객 중심적으로 발전하기 위해서는 고객의 요구를 정확히 파악하고 있어야 한다. 고객의 요구 또는 원하는 바를 정확히 파악한 이후에 고객에게 조금 더 개선된 서비스를 제공가능하기 때문이다. 기업은 제품이나 서비스를 판매하기 위해서 고객을 분석해야 하며, 이를 위해 고객의 구체적인 행위와 특징을 파악해야 한다. 다음은 조직들이 특히 공공조직에서 고객 중심적이지 못한 유형들을 나열한 것이다.

조직들이 고객 중심적이지 못한 세 가지 유형

1. 필요한 예산이나 직원에 대한 권한이 없다.
2. 고객만족보다 업무집중 중시
3. 의도적으로 반응적이지 않음

결국 조직은 종업원에게 권한부여 등 수익극대화를 위한 역할분담에 있어 책임을 분배하여야 하고, 그 이전에 정책적이고 체계적인 시스템을 통하여 고객을 만족시킬 수 있는 종업원을 양성해야만 한다. 물론 종업원과 조직은 고객이 어떤 서비스를 어떠한 형태로 전달받기를 희망하는지 고객의 기대치가 어떻게 되는지에 대하여 서비스 전달과정의 전개 이전에 충분히 인지하고 있어야 한다.

조직은 고객요구 판단 후 서비스 표준/명세를 수립, 제공된 서비스의 확인을 해야 한다. 서비스 제공자는 고객의 요구충족을 위한 의지가 필요하고 이를 위해 공헌해야 한다. 조직은 제공자(종업원)를 모집, 선발, 교육, 훈련, 동기부여 및 포상에 효율적인 시스템을 구성하고 운영해야 한다.

1) 내부마케팅과 Gap 2의 제거

내부마케팅은 서비스 제공자(종업원)들을 내부고객으로 보며, 그들의 직무를 내부 생산물로 보는 것으로 내부고객의 요구충족으로 외부고객의 요구를 충족시키는 능력을 증대하는 것을 의미한다. 내부마케팅의 목적은 동기부여, 세일즈 의식, 훈련 · 교육 등을 통해 고객을 의식하고 마케팅 노력에 충실하게 하기 위함이다.

최근에는 내부고객 만족을 위해서 다양한 접근방식을 활용하는데 재택근무, 시간제 근무 등이 그 좋은 사례이다.

2) 모집, 훈련과 보상과 Gap 3의 제거

서비스 제공자의 직무의 효율성 증대를 위해서는 과정과 기술적 능력, 의사소통 기술, 유연성과 적합성, 그리고 고객과의 공감대가 필요하다. 조직은 서비스 제공자를 교육, 훈련하고 복지시스템을 운영하여 제공자(종업원)의 참여의식과 동기부여를 강화해야 한다. 또한 이러한 시스템에 대해서는 감사 및 지속적인 개선으로 서비스 지향문화를 추구해야 한다. 결과적으로 조직은 Gap 3의 제거를 위해서는 철저한 제공자 교육과 훈련이 필요함과 동시에 수시적인 모니터링이 요구된다. 또한 전체 구성원의 참여확대(의사결정, 의견제시)를 위해 의사결정과 창조적인 서비스 제공활동을 위해 서비스 제공자에 대한 권한부여가 필요하다.

3) 서비스 제공과 Gap 4의 제거

제품위주의 결함과는 달리 서비스의 결함은 고객에게 서비스를 전달하는 동안 생길 수 있는 서비스 기회의 상실에 의해 발생된다. 예를 들면 고객이 전화를 통하여 호텔예약이나 비행기표 등을 구입하고자 할 때 서비스가 신속히 이루어지지 않거나 대기시간 등이 지나치게 길어지는 경우가 이에 속한다. FedEx는 서비스품질측정지표(service quality indicator: SQI)라 불리는 매우 광범위하고 다양한 측정을 할 수 있는 품질측정시스템을 활용하여 기업경영에 그 결과를 반영하고 있다. 이 시스템은 고객에게 서비스를 하는 동안 생길 수 있는 결함들을 사항별로 세부적이고 폭넓게 개발하여 각 항목마다 각각 다른 비중의 점수를 준 것이다.

고객과 사전에 직접 또는 간접, 또는 묵시적으로 약속된 서비스 제공을 실패하는 경우, 서비스 제공 실패에 대한 결과는 매우 혹독할 수 있다. 서비스 제공을 실패하는 경우, 조직의 고객은 더 이상 그 조직과의 연관을 유지하려 하지 않을 수도 있으며, 심지어 실패한 서비스로 인해 추가적인 고객유출과 잠재고객의 유출이 발생가능하다는 것이다. 즉 실패한 서비스 제공은 조직의 홍망과 직접적인 연관이 있다고 해도 과언이 아닐 것이다.

이러한 문제를 사전에 해결하기 위해서는 고객의 요구를 정확히 파악해야 하며, 파악된 결과를 토대로 서비스 시스템과 표준/명세 재수립하고 서비스 제공자 교육 및 훈련하여 고객과의 약속 유지에 최선의 노력을 다하여야 한다. 또한 적절한 광고와 제공자에 대한 승진기회는 필요하나, 고객의 기대와 제공된 서비스의 지각에 영향을 미치므로 너무 많은 약속을 하지 않는 것이 중요하다.

사례

현대백화점

현대백화점(대표 김영태)은 고객과의 열린 소통을 위해 공개형 고객의 의견(VOC) 게시판을 운영하고 있으며, 검색엔진을 달아 고객의 숨은 요구를 빠르게 찾아내 개선하고 있다. 이 게시판은 백화점에 대한 불만 사항이 직원뿐 아니라 다른 고객에게도 공개되는 형태로 고객의 의견을 겸허하게 받아들이고 불만 처리과정을 투명하게 공개하겠다는 의지를 반영했다.

또한 고객상담실, 인터넷, 열린경영위원회, 24개의 서비스접점 의견을 통합 관리하는 '통합 VOC시스템'을 통해 고객 불만 사항에 대한 신속한 대응 및 접점별 개선 활동을 펼치며 한 단계 높은 고객 감동 실현에 힘쓰고 있다.

판매자 실명제, 원클릭 안심제도, 고객제안제도 등의 지속적인 서비스 품질 향상도 도모하고 있다. 특히 원클릭 안심제도는 결제 시 품질확인과 교환, 환불 안내가 기재된 '안심카드'와 '선물교환증'을 스마트 서비스로 제공하는 등의 차별화된 시스템으로 신뢰도 향상에 기여하고 있다.

이와 함께 고객이 편리하게 백화점을 이용할 수 있도록 하는 쇼핑 환경 개선 노력도 돋보인다. 업계 최초로 도입한 '빨간 모자' 서비스는 현재 전 지점에서 130여 명의 빨간 모자 직원들이 식품 매장에 상주하며 고객의 무거운 짐을 주차장이나 정류장까지 운반해 주고 있으며, 구매한 상품을 해당 점포가 아닌 당사 내 타 점포에서도 교환 및 환불이 가능하도록 '점포 간 교환 및 환불 제도'를 운영 중이다.

장애인 화장실 내 인터폰 및 비상벨, 아동・유아층 화장실 내 기저귀 교환대 설치 등 고객의 위생과 안전, 편리성 향상에도 심혈을 기울이고 있다.

출처: 조선비즈(2015. 01. 20.).

6. 종합적 품질경영

종합적 품질경영(TQM)은 '모든 구성원의 지속적 개선활동을 통하여 가장 저렴한 비용으로 고객의 요구와 기대를 충족시키기 위한 지속적 노력과 기업 전체의 경쟁력을 향상시키는 하나의 철학'이라고 정의할 수 있다. 종합적 품질경영은 다음의 내용이 포함된다. 첫째, 품질은 고객에 의하여 정의되어야 한다는 것이고, 둘째, 고객만족을 창출하는 재화와 서비스를 생산하는 데 과정을 중시하여 인간 위주의 경영시스템을 지향하는 것이다.

1) 종합적 품질경영의 특성

우선 전략적 관점에서 품질을 고려하며 고객우선주의, 종업원의 참여, 최고경영자의 적극적인 지원 등을 통해 종합적 품질경영의 특성을 잘 활용할 수 있다. [그림 12-3]에서 보는 바와 같이 종합적 품질경영의 특성을 통해 성공요인을 볼 수 있다.

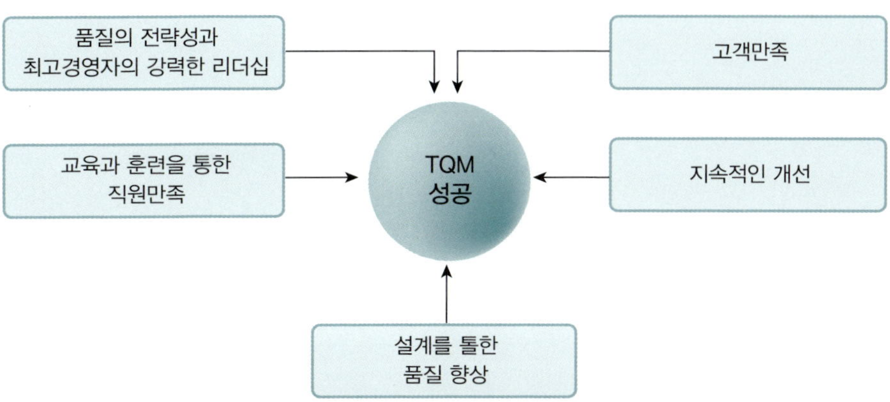

[그림 12-3] 종합적 품질경영의 특성

그리고 지속적인 개선을 통한 PDCA 사이클을 [그림 12-4]를 통한 과정을 볼 수 있다. PDCA 사이클이란 현상을 검토하고, 자료를 수집 분석, 시정조치를 취하고 새로운 표준을 창출하는 일련의 과정이다.

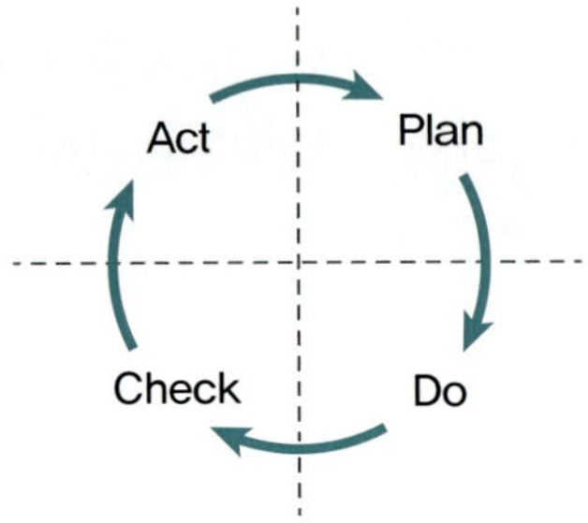

Plan	고객욕구에 의거한 목표수립
Do	계획실행
Check	분석
Act	개선 여부 파악

[그림 12-4] Deming의 PDCA 사이클

2) 종합적 품질경영의 적용절차

다음 [그림 12-5]와 같이 적용절차를 볼 수 있다.

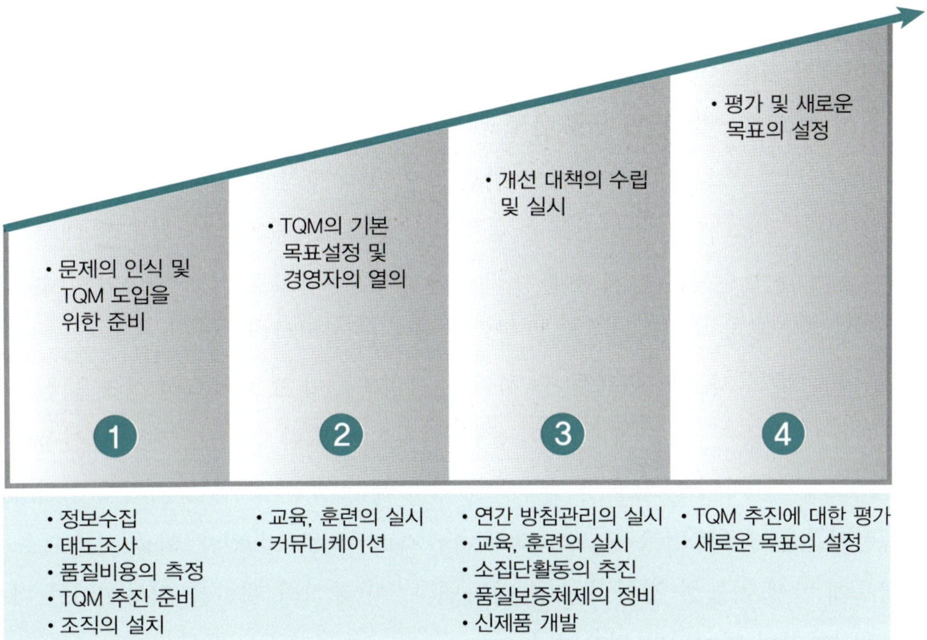

[그림 12-5] 종합적 품질경영의 적용 절차

7. 식스 시그마

1) 정의

식스 시그마(six sigma)는 '경영에서 발생하는 결함을 통계적으로 측정 · 분석하고 그 원인을 제거함으로써 식스 시그마 수준의 품질을 확보하려는 전사차원의 경영 혁신 활동으로 프로세스에서 고객의 만족도를 해치는 변동, 결함(불량품), 낭비를 객관적인 데이터와 분석을 활용하여 제거하고 예방함으로써 기업의 경영성과를 향상시킨다. General Electric이나 Motorola 같은 회사들이 그들의 제품이나 진행과정에 있어서의 결점들을 제거하기 위해 사용하기 시작한 철학과 방법들을 말한다. 여기서 결점은 고객들의 취향과 맞지 않는 모든 요소들을 포함한다.

기업이 제품 및 서비스를 창출하는 과정이나 활동에는 결함이 발생하기 마련인데, 식스 시그마 프로그램은 이런 결함들로 이어지는 진행 과정의 산포를 줄이기 위한 것이다. 식스 시그마는 산포를 품질의 적으로 간주하고 이 이론의 대부분이 이러한 문제를 해결하는 것에 초점이 맞추어져 있다. 참고로 식스 시그마의 수준은 100만 개 중에 불량이 4개 이하로 발생되는 확률을 의미한다.

식스 시그마적 사고의 이점들 중 하나는 경영자들이 프로세스의 성능을 산포개념을 활용하여 측정할 수 있게 하여 준다는 것이며 또한 동일한 기준을 사용하여 다른 프로세스들과의 비교도 용이하게 하여 준다는 점일 것이다. 여기에서 사용되는 측정기준은 DPMO(defects per million opportunities)로 100만 기회를 기준으로 했을 경우에 발생 가능한 결함의 수를 나타낸다. 이 공식의 계산을 위하여서는 다음과 같은 3가지의 데이터가 필요하다.

① 단위(unit): 생산되거나 서비스 되는 제품 및 서비스의 측정 단위
② 결함 수(defects): 소비자의 요구에 부합되지 않는 결함의 수를 단위 기준으로 표현한 것
③ 기회(opportunity): 결함이 생길 수 있는 기회

다음과 같은 공식에 의한 간단한 계산 결과의 도출이 가능하다.

$$\text{DPMO} = \frac{\text{결함 수}}{\text{각 단위마다 일어날 수 있는 오류의 기회 수} \times \text{단위의 수}} \times 1{,}000{,}000$$

예제 1

우리가 관찰한 결과 하루 200,000통 중 200통이 잘못 배달된다. 이러한 상황에서 DPMO는 얼마인가?

풀이

백만 기회당 결함

$$\text{DPMO} = \frac{200}{[1]\times 200{,}000} \times 1{,}000{,}000 = 1{,}000$$

식스 시그마 측정표

σ	%양품률
2	69.1%
3	93.32%
4	99.379%
5	99.9767%
6	99.99966%

다른 각도로 보면

σ (프로세스 능력)	PPM (백만 단위당 결함의 수 (DPMO))
2	308,537
3	66,807
4	6,210
5	233
6	3.4

이와 같은 식스 시그마 프로그램은 두 가지 중요한 요소를 포함하고 있는데 그 중 하나는 방법론적인 것이며 다른 하나는 인적자원과 관련된 조직문화에 관한 것이라고 볼 수 있다.

2) 식스 시그마 방법론(로드맵)

식스 시그마 방법론은 여러 가지의 통계적 도구들을 포함하지만 식스 시그마의 특성은 정의, 측정, 분석, 개선, 그리고 통제의 5단계로 이루어진 DMAIC의 사이클을 활용한다는 점이다. DMAIC 사이클은 지속적인 개선을 위한 PDCA(네 가지 단계로 구성)보다 더 세부적으로 구성된 사이클이다.

식스 시그마와 같이 DMAIC는 과학적인 방법, 특히 가설을 통하여 투입과 산출 사이에서의 관계를 실험 하는 것을 강조한다. 데이터를 분석하고 나열하는 일을 대신 하는 현대의 통계 소프트웨어는 이제 식스 시그마의 일부가 되어버렸다. 무엇보다도 이 방법론의 초점은 고객들이 무엇을 원하는지에 대해 이해하고 고객의 요구를 프로세스를 통하여 개선하는 것이다. 이 중요성을 제대로 인식하기 위해서 어떤 이들은 DMAIC를 "Dumb Managers Always Ignore Customers(멍청한 경영자들은 언제나 고객들은 무시해 버린다)"로 그 약자를 이용하기도 한다. DMAIC의 각 단계는 다음과 같은 내용으로 이어진다.

- Define 정의

  고객과 CTQ, 핵심 비즈니스 프로세스를 정의한다.
  - 누가 고객이며, 제품과 서비스에 대한 고객의 요구사항을 무엇인지, 그들의 제품 및 서비스에 거는 기대는 어떠한지 정의한다.
  - 프로젝트의 범위(프로세스의 처음과 끝)를 정의한다.
  - 프로세스 흐름을 파악하여 개선되어야 할 프로세스를 정의한다.
- Measure 측정

  프로세스의 측정지표를 정의하고 잠재 원인을 도출한다.
  - 프로세스의 출력변수 Y에 대한 데이터 수집 계획을 수립하고 데이터를 수집한다.
  - Y에 영향을 미치는 잠재적인 X인자들을 도출한다.
  - 도출된 X인자를 우선순위화 하고 분석할 X인자를 선정한다.
- Analyze 분석

  결함의 근본원인과 개선기회를 파악하기 위한 핵심적인 X인자를 분석하고 도출한다.

– 잠재인자 x에 대한 데이터를 수집한다.
– X가 Y에 미치는 영향을 정량적, 정성적 분석 기법을 활용하여 분석한다.
– 핵심인자 X를 선정한다.

• Improve 개선

문제를 고치고 미리 예방하기 위해 해결책을 설계하여 목표 프로세스를 개선시킨다.

– 프로세스의 개선안을 도출한다.
– 수행(implementation)계획을 수립하고 실행한다.

• Control 관리

개선 프로세스의 성과를 지속적으로 관리한다.

– 다시 예전의 방식으로 돌아가지 않도록 관리한다.
– 지속적인 관리계획을 수립하고 문서화하여 실행한다.
– 시스템과 구조를 조정함으로써 개선활동을 제도적으로 뒷받침한다.

8. ISO 9001:2008 인증 및 국가품질상

국제표준화기구인 ISO(international organization for standardization)가 설정한 ISO 9000 시리즈는 글로벌시장에서 국제표준의 대명사가 되었다. ISO 9000 시리즈는 1987년에 채택이 되었고 유럽에서 설정한 표준이고, 유럽에 수출하게 위해 필요한 인증이었지만, 이제는 세계 100개국 이상의 국가에서 제품을 수출하기 위한 계약을 하기 위해서는 ISO 9000 시리즈 인증이 필요하게 되었다.

ISO 9000 시리즈는 1987년 스위스 제네바에 본부를 둔 국제표준화 기구인 ISO(the international organization for standardization)에 의해 제정되었다. ISO 9000 시리즈는 규격에 적합한 제품의 생산을 보증하기 위하여 구매업자와 협력업체들로 하여금 품질시스템의 문서화를 요구하기 위해 제정되었다. ISO 9001:2008은 제품의 품질을 보증하는 제도가 아니고, 생산과정에 역점을 두는 제도이다.

ISO 9001:2008의 주요 항목들은 다음과 같다.

1) 품질경영시스템(quality management system)

조직은 조직의 프로세스가 무엇인지, 그 프로세스들이 어떻게 상호 연계되어 있는지, 제품을 제공하기 위해 어떤 자원이 필요한지, 그리고 프로세스를 측정하고 개선하는 방법이 수립되었음을 보증할 필요가 있다.

위와 같이 구축된 이후, 품질매뉴얼(quality manual)과 더불어 문서관리 시스템(document management system) 및 기록관리 시스템(record management system)이 구축되어야 한다.

2) 경영자 책임(management responsibility)

조직의 최상위층의 경영자는 조직의 방침, 목표를 설정하고 시스템을 검토하며 또한 시스템의 효과성을 조직 내에서 의사소통 할 책임이 있다.

3) 자원관리(resource management)

조직은 인적 자원뿐만 아니라 장비, 지원 서비스 등의 물적 자원을 포함한 모든 자원에 대하여 '고객은 합의된 것을 받는다'라는 것을 보증 할 수 있도록, 필요 자원에 더욱 중점을 두어야 한다.

4) 제품실현

제품/서비스를 제공하는데 필요한 모든 프로세스를 포함하여 고객요구사항 접수, 제품의 설계 및 개발, 구매, 제품 및 서비스의 인도의 모든 활동에 대하여 규정한다.

5) 측정, 분석 및 개선

제품, 고객만족, 경영시스템을 측정하는 것, 그리고 시스템의 지속적 개선을 보증하는 것은 시스템 운영에서 있어 필수적이다.

ISO 9000 시리즈 2008년 개정판의 특징을 살펴보면 다음과 같다.

① 점차 서비스 산업의 중요성이 강조되며, 정보화 및 세계화 추세에 맞추어 제조업에서 서비스, 건설, 인터넷, 공공기관으로 활용범위를 확대하여 모든 제품 카테고리, 산업 분야 및 조직에 적용 가능하다.

② 기존의 ISO 9002 및 9003을 제거하면서 요건 서류를 단일화하여 문서화 요구사항을 완화하였다.

③ ISO 9000 시리즈 간의 일관된 사용을 돕는 데 초점이 맞춰졌을 뿐 아니라, 고객이 구매하는 제품과 서비스를 생산하는 프로세스로써 조직을 보는 확대된 개념에 바탕을 두고 상호 연관된 일련의 프로세스를 정의하여 경영시스템을 조직 프로세스에 연계하였다.

④ 조직이 PDCA(plan-do-check-act) 원리 및 프로세스 경영을 적용하는데 융통성을 허용하여, 성과(performance) 중심의 지속적 개선(continuous improvement)을 도모한다.

⑤ 사용자의 다양한 의견을 반영하여 작성되었으며 고객만족(customer satisfac-

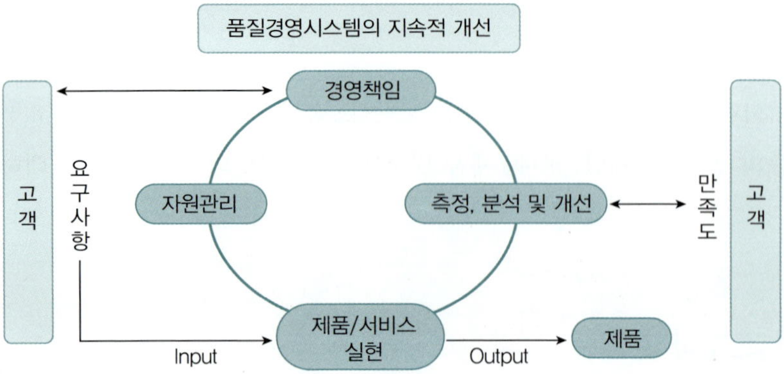

ISO 9001:2008 조항	ISO 9001:2008 요구사항
4. 품질경영시스템	4.1 일반 요구사항 4.2 문서화 요구사항
5. 경영책임	5.1 경영의지 5.2 고객중심 5.3 품질방침 5.4 기획 5.5 책임과 권한 및 의사소통 5.6 경영검토
6. 자원관리	6.1 자원의 확보 6.2 인적자원 6.3 기반구조 6.4 업무환경
7. 제품실현	7.1 제품실현의 기획 7.2 고객 관련 프로세스 7.3 설계 및 개발 7.4 구매 7.5 생산 및 서비스 제공 7.6 모니터링 및 측정 장치의 관리
8. 측정, 분석 및 개선	8.1 일반사항 8.2 모니터링 및 측정 8.3 부적합 제품의 관리 8.4 데이터의 분석 8.5 개선

[그림 12-6] Pocess Approach Model

tion) 실현을 강조하며 최고 경영층의 역할을 강조한다.

⑥ 품질시스템을 운영하는 데서 "절차에 초점을 둔 접근방식(업무활동을 어떻게 하는가를 기술한)"으로부터 "프로세스 접근방법(무엇을 하는가에 더욱 초점)"으로 전환되었다. 이러한 프로세스 접근방법은 조직으로 하여금 사업 효과성과 사업목표를 직접적으로 연계하여 관리할 수 있도록 하는데, 이를 통해 기존의 20개 조항을 5개의 프로세스를 재조종하였다.

⑦ ISO 14001 등 기타 경영시스템과의 호환성이 증대되었다.

9. ISO 14001:2004 인증의 의미

ISO 14001:2004은 각 나라마다 다르게 운영되어 온 환경관리 방법 및 체계를 통일하고 조직체 스스로 환경관리를 위한 체계적 절차를 만들어 지속적인 개선을 해 나가도록 하기 위한 환경경영시스템(environmental management system: EMS)에 관한 국제표준이다. 이는 범지구적으로 환경문제가 심화되면서 국내외 환경규제가 강화되고, 환경단체의 압력이 거세지면서 소비자들의 환경에 대한 인식이 변화되어 점차 환경 이미지의 중요성이 증대되는 가운데 1996년 도입되었다.

환경경영이란 기업 활동의 전 과정에 걸쳐 환경성과를 개선함으로써 경제적 수익성과 환경지속 가능성을 동시에 추구하는 일련의 경영활동을 말한다. 조직이 환경에 미치는 영향을 최소화하면서 환경적으로 지속적인 발전을 도모하는 것이라 할 수 있는데. 이는 사후관리기술(end of pipe technology) 중점으로 운영되어 오던 기존의 환경관리방식에서 탈피하여 요람에서 무덤까지(cradle to grave)와 같이 원료의 조달에서부터 생산, 판매, 사용, 폐기에 이르는 제품의 전 과정을 대상으로 전 직원의 참여를 통하여 전사적으로 환경문제를 해결할 수 있는 체계적인 방안을 모색 할 것을 추구하고 있다. 이를 위하여 청정생산공정기술(cleaner process technology)의 도입을 촉진한다. 즉 ISO 14001:2004 시리즈의 도입은 표준화의 개념이 과거 제품규격이라고 하는 공급자의 관점에서 소비자의 이익을 보호한다는 수요자의 관점으로 전환해 가고 있다는 것을 시사하고 있다.

10. 국가품질상

제조 기업뿐만 아니라 서비스 업체는 이제 서비스 품질을 측정하여야 한다. 이것은 품질을 측정하지 않으면 관리를 제대로 할 수 없기 때문이다. 이것은 각국의 주요 국가품질상을 보면 알 수 있다. 미국의 말콤 발드리지상, 한국의 국가품질상, 일본의 데밍상은 제조업체에게만 상을 수여하지 않고, 서비스업체에게도 수여하고 있다. 그리고 말콤 발드리지 품질대상은 종합적 품질경영의 확산을 목적으로 미국 연방정부에 의해 제정되었고 데밍상은 일본 산업계에 통계적 품질관리기법을 전파시킨 공적을 기념하기 위해 1951년부터 시행하였다.

1996년에는 미국의 말콤볼드리지상을 벤치마킹하여 일본경영품질상(JQA)을 시행하였다. 그에 대한 말콤볼드리지 품질상의 목적은 경쟁력의 공유와 이들의 범국가적인 확대를 꾀하고 고객만족, 품질문제의 예방에 초점을 두고 있으며, 일본경영품질상도 고객만족경영에 초점을 두고 경영의 질을 향상시키는 데에 주안점을 두고 있다. 한국의 경우도 국가품질상을 제정하여 시행하고 있다.

말콤볼드리지 상의 2010년 평가 기준을 보면 다음과 같다.

〈표 12-6〉 말콤볼드리지 국가품질상 평가모형의 범주, 항목

범주	항목	세부평가영역
1. 리더십 (120점)	1.1 경영진의 리더십 (70점) 1.2 지배구조와 사회적 책임 (50점)	a. 비전과 가치 b. 커뮤니케이션, 조직성과의 검토 a. 지배구조 시스템 b. 사회적 책임과 윤리적 행동 c. 사회 공헌
2. 전략기획 (85점)	2.1 전략의 개발 (40점) 2.2 전략의 전개 (45점)	a. 전략기획 수립 프로세스 b. 전략목표와 성과 목표 a. 실행계획의 개발과 전개 b. 성과예측
3. 고객과 시장 중시 (85점)	3.1 고객과 시장의 지식 (40점) 3.2 고객관계와 고객만족 (45점)	a. 고객과 시장 지식 a. 고객관계 형성 b. 고객만족 결정
4. 측정, 분석 및 지식경영 (90점)	4.1 측정, 분석 및 조직성과의 개선 (45점) 4.2 정보, 정보기술 및 지식의 관리 (45점)	a. 수행능력 측정 b. 수행능력 분석, 검토, 향상 a. 정보원천의 관리 b. 데이터, 정보 및 지식경영
5. 인적자원 중시 (85점)	5.1 인적자원 관리 체계 (45점) 5.2 인적자원 복지와 근무환경(40점)	a. 인적자원의 충실화 b. 인적자원 및 리더 개발 c. 인적자원 헌신 평가 a. 인적자원 잠재력과 수용능력 b. 근무환경
6. 프로세스 관리 (85점)	6.1 업무시스템 설계 (35점) 6.2 업무 프로세스 관리와 개선 (50점)	a. 핵심역량 b. 업무시스템 설계 c. 위기관리 a. 업무 프로세스 관리 b. 업무 프로세스 개선
7. 경영성과 (450점)	7.1 제품과 서비스 성과 (100점) 7.2 고객중시 성과 (70점) 7.3 재무와 마케팅 성과 (70점) 7.4 인적자원 중시 성과 (70점) 7.5 프로세스 성과 (70점) 7.6 리더십 성과 (70점)	a. 제품과 서비스 성과 a. 고객중시 성과 a. 재무와 마케팅 성과 a. 인적자원 중시 성과 a. 프로세스 성과 a. 리더십 성과
7	18개 항목	32개 세부 평가영역

마무리사례

'2013 국가 품질경영대회'

"앞으로 1등의 위기, 자만의 위기와 힘겨운 싸움을 해야 한다." 이건희 삼성전자 회장은 올 6월 임직원에게 전한 '신경영 20주년 기념' 메시지에서 "개인과 조직, 기업을 둘러싼 모든 벽이 사라지고 경쟁과 협력이 자유로운 사회, 발상 하나로 세상이 바뀌는 시대가 됐다"고 진단하며 이렇게 강조했다. 주력 계열사 삼성전자의 분기 영업이익만 10조원을 돌파할 정도로 글로벌 초일류 기업으로 우뚝 섰지만, 긴장의 끈을 늦춰서는 안 된다는 강력한 주문이자 다짐이었다. "'마누라와 자식만 빼고 다 바꾸라'는 신경영 선언에 담긴 질적 대전환을 넘어 제품과 서비스, 사업의 품격과 가치를 높여 나가야 한다"고도 했다.

지난 9월 '현대제철 당진제철소 제3고로 화입식' 현장. 7년여의 대장정 끝에 고(故) 정주영 명예회장의 오랜 숙원이었던 일관제철소를 완성한 자리에서 정몽구 현대자동차 회장은 "세계 최고의 철강회사를 향한 끝없는 도전을 계속해 나갈 것"이라고 강조했다. 신형 제네시스 출시를 앞둔 23일에도 당진제철소를 방문, 신형 제네시스에 공급되는 초고장력 강판 생산라인 등을 직접 점검하며 "최고 품질의 강판 생산에 매진해 달라"고 주문했다.

구본무 LG그룹 회장 역시 올해 경영 화두로 "스스로 시장을 창출하는 상품을 많이 만들어 내야 한

국가품질경영대회 부문별 수상내역

유공자

훈격	유공자
은탑산업훈장	김량 (주)삼양홀딩스 부회장
은탑산업훈장	박우동 (주)풍산 방산총괄대표
은탑산업훈장	이대영 태영세라믹(주) 대표
홍조근정훈장	유한주 숭실대학교 교수
철탑산업훈장	서병삼 삼성전자(주) 생활가전사업부 부사장
석탑산업훈장	이교성 (주)신흥콘크리트 대표

기업 • 기관

구분		회사명
국가품질대상		LS산전(주)
		한국남동발전(주)
국가품질경영상		한국남부발전(주)
		(주)호텔롯데 롯데월드
국가품질혁신상	생산혁신상	한국엔겔기계(주)
	설비혁신상	한전원자력연료(주)
	6시그마혁신상	신한카드(주)
	고객만족상	롯데쇼핑(주) 롯데백화점
		마스타자동차관리(주)
	인재개발상	국민연금공단
	명품창출상	(주)신원
	품질경쟁력혁신상	삼성전자(주) 무선사업부
	서비스혁신상	(주)리바트
품질경영추진우수지자체상		울산광역시
서비스품질우수상*		광주광역시도시공사

*국무총리표창, 나머지는 대통령표창

다"며 틈날 때마다 임원들에게 시장 선도 의지를 강조했다.

역사적인 순간을 기념하며, 또는 바로 그 현장에서 재계 총수들이 강조한 것은 '품질'과 '혁신'이다. 삼성전자가 세계 스마트폰 시장점유율 1위를 차지하고, 현대차가 글로벌 100대 브랜드 조사에서 사상 처음 50위권 내에 진입한 쾌거는 '품질 경영'을 바탕으로 끊임없는 혁신을 추구해 온 덕분이다.

산업통상자원부 기술표준원이 주최하고 한국표준협회가 주관하는 '국가품질경영대회'는 선도적인 품질 경영으로 탁월한 성과를 창출한 우수 기업 사례를 전파하고 새 정부의 최우선 국정과제인 '창조경제' 실현 및 산업경쟁력 강화에 기여한 단체를 표창하기 위해 마련됐다.

올해 국가품질상은 서류심사와 현지 확인 심사 등을 거쳐 선정됐다. 표준협회는 올 3월 포상운영계획을 공고하고 심사를 했다. 표준협회는 심사를 하면서 매출액과 영업이익, 고객만족도 등 단순히 결과(지표)만 보는 것이 아니라 과정도 중요하게 평가했다고 설명했다. 리더의 역할과 전략 수립 과정, 인재 육성 방안, 업무 프로세스 등도 종합적으로 반영했다.

올해 국가품질상을 받은 기업과 기관의 사례를 들여다보면 모두 품질을 제1의 가치로 놓고 성장 전략을 세우고 있다는 공통점이 있다. 특히 올해 신설된 품질경쟁력혁신 부문 수상의 영예를 안은 삼성전자 무선사업부는 품질 최우선 경영 문화를 정착시킨 뒤 제품(product)·프로세스(process)·사람(personnel)을 기반으로 한 '3P혁신 활동'을 지속적으로 추진 중이다.

신원이 명품창출 부문에서 수상한 데에는 창업주인 박성철 회장의 몫이 컸다. 박 회장은 수출 및 내수 전체 부분에 직접 관여, 브랜드 론칭부터 전개에 이르기까지 비전과 전략 설정 및 전개 과정을 이끌었다.

품질유공자 부문 최고 영예인 은탑산업훈장 수상자로 선정된 김량 삼양홀딩스 부회장은 품질 경영과 차별화된 혁신활동으로 연간 700억 원가량의 원가를 절감했다.

표준협회 관계자는 "품질 경영과 인재 경영 등은 기업의 경영성과 창출의 바탕이 되는 가장 기초적인 과제이지만 그만큼 핵심적인 요소"라며 "경제위기 속에서 갈수록 치열해지는 글로벌 경쟁에서 생존하려면 결국 품질을 통해 시장을 선도해야 한다"고 강조했다.

출처: 조선비즈(2013. 11. 29.).

연습문제

1. 서비스 품질에 영향을 주는 환경요소를 설명하시오.
2. 서비스 품질의 개념을 설명하시오.
3. 서비스 품질의 차이모형을 설명하시오.
4. 서비스 제공자의 역할을 설명하시오.
5. 종합적 품질경영이란 무엇인지 설명하시오.
6. 식스 시그마란 무엇인지 설명하시오.

CHAPTER 13

SERVICE MANAGEMENT

서비스 기업의 성과측정 및 자원의 최적배분관리

1. 서비스 기업의 성과측정

2. 서비스 자원의 최적배분관리

도입사례

NCSI, 기업 미래 예측하는 유용한 선행지표

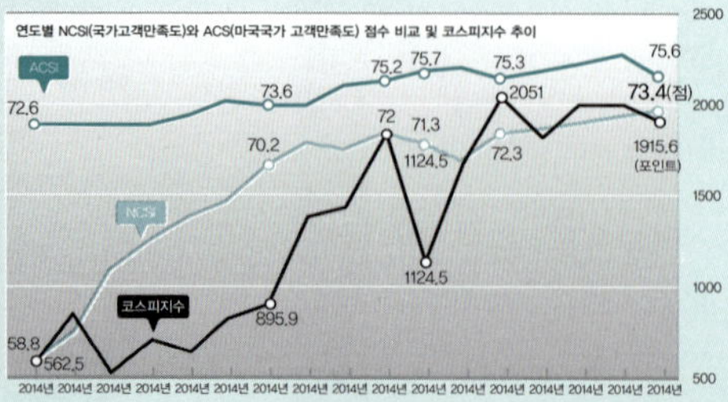

자료: 한국생산성본부, 한국거래소

한국생산성본부의 국가고객만족도(National Customer Satisfaction Index: NCSI)는 국내외에서 생산돼 국내 최종 소비자에게 판매된 제품과 서비스에 대해 고객이 평가한 만족의 정도를 측정해 계량화한 지표다.

NCSI 최소 측정 단위는 개별 기업이 생산하는 제품 또는 제품군이며, 측정 결과는 기업별 · 산업별 · 경제부문별 · 국가별로 발표된다.

NCSI는 측정 모델은 제품 및 서비스에 대한 고객의 기대수준, 인지품질, 인지가치, 종합만족, 고객불평률, 고객충성도, 고객유지율 등을 기준으로 측정한다. 이처럼 구성요소 간 인과관계를 종합적으로 분석함에 따라 그 신뢰도와 완성도가 높다는 평이다.

특히 NCSI는 국가 간 경쟁력 비교가 가능한 글로벌 지표로서 다양한 활용가치를 가질 뿐만 아니라, 국내 기업에 해외 유수 기업과 동일한 기준을 적용해 평가함으로써 경쟁력 제고의 기회를 제공해 나가고 있다.

◆ 경제 선행지표로서의 NCSI

NCSI는 한국의 경제현실을 진단함에 있어서도 유용한 지표로 활용된다.

NCSI와 주가지수, NCSI와 실업률 간의 상관분석 결과, NCSI와 주가지수는 통계적인 상관계수가 0.7643(유의수준 0.01)로 매우 높은 양의 상관관계를 나타냈고, NCSI와 실업률에서는 상관계수가 -0.8919(유의수준 0.01)로 매우 높은 음의 상관관계를 보였다.

이러한 결과는 NCSI가 주가지수 및 실업률 등의 거시경제지표들과 매우 밀접한 관계를 가지고 있다는 것을 보여 주는 대목이다. NCSI가 단순 소비자 만족도를 따져보는 후행(後行)지표가 아닌 경제 성과를 예측하는 선행(先行)지표로도 활용할 가치가 충분하다는 의미다.

실제 경기가 좋지 않을 경우, 고객의 가격에 대한 부담 증가와 기업의 제품 및 서비스에 대한 투자 위축으로 NCSI는 하락할 수 있다. 반면 경기가 호황일 경우, 기업의 고객에 대한 투자, 신제품 출시, 차별화된 서비스 개발이 활발하게 이뤄져 NCSI는 상승할 수 있다. NCSI가 경기상황을 반영한 결과지표의 의미를 갖는다는 점이다.

또 고객들이 해당 기업의 제품이나 서비스에 대해 만족할 경우 해당 기업의 제품과 서비스를 보다 많이 이용하게 되고, 이는 기업의 수익 및 발전으로 이어져 주가지수 역시 긍정적인 모습으로 나타나게 된다. 이와 반대로 고객만족도의 하락은 해당 기업의 매출 및 발전에도 악영향을 끼쳐 주가지수 역시 하락하게 되는 것으로 해석할 수 있다.

NCSI와 실업률의 관계를 보면 NCSI가 상승하는 모습을 보이는 반면, 실업률은 반대로 하락하는 양상을 보이고 있다. 이는 기업들의 고객 만족 향상 노력으로 NCSI 점수가 높아지면 '고객 증가→재무 성과 개선→신규 인력 충원과 일자리 창출' 등의 결과로 이어지기 때문이다.

홍순직 생산성본부 회장은 "NCSI가 기업의 보다 나은 경제적 성과를 얻을 수 있도록 오히려 경기침체가 장기화 될수록 기업의 고객만족 투자를 보다 적극적으로 펼쳐야 한다"면서 "NCSI가 GDP, 주가지수, 실업률 등 국가경제 지표를 예측할 수 있는 예측지표로서의 역할을 보다 충실히 수행할 수 있도록 더욱 더 완성도를 높이겠다"라고 말했다.

◆ 세계속의 NCSI…글로벌 지표로 다양한 활용가치

NCSI는 미국의 ACSI(미국고객만족도)를 모델로 한 것이다. 미국 미시간대학 경영대학원 산하 국가품질연구센터(NQRC)에 의해 개발돼 1994년도부터 측정, 발표가 이뤄지고 있다.

이처럼 미국의 ACSI의 방법론을 적용하는 지수는 현재 한국의 NCSI, 스웨덴 등을 포함한 유럽 20여 개국의 EPSI, 싱가포르의 CSISG, 남아공의 SACSi 등으로 총 30여 개국에 달한다.

일본의 JCSI는 지난 2009년 6월 일본생산성본부(JPC)의 하위기관인 '서비스산업생산성협의회(SPRING)' 주관으로 처음 실시됐으며, 연 5회 33개 산업에 대한 결과를 발표하고 있다.

우리나라 뿐 아니라 여러 국가에서 동일한 모델에 근거해 만족도를 측정하고 있는 셈이다. NCSI가 국가 간 경쟁력 비교가 가능한 글로벌 지표로서 다양한 활용가치를 가지고 있다는 것을 방증한다.

지난해 우리나라 국가 차원 고객만족도는 73.4점으로 미국(ACSI 75.6점)보다 2.2점 낮았다. 하지만 두 나라 점수 격차는 조사 첫 해인 1998년 13.8점에서, 2002년 6.0점, 2006년 3.6점 등 꾸준히 줄어드는 추세를 보이고 있다.

특히 항공산업과 호텔, 이동전화서비스를 비롯한 정보통신업 등에서는 한국이 미국보다 높은 점수를 기록했다. 반면 자동차산업과 가전산업 택배, 음료 등에서는 한국이 미국보다 많게는 11점의 격차가 존재하는 등 아직까지는 전반적으로 ACSI가 NCSI보다 높은 평가를 보이고 있는 것으로 조사됐다.

이 같은 ACSI의 우위는 미국 내 제품과 서비스 품질이 한국에 비해 안정되어 있기 때문인 것으로 풀이된다. 다만, 미국과 한국의 소비자가 제품 및 서비스를 대하는 인식에는 분명한 차이가 존재하기에 이러한 결과를 해석함에 있어 주의를 기울여야 한다는 의견도 나오고 있다.

출처: 아주경제(2015. 01. 08.).

CHAPTER 13

서비스 기업의 성과측정 및 자원의 최적배분관리

1. 서비스 기업의 성과측정

서비스 기업을 포함하여 서비스업은 서비스업이 갖는 차별적인 특성 때문에 성과측정을 하는 것이 어렵다. 서비스로 제공되는 서비스 결과물은 형태가 없는 무형성, 생산과 동시에 소비가 되는 동시성, 재고로 저장되기가 어려운 소멸성 등의 특징을 가지고 있다. 또한 제공되는 서비스가 얼마나 큰 것인지, 작은 것인지를 판단하기가 어렵고 설사 판단이 가능하다고 해도 서비스를 제공하고 있는 상황과 장소에 따라서 중요도가 달라지는 특징을 가지고 있다.

서비스 결과물은 고객이나 기업에서 보는 시각에 따라 달라지기 때문에 성과측정을 위해 측정지표로 어떤 요소를 선택할 것인가 결정하는 것도 어렵다(최봉호, 2010). 예를 들면, 은행에서 측정지표로 예금구좌 수, 대출 건수, 보험 건수 등을 서비스 결과물로 보아야 하는지 아니면 예금과 대출 사이의 이윤 차이를 서비스 결과물로 보아야 하는지를 판단하기가 쉽지 않다. 또한 서비스 매출액이 늘어났을 때 늘어난 이유가 서비스 생산성 향상에 의한 것인지, 서비스 업무 프로세스 혁신에 의한 것인지, 단순히 서비스 제공 가격을 올려서 나타난 것인지를 아는 것이 어렵기 때문에 서비스 성과측정을 위한 측정지표를 선정할 때는 주의가 필요하다.

서비스업의 성과측정도 과거에는 제품을 고객에게 제공하여 얻어지는 매출액, 수익률 등과 재무적인 성과측정에서 고객 만족도 향상 등과 같이 고객의 가치를 향상시키는 성과측정으로 이동하고 있다. 즉, 서비스업의 성과측정은 제품의 품질에서 기인하는 부수적인 성과에서 서비스의 질, 혁신, 가치 등의 비가격적인 요소로 옮겨가면서 고객 만족도, 고객 유지율, 재구매율 등의 고객 중심 등의 측정지표가 더 중요해지고 있다.

1) 서비스 생산성의 개념

서비스 성과평가를 위한 서비스 생산성 개념을 설명하기 전에 생산성(productivity)에 대해서 먼저 설명하면, 생산성은 투입량(input)에 대한 산출량(output)의 비율로 결정되고 노동시간에 대한 생산량의 비율로 나타내기도 한다.

$$\text{생산성} = \frac{\text{산출량}}{\text{투입량}} = \frac{\text{생산량}}{\text{노동시간}}$$

제조업에서는 투입량과 산출량이 명확하게 구분되어 계산되기 때문에 사용하기가 쉽다. 그러나 서비스업의 생산성은 서비스의 제공과 소비의 동시성(비분리성), 서비스가 제공되는 장소 및 시간에 따라 달라지는 이질성, 서비스의 형태가 없는 무형성, 서비스를 재고화해서 나중에 사용할 수 없는 소멸성 등 때문에 규정하기가 어렵다. 원재료, 설비, 인력 등의 투입물은 비교적 명확하게 구분되지만 서비스 산출물은 명확하게 규정하기도 어렵고 어디부터 어디까지를 산출물로 해야 되는지 결정하는 것도 어렵다.

서비스 투입물과 산출물은 서비스 생산성을 평가하기 위해서는 가능하면 정확하게 분류하는 것이 중요하다. 다음의 표는 서비스에 투입되는 투입물과 산출물을 투입요소와 산출요소로 표현하여 설명하고 있다.

〈표 13-1〉 서비스 투입 및 산출요소

분류	구성요소	설명
서비스 투입요소	서비스 제공자	재료, 설비, 인력, 전문화된 지식 및 기술 등
	고객	고객 피드백, 불만사항, 아이디어 등
서비스 산출요소	가격	서비스 제공에 의한 수익
	고객가치	서비스 제공에 의한 고객만족

출처: 노형봉(2013).

서비스 생산성을 측정할 때 발생하는 어려움을 해결하고자 서비스 생산성을 성격과 관점이 다른 여러 개의 개별 생산성으로 분해하여 각각의 생산성을 측정한다. 서비스 생산성을 운영 생산성(operational productivity)과 고객 생산성(customer productivity)의 2가지로 나누기도 하고, 내부(또는 내적) 효율성(internal efficiency), 외부(또는 외적) 효율성(external efficiency), 용량 효율성(capacity efficiency)의 3가지로 접근하기도 한다(박용태 외, 2012). 용량 효율성은 생산능력 이용도 또는 생산능력 효율성이라는 용어로 사용하기도 한다(노형봉, 2013).

운영 생산성은 서비스 제공자 관점에서의 생산성을 의미하며 투입물은 원재료, 인력, 비용 등이며 산출물은 고객수, 수익액, 수익률 등이다. 고객 생산성은 고객 관점에서의 생산성을 의미하며 투입물은 시간, 노력, 비용, 기다림 등이며 산출물은 만족, 경험, 가치, 느낌 등이다. 운영 생산성과 고객 생산성을 식으로 나타내면 다음과 같다.

$$\text{운영생산성} = f\left(\frac{\text{고객수, 수익액, 수익률}}{\text{원재료, 인력, 비용}}\right)$$

$$\text{고객생산성} = f\left(\frac{\text{만족, 경험, 가치, 느낌}}{\text{시간, 노력, 비용, 기다림}}\right)$$

내부 효율성은 양적인 측면의 효율성으로 자원을 얼마나 적게 사용하여 목표로 하는 서비스 품질을 달성하는가를 평가하는 방법이기 때문에 전통적인 생산성 개념과 비슷하다(노형봉, 2013). 외부 효율성은 질적인 측면의 효율성으로 주어진 자원을 활용하여 고객에게 얼마나 큰 가치를 제공하는지를 평가하는 방법이다. 용량 효율성은 Grönroos에 의해 추가되었고(노형봉, 2013; Grönroos, 2007), 고객 수요에 얼마나 잘 대응하고 있는지, 즉 서비스 능력을 얼마나 효율적으로 이용하고 있는지를 나타낸다. 이때 전체 생산성은 다음과 같이 설명된다.

$$\text{생산성} = f(\text{내부효율성, 외부효율성, 용량효율성})$$

위에서는 전체 생산성을 분해하여 개별 생산성으로 나누고 이것을 각각 측정하는 방법을 설명했는데 투입량과 산출량의 비율을 동시에 측정하고자 하는 방법을 찾고자 했는데 이것이 자료포괄분석(data envelopment analysis: DEA)이다. 이 방법은 서비스 조직의 규모가 크고 복잡할수록 유용성과 활용성이 커지기 때문에 널리 사용되고 있다.

2) 서비스 성과평가

(1) 자료포괄분석을 이용한 성과측정

다양한 투입물과 산출물을 동시에 고려하여 서비스의 생산성을 성과측정하는 방법은 자료포괄분석이 대표적인 방법이다. 즉, 이 방법은 다양한 투입요소와 산출요소를 동시에 고려하여 단위조직의 서비스 생산성을 평가하는 방법으로 크기와 성격이 다른 시스템의 성과측정에 유리하다. 서비스 센터나 지점은 동일한 목표를 가지고 서로 비슷한 업무를 수행하기 때문에 자료포괄분석을 이용해서 다양한 서비스 조직 간의 서비스 생산성에 대한 성과측정을 할 수 있다.

자료포괄분석의 기본적이 절차는 다음과 같이 설명할 수 있다(박용태 외, 2012). 자료포괄분석은 단일 평가 방법이기 때문에 각 서비스 조직을 하나의 의사결정단위(decision making unit: DMU)로 정의한다. 다음은 각 DMU에 대해 투입요소들의 가중치 합(weighted sum)과 산출요소들의 가중치 합의 비율을 구하여 성과측정을 한다. 다음은 결정된 DMU와 비슷한 활동을 수행하는 다른 DMU와의 효율성을 비교하여 상대적인 효율성을 결정하는데 효율성은 다음과 같이 표현한다.

$$\text{효율성} = \frac{\text{가중된 산출요소의 합}}{\text{가중된 투입요소의 합}} = \frac{\text{산출물}}{\text{투입물}}$$

자료포괄분석은 투입요소와 산출요소를 결합시켜 숫자로 표시하는데 이 값은 결과를 창출하기 위해 사용된 다양한 자원들의 생산성을 나타낸다. 효율성의 값은 0~1사이에서 상대적인 값으로 표시되며, 만약 효율성 값이 1이면 이 DMU는 다른 DMU와 비교했을 때 최고의 효율성을 가지고 있다는 의미로 해석되어 효율적 조직(efficient unit)으로 평가된다. 효율성 값이 1 아래로 내려갈수록 이 DMU는 비효율적 조직(inefficient unit)으로 평가된다. 예를 들어, 한 DMU의 효율성이 0.9이면 이 DMU는 완벽하게 효율적인 상태로부터 물리적으로 10% 떨어져 있다고 설명된다.

결론적으로 자료포괄분석은 효율성 계산을 통해 효율적인 조직과 비효율적인 조직을 구분하고, 비효율적인 조직이 가지고 있는 상대적인 비효율성의 원인을 파악하여 해결하고자 하는 방법이다.

기존의 성과측정 방법들은 먼저 투입물과 산출물의 가중치를 결정하고 이 가중치를 모든 DMU에 일괄적으로 적용했다. 그러나 각 DMU의 상황과 조건이 모두 다른데도 불구하고 동일한 가중치 합으로 표시된 효율성을 사용했기 때문에 부적절한 결과를 보여 주었다(노형봉, 2014). 예를 들어 전국에 걸쳐서 리조트 사업을 실시하는 기업에서 외국 관광객들을 응대하기 위해 외국어 구사가 가능한 직원의 채용이 필요하다고 가정하자. 전국의 리조트에 대해서 설문 조사를 한 결과 제주도에 있는 리조트 규모가 제일 크고 방문하는 관광객 중에서 중국인이 제일 많아서 중국어 구사 능력이 뛰어난 직원들을 채용하여 전국의 리조트에 배치하였다. 연말에 전국에 있는 각 리조트에서의 관광객 만족도 평가를 실시하기로 하였다. 만약 외국어 구사능력에 대한 가중치를 높여주면 중국인 관광객이 많은 제주도의 리조트가 제일 좋은 평가를 받게 되고 영어를 말하는 관광객들이 많이 오는 지역의 리조트들은 좋은 평가를 받지 못하게 될 것이다. 그러므로 각 DMU 별로 투입물이나 산출물의 가중치를 그 지역의 상황이나 조건에 맞게 다르게 주어야 공평한 평가가 될 수 있기 때문에 가장 적절한 가중치 값을 선정하는 것이 필요하다.

(2) 소셜 미디어 기업의 성과측정

일반적인 서비스 기업은 오프라인 상에서 서비스를 제공하지만 인터넷이 발전하면서 온라인상에서 활발하게 영업하고 있는 서비스 기업들이 많다. 온라인상에서의 대표적인 서비스 기업은 소셜 미디어(social media) 기업이기 때문에 여기서는 이러한 소셜 미디어 기업의 성과측정 방법에 대해서 설명한다.

온라인상에서 활동하는 기업의 고민 중의 하나는 눈에 보이는 제품을 대상으로 하는 것이 아니기 때문에 마케팅 활동에 대한 성과측정이 불확실하다는 점이다. 온라인상에 있는 기업들의 성과측정을 위해서는 비정량적인 데이터 특성과 관계, 신뢰, 콘텐츠의 품질과 같은 정성적인 특성을 고려하는 성과측정 방법이 필요하다. 맥킨지(Mckinsey)가 미국의 35개 대기업의 임원 410명을 대상으로 조사한 결과를 보면 온라인 미디어 선택을 가로막고 투자를 망설이게 하는 가장 큰 요인은 '효과측정방식이 불충분하다'는 것이었다(강학주, 2015).

소셜 미디어 기업의 성과측정을 위해서는 다음과 같이 측정 용어에 대한 이해와 프로세스를 이해하는 것이 필요하다.

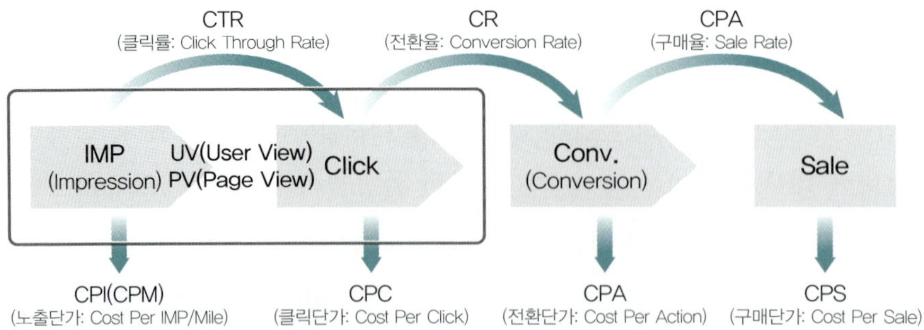

[그림 13-1] 소셜 미디어 기업의 성과측정 용어 및 프로세스

출처: 강학주(2015).

위의 그림에서 소셜 미디어 기업의 성과측정을 위해 사용되는 용어는 클릭률(click through rate: CTR), 전환율(conversion rate: CR), 구매율(sale rate: SR) 등이고 이것과 관련된 비용 측면에서는 노출단가(cost per IMP/Mile: CPI(CPM)), 클릭단가(cost per click: CPC), 전환단가(cost per action: CPA), 구매단가(cost per sale: CPS) 등이 있다.

성과측정을 위한 기준에 대해서는 다양한 방법들이 제시되고 있다. Berkowitz는 소셜 미디어를 측정하는 100가지 방법을 제시하였고, Gillin은 18가지 영향력 측정 기준을 제시하였다. 또한 Lake는 소셜 미디어에 사용하는 35개의 핵심성과지표(key prformance index: KPI)를 수립할 수 있는 지침을 제시하였다.

〈표 13-2〉 데이비드 버코위츠의 100가지 성과측정 방법

1. 포스팅(컨텐츠) 수에 따른 브랜드에 대해 고객이 만든 버즈의 크기 2. IMP(impression: 노출수) 기반으로 버즈의 양 3. 시간 변화에 따른 버즈의 변화 4. 하루중 일정한 시간대의 버즈 5. 버즈의 계절 6. 경쟁 버즈 7. 카테고리/주제별 버즈	8. 소셜 미디어별(포럼, 소셜 네트워크, 블로그, 트위터 등)에 의한 버즈 9. 구매 패널의 단계(예: 연구 vs 구매 vs 구매완료)별 버즈 10. 자산의 인기(예: 여러 가지 동영상 중 많이 사용되고 삽입된 동영상) 11. 메인 미디어에 언급된 내용 12. 팬수

13. 팔로워수
14. 친구수
15. 팬, 팔로워, 친구의 성장 속도(증가율)
16. 전염/전달의 속도
17. 시간 흐름에 따른 전염의 변동
18. 2차 도달(사람 또는 노출에 의한 팬, 팔로워, 친구에 연결 정도)
19. 삽입/설치수(다른 컨텐츠에 인용되거나 삽입된 수 - 저자역)
20. 다운로드 수
21. 업로드 수
22. 사용자가 시작한 리뷰(예: 동영상 의견)
23. 삽입(인용) 또는 즐겨찾기 비율
24. Likes(좋아요) 또는 즐겨찾기 수
25. 댓글의 수
26. 평가(순위)
27. 소셜 북마크 수
28. 구독수(RSS 피드, 포드 캐스트, 비디오 시리즈)
29. 페이지뷰(블로그, micro sites등)
30. 인정할 수 있는 노출당 유효한 CPM(cost per millenium: 1,000회 노출당 비용)
31. 소셜 미디어와 연결된 사이트의 검색 엔진 순위의 변동
32. 브랜드 홍보를 위해 사용하는 모든 소셜 사이트의 검색엔진 점유율의 변동
33. 소셜 활동으로 인해 검색 증가율
34. 버즈가 포함된 링크 비율
35. 게시자의 영향력에 의한 링크 순위
36. 버즈가 포함된 멀티미디어 비율(예: 이미지, 비디오, 오디오)
37. 동일한 환경에서 유/무료 미디어 운영할 때 소셜 사이트에서 점유율
38. 도달 소비자의 영향력
39. 도달 발행 매체의 영향력(예: 블로그)
40. 소셜 채널에 참여하는 브랜드의 영향력
41. 소셜 채널에 종사(참여)하는 타켓의 인구 통계
42. 소셜 미디어를 통해 도달하는 팬들의 인구 통계
43. 타켓 층의 소셜미디어 습관/관심
44. 참여하는 고객의 지리적 통계
45. 게시글 양에 따른 감정
46. 노출 양에 따른 감정
47. 소셜 마케팅 실행 전, 후, 도중 정서의 변화
48. 참여 고객의 사용 언어
49. 콘텐츠 배포 소비 시간
50. 소셜 미디어 추천에 따른 소비 시간
51. 콘텐츠 검색 방법(검색, 전달, discovery검색엔진 등)
52. 클릭수
53. 무료 미디어에서 발생된 트래픽 비율
54. 시청수
55. 상호 작용 수
56. 상호 작용 / 참여율
57. 소비자 당 소셜 상호작용의 빈도
58. 동영상 많이 본 비율
59. 설문조사 / 투표 수
60. 브랜드 연상
61. 구매 고려
62. 사용자가 만든 의견 수
63. 가상 선물의 노출
64. 가상 선물을 배포한 수
65. 콘텐츠의 상대적 인기
66. 태그 추가
67. 태그 속성(예: 브랜드 인식과 얼마나 잘 일치하는가)
68. 타사 소셜 로그인으로 등록(예: 페이스북 연동, 트위터 OAuth)
69. 채널별 등록(예: 웹, 데스크톱 응용 프로그램, 모바일 응용 프로그램, SMS 등)
70. 컨테스트 항목
71. 채팅방 참가자 수
72. 위키 참여자 수
73. 오프라인 마케팅/이벤트가 소셜 마케팅 또는 버즈의 영향도
74. 다른 채널의 마케팅 담당자에 의해 사용될 수 있도록 만들어진 사용자 콘텐츠
75. 지원받은 고객수

76. 다른 채널(예: 콜센터 매장) 대비 소셜미디어의 직접적 상호작용으로 지원 받은 고객당 절약 시간
77. 고객이 서로 연결이 활성화되면서 절약된 시간
78. 첫 상담에 처리된 비율(FCR)의 미치는 영향
79. 고객 만족도
80. 고객이 생성한 피드백의 양
81. 소셜 미디어 피드백을 기반으로 연구 및 개발의 절약된 시간
82. 소셜 피드백의 제안 실행
83. 전통적 연구에 지출하지 않아서 절약되는 비용
84. 온라인 판매에 미치는 영향
85. 오프라인 판매에 미치는 영향
86. 할인 상환율
87. 다른 오프라인 행동에 미치는 영향 (예: TV 조정 기능)
88. 발생된 리드
89. 샘플 제품
90. 매장 위치 페이지 방문자 수
91. 사용자 평가, 리뷰로 생긴 변화
92. 고객/방문자 보유 비율
93. 고객 평생의 가치에 미치는 영향
94. 소셜미디어를 통한 고객 확보/유지비용
95. 시장 점유율 변화
96. 무료 미디어가 유료 미디어 결과에 미친 영향
97. 소셜에 게시된 이벤트 대한 반응
98. 이벤트 참가한 사람수
99. 영향받은 임직원(내부 프로그램)
100. 구직 신청 접수

출처: 강학주(2015).

〈표 13-3〉 폴 길린의 18가지 영향력 측정 기준

1. 검색엔진 순위
2. RSS 구독자 수
3. 소셜 북마크 등록수
4. 타 사이트와의 댓글 수(비교)
5. 외부 들어오는 링크
6. 블로그 언급수
7. 트론 그룹 게시물
8. 소셜 네트워크 회원
9. 블로그 검색엔진 순위
10. 주류미디어 언급
11. 추천링크
12. 알렉사, 컴피트 순위
13. 검색엔진을 통한 트래픽
14. 긍정/부정적 반응 분석
15. 동영상 시청률
16. 콘텐츠에 대한 매쉬업
17. 모방 또는 패러디 동영상
18. 콘테스트 참여 수

출처: 강학주(2015).

〈표 13-4〉 크리스 레이크의 소셜 미디어용 KPI 35

1. 알림(가입 및 반응율/경로별/CTR/클릭 후 활동)	20. 프린트 페이지
2. 북마크(온사이트, 오프사이트)	21. 평가
3. 댓글	22. 가입된 사용자(신규 사용자/총 사용자/활동적인 사용자/활동 중지 사용자/유동적 사용자)
4. 다운로드	23. 스팸/언어폭력 리포트
5. 이메일구독	24. 리뷰
6. 팬(사물/인물의 팬)	25. 세팅
7. 관심글(관심글 추가)	26. 소셜미디어 공유/참여(핵심 소셜미디어 활동, 예: 페이스북, 트위터, 디그 등)
8. 피드백(사이트를 통해서)	27. 태그 달기(사용자 생성 메타데이터)
9. 팔로어	28. 추천 글
10. 친구에게 전달	29. 주요 페이지 체류시간
11. 그룹(개설/가입/총 그룹수/그룹활동)	30. 사이트 체류시간(자료별/최초 접속 페이지별)
12. 인스톨 위젯(블로그 페이지, 페이스북 등)	31. 총 참여자(활동적인 참여자 비율)
13. 초청/추천(친구)	32. 업로드(항목 추가, 예: 기사, 링크, 이미지, 동영상)
14. 주요 페이지 활동(활동 후)	33. 뷰(동영상, 광고, 이미지)
15. 적극 추천/추천(간단한 등급 매기기)	34. 위젯(새로운 위젯 사용자/들어간 위젯 수)
16. 메시지 발송(온사이트)	35. 위시리스트(리스트에 아이템 저장)
17. 개인화(페이지, 디스플레이, 주제)	
18. 글 등록	
19. 프로필(예:아바타, 약력, 링크, 이메일, 업데이트, 사용자 지정 업데이트 등)	

출처: 강학주(2015).

소셜 미디어 기업의 성과측정을 위해서는 위에서 설명한 것과 같이 다양한 기준이 제시될 수 있다. 다음은 페이지(page), 고객(customers), 콘텐츠(contents)로 나누고 각 그룹별로 성과측정을 위한 측정지표를 제시하고 있다. 또한 그룹 간의 연동정보를 활용하여 FAN 증가율 분석, Content-Page 트래픽 분석, Content-FeedBack 분석과 같은 결합 성과지표를 제시하여 소셜 미디어 기업의 성과측정을 효과적으로 수행한다.

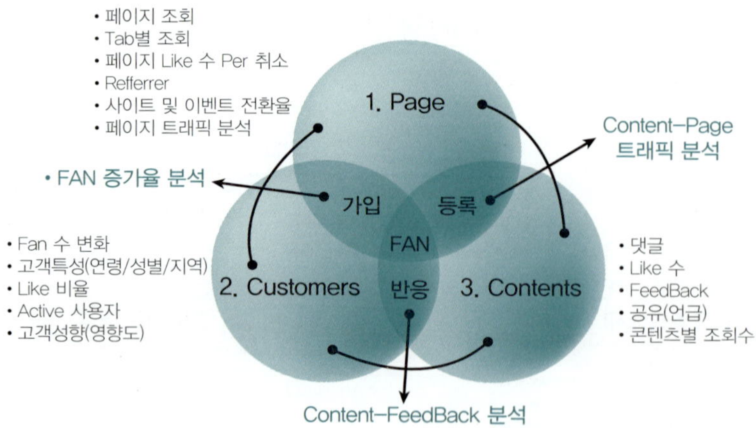

[그림 13-2] 소셜 미디어 기업의 KPI 선정

출처: 강학주(2015).

3) 서비스 공급사슬의 성과측정

산업이 제조업에서 서비스업으로 이동하면서 제조업을 중심으로 고려되던 공급사슬경영(supply chain management: SCM)이 서비스업으로 확장되면서 서비스 공급사슬경영(servce supply chain management: sSCM)이 지속적으로 요구되고 있다. 서비스 공급사슬경영은 최초 공급자로부터 최종 고객에 이르기 까지 필요한 정보, 프로세스, 생산용량, 서비스 성과, 자금을 관리하는 것(Ellram et al., 2004)으로 설명되고 있다. 또한 최초 공급자로부터 최종 고객에 이르기까지의 정보, 프로세스, 자원, 서비스 성과를 관리하는 것으로 설명하기도 한다(Baltacioglu et al., 2007).

서비스 공급사슬경영을 효과적으로 수행하기 위한 구성 단위와 핵심 프로세스가 Ellram 등과 Baltacioglu 등에 의해서 다음과 같이 제시되었다.

〈표 13-5〉 서비스 공급사슬경영의 구성단위와 핵심 프로세스

구분	Ellaramet al.(2004)	Baltaciogluet al.(2007)
구성 단위	공급자, 이해관계자, 최종고객	공급자, 서비스 제공자, 고객
핵심 프로세스	정보흐름 생산용량관리 수요관리 고객관계관리 공급자관계관리 서비스전달관리 현금흐름관리	정보흐름과 기술관리 수요관리 생산용량과 자원관리 공급자관계관리 서비스수행관리 주문프로세스관리 고객관계관리

출처: 안성화 · 이영해(2009).

위에서 설명한 구성 단위와 핵심 프로세스를 평가하기 위한 성과측정 지표는 대응성, 유연성, 신뢰성, 확신성, 공감성, 유형성, 비용, 자산, 수익성, 자원 활용의 10가지 측면에서 제공되며 다음과 같이 설명된다.

〈표 13-6〉 서비스 공급사슬경영의 성과측정 지표

성과항목	측정지표	성과항목	측정지표
대응성	주문처리시간	유형성	미학/외형
유연성	공급망유연성 생산유연성	비용	공급사슬관리비용 재고비용 취소비용
신뢰성	배송성과 주문처리율 완전주문충족	자산	현금화사이클타임 공급재고일수 자산회전율
확신성	지식/능력 친절도 진실성 안전성	수익성	매출총이익 영업이익 순이익
공감성	접근성 의사소통	자원 활용	생산성 및 효율성

출처: 안성화 · 이영해(2009).

서비스 공급사슬경영의 성과측정을 위한 가중치 계산은 다양한 방법이 있지만 여기서는 AHP(analytic hierarchy process)를 적용하는 방법만 설명한다. AHP는 성과항목에 대한 효율적인 평가를 위해 성과항목의 가중치를 계산하여 항목간의 우선순위를 결정하는데 사용한다.

AHP 적용단계를 간단히 설명하면 의사결정의 계층을 설정하여, 쌍대 비교를 통한 쌍대행렬을 작성한다. 계층 설정은 다음의 예와 같이 성과항목 10가지를 그룹화하여 계층을 설정하고 가중치를 계산하는 데 이용한다.

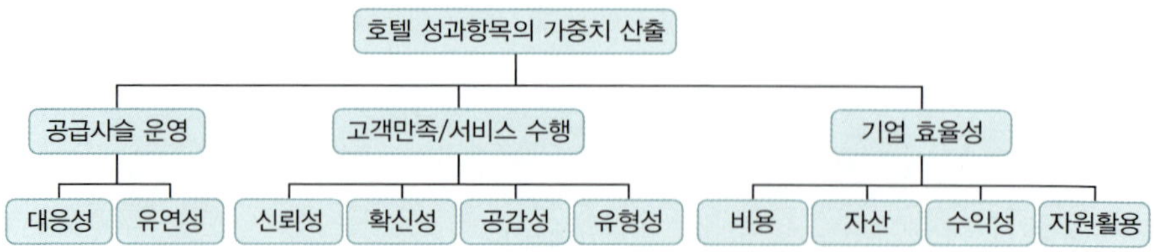

[그림 13-3] 가중치 계산을 위한 계층 설정

출처: 안성화 · 이영해(2009).

마지막은 성과항목 간의 상대적 가중치를 추정하여 요소들의 상대적 가중치를 종합하여 계산한 후에 비교 및 평가한다.

2. 서비스 자원의 최적배분관리

제조업이 투입되는 자원에 대한 자원계획을 하는 것처럼 서비스업도 투입되는 자원에 대한 자원계획이 필요하다. 다만 서비스업의 자원계획은 자재에 대한 계획이 아니라 공급능력에 대한 계획을 의미한다. 물론 서비스업도 제조업도 마찬가지로 자원계획을 수립할 때는 자재, 인력, 설비, 시설, 자금 등을 고려한 계획을 수립한다. 그러나 서비스업의 자원계획은 재고화되는 제품에 초점을 맞추는 것이 아니라 서비스를 제공할 때의 적절한 공급능력을 유지하는 것이다. 제조업은 자재를 중심으로 자원계획을 수립하고, 서비스업은 인력과 설비를 중심으로 자원계획을 수립한다(강종열 외, 2009).

서비스 자원계획을 수립할 때는 서비스 수요예측에 따른 자원 수요와 서비스 지원활동에 필요한 자원 수요를 종속수요(dependent demand)에 포함시킨다. 예를 들면, 호텔에서 자원계획을 수립할 때 가장 핵심이 되는 부분은 호텔 객실의 가동률을 최대화시키는 것이다. 호텔 객실의 가동률을 최대화시키는 관점에서 객실 사용에 대한 수요예측을 실시한다. 그리고 각 객실별로 필요한 비누, 타올, 면도기 등의 지원 자재, 방청소, 룸서비스 등을 위한 인력, TV, 컴퓨터 등의 시설 및 설비 등에 대한 자원계획을 수립하기 때문에 종속수요에 포함된다.

제조업에서는 자재명세서(bill of materials: BOM)를 사용하여 제품 1단위를 생산하는데 필요한 자원계획을 준비한다. 서비스업에서는 자원명세서(bill of resources: BOM)를 이용하여 특정 서비스를 제공할 때 필요한 자재, 설비, 시설, 인력 등의 자원, 상위 품목과 부품간의 관계, 사용량 등을 기록한다(강종열 외, 2009).

1) 서비스 자원계획

본 교재에서는 서비스를 제공할 때 필요한 인력, 물품, 설비 관점에서 서비스 자원계획을 설명한다.

(1) 서비스 인력관리

서비스는 서비스의 제공과 소비가 동시에 이루어진다. 서비스의 제공은 서비스 제공자(provider)와 서비스 소비자(consumer)가 동시에 만나는 서비스 접점에서 발생하고, 서비스의 제공에는 서비스 제공자와 더불어 서비스 소비자가 함께 참여한다는 특징이 있다. 그러므로 서비스 인력관리(people management)는 서비스 제공자와 서비스 소비자를 동시에 효율적으로 관리하는 것을 의미하고, 여기에는 서비스를 제공하는 회사의 내부고객인 종업원과 서비스를 제공받는 외부고객인 소비자가 포함된다(이영희 · 황복주, 2013).

서비스 인력관리에서는 서비스를 제공하는 기업의 종업원을 내부고객으로 간주하여 고객에게 효과적인 서비스를 제공하도록 지원하고 관리하는 것이 필요하며 이것을 내부마케팅이라고 한다. 서비스 제공에는 서비스를 제공받는 고객의 참여가 필수적이므로 고객과의 효과적인 관계를 가지는 것이 서비스 품질 향상에 직접적인 요인이 되기 때문에 외부의 고객을 지원하고 관리하는 것을 관계마케팅이라고 한다(이영희 외, 2013).

① 내부마케팅

서비스를 제공하는 종업원에 대한 지속적인 지원과 관리가 필요한 이유는 종업원의 태도가 고객에게 제공하는 서비스에 직접적으로 영향을 미치기 때문이다. 종업원이 만족하지 않으면 종업원은 고객에게 서비스를 제공할 때 상냥하게 말하거나, 웃거나, 최선을 다해서 서비스를 제공하지 않게 된다. 그러면 고객은 제공하는 서비스에 만족하지 못하여 항의하거나, 이탈하거나, 안 좋은 소문을 내서 고객을 이탈시키거나 직접 이탈하는 등의 활동을 하게 되어 회사의 수익에 바로 영향을 주게 된다. 또한 회사에 만족하지 못한 종업원은 회사를 퇴사하게 되고 이것은 회사의 공급능력을 저하시키게 되고, 새로운 종업원을 채용한 경우에는 추가적인 교육 및 훈련비용이 들게 되는 문제점이 발생하게 된다.

고객을 낙담시켜 결국에는 서비스를 제공하지 못하게 되는 종업원의 태도나 행동에 대한 '서비스 7거지악'을 설명하면 다음과 같다.

〈표 13-7〉 서비스 7거지악

항목	내용
무관심(apathy)	고객이 방문해도 관심이 없거나 무표정함
무시(brush-off)	고객의 서비스 요청을 못들은 척하고 외면함
냉담(coldness)	냉정하고 퉁명스러우면서 귀찮은 말투나 인상
건방떨기 · 생색내기 (condescension)	직무상의 당연한 행위에 대하여 생색을 내며 고압적이고 건방진 태도
로봇화(robotism)	기계적으로 응대하고 인간미 없는 태도
규정핑계(rule book)	고객의 입장보다 조직의 규정만 내세우고 상식이 통하지 않는 상황
뺑뺑이돌리기 (runaround)	'우리 소관사항이 아닙니다. 다른 부서로 가 주세요'라는 식으로 고객을 뺑뺑이 돌리는 행동

출처: 이영희 · 황복주(2013).

서비스를 제공하는 종업원이 서비스 7거지악과 같은 반 고객적 행태를 보이는 것을 방지하고 종업원에 대한 동기를 유발하여 고객 지향적인 태도를 보이도록 하는 것이 내부마케팅의 목적이다.

내부마케팅을 효과적으로 수행하기 위해서는 기업 내 서비스 문화를 창조하고 유지하는 방안을 찾아야 하고, 고객에게 제공하는 서비스 품질을 향상시켜서 지속적으로 유지하는 방안을 찾아야 하고, 회사의 모든 조직원들이 하나로 똘똘 뭉쳐서 서비스를 제공하는 조직의 통합 방안을 찾아야 한다.

② 관계마케팅

서비스의 제공에는 고객의 참여가 필수적이기 때문에 고객을 프로슈머(prosumer: producer+consumer), 리서슈머(researsumer: researcher+consumer) 등의 용어로 부르고 있다. 즉, 서비스를 단순히 고객에게 제공해서 얻는 서비스 만족도보다는 서비스의 소비, 개발 등의 전 과정에 고객을 직접 참여시켜 개발되는 서비스는 고객의 의견이 반영되고, 제공되는 서비스의 품질도 높아지기 때문에 자연스럽게 고객이 느끼는 서비스 만족도는 더 높아지게 된다.

관계마케팅은 '고객, 구매자, 공급자, 경쟁자 등의 기업 파트너들과 장기적인 유대관계를 창출하고, 유지, 강화함으로써 기업의 수익증대를 도모하는 마케팅 활동'이라고 설명된다(이영희 · 황복주, 2013).

효과적인 관계마케팅을 위해서는 신규 고객을 지속적으로 창출(attraction)하고, 신규고객과 기존고객을 장기고객으로 유지(retention)시키고, 고객과의 관계를 지속적으로 강화(enhancement)시키는 것이 필요하다.

(2) 서비스 물품관리

서비스는 제공과 소비가 동시에 이루어지는 동시성 때문에 서비스 자체는 재고화되어 나중에 다시 사용할 수 없다. 그러나 이러한 서비스를 제공하기 위해서는 다양한 물품 또는 용품이 필요하다. 가장 효과적인 서비스 제공 방법은 서비스를 제공하더라도 물품이 남지 않거나 남더라도 아주 소량만이 재고로 남도록 하는 것이다. 과도한 재고는 기업에게 손해를 주지만 서비스 기업에게 주는 장점도 있다. 즉, 재고는 유통 및 분배 과정에 있는 여러 단계들 사이에서 완충(decoupling) 역할을 수행하기도 하고, 계절적 수요의 불균형을 완화시키기도 하고, 가격 상승에 대비한 예방조치(hedging) 등의 역할을 수행하기도 한다(서비스경영연구회, 2013).

서비스 물품관리는 서비스를 제공하기 위해 필요한 물품을 가장 효과적이면서 소량만이 남도록 재고관점에서 관리하는 방법을 의미한다. 그러므로 여기에서는 재고관리 관점에서 서비스 물품관리를 설명한다.

서비스 물품관리를 위한 실행상의 과제는 기업의 과잉재고, 제품 대체로 인한 재고감축, 가격할인에 의한 재고소진, 재고정보의 부정확성 등이 있다(노형봉, 2013).

① 기업의 과잉재고

일반적으로 고객을 상대로 제품이나 서비스를 판매하는 장소에 가면 벽면을 가득 채운 제품을 볼 수 있다. 이런 곳은 고객을 직접 대면하여 서비스나 제품을 판매하기 때문에 고객의 눈에 많은 제품이 보이도록 하는 것이 매출을 높일 수 있는 방법이다. 또한 서비스를 판매하는 기업은 제품 부족으로 인한 판매 손실이나 고객 실망에서 오는 비용은 크지만 과잉재고로 인해서 오는 비용은 작다고 판단하는 경향이 있다.

그러나 판매하지 못해서 나타나는 기회손실비용이 재고관리비용보다 크다고 해서 과잉재고를 가져간다는 것은 합리적인 이유가 되지 못하며, 과잉재고를 효과적으로 관리하는 대응 전략을 모른다는 것이 더 합리적인 이유가 될 것이다. 그러므로 기업은 서비스 물품이 과도한 재고로 남는다는 것은 기업에게는 비용적인 부담이 되기 때문에 서비스 물품의 재고를 지속적으로 줄일 수 있는 방법을 찾아서 적용해야 한다.

② 제품 대체로 인한 재고감축

고객은 본인이 구매하던 제품이 없을 때 동일하거나 비슷한 기능을 하는 다른 제품이 있다면 그 제품을 구입하여 사용하게 된다. 제품을 직접 생산하지는 않지만 생산된 제품을 판매하는 판매처의 경우에도 특정 제품이 결품되어 비슷한 기능의 다른 제품을 팔수만 있다면 판매하는 제품에 따라 얻을 수 있는 수익에 큰 차이가 없는 경우에는 어떤 제품을 팔 것인지는 크게 고민하지 않게 된다. 이런 경우에 판매처는 대체가능한 제품이 있는 경우에는 특정 제품에 대해서 많은 재고를 가지고 갈 필요가 없게 된다.

그러나 서비스나 제품을 직접 만들어 판매하는 기업의 입장에서는 이중고가 발생하게 된다. 판매하던 제품에 결품이 발생하면 언제든지 경쟁사의 제품으로 대체할 수 있기 때문에 결품이 발생하지 않도록 지속적인 판매 제품에 대한 모니터링을 실시해야 하고, 대체 제품이 언제든지 자사의 제품에 대한 고객 수요를 가져갈 수 있기 때문에 사전 생산을 통한 충분한 재고 확보는 불용재고로 이어지는 위험 부담이 발생한다는 점이다. 그러므로 기업의 입장에서는 제품 대체가 발생할 수 있다는 가능성을 염두에 두고 다양한 재고감축 전략을 수립하는 것이 필요하다.

③ 가격할인에 의한 재고소진

기업이 판매하는 제품은 고객의 외면을 받으면 언제든지 재고로 쌓일 수 있다. 물론 재고로 쌓이는 문제를 해결하기 위해 기업은 적절한 재고수준을 정하여 관리하겠지만 적절한 재고수준이라는 것도 제품이 지속적으로 판매되고 있을 때를 가정하여 결정되기 때문에 제품이 팔리지 않을 때는 어떻게 할 것인가에 대한 전략은 되지 못한다.

기업에서는 제품의 수명주기를 결정하여 적절한 시기에 재고소진을 위한 가격할인 등의 정책을 사용해야 한다. 여기서 문제가 되는 것은 언제부터, 얼마에 제품을 판매할 것인가를 결정하는 것이다. 가격할인이라는 의미는 기본적으로 기업의 수익 감소를 의미한다. 무조건적인 가격할인은 실제로는 가격할인을 하지 않아도 제품이 팔려 발생하는 수익을 원천에 차단하게 된다. 반대로 팔릴 것을 기대해서 가격할인을 하지 않았다면 가격할인으로 제품을 팔아서 기업이 부담해야 되는 손실을 최소화할 수 있었던 기회를 날리고 불용재고로 인해 더 큰 손해를 감당하게 되는 문제가 발생한다.

그러므로 기업에서는 재고소진을 위한 적절한 가격할인 정책을 수립하여 기업이 부담해야 될 손실을 최소화하는 것이 필요하다.

④ 재고정보의 부정확성

기업은 고객이 원하는 제품을 팔아야 수익을 올릴 수 있고 고객은 그 제품을 통해 만족감을 얻게 된다. 그런데 고객이 특정 제품을 요청할 때 기업은 제품의 위치를 파악 못하거나 창고에는 없는데 장부상에는 기재되어 있어서 미리 재고를 확보하지 못해서 팔지 못하거나, 창고에는 10개밖에 없는데 장부상에는 50개로 기재되어 있어 고객이 20개를 요청했을 때 10개밖에 팔지 못하여 실망한 고객이 전혀 사지 않는 등의 문제가 발생할 수 있다. 이러한 상황들은 모두 기업이 관리하고 있는 재고에 대한 정보의 부정확성에서 초래되는 문제점들이다.

이러한 재고정보의 부정확성으로 기업은 판매기회 상실, 불용재고 증가, 고객 실망 등으로 인한 고객이탈 등의 여러 가지 문제에 직면하게 된다. 그러므로 기업에서는 제품의 판매에만 열중하기보다는 보유하고 있는 재고에 대한 정확한 실사를 통해 재고 정보를 지속적으로 정확하게 관리하는 방안이 필요하다. 요즘에는 정보시스템과 인터넷의 발달로 재고정보를 효과적으로 관리하기 위한 ERP 시스템 등이 개발되어 있기 때문에 기업에서는 이러한 정보시스템도 효과적으로 이용하는 것이 필요하다.

(3) 서비스 설비관리

서비스 지원설비는 서비스를 제공하는 종업원뿐만 아니라 서비스를 제공받는 고객에게도 직접적인 영향을 미친다. 서비스 설비관리에서는 서비스를 제공하는 시설, 설비와 같은 물리적인 환경이 서비스를 제공받는 고객과 서비스를 제공하는 종업원이 서비스를 인식하고 행동하는 데 영향을 미친다는 서비스스케이프(servic-escapes) 개념이 등장한다.

또한 서비스 설비관리에서 서비스 설계는 서비스의 대상물, 서비스 공간, 유연성, 심미적 요소, 기타 환경요인 등으로 설명되고, 서비스 설비배치는 양적흐름, 공간계획, 불필요한 동선 제거 등과 연관된다(서비스경영연구회, 2013).

① 서비스스케이프

서비스의 시설, 설비와 같은 물리적인 환경은 종업원과 고객에게 동시에 직접적인 영향을 주기 때문에 서비스스케이프를 설계할 때는 제공하고자 하는 서비스 개념과 일치해야 하고 전체적인 서비스 제공 프로세스가 끊어짐 없이 물 흐르듯이 이어지도록 해야 한다. [그림 13-4]는 환경차원, 전체환경, 심리적 조절변수가 고객과 종업원에게 어떤 반응을 보여서 어떻게 행동하는가를 보여 주는 서비스스케이프의 프레임워크이다.

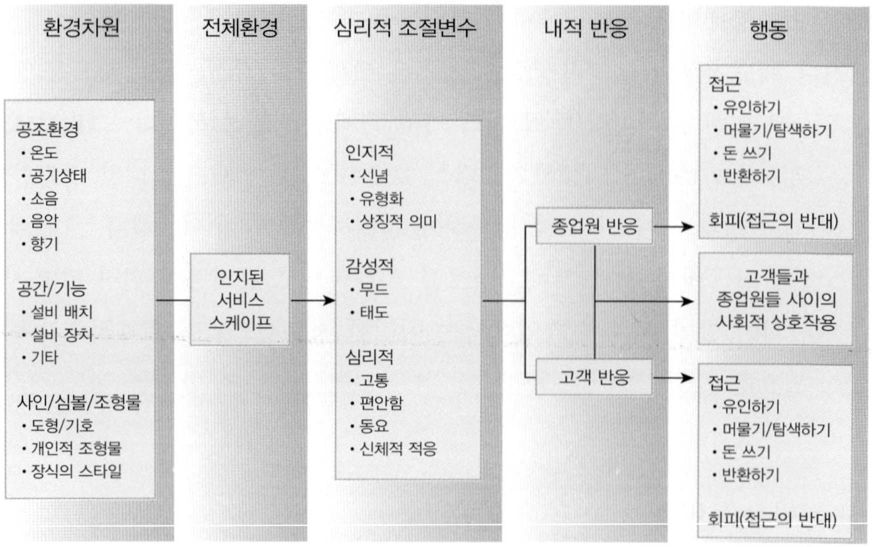

[그림 13-4] 서비스스케이프 프레임워크

출처: 서비스경영연구회(2013).

서비스스케이프에서 공조환경, 공간/기능, 사인/심볼/조형물 등의 환경차원은 하나의 전체환경으로 고객이나 종업원에게 인지된다. 고객이나 종업원은 인지적, 감성적, 심리적 느낌과 같은 심리적 조절변수를 통해서 반응을 나타내는데 이때의 반응은 접근적 행동이 되거나 회피적 행동으로 나타난다.

종업원의 경우에 접근적인 행동을 하게 되면 더 적극적으로 고객에게 다가가서 상냥하게 웃으면서 고객을 응대하여 제공하는 서비스의 품질을 높이려고 시도할 것이다. 고객의 경우에 접근적인 행동을 하게 되면 이것은 기업이 제공하는 서비스에 호감을 보인다는 의미를 내포하기 때문에 서비스를 제공하는 종업원이 일상적인 방법으로 서비스를 제공하더라도 만족하거나 구매할 확률이 높아지게 된다.

결국, 서비스를 제공할 때의 물리적인 환경이 고객과 종업원에게 미치는 영향이 크기 때문에 긍정적인 영향을 주는 서비스 환경을 적극적으로 개발하고 불편함을 주는 서비스 환경은 적극적으로 개선하려는 노력을 기울일 필요가 있다.

② 서비스 설비배치

서비스를 제공할 때 서비스 시설 및 설비의 배치형태는 서비스 제공자인 종업원뿐만 아니라 서비스를 제공받는 고객에게 많은 영향을 끼친다. 서비스 설비배치(facility layout)는 시설(공장, 사무실 등) 내의 부서의 위치와 각 부서 내의 사람 및 장비의 배치를 결정하는 것으로 서비스나 제품 생산 공정의 구성요소인 사람, 서비스 시설 및 장비의 최적 배치를 통한 서비스 및 제품 생산성 향상, 종업원의 직무만족감 증대, 고객의 서비스 만족감 향상 등을 목적으로 한다(김병태 외, 2006).

좋은 서비스 설비배치가 갖추어야 할 요소는 다음의 표와 같이 설명할 수 있다.

〈표 13-8〉 좋은 서비스 설비배치의 특성

위치	내용
제조 및 후면사무실 (back-office)	일직선 흐름패턴 역행 최소화 예측 가능한 생산시간 단계별 재고의 최소화 개방된 공장현장 통제 가능한 애로공정 근접한 작업장 정리된 자재저장 및 처리 불필요한 자재 재처리 없음 유연한 대처능력
대면서비스 (front-office)	쉬운 서비스 제공 순서 적절한 대기시설 고객과의 대화 용이성 고객감독 용이성 적절한 처리능력이 있는 명확한 출입구 고객이 보기 원하는 것만 볼 수 있도록 배치된 부서 및 공정 대기 장소와 서비스 장소 간의 균형 도보 이동 및 자재 이동의 최소화 혼잡하지 않음 시설 단위면적당 높은 매출액

출처: 김병태 외(2006).

서비스 설비배치의 기본 유형은 공정별 배치(process layout), 제품별 배치(product layout), 고정 배치(fixed layout), 셀 배치(cellular layout) 등이 있다(김병태 외, 2006; 서비스경영연구회, 2013).

가. 공정별 배치

공정별 배치는 설비, 장비 등을 동일한 기능을 갖는 것끼리 그룹으로 배치하는 방법으로 고객 수요를 충족하기 위한 서비스 활동의 순서를 고객에게 정하게 할 수 있으므로 고객화가 가능하고, 고객의 주문에 의한 맞춤 서비스를 제공할 수 있기 때문에 개별화가 가능하다. 반면에 고객의 서비스 요구가 다양해지면 서비스에 필요한 작업장을 찾아 다양한 경로로 이동해야 되는 문제점이 있다. 공정별 배치는 고객의 서비스 요구에 대해서 수행할 역량과 기술이 있는 서비스 제공자가 필요하기 때문에 의료, 법률 등과 전문서비스에 유리하다.

공정별 배치에는 계량적 접근법, 체계적 배치계획법(systematic layout planning: SLP), 컴퓨터화된 방법 등을 사용한다(김병태 외, 2006).

계량적 접근법은 총비용의 최소를 위해 각 작업장 간의 이동거리, 이동횟수, 운송량, 단위량 및 거리당 운반비용 등의 자료를 이용하여 작업자들의 상대적 위치를 결정한다.

체계적 배치계획법은 작업장 간의 이동거리, 운송량, 운반비용 등의 계량적 요인보다 작업장들의 상대적 위치와 같은 질적 요인이 중요할 때 쓰는 방법이며 활동관계도표(relationship chart: REL chart)와 관계일람도(relationship diagram: REL diagram) 등이 사용된다.

컴퓨터화된 방법은 다양한 컴퓨터 소프트웨어를 사용해서 기능별 배치를 하는 방법이며 사용되는 소프트웨어에는 ALDEP(automated layout design program), CORELAP(computerized relationship layout planning) 등이 있다.

나. 제품별 배치

제품별 배치는 서비스나 제품의 각 단위를 완성하기 위해서 필요한 작업 절차에 따라 설비 및 장비를 배치하는 것을 의미하며 제품이 고정된 순서로 조립되는 생산 공장의 조립라인과 비슷한 구조이다. 예를 들면, 뷔페식당에서 고객이 접시를 들고 다니면서 먹고 싶은 음식을 선택해서 접시에 담는 것이 대표적이며 여기서 주의해야 할 것은 서비스를 제공하는 각각의 종업원들의 작업시간이 어느 정도 일정해야 된다는 것이다. 만약 고객들이 초밥을 좋아해서 초밥을 받기 위해 도착했는데 초밥을 만드는 직원의 작업시간이 다른 음식을 제공하는 종업원보다 작업시간이 길다면 병목현상이 발생하게 된다. 또한 종업원들 간에 작업시간이 비슷하다고 해도 고객이 많이 몰리는 경우에도 동일하게 병목현상이 발생하기 때문에 종업원을 추가로 배치하든지, 서비스 제공을 위한 특수 장비를 투입하든지, 초밥을 제공하기 위한 별도의 새로운 서비스 라인 등을 만들어서 작업 라인이 균형화되도록 해야 한다(서비스경영연구회, 2013).

제품별 배치는 매우 반복적이고 단순한 작업과 빠르게 요구되는 서비스 속도로 서비스를 제공하는 종업원이 힘들어 사기저하로 인한 결근율, 이직률 등이 증가하게 되는 문제가 발생할 확률이 높기 때문에 종업원의 심리적 안정감을 위해서 많은 노력이 필요하다(김병태 외, 2006).

다. 고정 배치

고정 배치는 서비스를 제공받는 시설이나 설비의 위치가 고정되어 이동이 불가능한 경우의 배치를 의미하며 발전소, 건물 등의 청소나 정비를 위해서는 서비스를 제공하는 인력, 장비 등이 이동해야 한다. 고정되어 있지는 않지만 항공기, 선박 등은 서비스를 제공받기 위해서는 특정한 장소에서 이동하지 않아야 하기 때문에 고정 배치에 포함된다.

고정 배치는 서비스 제공을 위한 인적 자원과 물적 자원의 조달을 위한 계획 및 통제가 필요하기 때문에 PERT/CPM(program rvaluation & review technique/critical path method) 등이 사용된다.

라. 셀 배치

셀 배치는 공정별 배치를 변형한 집단관리기술배치(group technology layout), 제품의 모듈 설계에 따른 모듈셀 배치(modular cell layout), 제품별 배치의 문제점을 해결하기 위한 대안으로서 등장한 셀 생산(cell manufacturing) 방법 등이 있다(김병태 외, 2006).

집단관리기술배치는 공정 흐름이 동일하거나 서로 비슷한 서비스 단위나 제품의 부품을 집단화하여 서비스나 제품 생산을 위한 시설, 설비 등을 일관공정형태로 배치하는 것을 의미한다.

모듈셀 배치는 모듈 설계의 개념에 따라 서비스 단위나 제품의 부품을 모듈화하여 서비스나 제품 생산을 위한 시설, 설비 등의 작업장을 하나의 셀로 구성하는 것을 의미한다.

셀 생산은 처음공정에서 가장 마지막 공정까지를 1명 또는 소수의 종업원이 담당하여 서비스나 제품을 완성하는 생산방식을 의미한다.

2) 최적배분관리 기법

서비스 자원의 최적배분관리는 앞에서 설명한 서비스와 관련된 인력, 물품, 시설 · 설비 등의 기업이 가지고 있는 유형 및 무형의 자원을 가장 효과적으로 활용하기 위한 최적화 전략을 의미한다. 이때 기업이 가지고 있는 자원뿐만 아니라 서비스업의 특성상 서비스 제공에는 고객이 꼭 참여해야 하기 때문에 고객을 서비스 자원의 최적배분관리에 포함시켜서 진행하는 것이 필요하다.

서비스 자원의 최적배분관리에서 최적화 대상으로 가장 많이 고려되는 것은 인력에 관한 부분이다. 종업원 숙련도, 종업원 성향, 노동 법규와 같은 요소들을 고려한 서비스 인력의 근무 일정계획, 근로 법규 및 계약 내용, 근무시간, 직업병 예방, 근무 장소와 같은 요소들을 고려한 대형마트 등의 계산원 근무 일정계획, 출퇴근

조건, 운행 시간표, 휴식 시간, 근무 만족도와 같은 요소들을 고려한 철도, 항공사 등의 승무원 근무 일정계획 등이 서비스 인력의 최적배분관리의 대표적인 예이다.

(1) 자원배분문제

서비스 자원의 최적배분관리는 자원배분문제(resource-allocation problem)를 해결하는 것이다. 자원배분문제는 제한된 자원을 서비스 활동에 배분하는 것을 다루는 것으로 선형계획 문제가 대표적이며 이러한 문제의 특징은 자원배분문제를 해결하기 위해 사용되는 선형계획 모델의 함수 제약식이 다음과 같이 제한된 자원에 대한 자원 제약식(resource constraint) 형태로 표시된다는 것이다(홍성조 외, 2008).

$$\text{사용된 자원의 양} \leq \text{사용 가능한 자원의 양}$$

사용된 자원의 양은 사용 가능한 자원의 양을 초과할 수 없다는 제약조건이 붙기 때문에 사용 가능한 자원의 양은 서비스 활동 수준을 제약하게 된다. 자원배분문제에서 목적은 자원에 대한 제약 조건들을 충족하면서 서비스 활동으로부터 얻은 성과척도를 최대화(예를 들면, 서비스 수익) 또는 최소화(예를 들면, 서비스 비용)하는 서비스 활동 수준을 결정하는 것이다.

자원배분문제는 서비스 활동에 대한 사용 가능한 자원이 제한되어 있고 이렇게 제한된 자원을 이용하여 서비스 시스템을 최적화하는 방법이기 때문에 다음과 같이 기본적으로 3가지 종류의 데이터를 수집해야 한다(홍성조 외, 2008).

① 각 자원에 대한 사용 가능한 양
② 각 서비스 활동 1단위에 필요한 각 자원의 양
③ 성과척도(목적식)에 대한 서비스 활동 단위당 기여도

서비스 자원의 최적배분관리는 기업의 경영자가 선택의 기로에 서 있을 때 합리적인 의사결정(decision making)을 하도록 지원하는 것이다. 의사결정은 문제해결에 필요한 다양한 대안들 중에서 기업에게 최적이 되는 대안을 선택하도록 하는 것을 의미한다.

서비스 자원의 최적배분관리를 위해서 사용할 수 있는 방법은 물리적 모델(physical model), 도식화 모델(graphic model), 수리적 모델(mathematical model), 시뮬레이션 모델(simulation model) 등이 있다. 물리적 모델은 서비스 자원의 최적화를 위해 마네킹, 실무축소 모형 등을 이용해 실제로 간략화된 시각적 모형을 만들어 해결하는 방법이다. 도식화 모델은 간트챠트, 조직, 공정도 등의 그래프, 도표 등을 이용하여 해결하는 방법이다. 수리적 모델은 현실세계 또는 서비스 시스템이 작동하는 원리를 수식으로 만들어 해결하는 방법이다. 시뮬레이션 모델은 수리적 모델과 같이 수식으로 표현하기 어렵거나, 표현이 가능해도 해결하는 데 시간이 많이 걸리거나, 물리적 모델로 구현이 가능해도 너무 위험해서 직접 실험해 볼수 없는 경우에 컴퓨터를 이용하여 가상의 모델을 만들어 해결하는 방법이다.

수리적 모델은 계량분석 모델이라고 하며 서비스 자원의 최적배분관리를 위해 서비스 모델이 수식으로 표현이 가능하고 계량적인 데이터가 존재하는 경우에 사용이 가능하며 가장 일반적인 방법으로 제시되고 있다. 수리적 모델을 이용한 방법에는 선형계획법(linear programming: LP), 회귀분석법(regression), 대기형렬모형(queueing theory) 등이 있으며 본 교재에서는 선형계획법을 이용한 서비스 자원의 최적배분관리를 설명한다.

(2) 선형계획법 적용

선형계획법은 목표를 달성하는 것을 제한하는 선형 제약조건이 있을 때 선형 목적식을 최대화 또는 최소화시키기 위해서 개발된 방법이다. 예를 들면, 투입된 서비스 자원의 구입 또는 임차 비용이 투입되는 양에 정비례하고 산출되는 서비스 가치가 산출량에 정비례하는 문제에 효과적으로 적용할 수 있다.

자원배분문제를 선형계획법으로 풀기 위해서는 다음과 같은 3개의 기본 요소로 모델을 만들어야 한다(최인찬 외, 2012).

① 결정하고자 하는 결정변수(decision variable)
② 최적화(최대화 또는 최소화)하고자 하는 목적(objective) 또는 목표(goal)
③ 가능한 자원에 대한 제약조건(constraint)

다음은 위에서 설명한 결정변수, 목적식, 제약조건을 이용하여 서비스 자원을 최적배분하는 방법을 예를 들어 설명한다.

㈜이프레스서비스는 고객들에게 서비스 제품 A와 서비스 제품 B를 제공하여 수익을 창출하는 기업이다. 각 서비스에 소요되는 시간과 서비스 제품 1단위를 제공할 때마다 기업이 얻는 이익은 다음의 표와 같이 제시된다.

	살균	서비스	서비스 제공 단위당 이익
서비스 제품 A	3시간	2시간	10만 원
서비스 제품 B	5시간	3시간	15만 원

㈜이프레스서비스에서는 종업원의 근무조건을 위해 서비스 제품에 대한 월간 살균 시간을 600시간, 서비스 제공 시간을 440시간으로 제한하고 있다. 이때 ㈜이프레스서비스는 수익을 최대화시키기 위해서는 서비스 제품 A와 B를 얼마나 제공해야 되는지를 알고 싶다.

선형계획법을 이용하여 풀기 위해서 먼저 결정변수를 정의한다. 여기서 ㈜이프레스서비스의 이익을 최대화시키 위해서는 제약조건을 만족하는 범위내에서 서비스 제품 A와 서비스 제품 B를 제공해야 하기 때문에 서비스 제품 A의 제공 횟수가 결정변수 X_1으로 정의되고 서비스 제품 B의 제공 횟수가 결정변수 X_2로 정의된다.

다음은 목적식을 결정한다. 목적식은 서비스 제공 단위당 이익의 최대화이기 때문에 서비스 제품 A를 제공할 때의 이익과 서비스 제품 B를 제공할 때의 이익의 합으로 구성된다. 서비스 제품 A를 1회 제공할 때마다 10만 원의 이익이 발생하고 서비스 제품 B를 1회 제공할 때마다 15만 원의 이익이 발생하기 때문에 전체 이익은 $10X_1 + 15X_2$가 되고 다음과 같이 목적식을 표현한다.

$$\text{이익 최대화 } Z = 10X_1 + 15X_2$$

마지막으로 제약조건을 결정한다. 종업원의 근무 환경을 위해 살균과 서비스에 투입되는 월간 시간이 정해져 있기 때문에 기업의 이익을 위해서 서비스를 무한정 제공할 수 없다. 살균 시간이 서비스 제품 A에 대해서는 1회에 3시간, B에 대해서는 1회에 5시간으로 살균에 대한 총시간은 $3X_1 + 5X_2$이다. 전체 이용 가능한 월간 살균 시간이 600시간이기 때문에 살균 시간의 제약 조건은 $3X_1 + 5X_2 \leq 600$으로 결정된다. 서비스 시간이 서비스 제품 A에 대해서는 1회에 2시간, B에 대해서는 3시간으로 서비스 제공에 대한 총시간은 $2X_1 + 3X_2$이다. 전체 이용 가능한 월간 서비스 제공 시간이 440시간이기 때문에 서비스 제공 시간의 제약 조건은 $2X_1 + 3X_2 \leq 440$으로 결정된다.

서비스 제품 A와 B의 제공 횟수는 0보다 작을 수 없기 때문에 $X_1 \geq 0,\ X_2 \geq 0$의 제약 조건이 추가된다.

지금까지 설명한 선형계획법에 의한 전체 수식은 다음과 같이 정리된다.

$$\begin{aligned}
\text{목적식 : 이익 최대화 } & Z = 10X_1 + 15X_2 \\
\text{제약조건 : } & 3X_1 + 5X_2 \leq 600 \\
& 2X_1 + 3X_2 \leq 440 \\
& X_1 \geq 0,\ X_2 \geq 0
\end{aligned}$$

위의 선형계획 식에서 구해진 X_1과 X_2의 값이 제약조건을 만족하면서 이익을 최대화시킬 수 있는 서비스 제품 A와 B의 제공 회수가 된다. 구해진 X_1과 X_2의 값을 목적식에 대입하면 ㈜이프레스서비스가 얻을 수 있는 최대 이익액을 알 수 있다.

마무리사례

스마트 혁명이 가져올 변화

농업혁명, 산업혁명, 정보혁명을 지나서 우리는 제4의 혁명인 '스마트혁명'을 맞이하고 있다. 정보혁명에 앞서 산업혁명까지는 공급중심의 사회였다. 그러나 3차 혁명이 들어서면서부터 사회는 점차 공급중심이 아닌 수요중심의 사회였다. 대량생산하여 대량으로 판매하여 값싸게 판매함으로서 공급자와 소비자 간에 양질의 서비스를 제공함으로서 세계는 부를 누릴 수 있었다. 그러나 정보혁명이 일어나면서 세계 멀리 떨어져 있는 어느 누구와도 아주 저렴한 비용으로 통신이 가능하게 됐다.

이러한 통신의 확산과 네트워크의 확장성은 소비자에게 많은 정보를 주어 더욱더 풍족하게 해주었으며 마찬가지로 기업도 더욱더 풍족하게 해주었다. 과거 컴퓨터가 없던 시절 유일한 정보원은 도서관에 진열된 책이었다. 또한 가전제품과 같이 물건의 구매 가격을 알아보는 것도 직접 돌아다니면서 알아볼 수밖에 없었으며, 결혼 및 취직과 같이 각종 생활정보 또한 신문 혹은 가까운 지인들을 통하여 정보를 얻을 수밖에 없었다. 그러나 정보화시대와 함께 기술이 도입이 되면서 정보들을 쉽게 눈앞에 있는 PC를 통하여 언제 어디서든지 네트워크를 통하여 얻을 수 있게 됐다. 뿐만 아니라 찾을 수 없는 정보의 경우 서로 공유를 통하여 정보를 획득할 수 있어서 전 세계의 사람들의 삶은 더욱 풍족해질 수 있게 되었다.

이러한 발전은 소비자를 풍요롭게 해주었지만, 기업의 입장에서는 아니다. 더욱더 똑똑해진 소비자를 상대로 힘든 마케팅 경쟁을 벌여야 되기 때문이다. 그러나 큰 관점에서 보았을 때에는 기업 간의 치열한 경쟁은 더욱더 기업을 발전시키는 계기가 됐고 기업은 더 좋은 품질과 서비스 제공을 위하여 소비자에게 다가감으로써 소비자는 품질이 더 좋은 서비스를 누릴 수 있게 됐다.

이러한 선순환적 고리는 계속 지속될 것 같이 보였으나 2007년 경제위기 이후 선순환 고리는 멈추었다. 경제는 어려워졌고 자원은 부족한 상황에 놓여 있으며 환경은 과도한 이산화탄소 배출로 인하여 세계는 점점 더 병들어가기 시작했다. 한정된 자원을 놓고 갈수록 더욱더 치열해지는 경쟁, 지금 경제는 한국뿐만 아니라 전 세계 모두 힘든 상황에 직면하게 됐다. 그러나 이러한 어려운 상황을 타개할 한 줄기 희망이 보이기 시작하였는데, 이는 다름이 아닌 성균관대 김성태 교수가 주창한 '스마트 혁명'이 들어서면서부터다.

스마트혁명은 기존의 정보교류에서 더욱더 발전된 새로운 사회모습이라 할 수 있으며, 에너지, 의료, 복지, 정부, 교통 모두 기존시스템을 바꾸는 새로운 사회 패러다임이다.

ICBM 기술이란, IoT 기술, 클라우드 기술, 빅 데이터 기술 그리고 모바일 기술을 총칭하는 용어이다. 각각 기술에 대하여 간략히 정의해 보면 IoT 기술은 인터넷 (미들웨어), 하드웨어 (센서) 그리고 정보가 하나로 융합되어 형성된 기술이다. 쉽게 설명하여 IoT 기술은 네트워크 통신과 IT 기술들이 가능한 센서를 활용하여 가전제품 단위에서부터 건물단위 그리고 도시단위 전체로 적용한 기술이다 (M2M은 기기간의 통신을 의미하는 데에 반하여 IoT는 사회전체의 통신을 의미한다). 두 번째로 클라우드 기술은 원격에 있는 컴퓨팅 자원들을 네트워크를 통해 원격으로 접속 및 이용할 수 있는 컴퓨팅 패러다임이다. 즉, 사용자가 PC나 다양한 단말기 형태의 기기 자체에 저장된 프로그램, 데이터 등을 이용하거나, 혹은 대형 컴퓨터 내의 저장된 프로그램, 데이터 등을 한정된 사용자가 이용하는 것이 아닌, 접속할 단말기만 있으면 시간과 장소에 구애 받지 않고 필요한 작업을 네트워크를 통하여 원격으로 수행할 수 있는 사용자 중심의 컴퓨팅 개념이다. 세 번째로 가장 큰 이슈인 빅 데이터 기술은 스토리지에 저장되어 있는 어마어마한 데이터와 그리고 기존에 분석할 수 없는 비정형화 된 기술들을 분석하여 주는 기술이다. 다시 말하여 기존에 분석 할 수 없었던 대용량의 데이터들을 쉽고 빠르게 분석하여 주는 기술이다. 마지막으로 모바일 기술은 스마트폰, 태블릿 PC, 스마트워치와 같이 스마트기기들의 기반이 되는 기술이다.

ICBM 기술이 통합되어 새로운 서비스 플랫폼을 형성하게 되었다. IoT 기반으로 하여 각종 센서들로부터 정보를 수집하여 클라우드 서버에 저장하며 빅데이터 기술은 저장된 수많은 데이터들을 분석하여 모바일기술로 사용자들에게 실시간으로 제공하여 준다(여기서 비교하자면 클라우드 기술이 자료들을 저장하고 모으는 데이터웨어하우스의 역할에 가깝다고 한다며, 빅데이터 기술은 OLAP과 같은 저장장치들을 분석하여 주는 기술에 가깝다).

앞서 언급하였듯이 ICBM 기술은 전 분야에 적용이 가능하며, 제4차 혁명인 스마트혁명을 야기했다. 예를 들어 건물의 경우 건물에 계측기를 달아 건물의 에너지 상황정보를 실시간으로 모니터링이 가능하며 계측기를 통해 수집된 정보는 스토리지에 저장되어 빅데이터 기술엔진에 의하여 분석된다. 분석된 결과값은 건물 사용자에게 전달되어 건물

에너지의 효율화 방안 제시 및 최적 알고리즘을 적용하여 건물 스스로 학습하여 건물에너지를 최적화할 수 있는 자동화가 가능하다.
또한 도로에도 적용이 될 수 있는데 센서 및 인공위성을 통하여 도로교통 정보를 파악하여 신호관리 및 운전자에게 막히지 않는 최적의 길안내를 함으로서 도로혼잡을 막을 수 있다. 뿐만 아니라 기업은 기존의 소비자 정보 및 스마트 웨어러블 및 센서를 통하여 새롭게 소비자의 소비패턴을 파악한 후 스토리지에 저장된 비정형화된 데이터들을 빅데이터로 분석하여 소비자의 정확한 소비성향을 분석함으로써 소비자에게 맞는 최적의 제품 및 마케팅 효과를 통하여 적은 마케팅 비용으로 마케팅 성공확률을 높일 수 있다.
이처럼 ICBM 기술은 삶의 변화를 더욱더 스마트하게 바꾸어 놓는다. 더욱더 스마트해진 삶은 경쟁자들이 한정된 자원을 효율적으로 배분 및 사용할 수 있게 하여 줄 수 있다. 기존에는 관리를 잘하여 저비용으로 대량생산이었다면 지금은 팔만큼만 생산하여 딱 필요한 사람에게만 파는 커스터마이징(공급에서 수요로 가는) 시대이다.
비록 지금은 경제위기, 지구온난화, 자원고갈과 같은 문제에 직면해있지만, 앞으로 ICBM 기술이 가속화 됨에 따라 스마트혁명이 도래되어 이러한 문제들을 해결하여 줄 것으로 예상된다.

출처: 디지털타임스(2014. 12. 23.).

연습문제

1. 서비스 기업의 성과측정에 대해서 설명하시오.
2. 서비스 생산성의 개념에 대해서 설명하시오.
3. 자료포괄 분석의 정의 및 절차에 대해서 설명하시오.
4. 소셜미디어 기업의 성과측정 프로세스 및 용어에 대해서 설명하시오.
5. 서비스 공급사슬경영의 구성단위와 핵심 프로세스에 대해서 설명하시오.

PART

04

서비스산업의 미래

CHAPTER 14

SERVICE MANAGEMENT

서비스 가치혁신 전략

1. 서비스 가치혁신 전략 개념 및 배경
2. 서비스 가치혁신 전략 사례

도입사례

마이리틀텔레비전과 서비스 가치혁신

기존 공중파 예능에서 볼 수 없었던 '인터넷 방송' 플랫폼을 완벽하게 소화해 낸 예능계의 혁신!

마이리틀텔레비전(마리텔)?

정보화 시대 대한민국에 혁신을 일으킨 인터넷 방송을 이용한 MBC의 예능 프로그램이다. 연예인들과 사회 각층에서 전문가 등 검증된 5~6명의 게스트가 자신만의 콘텐츠를 통해 직접 PD 겸 게스트가 되어 인터넷 생방송을 펼치는 1인 방송 대결 프로그램이다.

마이리틀텔레비전을 통한 시장 재정의

• 마리텔의 관행적인 시장 고객

기존 TV 시청자, MBC를 비롯한 공중파 시청자, 종편 시청자, 채널과 상관없이 TV로 예능 방송을 즐기는 시청자 및 기존 다음TV팟 이용자를 관행적인 시장의 고객으로 볼 수 있다.

• 마리텔의 비 고객 및 잠재고객층

기존에 TV로 예능방송을 즐기지 않고 인터넷 개인 방송을 시청하던 고객, TV 미 시청자, 공중파 예능 미 시청자가 비 고객 및 잠재 고객층이 될 수 있으며 활발한 인터넷 이용 고객, 인터넷 포털 '다음' 고객 또한 잠재 고객으로 포함할 수 있다.

• 마이리틀텔레비전 가치 요소의 발굴

기존 공중파 예능 방송 시장과 인터넷 개인 예능 방송… "고객들은 어떤 기준들을 가지고 예능 방송을 선택하는가?"

〈고객들의 예능방송 선택기준〉

재미	방송참여의 기회	방송 마케팅
유익함	타 시청자의 수	다시보기
피드백 수용 정도	타 시청자의 반응	대중성
콘텐츠의 검증성	시청률	비선정성
게스트의 검증성	시간적 제약의 자유	비폭력성
쌍방향 소통	공간적 제약의 자유	정보획득의 용이함
접근성	가격	

예능방송 선택기준 중 비선정성과 비폭력성은 '공중파 예능' 소비자에 국한된다. 아프리카TV를 비롯한 많은 인터넷 방송의 순위는 '선정성'과 '폭력성'에 의해 결정될 수 있다.

공중파 예능/인터넷방송(아프리카TV) 비교 대상 선정 및 분석

공중파 예능 방송은 검증된 콘텐츠 및 게스트와 함께 방송 품질 면에서 경쟁력이 뛰어나다. 다만 고객의 피드백 반영 여부가 불투명하며 피드백의 양과 속도도 매우 낮은 편이다. 방송 시간과 개수가 한정되어 있기 때문에 콘텐츠의 숫자도 적으며, 시청자 소통이 어렵지만 대중성, 접근성이 뛰어나고 방송 마케팅 및 다시보기 등의 시청자 서비스도 우수한 편이다.

반면 아프리카TV를 비롯한 인터넷 개인 예능 방송은 굉장히 다양한 사람들이 참여하고 있어 콘텐츠가 많으며, 채팅서비스를 제공하고 있기 때문에 피드백의 양도 많고 속도 또한 굉장히 빠른 편이다. 방송인은 즉각적인 시청자와의 소통이 가능하다. 하지만 방송의 진입장벽이 매우 낮기 때문에 콘텐츠와 게스트의 검증이 힘들다는 단점이 있다. 이러한 이유로 선정적, 폭력적인 방송이 많아 콘텐츠의 질이 대부분 낮은 편이다.

마이리틀텔레비전의 전략 캔버스 분석 및 가치혁신

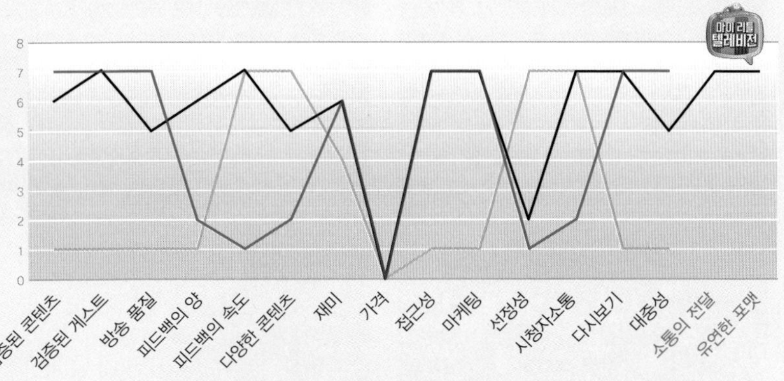

〈마이리틀텔레비전의 전략 캔버스〉

기존 예능방송과 차별화되는 마리텔의 가치혁신은 '소통의 전달'과 '유연한 포맷'이다. 두 가지의 가치는 여러 요소의 결합에 의해 나온다.

마이리틀텔레비전은 1인 인터넷 생방송과 TV의 결합이라는 기존 예능프로그램과는 확연히 다른 포맷으로 고객에게 신선한 가치를 제공하고 있다. 공중파 예능이 가진 가치인 검증된 콘텐츠와 게스트, 방송품질, 접근성 등을 고객에게 제공하고 있으며, 정규방송 전 인터넷 생방송을 통해 시청자 소통, 빠른 피드백과 다양한 콘텐츠를 통한 가치를 제공하고 있다.

다수의 게스트가 생방송에 참여하고 시청률에 따라 생존이 결정되는 과정을 통해 끊임없이 신선하고 유연하게 포맷이 변화한다.

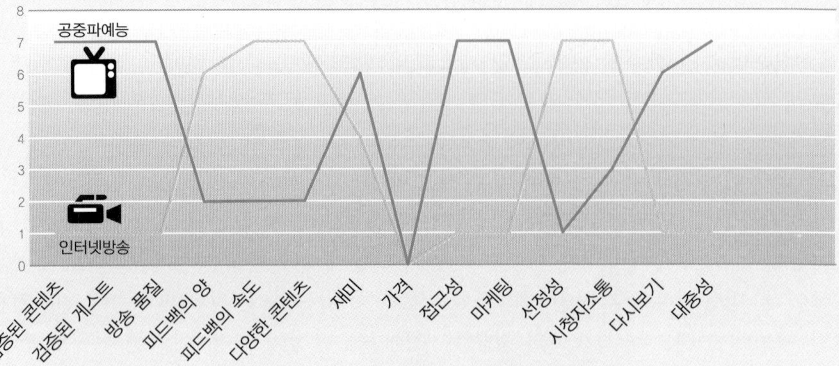

〈공중파예능과 인터넷방송의 전략캔버스〉

두 번째는 '소통의 전달'이다. 생방송 중 네티즌 댓글에 대한 높은 선별력과 이해도를 가지고 있으며, 이러한 댓글들을 정규방송에서 확인할 수 있도록 시기적절하게 올려준다. 이를 통해 생방송과 정규방송의 갭을 줄이고 재미를 더해 준다.

이러한 '유연한 포맷'과 '소통의 전달'을 통해 마리텔은 기존 공중파 예능이 제공할 수 없던 가치를 혁신적으로 제공하며 인터넷 방송과 공중파 예능의 통합이라는 블루오션을 창출한 것이다.

출처: 안혜연(2015.07.10.). MBC 마이 리틀 텔레비전으로 보는 가치혁신- 마리텔의 전략 캔버스 및 가치혁신 비결 분석 재편집.

CHAPTER 14

서비스 가치혁신 전략

1. 서비스 가치혁신 전략 개념 및 배경

1) 서비스 가치혁신이란

서비스 가치(value)는 여러 측면에서 정의될 수 있다. Warren Buffett은 "가격은 우리가 지불하는 것이고 지불가격의 대가로 받는 것이 바로 '가치'다"라고 정의하였다. 어떠한 측면에서 서비스 가치를 정의하더라도 중요한 점은 모든 기준은 서비스를 제공하는 기업의 관점에서의 가치가 아니라 서비스를 제공받는 고객의 관점에서의 가치라는 측면이 중요하다. 가치는 서비스를 제공하는 기업이 정한다기보다는 기업이 제공하는 서비스를 받는 고객이 정하는 것이다. 즉 서비스에 대해 가격을 직접 지불하는 고객이 평가하지 못하는 서비스는 그 가치를 인정받지 못하는 것이다.

기존에 제공되고 있는 서비스 가치를 개선하거나 새로운 가치를 제공하는 일련의 활동을 서비스 가치혁신(service value innovation)이라고 할 수 있다. 서비스 가치혁신을 통해 고객이 인지하는 서비스의 수준과 가치를 향상시킬 수 있다.

2) 경영전략 이론으로서의 가치혁신(value innovation) 전략

가치혁신에 대해 경영전략 이론으로서 가치혁신 전략이 체계적으로 제시된 것은 1990년대 중반 프랑스 유럽경영대학원 인시아드의 김위찬 교수와 Renee Mauborgne 교수가 제시한 가치혁신(value innovation) 이론(1997)과 블루오션 전략(blue ocean strategy) 이론(2005)에 기반하고 있다.

두 교수는 가치혁신이란 "첨단기술 개발을 통한 경쟁력 확보보다는 참신한 아이디어를 통해 새로운 시장을 창출해야 한다는 기업경영 전략이론"으로 소개하고 있다. 즉 "신기술의 연구 · 개발에만 집중하기보다는 개발된 기술에 참신한 아이디어를 접목해 새로운 시장을 창출하는 데 중점을 둔다. 즉 첨단기술을 개발해 기존의 경쟁자를 물리치는 기술혁신의 차원이 아니라, 현재의 상품이나 서비스가 제공하지 못하는 가치를 찾아 새로운 시장을 개척하는 데 중점을 두는 경영전략 이론"이다. 본 이론을 증명하기 위해 "지난 120년 동안 큰 성공을 거둔 세계 150개 기업을 분석해 이들이 성공할 수 있었던 요인은 기존의 시장에서 경쟁자들과 싸워 이겼기 때문이 아니라, 전혀 다른 시장을 만들어냈기 때문이라는 결론을 얻었다. 이를 바탕으로 두 사람이 체계화한 경영 전략이론이 바로 가치혁신"이다(두산백과).

또한 두 교수는 가치혁신 이론에 기반해 차별화와 저비용을 통해 경쟁이 없는 새로운 시장을 창출하려는 경영전략으로 새로운 가치혁신 이론인 '블루오션 전략(blue ocean strategy)'을 제안하였다. 블루오션(푸른 바다)이란 수많은 경쟁자들로 우글거리는 레드오션(red ocean: 붉은 바다)과 상반되는 개념으로, 경쟁자들이 없는 무경쟁시장을 의미한다. 기업이 더 많은 가치를 창출하기 위해서는 경쟁시장이 아니라, 경쟁이 없는 새로운 시장을 창출해야 한다는 내용을 담고 있다. 즉, 블루오션전략은 산업혁명 이래로 기업들이 끊임없이 거듭해 온 경쟁의 원리에서 벗어나, 발상의 전환을 통해 고객이 모르던 전혀 새로운 시장을 창출해야 한다는 전략이다.

이 새로운 시장은 차별화와 저비용을 동시에 추구함으로써 기업과 고객 모두에게 가치의 비약적 증진을 제공하는 시장으로, 다른 기업과 경쟁할 필요가 없는 무

경쟁 시장이다. 쉽게 말해 기존의 치열한 경쟁시장 속에서 시장점유율을 확보하기 위해 애쓰는 것이 아니라, 매력적인 제품과 서비스를 통해 자신만의 독특한 시장, 곧 싸우지 않고 이길 수 있는 시장을 만들어 내는 전략을 말한다(두산백과).

두 교수가 제안한 가치혁신이론은 2000년 이후 세계 각국의 대기업들이 기업경영 전략으로 채택하면서 새로운 경영이론으로 주목받기 시작하였다. 2004년 현재 삼성전자(주)를 비롯해 세계 30여 개의 기업들이 미래 경영전략으로 도입해 시행하고 있다. 미국의 하버드대학교 비즈니스스쿨, 펜실베이니아대학교 워튼스쿨 등 세계적으로 유명한 비즈니스스쿨에서도 전략 필수과목으로 정해 가치혁신 이론을 가르치고 있다(두산백과).

3) 가치혁신 로직과 전통적인 로직

가치혁신에 대한 접근 방법은 기존의 전통적인 접근 방법과 차별점을 보인다. 이는 산업에 대한 가정을 전통적인 접근에서는 산업의 조건을 주어진 것으로 가정하는 것에 비해, 가치혁신에서는 산업의 조건 자체를 변화시킬 수 있다고 보고 있다. 특히 산업 간의 구분에서 전통적인 접근 방법은 제조업과 서비스업이 구분되는 것으로 보고 있으나 가치혁신에서는 산업간 경계에 고정되지 않고, 고객이 필요로 하는 토탈 솔루션을 제공하는 것이 중요해지며, 이로 인해 제조업과 서비스업의 경계가 불명확해진다.

	전통적인 로직(구조주의)	가치혁신 로직(재구축주의)
산업에 대한 가정	산업의 조건은 주어지는 것(given)	산업의 조건은 변화시킬 수 있음
전략 포커스	경쟁에서 승리하기 위한 경쟁우위(competitive advantage) 확보에 치중	현재의 경쟁에 집착하는 대신, 시장 전체를 지배할 수 있는 가치 상의 퀀텀점프가 중요
고객	세분화(segmentation)와 고객화(customization)를 진전시켜 매출 확대. 고객들 간의 차이점에 초점	현재 고객의 일부를 잃는다 하더라도 시장내의 대다수 고객에 초점. 고객이 중요시하는 핵심 공통분모에 초점
자산과 역량	현재의 자산과 역량을 최대한 활용(leverage)	현재의 자산과 역량에 얽매이지 않고, 새롭게 출발한다는 마음가짐 견지
제품과 서비스	전통적인 산업경계가 제품과 서비스의 속성을 결정. 목표는 이렇게 결정된 제품과 서비스의 가치 극대화	고객에게 토털솔루션을 제공하는 것이 중요. 전통적인 산업경계에 얽매일 필요 없음

[그림 14-1] 가치혁신과 전통적인 로직

출처: 박용삼(2010). 가치혁신을 통한 성장.

4) 서비스 가치혁신의 원리

서비스 가치혁신을 위해서는 ① 기존에 제공되는 서비스 가치 중 당연하게 여기지만 없애도 무방한 가치는 없는지를 제거(elimination)하고, ② 없앨 수는 없지만 줄일 수 있는 서비스 가치, 즉 과다/과잉 제고되는 서비스 가치를 감소(reduce)시키며, ③ 필요보다 적게 제공되고 있는 서비스 가치는 증가(raise)시키고, ④ 기존에 제공되지 못한 가치는 새로이 제공(create)하는 것이 필요하다. 이러한 원칙을 통해 불필요한 기능을 제거해 비용을 감소시키고, 새로운 기능을 추가하고 개선해 구매자 가치 증가를 통해 가치혁신을 이룰 수 있다.

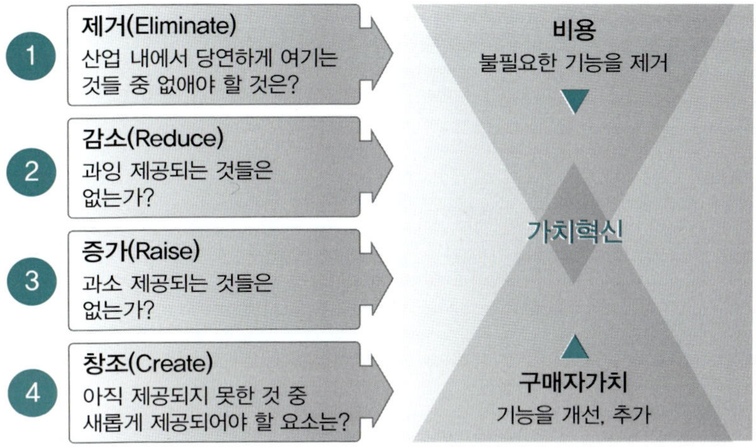

[그림 14-2] 가치혁신의 원리

출처: 박용삼(2010). 가치혁신을 통한 성장.

5) 서비스 가치혁신 전략 캔버스

서비스 가치혁신 전략 캔버스는 횡축으로 경쟁요소를 종축으로 경쟁요소별 경쟁 기업의 상대적 수준을 도식화한 것이다. 서비스 가치혁신 전략 캔버스를 통해 핵심 경쟁요소와 경쟁요소별 상대적 수준을 파악할 수 있다.

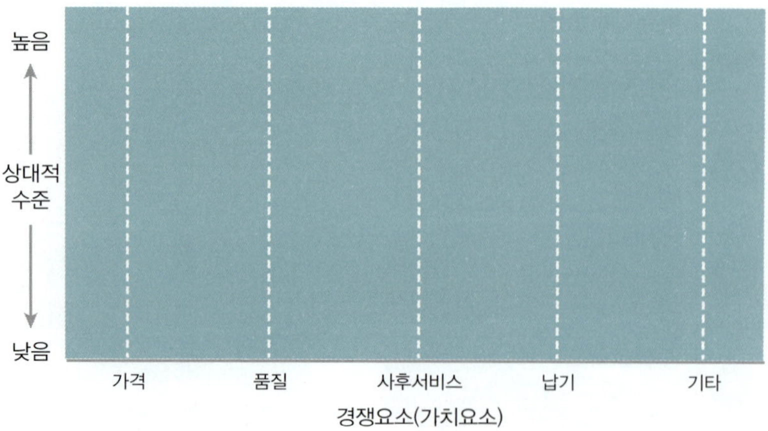

[그림 14-3] 서비스 가치혁신 전략 캔버스

출처: Kim, W. C., & Mauborgne, R. (1998). "Value Innovation: The Strategic Logic of High Growth," Harvard Business Review on Strategies for Growth.

좋은 전략 캔버스를 그리기 위해서는 첫째 핵심 경쟁요소에 대한 집중(focus)이 필요하다. 여러 경쟁요소에 대해 모두 고려하는 것은 필연적으로 비용의 상승으로 연결된다. 따라서 핵심 경쟁요소가 무엇인지에 대해 우선 인식하는 것이 필요하며, 핵심 경쟁요소에 기반해 전략 캔버스를 그려야 한다. 두 번째는 다른 가치 곡선과의 차별성(divergence) 이다. 경쟁요소에 기반해 도식화한 전략 캔버스가 다른 가치 곡선과 별다른 특이사항이나 차이점이 없다면, 가치혁신 도출이 어려워진다. 세 번째는 메시지가 뚜렷한 슬로건(compelling tag line)이다. 핵심 경쟁요소에 집중한 차별화된 가치곡선을 도출했더라도 이를 나타내고 고객이 인식할 수 있는 슬로건이 필요하다.

이러한 좋은 전략 캔버스를 도출하기 위해서는 기존의 고객보다는 고객이 아닌 비고객의 특징을 관찰하고, 고객 간의 차이점보다는 공통점이 무엇인지 파악하며, 세분화보다는 비세분화를 검토할 필요가 있다.

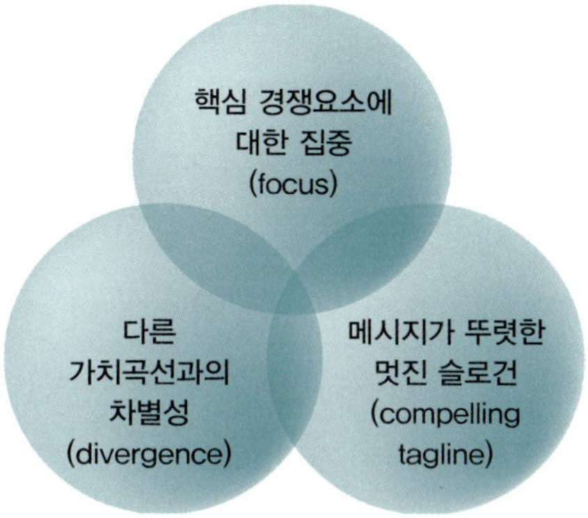

[그림 14-4] 좋은 전략 캔버스의 3가지 특징

출처: 박용삼(2010). 가치혁신을 통한 성장.

6) 서비스 블루오션

서비스 블루오션은 레드오션에 대비해 생각할 수 있다. 레드오션 전략에서는 기존 시장공간 안에서 경쟁하며, 경쟁자 이기기에 초점을 맞추는 것에 반해, 블루오션 전략에서는 경쟁자가 없는 새로운 시장을 창출해 경쟁을 무의미 하게 하는 것에 초점을 맞춘다. 또한 레드오션 전략에서는 기존 수요 시장 공략과 가치와 비용 가운데 양자 택일의 접근 인 것에 반해, 블루오션 전략에서는 새로운 수요를 창출하고 가치와 비용 모두를 만족시키는 것에 초점을 맞추게 된다.

〈표 14-1〉 레드오션 vs 블루오션

레드오션(red ocean)	블루오션(blue ocean)
기존 시장공간 안에서 경쟁	경쟁자 없는 새 시장공간 창출
경쟁자 이기기	경쟁을 무의미하게
기존 수요시장을 공략	새 수요 창출 및 장악
가치와 비용 가운데 양자택일	가치 비용 둘 다 선택
차별화나 저자전략 가운데 하나를 택해 회사 전체 활동체계를 정렬	차별화나 저자전략을 동시에 추구하도록 회사 전체 활동체계를 정렬

출처: 김위찬 · 르네 마보안(2005). 블루오션 전략.

새로운 서비스인 블루오션을 찾기 위해서는 첫째 대안 산업 관찰을 통해 대체품(substitutes)보다는 대안품(alternatives)에 초점을 맞추어야 한다. 둘째 특정 전략 그룹에서 탈피해 산업 내의 전체 전략적 그룹들을 관찰해야 한다. 세 번째는 기존에 간과했던 구매자 그룹에 초점을 맞추기 위해 구매자 체인을 관찰해야 한다. 네 번째는 서비스를 선택할 때 구매자들이 필요한 전체 토털 솔루션이 무엇인지 규명하고 이를 위해 필요한 서비스를 관찰해야 한다. 다섯 번째는 서비스의 기능 또는 감성적 매력 요소를 융합해 제시하고, 마지막으로 외부 트렌드의 변화를 주시해 시간 흐름을 반영해야 한다.

〈표 14-2〉 블루오션 찾는법

방법	내용	예시
1. 대안산업을 관찰하라	대체품(substitutes)보다는 보다 넓은 범위의 대안품(alternatives)에 초점	• 넷제츠의 전용기 공동소유 사업 • 광동제약의 비타 500
2. 산업 내 전략적 그룹들을 관찰하라	특정 전략그룹에서 탈피	• 도요타의 렉서스 • 여성전용 헬스클럽 커브스
3. 구매자 체인을 관찰하라	기존에 간과했던 구매자 그룹에 포커스	• 노보노디스크의 휴대용 인슐린 투약기
4. 보완적 제품과 서비스를 관찰하라	제품, 서비스를 선택할 때 구매자들이 찾는 토털 솔루션 규명	• NABI의 유리섬유 소재의 버스 • 필립스의 필터 장착 찻주전자
5. 상품의 기능 또는 감성적 매력요소를 관찰하라	기능상품에는 감성을, 감성상품에는 기능을 융합	• 스와치의 패션시계 • 바디숍의 화장품
6. 시간 흐름을 고찰하라	외부 트렌드의 변화 주시	• 애플의 iPod iTunes • CNN의 24시간 뉴스 네트워크

출처: 김위찬 · 르네 마보안(2005). 블루오션 전략.

사례

사우스웨스트 항공 성공의 비밀

사우스웨스트 항공은 거의 모든 경영대학원에서 케이스 스터디의 대상으로 활용되고 있다. 자기만의 세그멘트를 명확하게 규정하고 있으며 전략적 위치(strategic position)를 확고하게 구축하고 있는 회사로 평가받고 있다.
사우스웨스트 항공의 CEO Herbert D. Kelleher는 1995년 사업보고서의 "Letter to shareholders"를 통해 사우스웨스트 항공의 여섯 가지 성공 비결을 다음과 같이 밝히고 있다.

1. 잘하는 것만 하라(Secret Number 1: Stick to what you're good at).

사우스웨스트 항공은 처음 출발할 때부터 단거리(shorthaul) 노선과 높은 이용 빈도(high frequency), 낮은 요금(low-fare), 포인트 투 포인트(point-to-point) 노선이라는 틈새시장만을 대상으로 했고 지금도 그렇다. 다른 많은 항공사들이 바퀴살 모양의 hub-and-spoke 노선 속에서 출혈경쟁을 하고 있을 때, 사우스웨스트 항공은 그런 관행을 완전히 무시했었다. 대신, 많은 이용객이 있어서 높은 이용 빈도가 보장되는 지역만을 대상으로 이들을 직접 이어주는 포인트 투 포인트 노선을 도입했고 이를 싼 가격에 제공한다는 확실한 포커스를 갖고 있었다.
사우스웨스트 항공은 단거리만 포인트 투 포인트 방식으로 연결하기 때문에 거의 대부분의 승객이 논스톱 승객이다. 또한, 허브 앤 스포크(hub-and-spoke) 시스템을 피함으로써 연착을 줄이고 여행 시간을 획기적으로 단축했다. 노선을 구축하는 공항을 선택할 때도 교통은 편리하지만 'hub'에 해당하지는 않는 곳을 택함으로써 정확한 운항시간과 정확한 여행 시간을 보장할 수 있었다. 이렇게 해서 단 46개의 공항만을 이용하면서도 하루에 2000회 이상 운항하는 경이적인 결과를 만들어 낸다. 사우스웨스트 항공 노선이 있는 공항 중 규모가 큰 곳의 경우는 일평균 168회의 운항 횟수를 기록하고 있다.
이렇게 낮은 요금, 편리함, 고객 서비스를 바탕으로 단거리 시장의 약 80~90%를 지배하며 독점적 니치마켓을 구축했고, 전체 시장규모를 대상으로 했을 때도 60~70%의 시장점유율을 차지하게 되었다. 가장 잘하는 핵심에만 집중하며 핵심 영역이 아닌 곳으로는 전혀 눈을 돌리지 않은 결과가 오늘날의 사우스웨스트 항공을 만들었다.

2. 단순함을 유지하라(Secret Number 2: Keep it simple).

사우스웨스트 항공은 "no"를 좋아한다. 사우스웨스트 항공에는 예약 좌석이 없고, 기내식도 없다. 복잡한 절차도 없다. 사우스웨스트 항공의 기본적인 철학은 단순함이다. 낮은 요금, 높은 이용률, 단거리 승객이라는 포커스에만 집중한다. 단거리만 운항하므로 비행기 기종도 오직 하나, 보잉 737뿐이다. 단거리, 논스톱, 붐비지 않는 공항. 이것이 모두 어우러져서 정확하고 믿을 수 있는 스케줄링을 가능케 합니다. 기종이 하나이기 때문에 유지관리도 단순하고 쉽다. 운항 방식, 승무원 교육도 단순해진다.

단거리를 자주 여행하는 승객이 원하는 것은 낮은 요금으로 빠른 시간 내에 목적지에 도착하는 것이다. 그러므로 사우스웨스트 항공은 기내식 같은 번잡스러운 절차를 없애고 티케팅 시스템과 탑승 절차를 대폭 간소화했다. 1995년에는 인터넷을 이용한 "ticketless travel" 방식을 도입해서 티케팅 과정을 더욱 간편하게 했다.

3. 요금은 낮게 유지하고, 코스트는 더욱 낮게 유지한다(Secret Number 3: Keeps fares low, costs lower).

승객에게 낮은 요금을 제시하면서도 큰 이익을 창출하려면 최소한의 비용만을 사용해야 한다. 코스트를 낮추는 것은 거의 숨쉬기와 같이 자연스러운 일이어야 한다. 사우스웨스트 항공은 업계 최저의 비용구조를 갖추는 것에 강하게 집착하고 있이다.

비용을 낮추기 위한 핵심은 생산성을 높이는 것이다. 직원 생산성 향상뿐만 아니라 자산활용 역시 가장 효율적으로 해내야만 업계 최고의 저비용구조를 구축할 수 있다. 예를 들어, 사우스웨스트 항공은 항공기가 공항 입구에 머무는 시간이 20분 정도에 불과하도록 스케줄링을 하고 있기 때문에 직원 1인 당 연간 2,500명의 고객을 서비스할 수 있다. 직원 생산성이 높으므로 임금 수준이 높아도 원가 경쟁력이 생기는 것이다. 비행기가 단일 기종이라는 점은 운영 효율성을 더욱 높이고 비용을 더욱 낮추게 된다. 단순함이 저비용구조를 이끌어 내는 것이다.

단순하게, 그리고 강점을 더욱 강하게

사업보고서에서 밝힌 성공의 비결에 계속해서 등장하는 말이 "단거리 승객", "포인트 투 포인트", "저비용구조", "단순함" 등이다. 모든 것은 목표로 하는 시장에 철저하게 맞추어져 있고 맞추어 가고 있다. "업계에서 가장 저비용구조를 갖고 있는 회사가 되겠다", "단거리 노선의 압도적 지배자가 되겠다"와 같이 명확한 전략과 분명한 목표를 갖고 있다.

출처: 이명헌(2005. 03. 29.). 경영스쿨 '사우스웨스트 항공 성공의 비밀' 재편집; Kelleher, H. D. (1995). "Letter to shareholder"; Southwest Airlines annual report 1995.

2. 서비스 가치혁신 전략 사례

1) 사우스웨스트 항공 서비스 가치혁신

사우스웨스트항공은 미국의 저비용 항공사로, 본사는 텍사스 주 달라스에 있으며, 1971년 R. W. King이 보잉 737기 3대로 텍사스의 주요 3개 도시(달라스, 휴스턴, 산안토니오)를 운영하는 지역항공사로 시작하였으나 현재 미국의 주요 메이저 항공사로 성장하였다. 사우스웨스트 항공은 서비스 가치혁신을 위해 여러 전략을 사용하고 있다.

대표적으로 기내식이 없으며, 지정좌석도 없고, 타 항공사 연계도 없애는 등 비용 최소화를 위해 여러 전략들을 채택하였다. 또한 정비의 편의성을 위해 비행기종은 보잉 737 단일 기종('12년 기준 583대)만을 사용한다. 이를 통해 최저가의 비행기 티켓을 제공해 경쟁력을 향상시켰다.

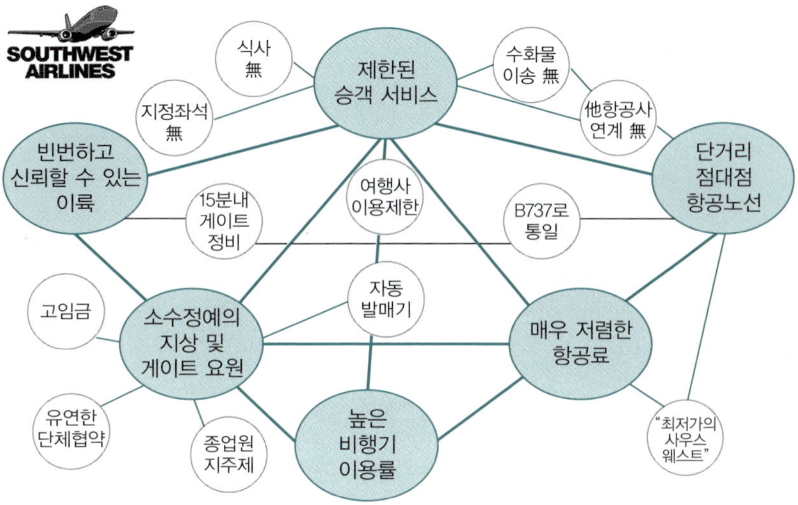

[그림 14-5] 사우스웨스트 항공의 서비스 경쟁력 원천

출처: Porter, M. E. (1998). On Competition.

이러한 사우스웨스트 항공의 서비스 가치혁신을 서비스 전략 캔버스로 표현하면, 항공서비스의 경쟁요소인 가격, 기내식, 좌석선택권, 친절한 서비스, 속도, 운항빈도 중 다른 일반 항공사가 가격, 기내식, 좌석 선택권에서 높은 가격, 기내식 제공, 좌석 선택권 제공 등의 서비스 수준을 제공하는 것에 반해, 사우스웨스트 항공은 기내식을 제공하지 않고 좌석 선택권도 제공하지 않는 대신에 낮은 비행기 티켓 가격을 제공하고 빠른 체크인 속도와 친절한 서비스를 제공한다. 또한 일반 항공사가 제공하지 않는 잦은 비행기 운항 편수 제공을 통해 새로운 가치를 제공한다. 이는 자동차 여행의 경쟁요소와 비교될 수 있는데, 자동차 여행은 내가 원하는 시간에 언제든지 출발할 수 있는 경쟁력과 상대적으로 낮은 가격이 필요한 반면에, 속도가 느리고 친절한 서비스 제공은 부족한 운송수단이다. 사우스웨스트 항공의 자동차만의 강점에 주목해, 빈번한 운항 시간 제공을 통해 새로운 경쟁 우위요소를 창출할 수 있다.

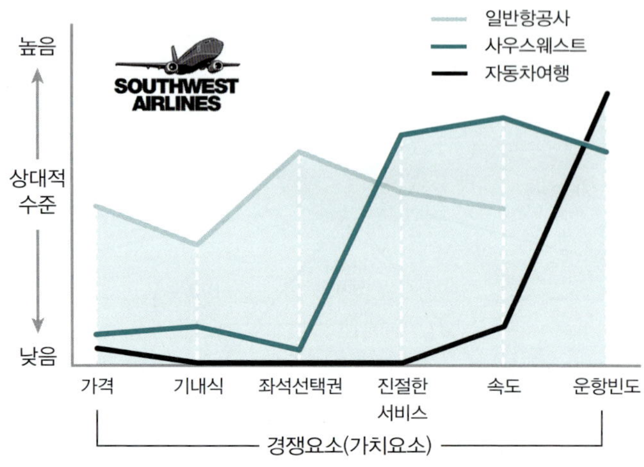

[그림 14-6] 사우스웨스트 항공의 서비스 전략 캔버스

출처: 김위찬 · 르네 마보안(2005). 블루오션 전략.

2) 포뮬 1(Formule 1) 호텔 서비스 가치혁신

포뮬 1(Formule 1)은 프랑스의 호텔 체인인 아코르 그룹의 브랜드로 원가를 낮추어 꼭 필요한 서비스만 제공하는 개념을 도입하였다. 또한 호텔 소비자는 장거리 자동차 여행자와 트럭 운전사에 초점을 맞추어 하루밤 방값을 최저 수준(28유로)으로 낮추어 성공한 이후, 전세계 12개국에서 373개 호텔, 2만 8,559개의 방을 운영하고 있다.

비용 절감을 위해 식당, 라운지를 없애고, 방크기를 최소화하였다. 대신에 침대의 질과 청결성은 높이고, 가격은 별하나 호텔 수준으로 낮추었다.

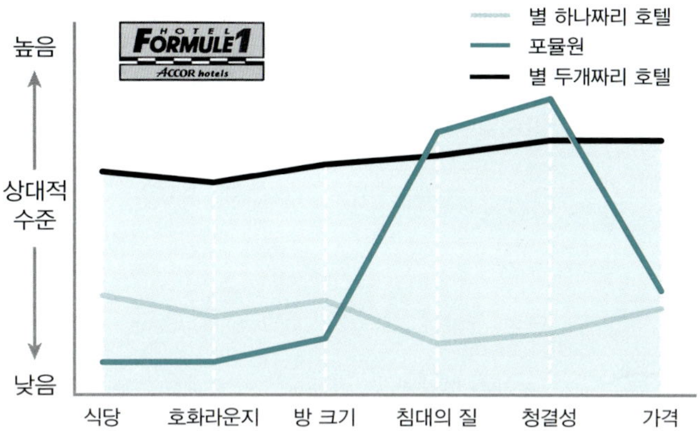

[그림 14-7] 포뮬의 서비스 전략 캔버스

출처: Kim, W. C., & Mauborgne, R. (1998). "Value Innovation: The Strategic Logic of High Growth," Harvard Business Review on Strategies for Growth.

3) 뉴욕 경찰국의 치안 서비스 가치혁신

1990년대 초반까지 뉴욕시는 치안 불안정으로 유명했다. 연평균 2천 건 이상의 살인과 60만 건 이상의 중범죄가 발생했으며 살인사건 발생률은 1990년대에 절정에 이르렀다. 뉴욕 지하철은 연간 1만 5천 건의 강력범죄가 발생하는 지옥철로 불렸다. 이에 반해 뉴욕 경찰은 연간 20억 달러의 예산과 3만 5천 명의 인력이라는 한정된 자원과 고질적인 문제도 가지고 있다.

이러한 상황에서 1994년 새로이 뉴욕 경찰국장으로 부임한 Bratton은 1996년까지 재임기간 동안, 가치혁신으로 예산과 인원의 증가 없이 범죄율을 39% 떨어뜨렸다. 특히 살인은 50%, 절도는 35% 하락하였다. 경찰 신뢰도는 37%에서 73%로 상승하고 경찰 직업 만족도가 사상 최고치를 갱신하였다.

Bratton 부임 이전에는 지하철 순찰을 돌고 대낮에 범죄자를 검거하는 데 많은 인원을 투입했다. 하지만 브래튼 국장이 부임한 뒤에는 경범죄 단속과 일망타진 작전에 더 중점을 뒀다. 시민들의 불편을 최소화하기 위해 범인 검거작전은 주로 야간에 펼쳤고 행정업무를 줄이기 위해 버스를 개조한 이동식 간이체포센터도 운영하기 시작했다. Bratton 국장이 중점을 둔 일들은 그동안 뉴욕 시민들이 목말라하던 서비스였다. 시민들이 원하는 것이 무엇인지에 대해 고민한 결과 가치혁신을 이룬 것이다(한국경제, 2004).

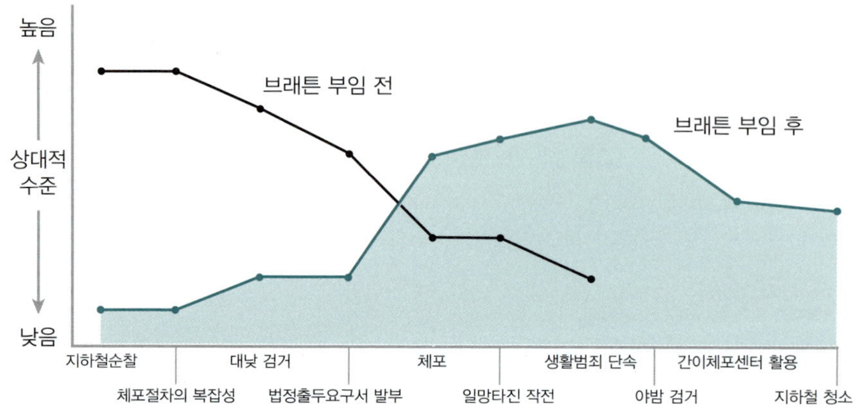

[그림 14-8] 뉴욕 경찰국의 치안 서비스 가치혁신

출처: 한경 가치혁신연구소(value.hankyung.com); Kim, W. C., & Mauborgne, R. (1998). "Value Innovation: The Strategic Logic of High Growth," Harvard Business Review on Strategies for Growth.

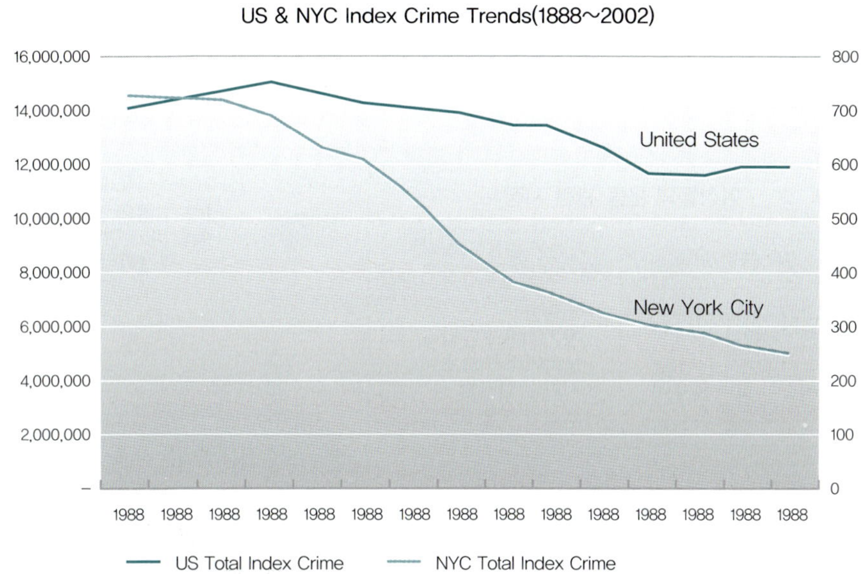

[그림 14-9] 뉴욕 경찰국 브래튼 이후 뉴욕의 변화

출처: 한경 가치혁신연구소(value.hankyung.com).

4) 커브스(Curves) 헬스클럽 서비스 가치혁신

커브스(Curves)는 여성전용 헬스클럽이다. 여성 전용 피트니스 클럽인 커브스는 여성에게 필요한 모든 운동을 30분 안에 마치도록 설계돼 있는 '30분 순환운동'으로 55개국에 1만 개가 넘는 가맹점을 두고 있는 세계적인 피트니스 클럽 브랜드로 소규모로 운영이 가능해서 고정비용의 최소화를 통해 수익을 올리는 구조가 급성장의 바탕이 되었다.

기존 헬스클럽 시장이 고가이며, 시간이 많이 들고 복잡한 운동기구를 가지고 있고, 가정용 운동프로그램은 저렴하고 간단하나, 동기부여가 되지 않는 문제가 있었다. 커브스는 다양한 운동기구, 사우나, 수영장 등을 제거하고, 여성전용으로 프라이버시를 보호하면서, 30달러 수준의 저렴한 가격을 제시하는 가치혁신을 시도하였다. 또한 "여성들이여 하루 커피 한잔 가격으로 건강과 아름다운 몸매를 가꾸어라"라는 슬로건을 제시하였다.

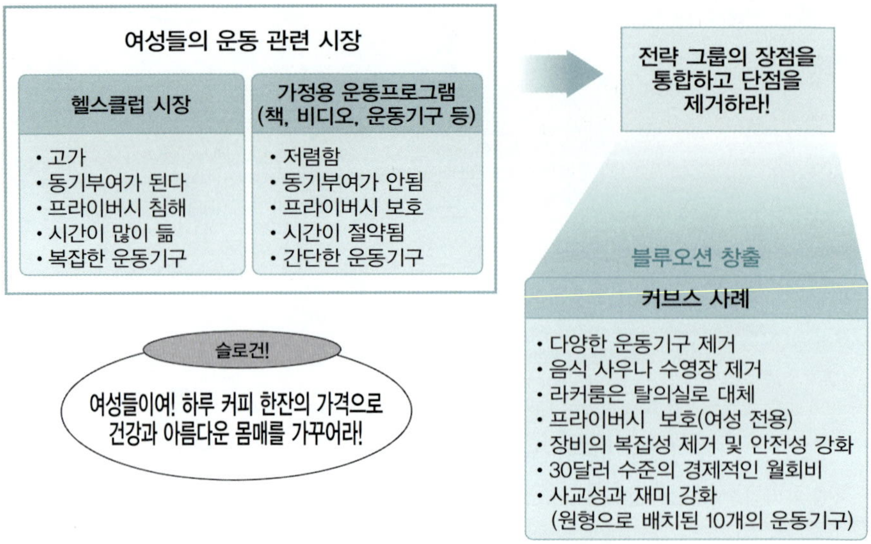

[그림 14-10] 커브스의 가치혁신 전략

출처: 박재우(2008). 가치혁신과 블루오션 전략.

커브스의 가치혁신을 전략 캔버스로 도식화하면, 기존의 헬스클럽과 가정용 운동 프로그램과 차별화된 가치혁신 내용을 파악할 수 있다. 가격, 부대시설, 운동기구 수, 운동시간 등은 가정용 운동 프로그램과 유사한 수준을 유지하나, 남성으로부터 불편함을 제거하고, 편리함과 여성적 분위기와 재미를 특화해 제공하였다.

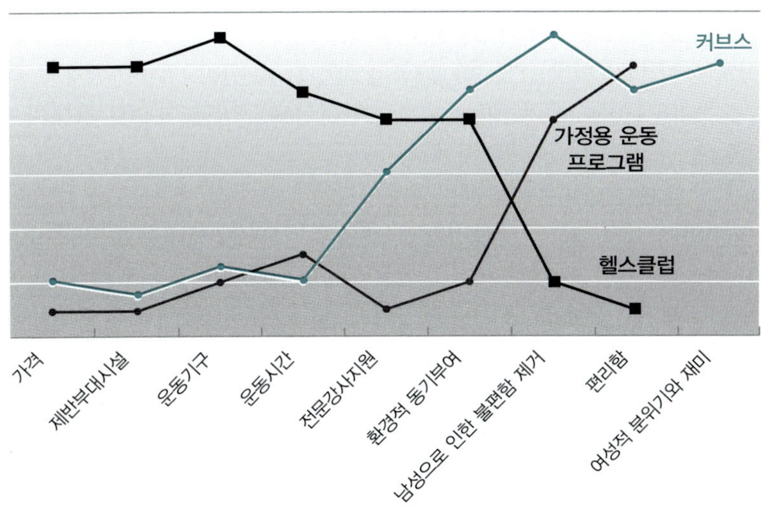

[그림 14-11] 커브스의 전략 캔버스

출처: 박재우(2008). 가치혁신과 블루오션 전략.

마무리사례

삼성전자 VIP센터 사례로 본 창의적 가치혁신 활동

삼성전자 VIP(value innovation program) 센터는 다양한 히트 상품과 원가 혁신 상품을 만들어 내며 삼성전자가 세계적인 기업으로 성장하는데 밑거름이 되었다. VIP센터가 창의적 가치혁신에 성공한 요인은 Rule & Process, 방법론, 창의적 팀 활동, 창의적 공간 등 크게 네 가지로 나눌 수 있으며, 이 요인들로 인해 삼성전자는 시장 창조자(market creator)의 자리에 오를 수 있었다.

가치혁신은 어떻게 이루어지는가?

1) Rule & Process

VIP센터는 고객가치 원칙, 기능중심 사고, 사용자 중심이라는 룰을 가지고 있다. 고객가치의 원칙이란, 비용은 시장 가격보다 낮아야 하며 시장 가격은 고객 가치보다 낮아야 한다는 것으로, 결국 기업 이익보다 고객 만족이 더 커야함을 의미한다.

기능 중심의 사고란, 사용자의 니즈를 반영한 기술적 구현을 위해서는 기능적 사고에 의한 본질적 접근이 필요하다는 것이다. 제품을 생산할 때 먼저 고객 관점에서 니즈를 파악한 후, 엔지니어 관점으로 기능을 맵핑하고 디자인을 한 다음 표준화를 통해 생산하는 과정을 거친다.
사용자 중심의 원칙에 있어 VIP센터는 상품기획부터 설계, 구현, 제조에 이르기까지 밸류 체인을 가지고 있다. 상품기획을 할 때 시각적 탐색단계에서 현재 경쟁이 어디에서 발생하고 있는지 파악하고, 새로운 기회를 확인하고 변화의 방향을 제시한다. 설계 관점에서는 제품구조, 원가, 재질, 조립성, 가공성, A/S, 환경영향 등에 대한 각 종 대안을 체계적 분석과 정량적 평가를 통해 사전에 검증 · 개선하는 예방설계 활동을 한다.

2) 방법론

방법론의 관점에서 VIP센터는 가치 분석과 콘셉트 차별화를 추구한다. 가치 분석을 통해 업계 대비 차별화를 위한 가치혁신 포인트를 발굴하는데, 업계에서 당연시 하는 요소 중 제거해야 하는 것은 무엇인지, 업계 표준 이하로 낮추어야 할 요소는 무엇인지, 또 업계 표준 이상으로 높여야 할 요소가 무엇인지, 업계가 제공한 사례가 없는 요소 중 창출해야 하는 것은 무엇인지 등을 따져 가치를 혁신한다. 또한 소비자 관찰, 기술적 진화 분석을 통해 차별화된 콘셉트를 발굴 · 적용한다. 2006년 이후 TV시장에서 Global Top을 유지하고 있는 보르도 TV는 VIP센터의 신제품 개발과제 수행 중 탄생한 제품이다. 보르도 TV는 TV를 거실 인테리어의 일부로 녹이는 차별화된 콘셉트와 감각적인 디자인으로 많은 사랑을 받았다.

3) 창의적 팀 활동(team building)

VIP센터는 상품기획 초기단계에서 디자인, 상품기획, 마케팅, 개발, 구매, 생산기술, 협력사, 고객 등 다기능 협업팀을 구성하는게 원칙이다. 이렇게 팀을 구성하면 제품개발 원류단계에서 비용(cost), 품질(1uality)의 70~80%가 결정된다.
조직원들의 역량을 키우기 위해 오픈 이노베이션(open innovation)을 추진하기도 한다. 이는 연구개발에 대학이나 타 기업 · 연구소 등의 외부 기술과 지식을 활용해 효율성을 높이는 경영전략이다.

4) 창의적 공간(space)

제품 개발 과제에 맞게 공간을 설계한다면 보다 쉽게 창의적 가치혁신을 꾀할 수 있다.

VIP센터는 각각의 제품개발 형태에 대응하여 업무 공간의 테이블을 원형으로 배치하기도 하고, 마주보게 배치하기도 한다. 또 몇 개로 그룹핑해서 테이블을 놓기도 하고, 팀원이 모두 한쪽 벽에 설치된 스크린을 보고 앉을 수 있게 컨퍼런스홀로 공간을 구성할 때도 있다. 또한 VIP센터는 각 사업부별 기 발굴된 신소재 · 신부품 · 신기술 재활용을 촉진하기 위해 요소기술 전 시장을 마련하고 있다. 이곳은 아이디어 공유 및 신상품 개발 아이디어 협력의 장으로 활용되고 있으며, 혁신 전문가들에게 용도 개발 및 상품화 프로젝트까지 수행을 지원한다.

상품 콘셉트 설정에서부터 개발, 양산, 판매에 이르기까지 일관되게 차별화된 콘셉트를 만들어왔고, 가치혁신을 위해 전사 차원의 혁신 활동을 전개하고 있다.

출처: 산기협 기술과 경영(2013). 삼성전자 VIP센터 사례로 본 창의적 가치혁신 활동, 5월호, (news.koita.or.kr/rb/?c=1/8&uid=396); 본 자료는 제12회 KOITA 기술혁신 포럼 '창조경제와 기술혁신'에서 삼성전자 상무가 발표한 내용을 재편집.

연습문제

1. 기존의 서비스와 차별화된 가치혁신을 이룬 서비스의 사례 하나를 들고 서비스 가치혁신 전략 캔버스를 그리시오.
2. 가치혁신의 원리를 제시하고 기존 전문적인 구조주의 로직과 비교하시오.
3. 기존의 서비스에 새로운 기술(technology)을 접목하여 블루오션을 창출한 사례를 제시하고 전략캔버스를 그리시오.

CHAPTER 15

SERVICE MANAGEMENT

서비스 기업과 빅데이터

1. 빅데이터 개념 및 배경
2. 서비스 기업의 빅데이터 활용
3. 서비스 기업의 빅데이터 활용 방향

도입사례

아마존, 고객이 상품 주문하기 전에 배송 검토

고객기록 분석해 구매가능 품목 예측…관련 특허 획득

미국의 온라인쇼핑 업체인 아마존닷컴이 배달 시간 단축을 위해 소비자가 물건을 주문하기 전에 배송하는 서비스를 실시할 것으로 보인다. 2014년 1월 20일 월스트리트저널(WSJ)의 기술정보(IT) 전문 블로그인 '디지츠'에 따르면 아마존은 2013년 12월 고객의 구매 결정 이전에 상품을 발송하는 '예상 배송(anticipatory shipping)' 서비스 관련 특허를 얻었다.

예상 배송은 고객의 과거 구매 정보 등을 활용해 이뤄진다. 특정 고객의 과거 구매 품목, 구매 시기, 상품 검색 기록, 구매 희망 목록, 반품 기록 등 대량의 정보를 분석해 구입이 예상되는 품목을 소비자와 가까운 물류센터로 보낸다. 이후 고객이 온라인을 통해 해당 물품을 주문하면 곧바로 배달한다. 이렇게 하면 고객이 주문한 뒤에 물품을 물류센터로 발송하고 나서 배달 장소까지 보내야 했던 종전보다 상품 배송 시간을 줄일 수 있다.

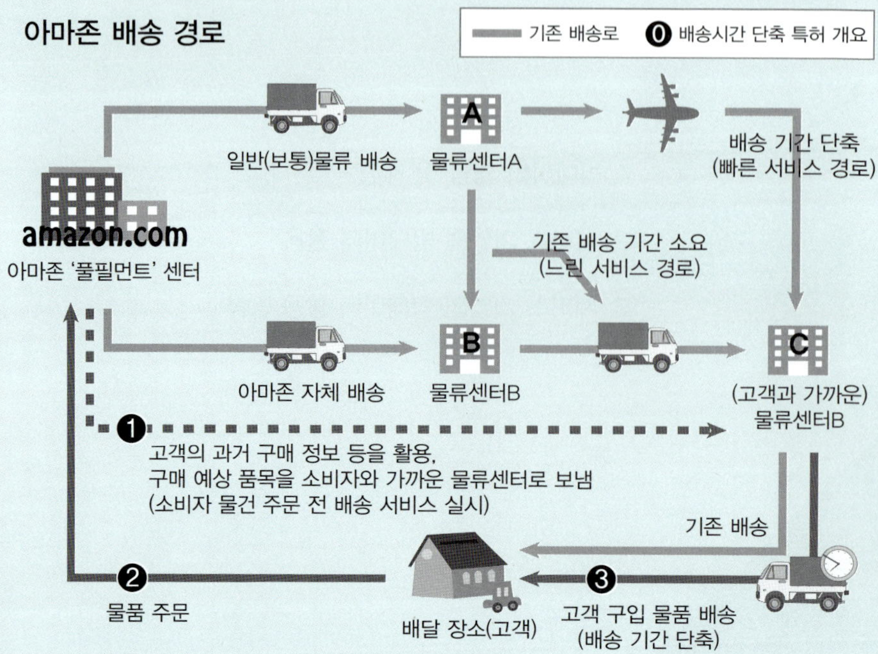

출처: 연합뉴스(2014. 01. 21.).

전문가들은 예상 배송 서비스가 인기있는 책이나 소비자들이 주기적으로 사용하는 화장품과 분유 등의 상품, 주문 당일 배달 받기를 희망하는 물품 등에 적용될 것으로 예상하고 있다.
시장 조사업체인 포레스터리서치의 수카리타 멀푸루 애널리스트는 "아마존이 자신들의 방대한 고객 정보를 활용하고 있다"면서 "고객에 대한 대규모 정보를 통해 상품의 수요를 예측할 수 있다"고 말했다.
아마존의 예상 배송과 비슷한 서비스는 이미 여러 곳에서 이뤄지고 있다. 우유를 사야 할 시점을 말해주는 냉장고가 출시됐고 녹화해야 할 프로그램을 예측하는 스마트 TV도 나왔다.
아마존의 예측이 틀렸을 경우에는 비용이 발생할 수 있다. 아마존은 이런 비용을 최소화하기 위해 고객이 구매할 것으로 예상했던 물건을 사지 않으면 할인 판매를 하거나 판촉 선물 등으로 활용한다는 방안이다.

CHAPTER 15

서비스 기업과 빅데이터

1. 빅데이터 개념 및 배경

1) 빅데이터란

빅데이터에 대한 개념적 접근은 다양하게 이루어져 왔다. 일반적으로 빅데이터란 데이터 크기, 데이터 생성 속도, 데이터 형식 측면에서 구분할 수 있다. 첫째 빅데이터는 데이터의 크기(size) 자체가 커서 일반적인 데이터를 다루는 방식으로는 관리하기가 어려운 경우가 많다. 둘째, 데이터가 생성되는 속도(velocity)가 실시간이다. 셋째 데이터의 형식(format)이 단순 텍스트와 같은 정형적인 데이터뿐만 아니라, 이미지와 영상처럼 비정형적인 데이터를 포함한다.

그러나 이러한 빅데이터의 세 가지 특성은 모든 경우에 동일하게 적용된다기보다는 사례 별로 구분되어 적용될 수 있다. 즉 경우에 따라 빅데이터의 한 가지 또는 두 가지 특성만 가지고 있어도 빅데이터로 볼 수 있다.

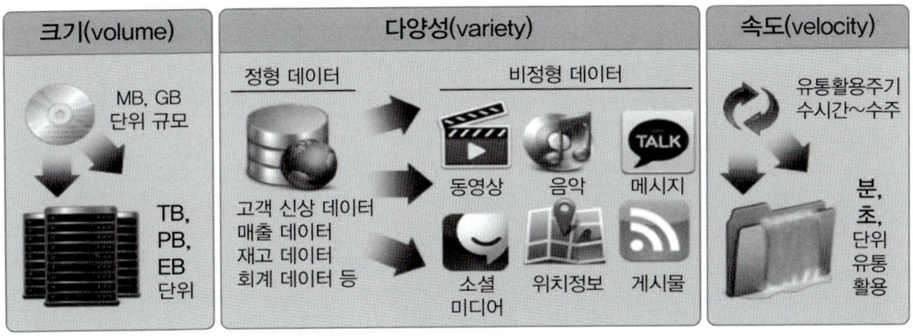

[그림 15-1] 빅데이터의 정의

출처: 채승병(2012). 빅데이터: 산업 지각변동의 진원. 삼성경제연구원.

2) 빅데이터의 등장 배경

빅데이터가 등장하게 된 배경으로는 IT 기술의 발전으로 빅데이터를 분석할 수 있는 기술이 등장하고 데이터 저장과 처리를 위한 IT 기기의 가격 하락으로 과거에는 불가능했던 데이터의 저장이 가능해진 것이 꼽힌다.

또한 개인의 스마트폰을 통한 동영상, 사진, 문자메시지 등의 데이터가 급격하게 증가하고 있고 이러한 데이터가 SNS 등을 통해 활발히 교류되고 있다. 과거 유선전화에 의한 커뮤니케이션이, 유무선 네트워크에 기반한 SNS로 급격히 변화함에 따라 관련 데이터도 함께 증가하고 있다. 마지막으로 사용자가 의식하지 못하는 사이 저장되는 그림자 정보(shadow information)인 위치 정보, 검색 기록 정보 등이 급속도로 증가하고 있으며 센서 기술의 발달과 단가의 하락으로 곳곳에 장착된 센서를 통해 획득되는 사물 정보의 증가도 빅데이터의 주요 등장 배경으로 제시되고 있다.

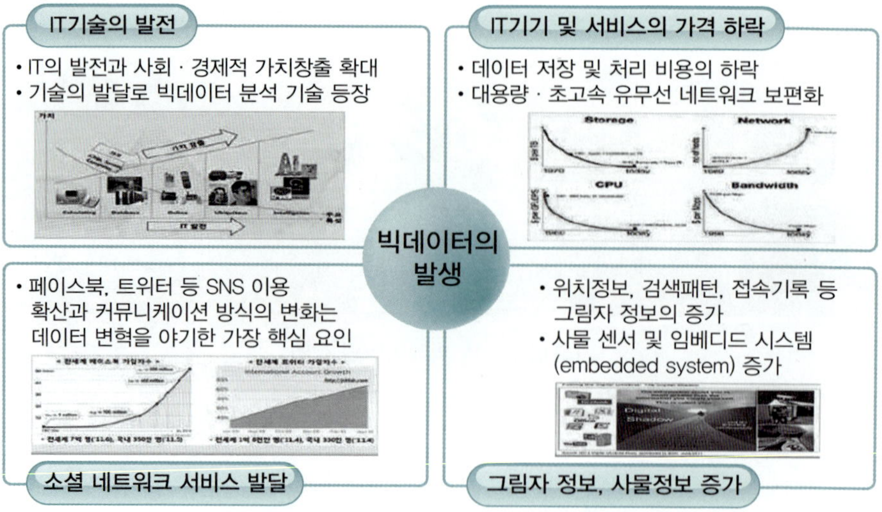

[그림 15-2] 빅데이터 등장 배경

출처: 한국정보화진흥원(2012). 기술영향평가 세미나 자료.

빅데이터는 PC 시대, 인터넷 시대, 모바일 시대에 이은 스마트 시대의 핵심 이슈가 될 것으로 전망되고 있다. 모바일 시대에 SNS와 앱 서비스 등에 기반한 트위터, 페이스북 등의 서비스 기업이 부상한 것처럼 빅데이터에 기반한 새로운 서비스 기업이 등장할 것으로 전망된다.

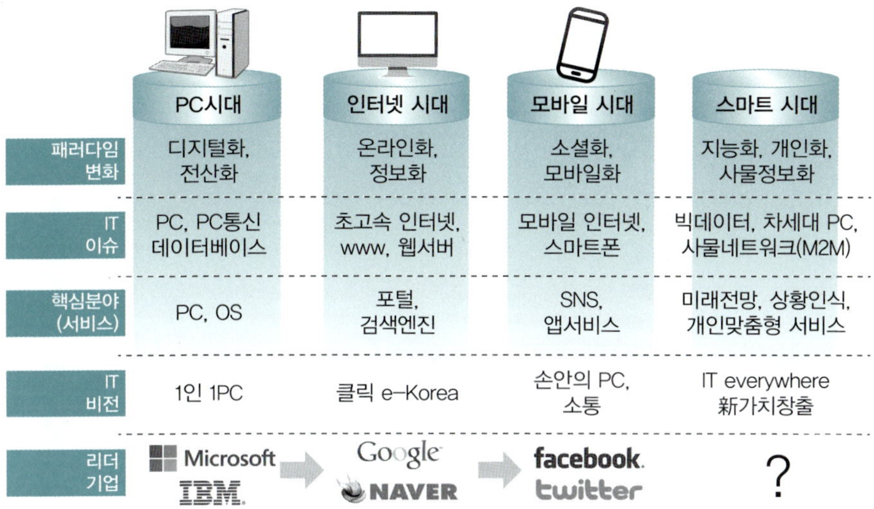

[그림 15-3] ICT 경쟁력 시대의 변화와 빅데이터

출처: 정지선(2012). 빅데이터의 새로운 가능성과 대응전략.

인터넷 및 스마트폰과 같은 디지털 기기의 활용이 보편화 됨에 따라, 생성되는 데이터가 폭팔적으로 증가하고 있다. 실제로 글로벌 디지털 데이터 규모는 최근 급격하게 증가하고 있는데, 2005년 130엑사 바이트(EB), 2010년 1.2제타 바이트(ZB), 2015년 7.92 제타 바이트(ZB)로 늘어날 것으로 전망된다. 1엑사 바이트(EB, exabyte, 1018 byte)는 세계에서 가장 많은 도서를 보유하고 있는 미국 의회 도서관의 10만 배에 해당하는 정보량에 해당한다(Lynman & Varian, 2003).

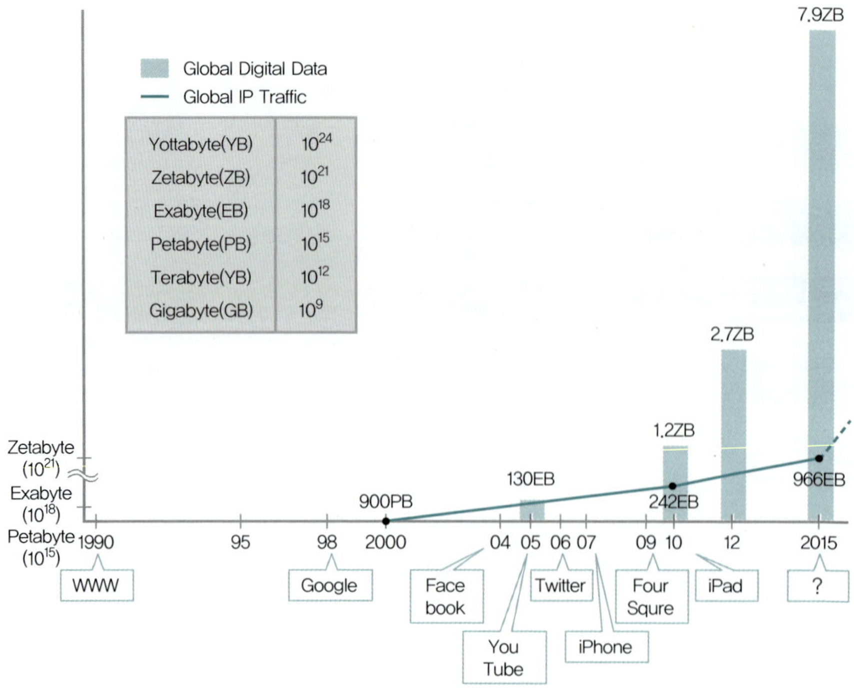

[그림 15-4] 글로벌 디지털 데이터 규모 예측

출처: Cisco(2011); IDC(2011); 정보통신정책연구원(2012). p.4 재인용.

3) 빅데이터의 특성

빅데이터는 대규모성(huge sacle), 현실성(reality), 시계열성(trend), 결합성(combination)이라는 네 가지 특성을 가지고 있다. 첫째, 빅데이터는 대규모성을 바탕으로 현실세계 데이터를 기반으로 한 정교한 패턴분석이 가능해 지금까지 발견하지 못한 새로운 패턴의 정보를 찾아낼 수 있는 확률이 높다. 둘째, 현실성(reality)은 현실정보, 실시간 정보의 축적이 급증하고 개인의 경험, 인식, 선호 등 인지적인 정보유통이 증가해 실제 현상을 설명할 수 있는 데이터로서의 중요성이 커진다. 셋째, 시계열성(trend)은 과거 데이터의 유지로 시계열적인 연속성을 갖는 데이터의 구성이 가능해져, 과거, 현재, 미래 등 시간 흐름상의 추세 분석이 가능하다. 넷째, 결합성(combination)은 서로 형식이 다른 이종(異種) 데이터 간의 결합으로 새로운 의미의 정보 발견이 가능해져, 타 분야 데이터 결합을 통한 안전성 검증과 시뮬레이션이 가능하다.

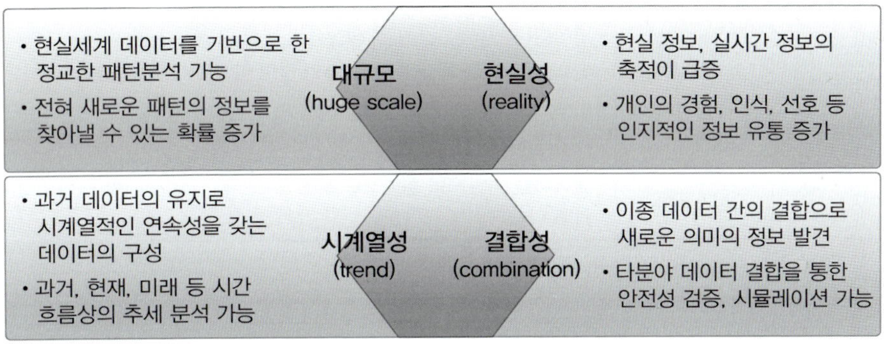

[그림 15-5] 빅데이터의 특성과 효과

출처: 김현곤(2012). 빅데이터 시대의 전망과 대응전략.

4) 빅데이터의 가치 전망

빅데이터의 경제적 가치는 향후 더 증가할 것으로 전망되고 있다. 이코노미스트지는 데이터는 자본이나 노동력과 거의 동등한 레벨의 경제적 투입 자본으로 비즈니스의 새로운 원자래 역할을 할 것으로 전망하였고, 가트너는 데이터는 21세기의 원유로 데이터가 미래 경쟁 우위를 좌우할 것이며 기업은 '데이터 경제 시대'를 이해해야 할 것으로 전망하였다. 맥킨지는 빅데이터가 혁신, 경쟁력, 생산성의 핵심 요소이며, 의료 공공행정 등 5개 분야에서 6천억 불 이상의 가치를 창출할 것으로 전망하였다.

〈표 15-1〉 빅데이터 가치 전망

가치 영역	기관명	주요 내용
산업 경제적 가치	Economist (2010)	- 데이터는 자본이나 노동력과 거의 동등한 레벨의 경제적 투입 자본, 비즈니스의 새로운 원자재 역할
	Gartner (2011)	- 데이터는 21세기 원유, 데이터가 미래 경쟁 우위를 좌우 - 기업은 다가용 '데이터 경제 시대'를 이해하고 정보고립(information silo)을 경계해야 성공가능
	Mckinsey (2011)	- 빅데이터는 혁신, 경쟁력, 생산성의 핵심 요소 - 의료, 공공행정 등 5대 분야에서 6천억 불 이상 가치 창출
국가 경쟁력	美 대통령 과학 기술자문위	- 미국 정부기관들이 데이터를 지식으로, 지식을 행동으로 변환하는 전략에 집중해야 함을 주장
	싱가포르	- 데이터를 기반으로 싱가포르를 위협하는 리스크에 대한 평가와 환경변화를 탐지

출처: 김현곤(2012). 빅데이터 시대의 전망과 대응전략.

5) 빅데이터 활용영역

빅데이터의 활용영역은 다양하다. 실시간으로 정상과 비정상에 대한 이상 현상을 감지하고 패턴을 도출할 수 있을 뿐만 아니라, 가까운 미래를 예측할 수 있다. 과거 이상 상황을 판단하는 것은 대부분 사람의 판단에 의지하였으나, 빅데이터의 활용이 가능해지면서 정상과 비정상에 대한 상황 판단을 객관적으로 할 수 있게 되었다. 특히 상황 분석을 통해 새로운 기회를 창출할 수 있는 기반이 될 수 있다.

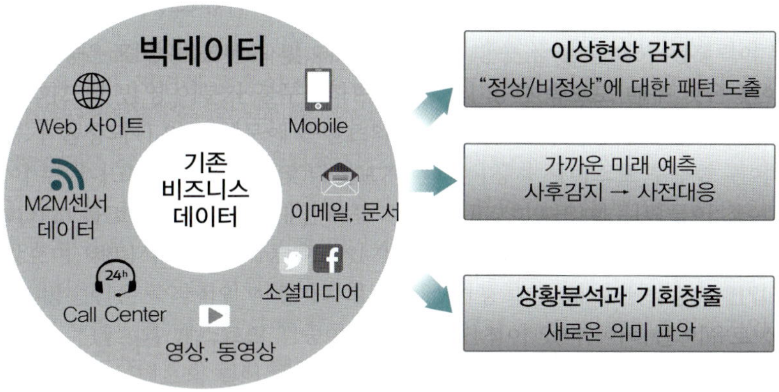

[그림 15-6] 빅데이터 활용영역

출처: 조완섭(2012). 빅데이터 활용과 비즈니스 혁신.

빅데이터는 위험과 비용 절감, 시간 절약, 복잡성 감소를 통해 서비스 생산성을 향상시키고, 새로운 패턴 발견과 이상 징후 발견, 부정 행위 탐지 등 문제 해결이 가능하다. 또한 현재보다 나은 전략을 선택하는 것을 지원하고, 정밀한 고객 타기팅(targeting) 고객 감성 개선 등 의사결정 능력 향상에 기여한다. 나아가 맥락(context)과 상황에 기반한 마케팅을 지원하며, 새로운 서비스 제공과 산업 창출에 활용될 수 있다.

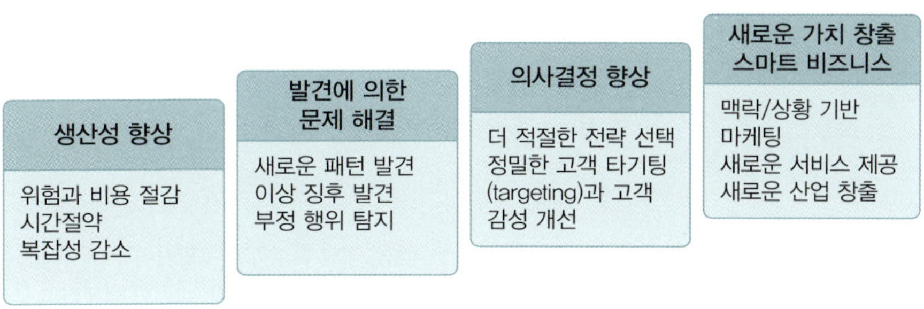

[그림 15-7] 비즈니스에서의 빅데이터 활용영역

출처: 함유근 · 채승병(2012). 빅데이터 경영을 바꾸다.

사례

심야시간대 종로나 홍대, 강남은 택시잡기 전쟁이다. 지난해 서울시가 심야버스를 신설했을 때 큰 호응을 얻었던 것도 이 때문이다. 문제는 합리적으로 서울시내 전역을 지원할 수 있는 노선을 만드는 것이다. 이때 활용된 것이 바로 빅데이터 분석이다. KT의 CDR(call detail record) 데이터와 고객 정보를 이용해 심야시간대 통화가 가장 많이 발생하는 지역을 기반으로 유동인구를 파악했고, 이를 서울시의 시내버스 현황과 정류소 현황 정보 등과 비교 분석했다.

기존에 전문가들이 모여 정했던 노선를 빅데이터를 활용해 시민들에게 좀더 편리한 방향으로 바꾼 것이다. 30억 건의 콜데이터와 가입자 주소지(KT 제공) 정보를 분석했다. 예를 들어 심야에 홍대에서 버스를 탈 사람들의 거주지 위치를 분석해 노선을 정하는 방식이다.

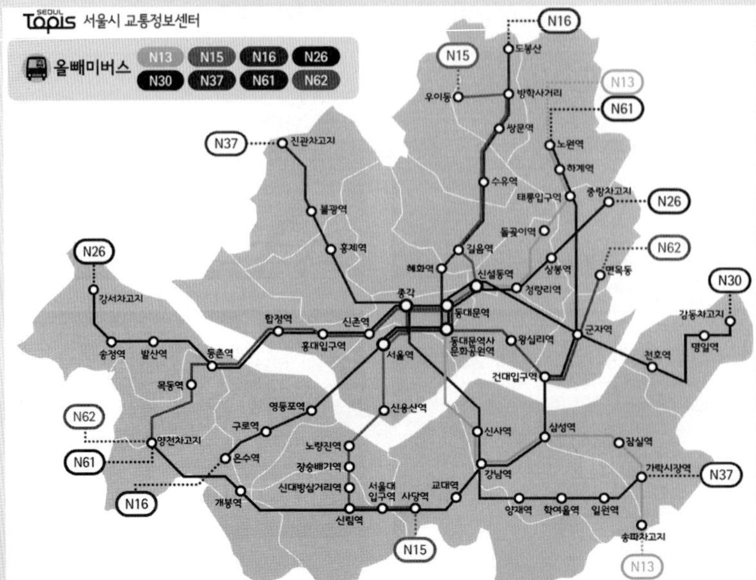

▲ 서울시가 운영하는 심야버스 노선도

출처: 서울시 홈페이지.

빅데이터를 이용해 시간대별 이용객 수뿐만 아니라 이용승객의 특성까지 복합적이고 구체적인 분석이 가능했고 서울시는 이 결과를 바탕으로 심야버스 노선을 총 9개로 확대했다. 이러한 빅데이터 분석의 성과는 만족도 조사로 단적으로 확인할 수 있다. 기존 시내버스 만족도가 100점 만점에 74점에 그친 반면 심야버스 만족도는 80점에 달했으며 서울시 정책평가 중 1위를 차지하였다.

서울시는 심야버스 노선 최적화를 통해 하루 승객 이용자가 6,000명에 달했고, 약 10%의 시민들이 더 심야버스를 이용할 수 있게 되었다. 택시 승차거부가 9% 감소했고, 심야에 이동하는 여성이 11% 증가하였다.

출처: 미디어잇(2014. 05. 07.). 심야버스부터 상품 배치까지…생활 속 빅데이터 사례 5선; 디지털데일리(2014. 09. 21.). 빅데이터로 심야버스 개선한 서울시 "이번엔 택시" 재편집.

2. 서비스 기업의 빅데이터 활용

빅데이터는 서비스 업종별로 다양하게 활용할 수 있다. 예를 들어 금융업에서는 신용카드 부정 사용을 실시간으로 인지할 수 있으며, 고객 데이터를 활용해 리스크 관리에 활용할 수도 있다. 도소매 서비스 분야에서는 제품 판매 감소를 실시간으로 확인할 수 있고, 소비자 구매 이력 분석을 통해 소비자 행동 변화를 알아내거나 예측할 수 있다.

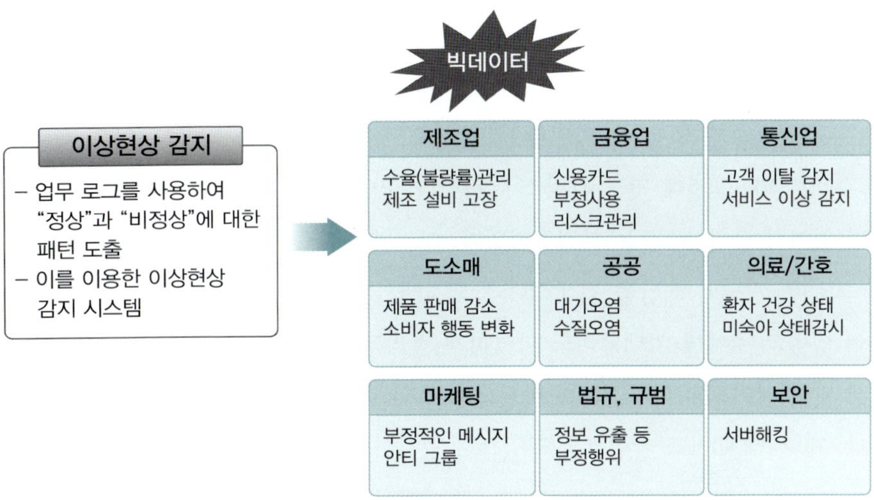

[그림 15-8] 주요서비스 업종별 빅데이터 활용 가능 영역

출처: 조완섭(2012). 빅데이터 활용과 비즈니스 혁신.

1) 빅데이터 기반 마케팅

데이터에 기반한 마케팅은 미국을 중심으로 40~50년 전부터 있어 왔다. 그러나 1970~1980년대의 데이터 기반 마케팅은 기술적인 한계로 인해 데이터 분석을 수작업으로 처리해야 하는 등 소요되는 시간이 길어, 데이터 분석과 결과의 적용에 한계를 가지고 있었다. 그러나 지금은 방대한 데이터를 실시간으로 분석하고 이를 곧바로 적용할 수 있어 실시간으로 수집되는 데이터를 처리, 분석해 결과를 바로 마케팅에 활용할 수 있다.

특히 사용자의 위치 데이터를 활용해, 사용자가 위치한 인근 지역의 상점이나 식당의 할인 쿠폰을 제공하는 등의 위치 기반 마케팅을 적극적으로 활용한다. 실제로 ○○카드는 빅데이터를 활용해 마케팅에 적용하려는 사례 연구를 수행하였다(이유재 외, 2014).

사례1) 중년의 남성 직장인 A씨는 오늘 저녁 강남역에서 친구들과 모임이 있다. 모임총무인 탓에 약속장소를 예약해야 하는데, 매번 번거로운 일이다. 맛집 안내 사이트를 찾아보니 별점 평가를 기준으로 매겨진 순위가 있지만 대부분 젊은 사람들 중심이다 보니 왠지 맞는 것 같지 않다. 모 카드사에서 제공하는 맛집어플을 들어가 보니 한결 유용한 정보를 얻을 수 있었다. 식당별로 성별, 연령대별 비율도 있고 재방문율도 알 수 있었다. 그런데 맛집 순위가 이상하다. 김밥천국, 파리바게트가 높은 순위로 올라가 있어서 모임장소로는 부적절하였다. 마지막으로 OO카드의 맛집소개 어플을 방문해 보았다. 강남역 식당을 검색하니 카드결제건수별, 성별, 연령별, 직업별로 잘 정리되어 있었고 주제별 카테고리도 다양하게 정리되어 있었다. 카드결제건수가 많더라도 다른 맛집 사이트의 리뷰정보를 바탕으로 순위를 조정했기 때문에 왜곡현상은 없는 것 같다. 게다가 OO카드 할인쿠폰도 있으니 일석이조인 것 같다.

사례2) 작년에 아이를 출산한 B씨는 임신초기부터 거의 매일 OO카드에서 제공하는 육아정보 커뮤니티에 방문한다. 임신한 이후로 시기별로 준비해야 할 것도 많고 각종 검사도 기간에 맞춰서 해야 하고 아이 예방접종도 개월수에 맞춰서 해야 하는 등 신경써야 할 게 많은데 OO카드는 그 시점에 꼭 필요한 정보를 제공해 준다. 게다가 유모차를 사야 할 때는 유모차 할인정보를 주고, 돌잔치 예약을 해야 할 때는 돌잔치 업체를 소개해 주고 할인도 해주니 도움이 많이 된다. 이미 다른 엄마들에게도 알려줘서 모두 이용하고 있다.

사례3) C씨는 30대 초반의 총각이다. 오랫동안 여자친구가 없었는데 얼마 전에 소개팅으로 만난 여성과 어제 영화를 보았다. 거의 1년 만에 찾은 영화관이었다. 영화를 보고 나오니 OO카드에서 마케팅 메시지가 전송되어 있었다. 앞으로 1달 동안 영화관, 주유, 백화점, 커피, 패밀리레스토랑 업종에서 일정금액 이상 사용하면 캐시백을 해주며, 레스토랑 정보를 알 수 있는 OO카드의 맛집 어플도 연결할 수 있도록 해주었다. 내가 연애를 시작하는 걸 어떻게 알았지? 데이트코스에 도움이 될 것 같아 별도로 저장해 놓았다.

2) 가까운 미래 예측

서비스의 특성으로 인해 서비스 기업은 서비스 수요 예측과 재고 관리에 어려움을 가지고 있으나 빅데이터를 활용해 가까운 서비스의 미래 수요를 예측할 수 있다. 빅데이터에 기반한 미래서비스 수요 예측의 대표적인 사례로 구글이 2008년 선보인 독감 트렌드 예측 서비스(http://www.google.org/flutrends/intl/ko/)가 있다. 구글의 독감 트렌드 서비스는 전 세계 각지에서 '독감증세', '독감치료' 등 독감과 관련된 검색어의 입력 빈도를 지역별로 파악해 독감 유행 수준을 '매우 낮음'부터 '매우 높음'까지 5개 등급으로 구분해 표시한다. 특정 지역에서 발열이나 기침 등 독감 관련 검색이 늘어나면 검색어와 관련된 IP주소를 지도에 추가해 해당 지역의 독감 유행 수준 등급이 거의 실시간으로 표시된다. 구글의 독감 트렌드가 지난 2009년 2월 대서양 연안 중부지역 주에서 감기가 확산될 것이란 정보를 미국 질병통제 예방센터(CDC)보다 2주 먼저 예측한 것은 화제가 되기도 했으며, 독감 바이러스의 활성을 정확히 예측하는 컴퓨터 모델은 네이처(Nature)지에 게재됐다(라포르시안, 2013.01.14.).

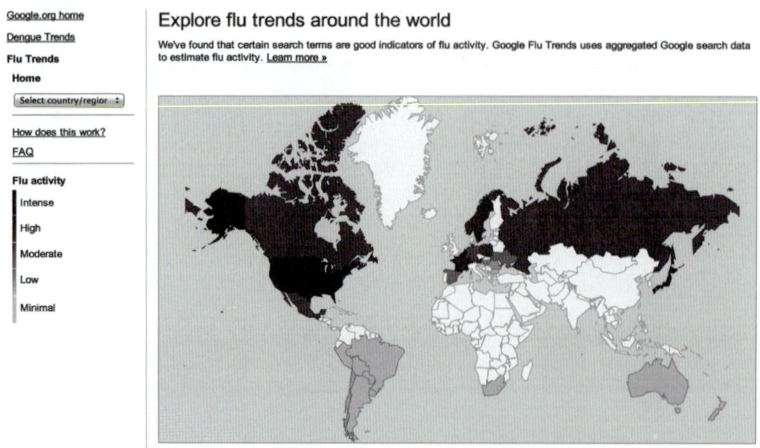

[그림 15-9] 구글 독감 트렌드

출처: 구글(www.google.org/flutrends).

서비스에서 미래예측이 중요한 이유는 고객의 마음이 바뀐 것을 사후에 인지하는 것보다는 사전에 변할 것을 예측해 미리 사전 대응하는 것이 서비스 기업의 고객관리와 수익창출에서 중요하기 때문이다. 실제로, 미국의 T-모바일(mobile)은 3000만 명의 가입자가 매일 생성하는 179억 건의 통화정보를 분석하여 이탈할 가능성이 높은 고객들에게 특전을 제시함으로써 고객의 이탈률을 절반으로 줄이기도 하였다.

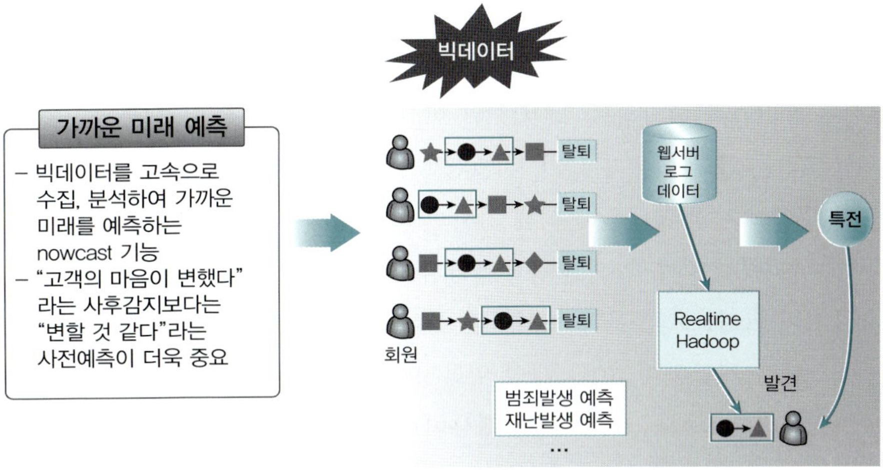

[그림 15–10] 미국 T–모바일 회원 이탈 패턴 분석 및 대응 사례

출처: 조완섭(2012). 빅데이터 활용과 비즈니스 혁신.

또한 샌프란시스코는 과거 발생한 범죄 패턴을 분석하여 후속 범죄 가능성을 예측하고 있으며, 과거 범죄 데이터에서 범죄자 행동 패턴을 분석하여 향후 발생 가능성이 높은 범죄 사건을 예방할 수 있는 방안도 제시하고 있다.

3) 생산성 향상

서비스 기업이 빅데이터를 이용하게 되면 생산성을 향상시킬 수 있다. 미국의 넷플릭스(NETFLIX)는 한 달에 최소 7.99달러를 내면 모든 영화와 TV 프로그램 등의 영상 콘텐츠를 제공하는 미국의 세계최대 동영상 스트리밍 서비스 기업이다. 미국의 케이블 유료 방송 서비스 이용료가 넷플릭스보다 몇 배 높은 수준이며 케이블 방송은 TV 앞에서만 봐야 하나, 넷플릭스는 저렴한 가격으로 윈도우 PC와 매킨토시, X박스360, 플레이스테이션3, 닌텐도 위, 애플TV, 아이패드, 아이폰, 구글TV 등을 지원한다.

넷플릭스는 전체 5700만 명(미국 3900만 명, 외국 1800만 명)의 이용자들의 일시 정지, 되감기 등의 이용 행태를 포함한 하루 평균 3000만 건의 동영상 재생 기록, 최근 3개월의 기간에 해당하는 20억 시간 이상의 동영상 시청 시간 동안의 기록, 하루 평균 400만 건의 이용자 평가 및 300만 건의 검색 정보, 위치 정보, 단말 정보, 주중 및 주말의 시청 행태를 분석해 자사의 서비스에 반영하고 있다.

특히, 넷플릭스는 수학자, 컴퓨터공학자, 인공지능 엔지니어 등을 영입하여 고객이 과거에 대여한 영화목록과 시청한 영화에 부여한 평점 등의 빅데이터를 분석하는 시스템을 개발하여, 10만 개의 영화정보, 1600만 명 고객의 시청이력 정보에 대한 빅데이터를 분석해, 각 고객별 웹사이트 내 실시간 행동패턴 빅데이터를 분류하여 개인별 맞춤형 페이지를 구축하고 하루 평균 50억 개 영화 콘텐츠를 추천하고 있다. 넷플릭스 고객 중 60%는 추천 받은 콘텐츠를 이용하였으며, 총 콘텐츠의 90%가 최소 한 달에 한 번씩 대여되었다(아시아투데이, 2013. 05. 20.).

4) 이상 징후 발견

빅데이터를 활용해 평소와 다른 이상 징후 발견에 활용할 수 있는데, 대표적으로 신용카드사에서는 사용자의 과거 패턴과 상이한 곳에서 카드 결제가 이루어지거나 위치적으로 상이한 곳에서 이루어지는 카드 결제 정보 등을 실시간으로 과거 데이터와 분석하여 신용카드 부정 사용 징후를 발견하고 있다.

또한 미국 국세청은 빅데이터 분석을 통해 탈세 및 사기 범죄 예방에 활용하고 있다. 이를 위해 사기 방지 솔루션, 소셜 네트워크 분석, 데이터 통합 및 마이닝을 이용하고 있으며 이를 통해 세금 누락 및 불필요한 세금 환급을 절감하고 있다.

5) 경영 의사 결정 지원

빅데이터 기반의 예측분석은 경영 의사 결정에 활용할 수 있다. Siegel(2010)은 예측 분석이 필요한 이유를 ① 경쟁(compete), ② 성장(grow), ③ 강화(enforce), ④ 개선(improve), ⑤ 만족(satisfy), ⑥ 학습(learn), ⑦ 행동(act) 7가지로 제시하였다. 그는 데이터에 기반한 학습을 통해 예측 분석(predictive analytics)을 수행하고 이에 기반한 예측 모형(predictive model)을 통해 마케팅, 판매, 부정 발견, 콜센터, 핵심 비즈니스 역량에 활용해 궁극적으로 고객 만족을 달성할 수 있다고 보았다.

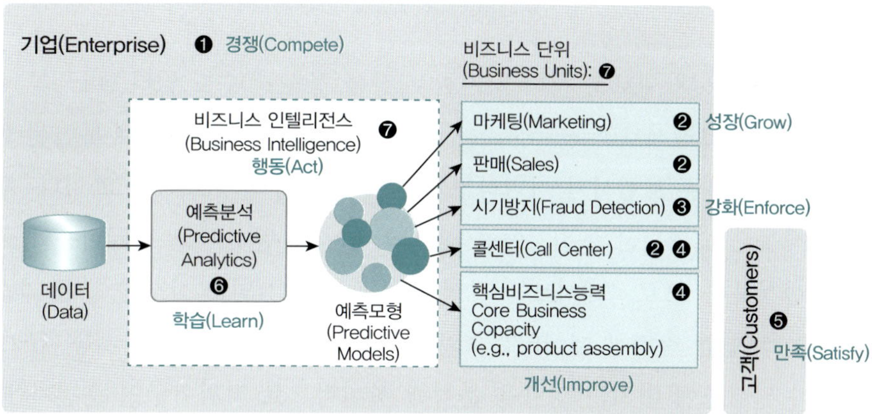

[그림 15-11] 빅데이터 기반 경영의사 결정 지원

출처: Siegel, E. (2010). Seven Reasons You Need Predictive Analytics Today, PredictionImpact Inc.: 송민정(2013). 빅데이터 기반의 경영의사결정 및 신규 사업 모델 개발에서 재인용.

Siegel이 제시한 7가지 중 성장 단계에서 비용 절감은 마케팅, 영업, 콜센터의 잠재 고객 및 고객 이탈 예측 등을 통해 달성될 수 있고, 강화 단계의 부정 행위 적발은 의심 후보군 예측으로 사기 방지를 할 수 있다고 보았다.

〈표 15-2〉 빅데이터 기반 경영 의사결정 사례

이유	전략목표 내용	업무	예측 예시
성장	비용 절감	마케팅, 영업, 콜센터	잠재고객, 고객이탈 등 평가
강화	부정행위 적발	사기 방지	의심후보군 파악
개선	생산, 검사, 정비 개선	콜센터, 핵심사업 역량	리스크 스코어 평가
만족	나은 제품, 나은 가격, 안전 구매	고객 대응	마케팅의 적절성 형상 등

출처: Siegel, E. (2010). Seven Reasons You Need Predictive Analytics Today, PredictionImpact Inc.: 송민정(2013). 빅데이터 기반의 경영의사결정 및 신규 사업 모델 개발에서 재인용

6) 새로운 서비스 기회 창출

빅데이터를 활용해 새로운 서비스 기회 시장을 창출할 수도 있다. 미국의 자동차 보험회사 프로그래시브(Progressive)는 고위험군 자동차보험 분야에 특화된 회사이다. 이 회사는 다른 보험사가 기피하는 운전자를 핵심 타깃으로 하고 있다. 대부분의 보험사들은 고위험군 운전자들을 몇 개의 범주로 분류하고 평균비용과 공통 보험료를 산정하나, 프로그레시브는 경쟁자 대비 10배가 넘는 상세한 분류 기준을 채택하였다. 15년간 축적한 데이터를 기반으로 주행거리, 급가속, 급제동, 급커브, 야간운전이 위험률에 미치는 영향을 분석해 상대적으로 저위험군인 운전자에 대해서는 경쟁사보다 낮은 보험료를 책정하고, 상대적으로 고위험군인 가입자에 대해서는 경쟁사보다 높은 보험료를 책정하였다. 그 결과 보험사가 회피하는 대상 중에서도 비교적 고위험군 가입자는 보험료가 더 낮은 경쟁사로 이탈해간 반면, 사고율이 더 낮은 저위험군 가입자들은 프로그래시에 가입해 결과적으로 새로운 서비스 시장을 창출하였다.

또한 최근 몇 년 전부터는 자동차에 M2M(machine to machine) 통신 디바이스를 부착하여 이용자의 운전 상황을 상시 감시하는 대신 보험료를 할인받는 서비스 스냅샷(snap shot)을 전개하고 있다. 이 서비스는 자동차에 통신 모듈 단말기를 설치

하여 단말기로부터 운전 일시, 장소, 속도, 급 브레이크 빈도 등의 데이터가 수시로 프로그래시브로 송신되며, 이 데이터에 기반해 회사에서는 계약자의 운전 상황과 사고 리스크를 분석해, 계약자의 운전특성에 따른 자동차 보험료를 산정한다. 이를 통해 안전운행을 한 이용자에게는 저렴한 자동차보험이 적용되고, 위험이 높은 운전자에게도 보험판매가 가능해졌다(Hammer, 2010).

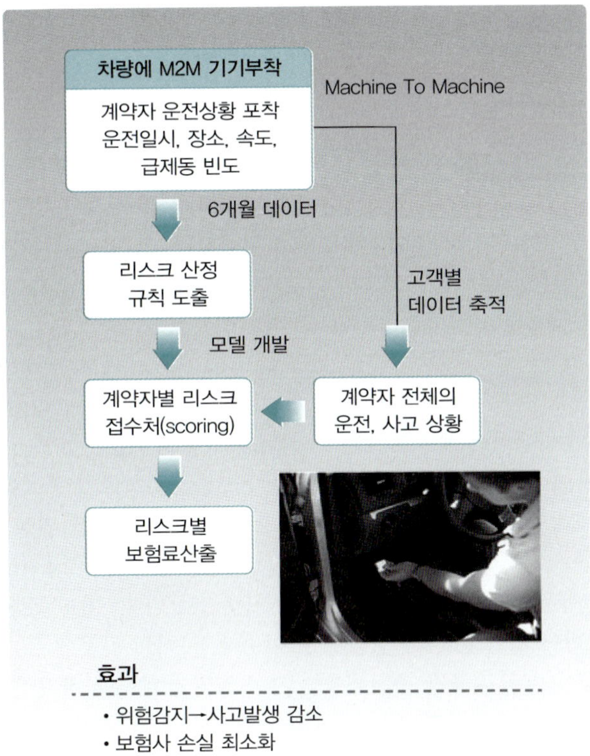

[그림 15-12] 미국 프로그래시브 자동차 보험의 M2M 위험분석 보험료 산정

출처: Hammer, M. (2010). 빨리, 싸게 멋지게. 타임비즈.

3. 서비스 기업의 빅데이터 활용 방향

마무리사례

여행박사, 빅데이터 활용한 '여행상품 추천 서비스' 장착

여행박사(www.tourbaksa.com)는 고객의 관심 여행지에 맞춰 상품을 추천해 주는 '개인화 맞춤상품 추천서비스'와 '연관상품 추천서비스'를 홈페이지에 도입했다.
개인화 자동 알고리즘을 기반으로 현재 판매 중인 상품들을 분석해 개인별 맞춤 여행상품을 추천해 주는 서비스다. 최근 검색해본 상품을 기준으로, 큐슈 자유여행에 관심이 있다면 장거리보다 단거리 지역 중 유사 가격대의 자유여행 상품을 추출해서 보여주는 식이다. 이러한 관심기반의 상품추천 서비스는 주로 쇼핑몰이나 소셜커머스와 같이 일부 업계에서만 사용돼 왔다.
여행사 사이트도 쇼핑몰 사이트 못지 않게 수많은 상품을 보유하고 있지만 고객이 필요로 하는 것 보다는 여행사의 베스트상품을 위주로 노출하는 것이 일반적이다.
홈페이지 메인 화면에는 사용자가 여행박사 사이트에서 조회했거나 예약한 상품들의 이력을 바탕으로 개개인에게 적절한 여행상품을 보여주는 '고객님을 위한 맞춤 추천'이 노출된다.
서브페이지에는 사용자가 최근 클릭한 상품을 기준으로 가격, 거리 등의 연관성이 높은 '이 상품을 본 고객이 많이 본 다른 상품'을 보여준다. 사이트 곳곳에 유저의 활동 이력에 따라 고객의 취향에 맞춰 상품을 추천해주는 자동 스타일 셀러를 장착한 셈이다.
한편 여행박사는 이번 홈페이지 리뉴얼 작업을 같은 그룹사인 레코벨과 협력한 가운데 진행했다. 레코벨은 고객이 사이트 내에서 활동하며 발생시키는 방대한 양의 빅데이터를 효율적으로 수집하고 분석하여, 레코벨만의 추천 엔진 기술을 통해 모든 고객들에게 최적화된 맞춤 추천상품 정보를 제공해준다.
여행박사 ○○ 팀장은 "PC 웹 페이지뿐만 아니라 모바일에서도 개인화에 의해 고객의 니즈에 근접한 여행상품을 알아서 노출해 준다. 추후 테마별 맞춤 큐레이션 서비스도 선보일 예정"이라고 밝혔다.

출처: 아주경제(2015. 05. 05.).

연습문제

1. 빅데이터를 활용해 기존과 차별화된 서비스를 제공하는 사례를 제시하고 그 구조를 분석하시오.
2. Siegel이 제시한 빅데이터 기반 경영의사 결정에 대해 설명하시오.
3. 빅데이터의 영향력이 가장 클 것으로 전망하는 서비스 산업을 제시하고 그 근거를 설명하시오.
4. 빅데이터를 활용한 서비스 대기행렬 관리 최적화 방안을 제시하시오.

CHAPTER

16 서비스산업의 미래

SERVICE MANAGEMENT

1. 한국의 서비스산업
2. 의료서비스산업
3. IT서비스산업
4. 서비스산업의 미래와 경쟁전략

도입사례

메리어트 호텔 회장이 본 호텔업계의 미래

대형 호텔 체인(자산 규모 190억 달러)인 메리어트인터내셔널의 J. W. Bill Marriott 회장(82세)은 화려한 꽃무늬 커튼과 흰 테이블보 선정 작업을 끝마쳤다. 케케묵은 침대보와 털로 뒤덮인 카펫 대신 그는 200개의 새로운 럭셔리 호텔 및 주거형 호텔 프로젝트 대부분을 늘씬한 평면 TV, 하드웨어 바닥재, 그리고 멋진 바로 채우고자 한다.

오래된 메리어트 미학의 마지막 보루 중 하나인 자신의 사무실에 앉아 Marriott 회장은 "우리는 쿨해져야 한다!"고 외쳤다. 메릴랜드 주 베데스다에 소재한 본사의 스위트룸은 유화, 오래된 사진, 모형 보트로 둘어싸여 있는데, 메리어트 호텔의 미래는 정확히 그 반대의 모습을 띠게 될 것이다. 앞으로 호텔은 그보다 몇 층 아래에 있는 '혁신 실험실'의 모습과 같아질 것이다. 이 혁신 실험실에는 20대 고객의 취향을 파악하기 위해 널찍한 공간에 여러 개의 모형 객실이 지어지고 있다.

올 여름 하반기에 메리어트는 새천년 세대(18~33세)를 겨냥한 새로운 호텔 체인 '목시 호텔스(Moxy Hotels)'를 선보일 계획이다. '인터호스피탈리티'와의 협력을 통해 즉석 음식을 갖춘 저렴한 소형 객실과 실리콘밸리 스타트업 같은 느낌을 선사하게 된다. Marriott 회장은 "앞으로 4년 후에는 새천년 세대를 겨냥한 사업이 전체 사업의 60%를 차지할 것"이라면서 "우리 장년층은 밀려나고 있다"고 말했다.

회색 양복에 붉은 색 넥타이를 맨 메리어트 회장은 외관상으로는 젊은 세대처럼 보이지 않을지 모르지만, 젊은이들처럼 블로그를 사용하고 있다. "나는 소셜미디어에 접속한다"고 말한다. 또 신세대 고객이 원하는 것에 대한 아이디어를 얻기 위해 소셜미디어를 활용한다. 메리어트 회장은 "소셜미디어가 사업 성장의 역학 전체를 변화시켰다"고 말한다. 그는 "10년 전에는 사회성을 측정한다고 하면, '무슨 말을 하는 거야? 사회성은 로비에서 누군가를 만났을 때 안녕하세요 인사하는 것으로 알 수 있다고!'라고 말했을 것"이라고 덧붙였다.

Marriott 회장은 대학 재학 시절인 1950년대부터 '호스피탈리티 산업(호텔 산업, 항공사, 여행사, 레스토랑 등의 모든 서비스산업)'에 종사해 왔다. 당시 그는 솔트레이크시티에서 자신의 일가가 운영하는 레스토랑 체인 '핫쇼프스'에서 일했다. "당시 나는 음료수를 가장 잘 만들고 아이스크림 선데 만들기를 좋아했다. 그러면서 접시와 냄비도 닦았다"고 그는 회상했다. 유타대를 졸업한 후에 그는 2년간 항공모함에서 해군으로 복무했다. Marriott 회장은 "1955년에 처음으로 칸 해변에서 비키니를 입은 여성을 봤다"고 말했다.

그의 가족은 그가 유타로 돌아온 후 1년 뒤인 1957년에 첫 호텔을 매입했다. Marriott 회장은 부친에게 호텔을 경영할 수 있는지를 물었고, 가족은 얼마 지나지 않아 호텔이 식당보다 더 큰 수익을 안겨 준다는 사실을 깨달았다. Marriott 회장은 승진을 거듭해 1972년에 CEO 자리에 올랐다. 1980년대 말에 사업을 확장하기 위해 회사는 대다수 부동산을 처분하기 시작했고, 호텔 경영 회사로 방향을 틀었다. 부동산 소유주는 따로 있고 메리어트는 수수료를 받고 부동산(호텔)을 관리하는 식이다. 여러 해 동안 회사는 '리츠칼튼', '르네상스'를 포함한 호텔 브랜드를 인수했고 최근에는 아프리카 최대 호텔 체인인 '프로테아호텔스'를 인수했다. 메리어트는 현재 18개의 브랜드와 4,000개 이상의 부동산을 거느리고 있다.

지난 몇 년 간 Marriott 회장은 자신의 사업에 있어 엄청난 변화를 목도해 왔다. 그는 "오늘날 사업 추세가 나에게는 완전히 새롭다"면서 "내가 어렸을 때 호텔에 가면 로비로 가서 체크인을 하고, 배가 고프면 식당에 가서 햄버거를 먹는 식이었다"고 설명했다. "이제는 고객이 객실에 체크인을 하고 짐을 떨궈놓은 후에 로비로 돌아가서 자신의 컴퓨터를 사용하거나 친구를 만난다"고 그는 말한다.

미래의 메리어트 호텔 모습

7년 전, 이처럼 변화하는 추세에 대응하기 위해 메리어트는 '더그레이트룸'이라는 프로그램을 선보였다. 이 프로그램에 따라 호텔 로비의 천장고를 높이고 응접 공간을 확대해 고객이 업무를 보고 타인과 교류할 수 있는 핵심 공간을 제공했다.

핵심 공략 대상에 대한 연구를 수행함과 더불어 Marriott 회장은 회사가 이제 소셜미디어로부터 데이터를 얻는다고 말한다. 예를 들어, 숙박 경험을 개선하기 위한 아이디어를 고객에게 묻는다. 한 고객이 건강에 좋은 제품을 제공하는 자동판매기를 요청했을 때, 회사는 그녀로 하여금 런던을 방문하도록 해 자동판매기에 담길 수 있는 제품을 농산물 시장에서 찾도록 요청했다. 메리어트 호텔은 과일, 에너지바와 같이 몸에 좋은 제품이 든 새 자동판매기를 올 가을 시카고 소재 호텔에서 선보일 계획이다.

메리어트는 또 오늘날 고객의 기호에 맞춘 새로운 브랜드를 선보이면서 호텔 객실의 디자인을 변경해 왔다. 신세대는 여행을 빈번하게 다닌다면서 메리어트 회장은 그에 발맞춰 옷장은 작게 만들고 TV와 욕실은 크게 만들어 왔다고 설명했다. 대신 대다수 호텔에서 책상은 없애고 있다. 또 새로운 '에디션' 호텔 체인(런던 및 이스탄불 소재 현대적인 호텔)은 객실보다 라운지와 레스토랑에 초점을 맞추고 있다. 에디션 브랜드 매출의 50%는 객실이 아닌 부대 시설(음식 및 주류)에서 나온다.

Marriott 회장 자신은 런던을 방문할 때 그 호텔에 체류하지 않는다. 그는 보다 더 전통적인 호텔 '그로스버너하우스'에 머무는 편을 선호한다. 그는 "나는 바를 그다지 좋아하지 않는다"고 말한다. 그가 믿는 모르몬교는 음주를 금하고 있다. 그러나 그는 자신의 종교적 신념을 사업에까지 결부시키지는 않는다.

Marriott 회장은 또 부상하는 중산층, 특히 중국 중산층에 걸맞도록 회사를 변모시키고 있다. 지난해에 해외여행에 나선 중국 관광객 수는 1억 명에 이르렀다면서, 그는 2020년 경에는 그 수가 두 배로 늘어날 것으로 예상된다고 말했다. 그에 대한 대응으로 메리어트는 호텔 접수 담당자를 위한 중국어 교육 프로그램을 개설해 왔다. "우리는 그 같은 중국 여행객 증가세에 대비해야 한다. 또 멋진 중국 음식과 중국어로 된 메뉴를 제공할 필요도 있다. 특히 샌프란시스코, 뉴욕, 시카고와 같은 관문 도시에서 그 같은 서비스를 내세울 필요가 있다"고 그는 설명했다. "중국 관광객들은 쇼핑을 원하고 중심가를 방문하고 싶어 한다. 또 해외 여행 시에 우리보다 돈을 2~3배는 더 쓴다"고 그는 부연했다.

그의 가족이 운영하는 재단도 중국 소재 25개 호스피탈리티 학교 후원을 통해 이 사업 구상을 지원하고 있다. Marriott 회장은 이들 학교에서 양성한 인력을 향후 4년간 아시아에 세워질 호텔 350곳에서 근무하게 할 계획이다. "앞으로 3~4년 동안 우리는 거의 한 주에 하나 꼴로 아시아에서 호텔을 오픈할 계획"이라고 그는 설명했다.

그는 기술이 더 발전할 것으로 예상하고 있다. 이제 메리어트는 모바일 체크인 서비스를 갖추고 있으며, 모바일 체크아웃 서비스를 추가할 예정이다. 머지않아 고객이 스마트폰을 사용해 객실 문을 열고 미리 원하는 객실을 고를 수 있게 될 것이라고 그는 전망했다.

지난 40년 동안 같은 경영자가 이끌어 온 회사로서는 엄청난 변화다. 그러나 메리어트 회장은 유연해질 필요성을 이해하고 있다. "훌륭한 직원들에 둘러싸여 있을 때 중요한 것은 그들의 말에 귀 기울이는 것이다. 또 자신의 의견을 개진하기에 앞서 그들의 의견을 묻는 것도 중요하다"면서 Marriott 회장은 "경영자의 의견을 알게 되면 대부분의 경우 직원들이 그 의견에 장단을 맞출 것이기 때문"이라고 부연했다.

Marriott 회장은 또 결단력을 발휘하기 위한 노력도 기울이고 있다. 그는 "결정을 내려야 할 경우에는 너무 세세하게 분석하는 건 바람직하지 않다"는 의견을 나타냈다. 1995년에 메리어트가 리츠칼튼 지분 49%를 2억 달러에 인수했을 때 "우리는 리츠칼튼에 대한 많은 조사를 하지 않았다"고 그는 설명했다. "인수가가 비쌌을 수도 있지만, 결국 인수했고 성공적이었다"고 그는 평가했다.

그후 리츠칼튼의 호텔 수는 31개에서 85개로 늘어났다. 당시 '럭셔리'는 정장을 입고 스테이크를 곁들인 저녁 식사를 의미했지만 이제는 그 의미도 변화하고 있다. Marriott 회장은 새로운 '리츠칼튼리저브' 브랜드에 대해서도 언급했다. 이 새 브랜드에는 이미지를 쇄신한 푸에르토리코 소재 '도라도비치' 브랜드도 포함됐다. 도라도비치는 1950년대에 헐리우드 명사들이 즐겨 찾던 곳이었다. 현재도 객실료는 1박당 평균 1,100달러이지만, 이제는 더 캐주얼한 면모를 갖추고 있다.

Marriott 회장은 도라도비치의 옛 시절을 기억하고 있다. 1960년대에 그와 그의 아내는 미트 롬니(오바마 후보에 맞섰던 공화당 대선 후보)의 부모 조지와 레노르 롬니와 함께 그 곳에 가곤 했었다. "당시에 정말 그 곳이 멋지다고 생각했었다"고 한숨을 쉬던 그는 재빨리 웃음을 띠면서 "그렇지만 지금이 훨씬 더 낫다"고 덧붙였다.

출처: 월스트리저널(2014. 07. 22.).

CHAPTER 16

서비스산업의 미래

1. 한국의 서비스산업

한국이 선진국 문턱을 향해 가고 있는 상황은 제조업 중심에서 서비스산업으로의 전환을 더욱 재촉하고 있다. 한국의 경제가 선진국을 향해 갈수록 소득수준의 향상 및 삶의 질에 대한 욕구가 증가하면서 서비스산업의 중요성이 지속적으로 커지고 있다.

2010년 기준으로 GDP 대비 우리나라의 서비스산업 비중 58.2%는 OECD 32개국의 서비스산업 비중 평균 70.6%(미국 79.4%, 프랑스 77.6%, 영국, 75.5%, 독일 72.7%, 일본 71.5%)에 비해서 전체 산업생산에서 차지하는 비중이 낮다. 그러나 우리나라의 서비스산업에서 고용비중은 68.6%로 높은 편으로 더이상 고용확대를 유발하지 못하는 제조업의 '고용 없는 성장'을 해결할 수 있는 일자리 창출의 새로운 기회로 인식되고 있다.

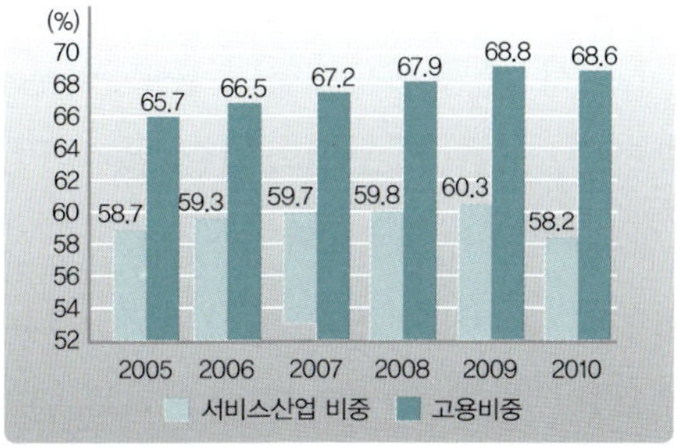

[그림 16-1] 국내 서비스산업 비중 증가 추이(2005~2010)

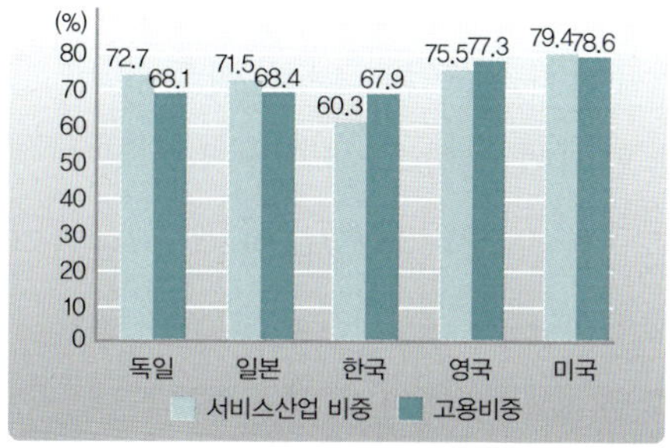

[그림 16-2] 주요 국가 서비스산업 및 고용 비중(2009)

출처: OECD(2011). Industry and Services Statistics: 이상훈(2011). 5대 서비스산업 발전전략. 경기개발연구원 재인용.

2004년 이후 2010년까지 농림어업과 제조업(광업 포함)의 고용은 각각 25.8만 명, 14.3만 명이 감소된 반면에 서비스산업 고용은 167.2만 명 증가하여 서비스산업은 일자리 창출을 위한 지속가능한 성장 동력으로 관심을 받고 있다. 본 교재에서는 이러한 서비스산업을 이끌고 있는 의료서비스산업과 IT서비스산업에 대해서 설명한다.

2. 의료서비스산업

1) 의료서비스산업 현황

국가의 산업 구조가 제조업에서 서비스산업으로 자연스럽게 변환되는 것과 함께 한국은 저성장, 고령화, 청년실업 증가 등에 의해서 발생하는 일자리 문제를 해결하는 방안으로 서비스산업을 적극적으로 고려하고 있다. 서비스산업 중에서 국가에서 미래의 신성장동력으로 키우고 있는 분야 중의 하나가 의료서비스산업이라고 할 수 있다.

의료서비스산업은 다른 산업과 비교하여 의사, 간호사, 행정팀 등을 비롯하여 전문 인력이 서비스 제공을 위해 많이 필요하다. 또한, 노동집약적인 업종이기 때문에 많은 일자리가 창출될 수 있고 다른 산업으로의 파급효과가 크기 때문에 고용 창출 효과가 높을 것으로 예측되는 산업이다. 2007년~2011년 사이에 우리나라에서 신규로 창출된 일자리 81만 개 중에서 14만 개인 약 17%가 보건의료 분야에서 창출되었다. 미국의 경우에는 2010년~2020년 사이에 보건의료 및 사회복지 산업에서 신규로 창출되는 일자리는 전체 일자리의 28%인 약 57만 개 정도가 창출될 것으로 전망하고 있다(백승민, 2013).

의료서비스산업은 신규 일자리가 많이 창출될 뿐만아니라 전문적인 능력이 많이 필요한 분야이기 때문에 단순 서비스를 제공하는 일자리가 아닌 고임금을 제공하는 일자리를 많이 제공하여 고용의 질이 높다는 특징도 가지고 있다. 그러므로 의료서비스산업은 신규 일자리 및 고품질의 일자리를 창출하기 때문에 부가가치가 높고 고용 촉진을 통한 국민 경제가 활성화될 수 있는 분야이다.

한국의 국민소득은 2000년 이후 지속적으로 증가하여 2016년에는 30-50클럽(국민 1인당 소득 3만 달러, 인구 5000만 명 이상인 경제 규모)에 가입할 것으로 기대되고, 이러한 욕구가 의료분야에서도 지속적으로 표면화되어 의료서비스 시장이 확대될 것으로 기대된다. 2005년 1월에 대통령이 연두기자회견에서 의료에 대한 공익적 분야와 산업적 분야에 대한 구분을 통해 산업적 수요를 적극적으로 개발하고자 하는 국가의 '서비스산업 육성' 방안을 발표하여 정부의 의료서비스산업에 대한 정책 방향을 제시하였다.

한국에서 의료서비스산업의 GDP 비중은 2005년 기준으로 가장 높은 미국의 15.3%뿐만 아니라 OECD 평균인 9%에 비해서도 매우 저조하지만 지속적으로 증가하고 있기 때문에 발전할 가능성이 매우 긍정적으로 평가되고 있다(정기택 · 하봉찬, 2007). 또한 한국은 급속하게 고령화 사회로 접어들어 의료서비스 분야에 대한 수요가 지속적으로 증가하고 있고 IT 기술의 발달로 의료서비스 분야가 지원할 수 있는 분야가 다양하게 확대되고 있어 시장의 규모도 더 커질 것으로 기대된다.

2) 의료서비스산업의 미래

우리나라는 저출산, 고령화, 과학기술, 세계화, 융합화의 심화 등이 산업구조, 직업인식 등의 다양한 요인에 영향을 미치고 있다. 이러한 과정에서 의료서비스산업이 저성장 경제와 일자리 감소 문제를 해결할 수 있는 미래 신성장동력으로 급부상하고 있다. 정부에서 서비스업 강화 방안의 일환으로 의료서비스산업 분야에 많은 투자를 진행하면서 우리나라의 산업구조는 서비스산업 위주의 선진국형 산업구조로 이행되면서 의료서비스 부문에서 신산업 창출의 기회가 많아지고 있다. 우리나라는 의료관광, u-Health 산업 등에서 활성화가 예상되며, 이러한 의료서비스산업을 이끌어나갈 인력에 대한 수요가 지속적으로 증가할 것으로 기대된다.

우리나라의 의료서비스산업은 산업구조, 기술발전, 인구변화 등으로 일자리에도 많은 변화를 겪고 있다. 과거에는 한지의사, 한지한의사 등이 전쟁 후에 부족한 의료 분야를 담당하기 위해 유지되었으나 1980년대 중반 이후부터 공급된 정식 의료 인력이 그 자리를 대신하면서 사라졌다(백승민, 2013). 2000년대 이후에는 치과기공사, 의지보조기기사, 한약사 등에 대한 수요가 발생하였고 최근에는 정보기술의 발전과 함께 의무기록이 의무화되면서 의무기록사가 등장하여 활동하고 있다. 이와 같이 의료서비스산업의 일자리도 시대의 요구에 따라 다양한 형태로 더 세분화되고 전문화될 것으로 기대된다. 과거에는 기술공, 준전문가로 분류되던 임상병리사, 방사선사, 간호조무사, 구급요원, 치과 위생사, 치과 기공사, 안경사, 위생사, 안마사, 전통의료 치료사 등의 직종이 2007년도부터 전문가 및 관련종사자 항목으로 분류되면서 세분화의 속도가 더 빠르게 진행되고 있다. 또한 의료서비스산업의 일자리는 의사, 간호사 등의 보건의료인국가시험 제도를 통한 면허 발급으로 국가의 관리 및 감독하에서 제공하는 의료서비스 품질을 높이는 방향으로 지속적으로 진행될 것이다.

최근에는 빅데이터 기술의 발전으로 의료 인력 및 시장 변화, 병원경영, 의료서비스 제공, 의료자원관리의 최적화 모델링 등에 활용되면서 의료 전문인력 뿐만 아니라 ICT 기술로 무장한 공학분야의 전문가들의 일자리가 많이 활성화되고 있는데 이러한 현상은 앞으로 더 확장될 것이다. 또한, 세계화로 인한 무역장벽 완화, 교통 및 통신기술의 발달 등으로 국가 간 의료서비스의 연계 교역이 확대되면서 외국어를 구사할 줄 아는 어문계열 전문가들에 대한 필요성이 더욱 증가할 것이다. 고령화 및 개인 복지에 대한 요구가 강하게 표출되면서 질병 예방 및 건강관리에 대한 소비자들의 다양한 수요가 발생하고 있는데 이러한 요구에 대응하기 위해 다양한 치료사, 간병인, 도우미 등의 일자리도 지속적으로 확대될 것이다.

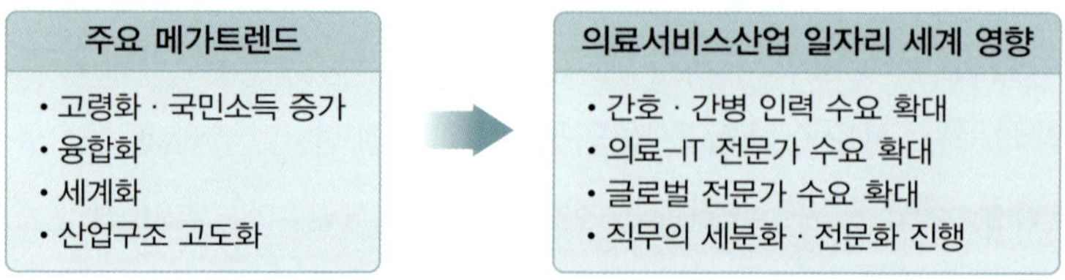

[그림 16-3] 의료서비스산업의 메가트렌드에 따른 일자리 변화

출처: 백승민(2013).

결론적으로, 이러한 의료서비스산업의 메가트렌드에 따라 미래 의료서비스산업의 일자리는 의료 이용량 증가, 의료-IT분야 융합 전문가 수요 확대, 직무의 전문화 및 세분화 등으로 지속적으로 확장될 것이다.

3. IT서비스산업

1) IT서비스산업 현황

IT서비스는 IT를 활용하여 조직의 경쟁력을 높이고, IT를 기반으로 업무 및 사업의 부가가치를 제고하고, 기존 산업과의 융합을 통해 새로운 서비스를 창출하는 것을 의미한다. 우리나라의 IT서비스산업은 소프트웨어 산업의 한 분야에 포함되어 왔다. 그러나 IT서비스산업은 고객이 원하는 IT 시스템을 설계, 구축, 운영하는 서비스업으로 다양한 전문 인력이 필요해 규모의 경제, 범위의 경제가 요구되는 산업이고, 소프트웨어 산업은 SW패키지, 솔루션 개발 및 라이선스 판매를 통해 수익을 창출하는 생산 및 유통산업이다(인포그래픽스, 2015).

최근에는 IT와 구별하여 ICT를 별도로 설명하기도 한다. ICT란 정보 통신 기술(information & communication technology)을 의미하지만 보통은 정보 기술(information technology: IT)로 설명한다. IT는 인터넷, 휴대전화 등의 기술 및 이를 운영하는 프로그램 등을 의미한다. ICT도 이런 의미를 가지고 있지만 기존의 정보기술인 IT와 통신산업 간의 컨버전스를 통해 새롭게 발전해 나가는 산업을 의미하다. 즉, IT+Communication이라고 설명할 수 있지만(Smart Academy, 2014), 본 교재에서는 모두 IT 범주에 포함시킨다.

IT서비스산업협회에서는 IT서비스산업을 다음과 같이 분류하고 있지만(IT서비스산업협회, 2015), IT서비스산업의 분류는 기관 및 국가에 따라 다양하게 분류된다.

〈표 16-1〉 IT서비스산업 분류체계

대분류	중분류	소분류	구체적 업무내용
컨설팅	IT 컨설팅	ISP(정보화 전략 수립)	장단기 정보화 계획 수립
		솔루션 컨설팅	기업 솔루션 도입 운용 자문
		네트워크 · 설비 컨설팅	네트워크, 기기, 설비, 운용 자문
		보안 · 정보보존 컨설팅	최적 보안 운영 자문
	비즈니스 컨설팅	전FIR 컨설팅	비전, 전력 수립
		조직진단	조직, 인사 진단 및 자문
		혁신	성과 평가, 혁신, 프로세르 개선
시스템 통합	시스템 기획	IT 프로젝트 계획 수립	프로젝트 기획, 일정, 기술시획
	SW개발	분석 · 설계	업무분석, 프로그램 설계
		SW개발	어플리케이션 개발
		프로그래밍	코딩 및 개발
	DB 구축	DB 개발 · 구축	DB개발 및 연동
	네트워크 · 설비 구축	하드웨어 선정	최적 HW 선정
		네트워크 설계	네트워크 설계 구축
		운영체제 구축	OS표준화 및 구축
	시스템 통합	패키지 통합	이종 간 패키지 통합
		하드웨어 통합	이종 간 하드웨어 통합
		응용 SW · 네트워크 통합	이종 간 네트워크 통합
		테스트	개발 후 실험 및 테스트
	유지보수	시스템 개전 및 보수	운영 유지, 개선, 보수
아웃소싱	ITO	IT인프라 운영	데이터센터, HW, 네트워크 운영
	BPO	IT기반 업무운영	콜센터 운영 등
	APO	SM	시스템 위탁운영
IT융합서비스	IT컨버전스	IT융합 서비스	기존사업을 IT를 통한 가치 제고
	IT기반 신사업	신 사업 창출 서비스	IT융합을 통합 신 서비스 창출
교육 · 훈련	IT교육	교육훈련	IT교육 서비스

출처: IT서비스산업협회(2015).

국내 IT시장 조사업체 KRG는 2014년 국내 IT시장 규모를 2013년에 비해 3.0% 증가한 20조 1700억 원으로 전망하였다(디지털타임스, 2014). IT시장에서 IT서비스 시장이 차지하는 비율은 한국IDC의 '2013~2017년 한국 IT 서비스 시장 전망 업데이트 보고서'를 보면 2013년 은 전년 대비 2.6%의 성장률을 기록했고, 2014년은 전년 대비 4.1% 정도 성장하여 11조 377억 원의 시장 규모를 형성했다(Embedded News, 2014; 디지털타임스, 2014).

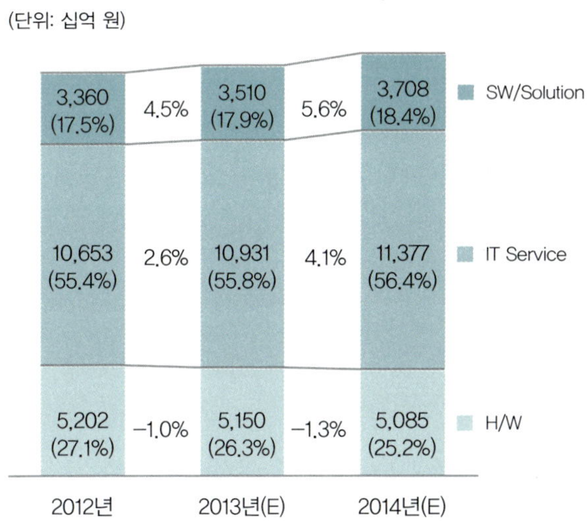

[그림 16-4] IT 분야별 서비스 전망

출처: 디지털타임스(2014).

그러나 국내 IT 서비스산업은 매출액 50억 원 미만의 중소 IT 서비스에서 80% 이상을 차지하는 등 영세한 기업의 비중이 높은 반면에 매출액 500억 원 초과기업은 전체 기업의 0.5% 미만의 비중을 보였다(나승경 외, 2013).

〈표 16-2〉 한국의 매출액 규모별 IT서비스 기업 현황

		2007	2008	2009	2010	2011
500억 원 초과	기업 수	5	11	12	15	14
	비중	0.2%	0.3%	0.3%	0.3%	0.3%
300억 원 초과	기업 수	130	151	152	162	166
	비중	4.2%	3.5%	3.5%	3.6%	3.6%
100억 원 초과	기업 수	232	253	234	256	262
	비중	7.5%	5.9%	5.4%	5.7%	5.7%

출처: 나승경 외(2013).

일자리 측면에서 보면 IT서비스산업은 고급인력 중심의 지식산업으로 제조업, 통신업 등 타 산업에 비해 매출액 증가율이 높고 인력자산에 대한 의존도가 커서 고용 창출효과가 매우 높은 산업이다(한국IT서비스산업협회, 2010).

2) IT서비스산업의 미래

한국IDC에서는 2015년 국내 IT 시장에 대한 10대 예측(Korea Top Predictions 2015)을 발표하였는데 이 내용을 보면 IT서비스산업의 미래를 확인할 수 있다(한국IDC, 2014).

〈표 16-3〉 국내 IT 시장의 미래 10대 전망

주제	내용
영역별 차별화를 통한 다양한 성장기회	- 하드웨어, 소프트웨어, IT 서비스 등 각 영역별 차별화(클라우드, 모빌리티, 소셜, 빅데이터 및 애널리틱스 부문 등)
제3플랫폼(The 3rd Platform)의 혁신 주도	- 제3의 플랫폼 시장이 점차 확대되어 혁신은 산업과 기술, 산업과 산업의 결합을 통해 비즈니스 측면에서 다양한 사업 모델로 이어지면서 전 산업영역으로 확산 - IT영역뿐만 아니라, 일반 산업 분야의 변화를 주도하는 로봇, 내추럴 인터페이스, 3D 프린터, IoT, 인지컴퓨팅 등과 결합된 새로운 비즈니스 창출

기업 클라우드 전략과 하이브리드 클라우드의 통합모델	- 클라우드 도입 시 프라이빗, 퍼블릭, 하이브리드 등 단일 전략으로 접근하는 시대는 지났음 - 비즈니스를 위한 전략적 리소스로서 IT 리소스의 역할이 높아지고 있고, PaaS 영역의 경쟁 치열
기업-개인 간 균형 있는 모빌리티 지원	- BYOD가 기업의 모바일 전략으로 활용되고 ROI에 대한 입증을 넘어 경쟁력 있는 모바일 업무환경 지원 전략 필요 - 모바일 기기의 교체주기가 길어지고 보다 빠른 통신 지원(5G)에 대한 논의 구체화
빅데이터 구현을 통한 경쟁력 확보	- 빅데이터를 위한 클라우드 플랫폼 도입은 물론 데이터의 가치를 배가시키는 전문적인 분석 서비스 집중 - DaaS(Data as a Service)과 같은 새로운 빅데이터 서플라이체인이 부각되고, 다양한 미디어의 등장으로 리치 미디어 분석 활용
소통을 통한 기업 및 비즈니스 변화 촉진	- 효율적인 협업을 위한 전략적 프레임워크로서의 역할에 대한 관심 집중 - 기업 내부 시스템과 소셜 비즈니스 플랫폼과의 결합을 통한 의미 있는 비즈니스 모델 확보 - 소셜커머스를 포함한 온라인 비즈니스를 활성화시키는 투자 확대
사물인터넷(IoT) 및 전통적인 IT산업 영역 확대	- IoT 시장은 다양한 애플리케이션과 함께 제조, 운송, 스마트 시티, 홈네트워크 영역 확대 - 전통적인 IT 부문은 이를 포용하며 점차 그 범위를 확대 - 파생되는 데이터 용량의 크기와 더불어 데이터의 다양성으로 인해 서비스 제공자들이 운영하는 플랫폼 활용 - IoT 특성상 가용성 및 보안, 예측 기반의 관리 솔루션 수요가 매우 중요하게 되고, 다양한 센서 간의 네트워크 지원을 위한 저전력 통신 부문의 관심 증대
소프트웨어 중심의 (Software-driven) 네트워크 인프라 변화	- 이기종 및 분산 네트워크 환경에 대한 수요는 물론 오픈스택, SDN, NFV 등 다양한 오픈소스 기반의 표준화된 솔루션 도입 확대 - 기가 인터넷 도입에 따른 서비스 결합 및 지원 투자 확대
인프라 환경은 소프트웨어 정의(software-defined)로 귀결	- 데이터센터는 통합된 관리 및 오케스트레이션에 대한 관심 고조 - 클라우드 서비스를 제공하는 업체들은 그 자체가 기업들에게는 데이터센터 역할을 하게 됨으로써 IT 부문의 전반적인 변화 주도 - SLA를 통한 서비스로 최상의 유연성 확보
디지털 트렌스포메이션 3.0	- IT의 역할은 비즈니스 성과 및 혁신을 리드하는 주체로서 역할 변화 요구 - 혁신은 새로운 발명보다는 새로운 요소들이 기존의 기술 및 산업에 결합됨으로써 새로운 가치를 창출함(예를 들어 airbnb, UBER 택시 등은 그 가치 측면에서 전통적인 업체를 넘어서고 있으며 금융(FinTech), 의료(MedTech) 등 다양한 산업에서도 혁신이 일어나고 있고 옴니채널, O2O 등 일상의 비즈니스에 IT가 미치는 영향이 더욱 확대됨) - 새롭게 만들어지는 시장에서는 기술과의 결합을 통한 지적재산권 및 아이디어의 중요성이 높아짐

출처: 한국IDC(2015).

IT서비스산업의 경쟁력을 위해서는 몇 가지 준비가 필요하다(박준성, 2014). 첫째, 제조업 스타일 경영체제에서 '사람경영' 경영체제로의 전환이 필요하다. IT서비스는 컴퓨터와 같은 기계가 중심이 아닌 사람을 통해 진행되는 서비스이기 때문이다. 둘째, SW공학을 도입해야 한다. 선진국들은 과거에 SW공학 기반의 SW개발 프로세스, 방법론 등의 표준화로 프로젝트 원가를 40% 이상 절감하였기 때문에 우리나로도 적극적인 SW공학의 도입이 절실하다. 셋째, 경쟁력 성숙도 모델에 따른 지속적인 경영/역량 혁신으로 경쟁력을 확보해야 한다. 즉, IT서비스 사업에 적합한 경영모델 및 프로세스와 SW공학의 기본역량을 확충하고 진행해야 한다.

현재와 비교해서 미래의 IT서비스 환경도 다음 표와 같이 많이 변하게 될 것이다. 즉, 미래의 IT서비스는 융합IT, 클라우드, 빅데이터, 사물인터넷, 수평적 협력구조, 영역의 다양성 등이 주된 핵심영역으로 개발될 것이다.

〈표 16-4〉 현재와 미래의 IT서비스 환경

	현재의 IT서비스	미래의 IT서비스
사업환경	컴퓨팅 기반의 시스템 구축	SW중심의 융합 IT환경 조성
대표사업	SI, SM, IT아웃소싱, 컨설팅 등	클라우드, 빅데이터, 사물인터넷 등
사업특성	용역형 서비스	SW 솔루션 중심
사업 경쟁력	인력의 활용, 하드웨어, Captive 시장	기술력, 솔루션/소프트웨어, 브랜드력
시장 형태	수직적 분업구조	수평적 협력구조
성장성	낮음, 시스템 유지보수 중심의 성장	높음, 적용가능 영역 무한정
수익구조	고정비 부담이 높아 투입한 인력과 비례	초기 개발비용 외 고정비 부담 낮음
중소기업 참여영역	대기업 하청업체, 공공시장 등으로 한정	다양한 영역에 제한 없이 참여 가능

출처: 이용훈(2014).

IT서비스의 미래 중에서 각광받을 수 있는 분야중의 하나는 감성ICT서비스이다. 감성ICT란 개인의 감성에 맞춘 서비스를 제공한다는 의미로 컴퓨터나 텔레비전 같은 기기가 사람의 감성을 인지하여 사람에게 필요한 제품과 서비스를 제공하는 기술이다. 인간의 감성을 인지하여 필요한 정보로 만들어 다양한 IT기기를 이용하여 고객의 욕구 및 기호를 충족시켜주는 감성ICT서비스는 성장 잠재력이 무궁하다고 할 수 있다(Smart Academy, 2014).

미국의 롤스로이스사는 항공기 엔진 및 부품을 판매하는 것이 주된 영업방법이었지만 새로운 비즈니스 기회를 창출하기 위해 IT를 활용해 고객서비스를 제공하고 있다. 즉, IT를 이용하여 고객사의 비행기 엔진을 점검해 주고 시간당 서비스 비용을 받는 새로운 ICT서비스 비즈니스 모델을 개발하여 많은 성과와 수익을 얻고 있다.

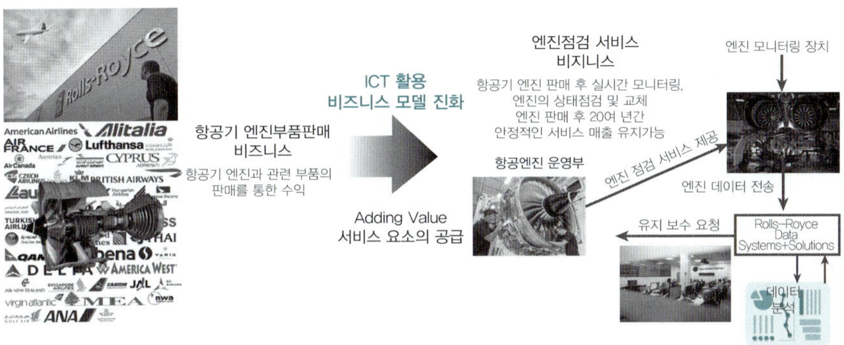

[그림 16-5] IT를 이용한 롤스로이스 서비스화 사례

출처: 오윤수 · 박현수 · 오기환(2014). 제조업의 미래와 ICT의 역할; Rolls-Royce 홈페이지.

사용되고 있는 IT서비스 비즈니스 모델은 전 세계에 흩어져 있는 3,500여 개의 비행기 엔진을 IT를 이용해서 실시간으로 모니터링하여 항공사가 원하는 정보를 제공하는 방법이다. 이 방법을 통해 항공사는 엔진 교체, 점검 스케줄 등을 효과적으로 관리할 수 있고 롤스로이스사는 관리하고 있는 비행기의 엔진 수명이 다할 때까지 안정적으로 매출을 올릴 수 있다. 롤스로이스사는 IT서비스를 포함하여 서비스 분야에서 올리는 매출은 전체 매출의 약 52%를 차지할 정도로 많고 이러한 비중 확대는 더욱 지속될 것으로 예측된다.

4. 서비스산업의 미래와 경쟁전략

1) 서비스산업의 미래

(1) 서비스산업의 메가트랜드

서비스산업의 메가트랜드 분석에 의하면 미래의 서비스산업은 ① 서비스경제화의 심화, ② 새로운 유형의 서비스 등장 가속화, ③ 업종 간 융합과 통합화의 심화, ④ 글로벌 경쟁의 심화, ⑤ 시장주도권의 변화 등이다(최봉현 외, 2007).

① 서비스경제화의 심화

선진국일수록 제조업 비중보다는 서비스산업의 비중이 증가하고 있고, 경제의 소프트화, 서비스의 글로벌화, 제조업의 서비스화 등과 같이 서비스경제로의 이행(shift to service)이 지속적으로 확대되고 있다.

다음의 그림은 한국과 비교하여 선진국이 얼마나 서비스경제화로 진전되었는지를 설명하고 있다.

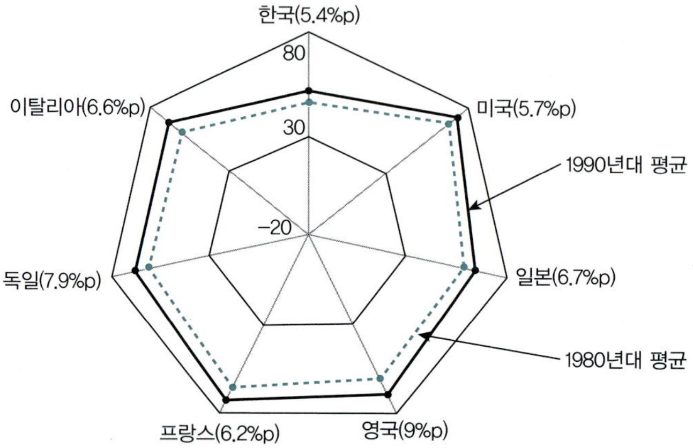

주: ( ) 안은 각국의 GDP 대비 서비스산업의 비중변화 폭

[그림 16-6] 한국과 선진국의 GDP 대비 서비스산업의 비중 변화

출처: 최봉현 · 김홍석 · 조현승 · 하봉찬(2007). 서비스산업의 미래와 경쟁전략. 산업연구원.

주요 선진국의 산업구조에서 서비스산업이 차지하는 비중이 1980년대를 기준으로 1990년대에는 평균 7%포인트 증가하였고 이러한 현상은 지속적으로 증가하고 있다. 그러나 우리나라의 경우에는 평균 5.4%포인트가 증가하고 있어 선진국과 비교해서 서비스경제로 이동하는 속도(산업구조 변화) 및 질적인 면(생산성)이 크게 떨어지고 있다. 그러므로 우리나라도 서비스경제로 전환을 위해 산업구조를 서비스산업에 맞도록 변화시키고 생산성 향상이 필요하다.

② 새로운 유형의 서비스 등장 가속화

서비스산업은 계속해서 성장해 왔고 제공되는 서비스의 다양성, 품질 등이 더욱 활성화되어 새로운 유형의 서비스가 지속적으로 등장할 것이다. 이러한 새로운 유형의 서비스는 서비스산업의 성장에 많은 영향을 줄 것이다. 과거에는 동일한 서비스 요소에 대해서 어떻게 하면 더 고품질의 서비스를 제공할 수 있는가에 관심이 있었다면 미래의 서비스산업은 과거에는 존재하지 않았던 새로운 서비스의 개발에 의해 시장판도가 변할 것으로 예측된다. 특히 정보기술의 발전 속도와 다양성에 의해 서비스산업을 이끌 수 있는 새로운 비즈니스 모델이 지속적으로 개발되어 교통제어, 원격의료, 재난방제, 환경관리 등의 서비스가 창출되고 있다. 결국, 미래에는 시간과 공간을 초월하는 새로운 서비스 요소가 지속적으로 출현할 것이고 이러한 서비스 요소를 가장 효과적인 방법 및 수단을 통해 제공하는 것이 필요할 것이다.

③ 업종 간 융합과 통합화의 심화

사회의 발전 및 다양성에 의해 업종 대 업종간, 산업 대 산업간의 융합 및 통합이 지속적으로 활성화되어 왔고 앞으로는 이러한 현상이 더욱 더 가속화될 것이다. 디지털 기술에 기초하여 통신과 방송이 융합되어 과거와 같은 일방적인 정보 제공의 개념이 아닌 상호작용을 기초로 한 쌍방향 정보 전달이 가능한 방향으로 서비스가 제공되고 있고 이러한 방향에서 서비스를 제공하는 기업이나 국가가 미래를 선도

할 것이다.

유선인터넷과 무선인터넷의 통합, 소프트웨어와 기기의 통합은 다양한 결합상품이라는 이름으로 서비스 요소를 개발하고 있다. 이러한 서비스 요소는 산업 및 업종 간을 뛰어 넘어 다양한 서비스 요소를 개발하고 있고 이러한 요소들이 서비스산업을 확장시키고 발전시키고 있다.

④ 글로벌 경쟁의 심화

서비스산업의 경쟁 요소는 원자재, 설비, 제품, 지역 등에 국한되지 않는 특징을 가지기 때문에 다른 산업에 비해서 글로벌 경쟁이 훨씬 더 치열해질 것이다. 서비스산업의 글로벌화는 공급 사슬, 정보기술 및 이동수단의 혁신, FTA 등의 다양한 요소에 의해 가속화되고 있다. 서비스산업의 세계 교역 규모는 상품무역의 25% 정도를 차지할 정도로 성장하였고 증가율도 지속적으로 늘어날 것으로 기대하고 있다. 그러나 우리나라는 총수출 중에서 서비스산업의 수출액 비중이 14.2%로 미국(29.1 %), 프랑스(21.5%), OECD 평균(22.1%)에 미치지 못하기 때문에 이에 대한 대비가 필요하다.

⑤ 시장주도권의 변화

제조업의 경우에는 제품을 제공하는 기업에 주도권이 있었으나 정보기술의 발달로 정보의 비대칭성이 완화되어 왔고 서비스산업의 확대로 인해 시장주도권이 서비스를 제공받는 고객에게 지속적으로 이동하고 있다. 특히, 고객의 선택권이 강조되는 서비스산업은 시장주도권의 변화가 훨씬 더 심해질 것이다.

우리나라가 취약한 교육, 관광, 금융, 법률서비스 등은 시장주도권이 선진국들에게 계속해서 넘어가고 있으며, 이에 대한 대비를 지금부터라도 체계적으로 하는 것이 우리나라의 서비스산업을 발전시킬 수 있는 방안이 될 것이다.

(2) 미국을 통해서 본 서비스산업의 미래

미국은 세계 최대의 서비스 수출국으로서 전 세계 서비스산업 수출의 14%를 차지하고 있으며 미국경제분석(BEA)에 의하면 2011년을 기준으로 수출액은 5868억 달러이고 수입액은 3981억 달러로 1937억 달러의 흑자를 기록하고 있어 우리나라에 주는 의미가 크다(국제무역연구원, 2013). 미국의 서비스산업별 수출비중을 보면 여행 및 운임(26%), 전문 서비스(21%), 지재권(18%), 금융서비스(17%), 유통(8%), IT 지원(7%), 기타(3%) 순이고 수입비중은 여행 및 운임(28%), 전문 서비스(19%), 금융(19%), 유통(14%), 지재권(9%), IT(9%), 기타(2%) 순이다.

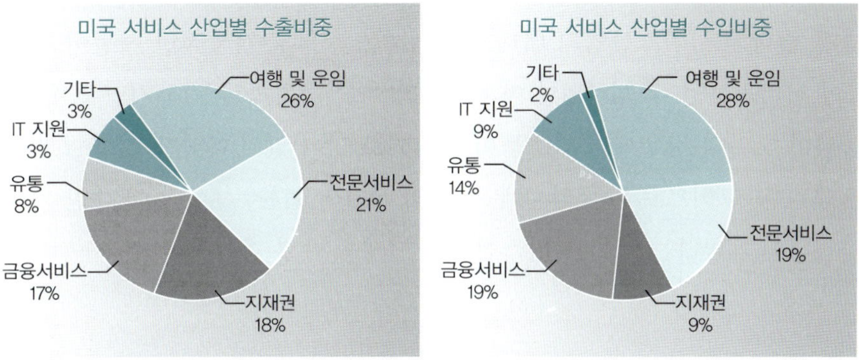

[그림 16-7] 미국 서비스산업별 수출입 비중

출처: 국제무역연구원(2013).

미국의 서비스산업의 수출 및 수입 비중을 통해 한국의 서비스산업의 미래를 다음과 같이 알아볼 수 있다.

첫째, 미국에서 서비스 기업이 수출하는 서비스산업 매출보다는 미국 기업이 해외에서 수출액의 2배 이상의 매출을 올리고 있다. 즉, 서비스산업은 각 국가마다 서비스산업에서 요청하는 분야와 내용이 다르기 때문에 그 나라에 직접 들어가서 현지화 전략을 통해 서비스산업에서 부가가치를 창출하는 것이 필요하다. 서비스는 눈에 보이지 않고 서비스제공자인 사람을 통해 전달되기 때문에 현지화 전략이 필수적이고 내수시장이 좁은 한국의 경우에는 서비스산업의 적극적인 해외 진출이 더욱 필요하다.

둘째, 미국의 경우에는 서비스 분야 중에서 컨설팅, 연구개발 등과 같은 전문서비스 영역의 해외 진출이 빠르게 성장하고 있고, 전문서비스 영역은 서비스영역의 후발국들이 선진국의 진입장벽을 돌파하는 것이 어렵다. 그러므로 한국은 선진국들이 강점을 가지고 있는 전문서비스 영역에 직접 들어가기보다는 한국이 강점을 가지고 있는 의료서비스 분야와 같은 주변부터 진출하는 것이 한국의 서비스산업의 미래를 성공적으로 끌고 갈 수 있을 것으로 판단된다. 한국의 서비스산업의 수출 확대는 정체되어 있는 제조업의 경쟁력을 배가시킬 수 있을 것으로 예측된다.

셋째, 한국의 서비스산업의 미래를 위해서는 정부의 적극적인 지원이 필요하다. 한국의 서비스산업(예: 법무법인)이 해외시장에 진출하기를 원하지만 동유럽 및 일부 동남아 국가의 경우에는 법조문이 자국어로 되어 있기 때문에 진입 초기부터 문제가 생긴다. 그러므로 한국의 정부가 해외 국가의 법률, 시장 등에 대한 기초 정보를 수집하여 제공하는 것이 서비스산업의 미래를 밝힐 것이다.

2) 서비스산업의 경쟁전략

(1) 경쟁력 강화 요소

우리나라의 서비스산업은 투입되는 노동력에 비해서 산출되는 부가가치 비율이 선진국에 비해서 매우 저조하고 선진국에 비해서 경쟁력이 취약하다. 그러므로 우리나라는 서비스산업의 경쟁력을 강화하기 위해 몇 가지 문제를 해결해야 한다.

첫째, 한국의 서비스산업은 구조적으로 경쟁력이 약하다. 한국은 건설서비스, 운수, 금융분야 정도만 비교우위에 있고 나머지 영역은 열세에 처해 있다. 또한 비교우위에 있는 분야들도 글로벌 경쟁 상황에서 개선되기보다는 정체되어 있다. 그러므로 서비스산업의 경쟁력을 강화하기 위해서는 단기적이고 기업차원의 정책보다는 장기적이고 국가적인 차원에서 서비스산업의 구조를 개선하는 노력을 해야 한다.

둘째, 서비스산업의 성장동력을 찾아야 한다. 서비스산업은 그 범위가 매우 넓고 제공되는 서비스의 종류도 다양하기 때문에 서비스산업 전체를 발전시키고자 하는 전략은 효과적이지 못하다. 우리나라가 서비스산업에서 강점을 가지고 있는 분야는 문화, 물류, 관광, 교육, 의료 등이기 때문에 이러한 분야를 중심으로 성장동력을 개발하고 서비스 지역의 국내로 한정하기보다는 글로벌 시장을 대상으로 경쟁하는 것이 필요하다. 성장동력은 타 산업에 대한 파급효과, 시장창출능력, 고용창출능력 등을 지속적으로 향상시킬 수 있도록 관리하는 것이 요구된다.

셋째, 서비스산업의 육성 및 확장을 위한 정부의 적극적인 지원이 필요하다. 우리나라는 서비스산업으로 산업의 중심이 이동하고 있는 상황에서도 아직까지는 제조업을 중심으로 국가의 경제 발전 전략을 수립하고 지원하고 있다. 최근에는 서비스산업을 효과적으로 지원하기 정부에서 다양한 정책을 개발하고 지원하고자 노력하고 있다. 정부는 2013년 7월 4일 '서비스산업 정책 추진방향 및 1단계 대책'을 발표하고 서비스산업의 경쟁력을 높이는 4가지 정책추진 원칙을 발표하였다. 즉, 정부는 인프라 확충, 유망 서비스업 경쟁력 강화, 현장애로 해결, 갈등과제 검토라는 네 가지를 서비스산업 정책 추진의 원칙으로 삼았다.

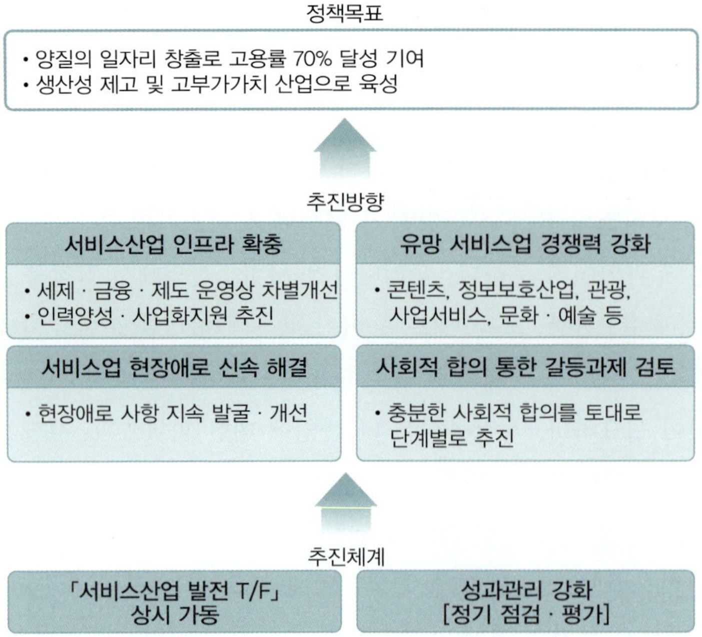

[그림 16-8] 정부의 서비스산업 발전 기본방향

출처: weekly 공감(2013. 07. 15.). 서비스산업 경쟁력 높이기 위한 4가지 정책추진 방향(http://koreablog.korea.kr/130). 문화체육관광부.

정부는 4가지 정책추진을 계기로 양질의 일자리를 만들어 고용률 70%를 달성하고 산업의 경쟁력을 높여 서비스산업을 고부가가치 산업으로 육성하고자 한다. 그러나 정부는 서비스산업의 세제, 금융제도 개선 및 지원강화를 위해 보다 구체적인 정책과 실행이 필요하다.

(2) 글로벌 서비스 전략

글로벌 서비스를 위해 기본적으로 필요한 글로벌 서비스 전략 5가지는 다국적 확장(multicountry expansion), 고객 수입(importing customers), 고객동반 진출(following your customers), 서비스의 해외이전(service offshoring), 24시간 서비스(beating the clock)이다(서비스경영연구회, 2013). 제시된 글로벌 서비스 전략은 단독으로 사용될 수 있지만 서로 상호보완적인 서비스 전략이기 때문에 부가가치가 높은 서비스를 위해서는 혼합해서 사용하는 것도 필요하다.

① 다국적 확장 전략

이 방법은 한 국가에서 성공한 서비스를 그대로 다른 나라로 확장하는 전략을 의미하고 필요시에는 그것을 수정하는 것도 포함된다. 이 전략은 고객이 서비스를 제공받기 위해서 서비스가 제공되는 장소(예: 매장)를 방문하는 경우에 매우 효과적이다. 맥도널드, 버거킹, KFC 등은 다국적 확장의 대표적인 예로서 자국에서의 성공을 바탕으로 전 세계를 대상으로 하고 있다. 다국적 확장 전략에서 고려되어야 할 요소가 많지만 가장 중요한 부분은 문화적인 이질감을 극복할 수 있도록 서비스 전략을 수정하거나 바꾸는 것이다.

② 고객 수입 전략

이 방법은 해외에 있는 고객들을 자국 내로 유인하여 서비스를 제공하는 전략이다. 그러기 위해서는 고객을 유인할 수 있는 획기적인 서비스 또는 동일한 서비스라 할지라도 다른 국가들과 비교 우위에 설 수 있는 서비스 전략 또는 기술을 보유하고 있어야 한다. 고객 수입 전략의 대표적인 예는 다른 나라와 차별적인 관광명소를 가지고 있거나 의료 기술이 뛰어나서 고객들을 충분히 유인할 수 있을 때이다. 이런 경우에는 방문하는 고객들을 응대하기 위한 외국어 능력, 교통 수단, 병원 시설 등을 충분히 준비하거나 교육을 받아야 성공적인 고객 수입 전략이 될 수 있다.

③ 고객동반 진출 전략

글로벌화가 가속화되면서 국가 간의 경계적 장벽은 무의미한 시대가 되고 있다. 이러한 시대에 맞게 인적 교류, 물적 교류, 문화적 교류 등이 활발해지면서 국내 고객들이 해외 시장으로 진출하게 되어 관련된 서비스에 대한 요구가 지속적으로 증가하고 있다. 국내에서 서비스를 제공받던 고객이 해외 국가로 진출하면서 국내에서 서비스를 제공하던 기업들이 고객을 따라 해외로 진출하게 된다. 따라서 고객과 동반 진출에 따른 서비스 전략을 수립하는 것이 필요하다.

해외에 진출한 고객들이 원하는 서비스는 국내에서 제공받던 서비스와 해외 국가에서 원하는 서비스의 차이가 존재하기 때문에 생각하지 못한 여러 가지 문제를 내포하고 있어서 혼란스러울 수 있다. 그러므로 서비스를 제공하는 기업들은 동반 진출한 고객들이 해외 국가에서 비즈니스를 성공적으로 수행하도록 다양하고 현지화된 서비스 전략을 수립해 주는 것이 필요하다.

해외로 동반 진출한 고객들이 창출하는 비즈니스 매출액은 생각한 것보다 크지 않을 수 있다. 이런 경우에는 고객과 함께 동반 진출해야 하는 기업들에게는 고민거리가 되지만 고객서비스를 위해서는 어느 정도의 손해를 감수할 필요가 있다. 해외 동반 진출의 경우에는 비즈니스 매출액이 크지 않기 때문에 기업의 입장에서는 동반 진출하는 고객에 맞추어 서비스를 설계할 것인지 또는 진출하는 국가의 문화와 환경에 맞게 서비스를 설계할 것인지를 결정하는 것이 필요할 수 있다.

④ 서비스의 해외이전 전략

서비스의 해외이전은 해당 지역에 있는 기업을 통해 서비스를 제공하는 아웃소싱(outsourcing) 전략이다. 일반적으로 아웃소싱 전략은 기업의 비핵심 부서를 분사시켜 업무를 맡기거나 다른 기업에 비핵심 업무 일부를 용역을 주어 처리하는 전략을 말하는데 여기서는 그 지역이 기업이 있는 동일한 국가가 아닌 해외를 대상으로 한다. 서비스의 해외이전 전략에서 설명하는 아웃소싱은 고객과 직접 대면이 필요없는 서비스 분야를 대상으로 하며 이러한 과정을 통해서 노무비를 줄이고자 하는 것이 직접적인 이유이다. 대표적인 분야는 미국의 많은 기업들이 고객과 직접 접촉이 필요없는 콜센터를 인도에 설치하여 운영하는 방식이다. 인도에 콜센터를 운영하는 것은 인도의 인건비가 싸면서 중요한 항목인 영어로 의사소통이 된다는 점이다.

그러나 서비스의 해외이전 전략에서 가장 문제가 되는 부분은 서비스 품질이다. 일반적으로 비핵심 분야 및 고객과의 직접 대면이 아닌 분야를 대상으로 하기 때문에 서비스에 대한 고객의 불만이 발생할 확률이 높다는 것이다. 원래의 목적이 노무비 절감이었는데 서비스 품질 개선을 위해서 외주업체 직원들을 훈련시키거나, 문화적 이해를 높이기 위한 다양한 정책을 활용하는 과정에서 투자되는 비용이 훨씬 더 많아질 수도 있다.

⑤ 24시간 서비스 전략

해외진출을 고려하는 모든 기업은 각 국가 간의 시차에서 오는 다양한 환경에 직면하게 된다. 이 전략은 시차가 있는 여러 국가에 서비스 제공을 위한 거점을 설치하여 근무 시간, 노동 규칙, 임금 지급 등의 복잡한 문제를 일부분 해결하면서 고객이 원하면 시간에 상관없이 24시간 서비스 제공 체제를 구축하여 고객을 지원한다. 24시간 서비스 전략이 잘 진행되면 기업의 생산성 향상은 물론 고객 만족도가 높아지게 된다. 그러나 이 전략은 여러 국가, 근무시간, 언어 등을 고려하여 효율적인 서비스 제공 네트워크를 구축해야 성공할 수 있기 때문에 정보기술, 숙련된 인력, 운영 프로세스 등을 유기적으로 연계하는 것이 성공에 꼭 필요하다.

마무리사례

'클라우드 vs 매니지드' IT서비스업 미래는

최근 IT서비스업계엔 두 종류의 아웃소싱 관련 용어가 통용된다. 매니지드 서비스와 클라우드 서비스다. IT인프라 유지관리를 대행하는 형태인 두 서비스 모델은 IT소비화를 대변하는 극명한 예다.
매니지드 서비스는 특정 솔루션에 대해 서버, 스토리지, 데이터베이스(DB), 네트워크 회선 등 모든 IT자산 운영을 외부사업자가 대행하는 것이다. 호스팅 서비스와 달리 네트워크 회선까지 관리하므로 대부분 통신사업자가 제공한다.
클라우드 서비스는 여기서 퍼블릭 클라우드를 의미한다. 서비스 제공자가 대규모로 구축해놓은 인프라에 접속해 가상의 서버, 스토리지, 네트워크 자원을 할당받아 사용하는 것을 의미한다. 기본적인 IT자원은 클라우드 사업자가 관리하는데, 인프라, 개발플랫폼, 소프트웨어 등 이용하는 클라우드 서비스 수준과 형태에 따라 이용자의 관리 수준이 달라진다.
크게 보면, 클라우드는 소비 형태의 IT서비스란 점에서 매니지드 서비스의 한 형태다. 두 서비스모델 모두 IT자산을 관리, 운영할 여력을 갖지 못한 중견, 중소기업을 주요 고객으로 삼는다. 또한, IT자원을 단기간 이용하고 쉽게 폐기할 수 있도록 해준다.

■ 모든 것을 맡기고, 시간으로 소비한다

매니지드 서비스는 공산품처럼 범용화된 서비스 외에 고객 요구사항에 따른 맞춤형 서비스로도 제공된다. 때문에 사업자의 인프라는 단일한 표준환경 대신 혼재된 형태를 띤다.
사업자는 서비스 제공을 위한 인프라 구축 시 장비와 솔루션을 구매하지 않고 임대 형식으로 확보한다. 사업자는 벤더와 일종의 유통 계약을 체결해 특정 장비의 사용권을 획득한다. 고객유치 후 계약금 일부를 벤더에 솔루션사용료로 지불하는 형식이다.
솔루션을 구매해뒀다가 고객을 확보하면 다시 판매하는 방식과 다르다. 매니지드 서비스 제공자는 고객의 계약 해지 이후 장비를 유지하지 않아도 되기 때문에 인프라를 계속 유지하지할 필요가 없다.
매니지드 서비스는 네트워크 중요성이 클수록 효과도 커진다. 화상회의나 가상 데스크톱 환경 등이 대표적이다. 두 솔루션 모두 컴퓨팅 자원을 필요로 하고, 동시에 네트워크 회선의 안정적인 품질을 요구한다. 통신사는 보유한 유무선 네트워크를 무기로 매니지드 서비스의 안정성을 강조할 수 있다. 사용자는 서비스 이용 기간에 따라 돈을 지불한다. IT아웃소싱의 전형적인 사용방식이다.

■ **표준화된 환경을 쓴 만큼 지불한다**

퍼블릭 클라우드는 미리 구축된 대규모의 인프라 중 일부를 사용자별로 할당해주는 형태로 제공된다.
물리적인 인프라를 가상화시켜 사용자에게 가상서버, 가상 스토리지, 가상 네트워크 등을 제공한다.
만약 인프라 서비스(IaaS)만 사용한다면, 아무것도 설치되지 않은 상태인 가상 인프라 위에 사용자가 직접 애플리케이션을 설치하고, 서비스를 구축하게 된다. 플랫폼 서비스(PaaS)를 사용한다면, 클라우드 서비스 상의 개발 플랫폼 상에서 애플리케이션과 서비스를 개발하면 된다. 소프트웨어 서비스(SaaS)를 사용한다면, 이용하려는 애플리케이션만 선택하면 된다.
이는 아주 기본적인 클라우드 서비스의 형태다. 퍼블릭 클라우드 서비스는 현재 다양한 형태로 제공되고 있다. 목적, 용도, 사용자 등에 따라 특화된 서비스가 다수 등장했다. 업계 표준으로 통하는 아마존웹서비스의 경우 수시로 신규 서비스를 출시한다. 관계형DB 외에 NoSQL DB 서비스나 빅데이터 분석을 위한 맵리듀스 서비스가 대표적이다.
클라우드 서비스는 일반적인 IT아웃소싱계약처럼 서비스준수협약(SLA)으로 컴퓨팅 자원의 안정성을 보장한다. 하지만 네트워크 품질까지 보장하진 않는다. 일부 통신사에서 제공하는 클라우드 서비스 외에 대부분의 클라우드 사업자들이 통신사의 회선을 빌리는 탓이다.
퍼블릭 클라우드는 고객의 세세한 입맛까지 맞춰 서비스를 제공하지 않는다. 표준화된 인프라와 서비스 속에서 나름의 타협을 해야 한다. 하지만 인프라 초기 구축시간이 매우 짧고, 사용량에 따라 지불하면 된다는 장점을 갖는다.

■ **IT서비스의 소비화 어떻게?**

매니지드 서비스와 클라우드 서비스는 IT를 소비 측면으로 접근한다. IT를 소유하는 게 아니라 외부에 누군가 마련해놓은 상품을 사용자가 시간, 용량 등의 단위로 소비하는 것이다. 과거의 IT는 기업에게 구매, 구축과 유지보수란 큰 틀 속에 존재했다. 재무제표 상 자산(asset)이다.

매니지드 서비스나 클라우드 서비스는 사용자의 재무제표 상에 정기적인 지출비용으로 표기된다. IT인프라를 직접 구매해 보유할 경우의 구매비용과 감가상각비용보다 저렴할 때 사용된다.

소비 형태의 IT서비스는 당초 특정 규모 이하의 기업들을 위해 고안됐다. 초기의 구매 비용과 운영비용을 감당할 수 없는 기업들에게 고품질의 IT환경을 제공하자는 내용이다. 클라우드는 여기에 비즈니스 민첩성이란 효과를 더하기 위해 고안된다. 필요하면 곧바로 가져다 쓰면 되기 때문이다.

기존 소유 방식의 IT는 기업 비즈니스의 변화를 저해하는 요소였다. 신규 비즈니스를 위한 IT환경을 구축하려면 수개월 이상의 시간을 필요로 했기 때문이다. 얼마나 적기에 새로운 서비스를 출시할 수 있느냐에 기업 승패가 갈리는 시대엔 어울리지 않는 방식이다. 매니지드 서비스의 경우 사업자에게 전면적으로 의존한다. 기업이 IT란 것에 집착할 거리가 적다. 반면, 클라우드 서비스는 사업자와 별도로 사용자에게 일정 수준의 역량을 요구한다.

퍼블릭 클라우드 중 IaaS는 여러 종류의 서비스를 조합하고, 활용하는 능력을 갖고 있을 때 진가를 발휘한다. 아마존웹서비스의 EC2, S3, EBS 등 기본적인 요소에 오토스케일링, 빅데이터, NoSQL, CDN 등 여러 응용 서비스를 묶어 나름의 인프라 환경을 만들어 낼 수 있어야 한다.

출처: ZDNet Korea(2012. 11. 13.).

연습문제

1. 의료서비스 산업의 현황에 대해서 설명하시오.
2. 의료서비스 산업의 메가트랜드에 따른 일자리 변화를 설명하시오.
3. 국내 IT 시장의 미래 10대 전망에 대해서 설명하시오.
4. 서비스산업의 메가트랜드에 대해서 설명하시오.
5. 글로벌 서비스를 위해 필요한 글로벌 서비스 전략 5가지를 설명하시오.

참고문헌

강학주 (2011. 02. 14). SMM(Social Media Marketing) 성과측정 기준과 실제- 페이스북 기업 활동, 성과측정 어떻게 할 것인가? 블로터닷넷의 페이스북 페이지 인사이트 컨퍼런스 자료.

국제무역연구원 (2013). 미국을 통해서 본 서비스산업의 미래. 한국무역협회.

김기영, 강 성, 김종래, 김 현, 박준병, 오세진, 윤장원, 윤재홍, 이규상 (1999). **품질경영**. 서울: 박영사.

김병태, 김승남, 장병집 (2006). **경쟁우위를 위한 전략적 생산운영관리**. 서울: 명경사.

김수욱, 김승철, 김희탁, 성백서 (2009). **서비스운영관리**. 서울: 한경사.

김연성, 박상찬, 박영택, 박희준, 서영호, 유한주, 이동규 (2009). **글로벌 품질경영**. 서울: 박영사.

김용만, 심규열, 신현호 (2000). 서비스 품질과 서비스 가치가 서비스 만족과 서비스 애호도에 미치는 영향. 한국마케팅과학회, **마케팅과학연구**, 5 , pp. 105-106.

김위찬, Mauborgne, R. (2005). **블루오션 전략**. 서울: 교보문고.

김태웅 (2010). **서비스운영관리**. 서울: 신영사.

김현곤 (2012). 빅데이터 시대의 전망과 대응전략.

나승권, 방호경, 이보람 (2013). 한중일 3국 IT서비스 산업의 비교 우위 검토: 생산성 분석을 중심으로. 대외경제정책연구원.

노시평, 박희서, 신문주, 오세윤 (2000). **신공공부문 행정서비스마케팅**. 파주: 법문사.

노형봉 (2013). **서비스경영**. 서울: 한경사.

뉴욕타임스 (2012. 08. 18.). Why Waiting Is Torture. http://www.nytimes.com/2012/08/19/opinion/sunday/why-waiting-in-line-is-torture.html?smid=fb-share&_r=1

데일리덴탈 (2014). [정기춘 원장 성공경영] 차별화된 환자의 대기시간 관리가 필요하다 (2)~(5), http://www.dailydental.co.kr/news/article.html?no=35914, 36032, 36107, 36154

디지털타임스 (2014). 2014년 국내 IT시장 3.0%성장한 20조1700억...SW가 5% 성장으로 견인.

디지털타임스 (2014. 12. 23.). 스마트 혁명이 가져올 변화.

메디파나뉴스 (2015. 01. 20.). 성형외과 서비스 경쟁 '치열'·· 1:1 관리와 리무진까지.

박경종, 윤재홍, 한동철 (2014). 구매관리. 서울: 이프레스.

박용삼 (2010). 가치혁신을 통한 성장.

박용태, 김문수, 강인태, 김철현, 윤병운, 신준석, 이성주, 이학연 (2012). 서비스공학. 서울: 생능출판사.

박재우 (2008). 가치혁신과 블루오션 전략.

박준성 (2014). IT서비스 사업. http://www.slideshare.net/junesungpark/itsw-ceo-9.

박형호, 노춘섭, 최기, 김영대, 조건 (2007). 제품서비스운영관리. 서울: 도서출판 청람.

백승민 (2013). 의료서비스산업의 미래 일자리 트렌드와 전망. 보건산업브리프, 64, 한국보건산업진흥원.

보건복지부 (2010). 경영가이드북.

서비스경영연구회 (1999). 서비스경영. 서울: 도서출판 석정.

서비스경영연구회 (2013). 스마트시대의 서비스경영 7판. 한경사.

서비스경영연구회 (2014). 서비스경영. 서울: 한경사.

송민정 (2013). 빅데이터 기반의 경영의사결정 및 신규 사업 모델 개발.

아주경제 (2015. 01. 08.). NCSI, 기업 미래 예측하는 유용한 선행지표.

안성화, 이영해 (2009). 서비스 SCM의 성과측정 프레임워크. 2009 대한산업공학회추계학술대회.

안영진 (2011). 경영품질론. 서울: 박영사.

안혜연 (2015. 07. 10.). MBC 마이 리틀 텔레비전으로 보는 가치혁신- 마리텔의 전략 캔버스 및 가치혁신 비결 분석. http://blog.naver.com/haeyun010/220415625049.

양종택, 강성룡, 김지대, 김성홍 (2007). 생산운영관리 4판. 법문사.

여성신문 (2015. 01. 22.). 정부, '워킹맘 · 워킹대디' 고충 보듬는다.

오윤수, 박현수, 오기환 (2014). 제조업의 미래와 ICT의 역할. DIGIECO.

요거시 말호트라, 김성희, LG EDS시스템 지식관리센터 (2001). e-지식경영: e-비즈니스 환경에서의 지식경영. 안양: 도서출판 물푸레.

월스트리트저널 (2014. 07. 20.). 메리어트 호텔 회장이 본 호텔업계의 미래.

위클리공감 (2013). 서비스산업 경쟁력 높이기 위한 4가지 정책추진 방향.

윤만희, 김정섭 (2006). "서비스고객참여의 선행요인과 고객만족에 미치는 영향," 한국산업경영학회, 21 (1), p. 43.

윤재홍 (2013). 생산운영관리. 한경사.

이상문 (2000). 총체적 품질경영(TQM)과 리더십. 형설출판사.

이상범, 류춘호 (2007). 현대 생산운영관리.

이상훈 (2011). 5대 서비스산업 발전전략. 경기개발연구원.

이순룡 (2005). 제품서비스 생산관리론. 법문사.

이영희, 황복주 (2013). 서비스경영. 유원북스.

이용훈 (2014). 변화하는 IT 환경 속 중소형 SI업계의 기회요인. 한국기업평가.http://www.rating.co.kr/eresearch/catImage/30/kr-weekly-655s.pdf.

이유재, 이신영, 이종세 (2014). "OO카드의 마케팅 활동과 빅데이터 활용", KBR, 18 (1).

인포그래픽스 (2015). IT서비스 산업과 소프트웨어 산업의 차이점에 관한 인포그래픽.

정기택, 하봉찬 (2007). 의료서비스산업의 2020비전과 전략. 산업연구원.

정용찬 (2012). 빅데이터 혁명과 미디어 정책이슈, 2012.2.31. 정보통신정책연구원

정지선 (2012). 빅 데이터의 새로운 가능성과 대응전략.

정지훈 (2015). 2015년의 ICT서비스를 바라보다.http://sdssaram.com/1501/trend/view.jsp?year=2015&month=1.

조선비즈 (2014). 집단을 연결하는 촉매기업... 성공방정식은? http://biz.chosun.com/site/data/html_dir/2014/08/29/2014082902055.html

조선비즈 (2014. 08. 31.). 우버, 공유기업 논란… 세가지 쟁점은. http://biz.chosun.com/site/data/html_dir/2014/08/29/2014082902229.html.

조선일보 (2011. 12. 15.). 고객 상대로 인내력 테스트 하십니까… 속 터지는 ARS(자동응답시스템).

조완섭 (2012). 빅데이터 활용과 비즈니스 혁신.

채승병 (2012). 빅데이터: 산업 지각변동의 진원 삼성경제연구원

최봉현 외 (2007). 서비스산업의 미래와 경쟁전략. 산업연구원.

최봉호 (2010). 서비스업종에서의 성과측정. 대구일보.

최인찬, 문일경, 류춘호, 김재희 (2012). 경영과학 (9th ed). 교보문고.

한국산업기술진흥협회 (2013). 삼성전자 VIP센터 사례로 본 창의적 가치혁신 활동. 삼성전자 이동진 상무 '창조경제와 기술혁신' 제12회 KOITA 기술혁신 포럼.

한국정보화진흥원 (2012). 기술영향평가 세미나 자료.

한국IDC (2014). 2015년 국내 IT 시장 10대 전망 발표. http://www.kr.idc.asia/press/pressreleasearticle.aspx?prid=46.

한국IT서비스산업협회 (2010). IT서비스산업 글로벌 경쟁력 강화방안.

함유근, 채승병 (2012). 빅데이터 경영을 바꾸다 서울: 삼성경제연구소.

홍성조, 최병돈, 이인식, 이용주, 안성제 (2008). 경영과학 (3th ed). 서울: 한경사.

황스타 (2015. 02. 16). 미국의 자동차 보험회사 프로그레시브의 빅데이터 성공사례. http://blog.naver.com/hwangstaa/220274704629

Baltacioglu, T., Ada, E., Kaplan, M. D., Yurt, O., & Kaplan, Y. C. (2007). A new framework for service supply chains. *The Service Industries Journal 27* (2), pp.105-124.

Bitner, M. J. (1992). "servicescapes: The impact of Physical Surroundings on Customers and Employees", *Journal of Marketing, 56* , Aprial, pp. 57-71.

Chase, R., Jacobs, F. R., Aquilano, N. (2010). 생산관리 (12판). 김연성, 박경철, 유석천, 최강화 공역. 서울: 한경사.

Cisco (2011). Visual Networking Index 2010-2015.

Cole, G. A. (2004). *Management Theory and Practice*. Thomson Learning College.

Collier, D. A., & Meyer, S. M. (1998). A Service Positioning Matrix. *International Journal of Operations and Production Management, 18* (12), pp.1223-1244.

Cronin, J. J., & Taylor, T. S. (1992). Measuring Service Quality: A Reexamination and Extention. *Journal of Marketing, 56* (3), pp.55-69.

Cross, R. (2004). February 10 Presentation at Emory University.

delightIT (2012). ICT 서비스 산업 성장, 내수경기 진작 및 IT경기 변동성 대응에 효과. http://moorim.delighit.net/entry/ICT.

Ellram, L. M., Tate, W. L., & Billington, C. (2004). Understanding and Managing the Services Supply Chain, *Journal of Supply Chain Management, 40* (4), pp.17~32.

Fitzsimmons, J. A. (2013). 스마트시대의 서비스경영 (7판). 서비스경영연구회 역. 서울: 한경사.

Fitzsimmons, J. A., & Fitzsimmons, M. J. (2007). 글로벌 시대의 서비스 경영. 서비스경영연구회 역. 서울: 한경사.

Fitzsimmons, J. A., & Fitzsimmons, M. J. (2010). *Service Management.* McGraw-Hill Korea.

Gaither, N. (1992). Production and Operations Management, The Dryden Press.

Gronroos, C. (1983). *Strategic Management and Marketing in the Service Sector.* Boston: Marketing Science Institute, Chapter 4.

Gronroos, C. (1990). *Service Management and Marketing: Managing the Moments of Truth in Service Competition.* Lexington Books, pp. 49-70.

Gronroos, C. (2007). *Service Management and Marketing* (3rd Ed.). John Wiley & Sons, Ltd.

Hammer, M. (2010). 빨리, 싸게 멋지게. 서울: 타임비즈.

IDC (2011). "Big Data Is Here, Now What?" 2011 IDC Digital Universe Study.

Johnston, R., & Silvestro, R. (1990). "The Determinants of Service Quality: A Customer-based Approach," in The Proceedings of the Decision Science Institute Conference, San Diego, CA.

Kim, W. C., & Mauborgne, R. (1998). "Value Innovation: The Strategic Logic of High Growth," Harvard Business Review on Strategies for Growth.

Krajewski, L. J., & Ritzman, L. (2005). *Operations Management—Processes and Value Chains.* Prentice Hall.

Lynman, P., & Varian, H. (2003). "How Much Information?". School of Information Management and Systems, UC Berkeley.

Metters, R. D., King-Metters, K. H., Pullman, M., & Walton, S. (2006). 서비스운영관리. 서울: 한경사.

Pearce, J., Richard, R. (1994). *Strategic Management—Formulation, Implementation, and Control.* McGraw-Hill Education.

Porter, M. E. (1998). On Competition.

Ramaswamy, R. (2010). 서비스공학. 오형술, 유정상, 문승기, 강경식 공역. 서울: 한경사.

Ritzman, L. P. (2009). 생산운영관리의기초. 강종열, 민동권, 박재홍, 손병규, 원유동 공역. 서울: 시그마프레스.

Schmenner, R. W. (2005). *Service Operations Management.* Prentice Hall.

Siegel, E. (2010). Seven Reasons You Need Predictive Analytics Today. PredictionImpact Inc.

Silvestro, R., & Johnston, R. (1990). The Determinants of Service Quality-Hygiene and Enhancing Factors, Warwick Business School, Warwick.

Smart Academy (2014). ICT란 무엇인가. http://smartacademy.tistory.com/32.

Wishket (2015). 자원 최적화로 기업의 핵심역량 강화하기. http://blog.wishket.com/%EC%9C%84%EC%8B%9C%EC%BC%93-%EC%9E%90%EC%9B%90-%EC%B5%9C

%EC%A0%81%ED%99%94%EB%A1%9C-%EA%B8%B0%EC%97%85%EC%9D%98-%ED%95%B5%EC%8B%AC%EC%97%AD%EB%9F%89-%EA%B0%95%ED%99%94%ED%95%98%EA%B8%B0/.

ZDNet Korea(2012). '클라우드 vs 매니지드' IT서비스업 미래는. http://www.zdnet.co.kr/news/news_view.asp?artice_id=20121113085439.

구글트렌드. http://www.google.org/flutrends/about

국가기술표준원. http://www.kats.go.kr

산업공학회 경영과학회 사이버학술대회. http://www.iems.net/conference

서울시. http://www.seoul.go.kr.

이명헌 경영스쿨. http://www.emh.co.kr/content.pl?southwest_airline_success_secrets

한경 가치혁신연구소. http://value.hankyung.com

한국경영기술지도사회. http://www.kmtca.or.kr

한국능률협회컨설팅. http://www.kmac.co.kr

한국산업기술진흥협회. http://www.koita.or.kr

Manager Society. http://edu.managersociety.com

ISO 국제품질경영원. http://www.isocenter.co.kr

http://blog.naver.com/hyoungmo74/42391404

http://blog.daum.net/_blog/BlogTypeView.do?blogid=0PJok&articleno=9.

찾아보기

◈ **저자약력**

박경종
한양대학교 산업공학과 학사
한양대학교 산업공학과 석사
한양대학교 산업공학과 박사
현) 광주대학교 경영대학 경영학과 교수

윤재홍
연세대학교 행정학과 학사
University of Kansas 경영학과 석사
연세대학교 경영학과 박사
현) 동아대학교 경영대학 경영학과 교수

장병열
포항공과대학교 산업공학과 학사
포항공과대학교 산업공학과 석사
포항공과대학교 산업공학과 박사
현) 과학기술정책연구원(STEPI) 연구위원

한동철
성균관대학교 건축공학과 학사
서울대학교 경영학과 석사
세인트루이스대학교 경영학과 박사
현) 서울여자대학교 경영학과 교수

서비스 운영관리

2016년 3월 5일 1판 1쇄 인쇄
2016년 3월 10일 1판 1쇄 발행

지 은 이 박경종 윤재홍 장병열 한동철
펴 낸 이 최용구
펴 낸 곳 이프레스

주 소 (04316)서울시 용산구 원효로 89길 19(원효로 1가)
전 화 537-1720(영업부), 537-1721(편집부), 537-1711(팩스)
이 메 일 epress01@naver.com
홈페이지 www.epress1.com
등 록 2009년 12월 10일 제16-2710호

기획마케팅 최용구 장만동 송대용
책임편집 석기은 황가연
표 지 SDY

ISBN 978-89-90245-91-5 93320
가격 28,000원